Nietzsche · KSA 6
Der Fall Wagner
Götzen-Dämmerung
Der Antichrist · Ecce homo
Dionysos-Dithyramben
Nietzsche contra Wagner

Friedrich Nietzsche: Sämtliche Werke
Kritische Studienausgabe in 15 Einzelbänden

Friedrich Nietzsche
Der Fall Wagner
Götzen-Dämmerung
Der Antichrist · Ecce homo
Dionysos-Dithyramben
Nietzsche contra Wagner

Kritische Studienausgabe
Herausgegeben von
Giorgio Colli und Mazzino Montinari

Deutscher Taschenbuch Verlag
de Gruyter

Band 6 der ‚Kritischen Studienausgabe‘ (KSA) in 15 Bänden,
die erstmals 1980 als Taschenbuchausgabe erschien
und für die vorliegende Neuausgabe durchgesehen wurde.
Sie enthält sämtliche Werke und unveröffentlichten Texte
Friedrich Nietzsches nach den Originaldrucken und -manuskripten
auf der Grundlage der ‚Kritischen Gesamtausgabe‘,
herausgegeben von Giorgio Colli und Mazzino Montinari,
erschienen im Verlag de Gruyter, Berlin/New York 1967 ff.
Die Bände 14 (Kommentar) und 15 (Chronik und Gesamtregister)
wurden eigens für die KSA erstellt.
Übersetzung des Nachworts von Ragni Maria Gschwend.
KSA 15 enthält die Konkordanz zur ‚Kritischen Gesamtausgabe‘.

November 1988
Deutscher Taschenbuch Verlag GmbH & Co. KG, München
Walter de Gruyter, Berlin/New York
© 1967–77 und 1988 (2., durchgesehene Auflage)
Walter de Gruyter & Co.,
vormals G. J. Göschen’sche Verlagsbuchhandlung – J. Guttentag,
Verlagsbuchhandlung – Georg Reimer – Karl J. Trübner –
Veit & Comp., Berlin 30
Umschlaggestaltung: Celestino Piatti
Gesamtherstellung: C. H. Beck’sche Buchdruckerei,
Nördlingen
Printed in Germany
ISBN dtv 3-423-02226-4
ISBN WdeG 3-11-011845-9

Inhalt

Vorbemerkung

Band 6 der Kritischen Studienausgabe enthält folgende, von Nietzsche selbst herausgegebene Werke:
Der Fall Wagner. Ein Musikanten-Problem (1888).
Götzen-Dämmerung oder Wie man mit dem Hammer philosophirt (1889).
Der Band enthält außerdem die nachgelassenen Schriften, die Nietzsche zwischen August 1888 und Anfang Januar 1889 verfaßte. Die Schriften, deren Publikation Nietzsche nachweislich bis zum 2. Januar 1889 beabsichtigte, sind (in der Reihenfolge ihrer Entstehung): *Der Antichrist. Fluch auf das Christenthum; Ecce homo. Wie man wird, was man ist; Dionysos-Dithyramben.* Auf die Veröffentlichung der kleinen Schrift *Nietzsche contra Wagner. Aktenstücke eines Psychologen* verzichtete Nietzsche am 2. Januar 1889; sie erscheint deshalb als letzte in dieser Reihe, und zwar in der Fassung, die er bis dahin genehmigt hatte.
Diesem Band entspricht Band VI/3 der Kritischen Gesamtausgabe (Berlin 1969).
Am Schluß des Bandes werden die Nachworte übersetzt, die Giorgio Colli für die italienische Ausgabe der Werke und nachgelassenen Schriften aus dem Jahre 1888 und der *Dionysos-Dithyramben* schrieb (erschienen 1970 im Adelphi Verlag, Mailand).
Mazzino Montinari

Der Fall Wagner.
Ein Musikanten-Problem.

Vorwort.

Ich mache mir eine kleine Erleichterung. Es ist nicht nur die
reine Bosheit, wenn ich in dieser Schrift Bizet auf Kosten Wagner's lobe. Ich bringe unter vielen Spässen eine Sache vor, mit
der nicht zu spassen ist. Wagnern den Rücken zu kehren war für
mich ein Schicksal; irgend Etwas nachher wieder gern zu haben
ein Sieg. Niemand war vielleicht gefährlicher mit der Wagnerei
verwachsen, Niemand hat sich härter gegen sie gewehrt, Niemand
sich mehr gefreut, von ihr los zu sein. Eine lange Geschichte! —
Will man ein Wort dafür? — Wenn ich Moralist wäre, wer weiss,
wie ich's nennen würde! Vielleicht S e l b s t ü b e r w i n d u n g.
— Aber der Philosoph liebt die Moralisten nicht... er liebt
auch die schönen Worte nicht...
Was verlangt ein Philosoph am ersten und letzten von sich?
Seine Zeit in sich zu überwinden, „zeitlos“ zu werden. Womit
also hat er seinen härtesten Strauss zu bestehn? Mit dem, worin
gerade er das Kind seiner Zeit ist. Wohlan! Ich bin so gut wie
Wagner das Kind dieser Zeit, will sagen ein décadent: nur
dass ich das begriff, nur dass ich mich dagegen wehrte. Der Philosoph in mir wehrte sich dagegen.
Was mich am tiefsten beschäftigt hat, das ist in der That das
Problem der décadence, — ich habe Gründe dazu gehabt. „Gut
und Böse“ ist nur eine Spielart jenes Problems. Hat man sich für
die Abzeichen des Niedergangs ein Auge gemacht, so versteht

man auch die Moral, — man versteht, was sich unter ihren heiligsten Namen und Werthformeln versteckt: das v e r a r m t e Leben, der Wille zum Ende, die grosse Müdigkeit. Moral v e r-
n e i n t das Leben... Zu einer solchen Aufgabe war mir eine
Selbstdisciplin von Nöthen: — Partei zu nehmen g e g e n alles
Kranke an mir, eingerechnet Wagner, eingerechnet Schopenhauer,
eingerechnet die ganze moderne „Menschlichkeit". — Eine tiefe
Entfremdung, Erkältung, Ernüchterung gegen alles Zeitliche,
Zeitgemässe: und als höchsten Wunsch das Auge Z a r a t h u-
s t r a ' s , ein Auge, das die ganze Thatsache Mensch aus ungeheurer Ferne übersieht, — u n t e r sich sieht... Einem solchen Ziele — welches Opfer wäre ihm nicht gemäss? welche
„Selbst-Überwindung"! welche „Selbst-Verleugnung"!

Mein grösstes Erlebniss war eine G e n e s u n g. Wagner gehört bloss zu meinen Krankheiten.

Nicht dass ich gegen diese Krankheit undankbar sein möchte.
Wenn ich mit dieser Schrift den Satz aufrecht halte, dass Wagner
s c h ä d l i c h ist, so will ich nicht weniger aufrecht halten,
w e m er trotzdem unentbehrlich ist — dem Philosophen. Sonst
kann man vielleicht ohne Wagner auskommen: dem Philosophen
aber steht es nicht frei, Wagner's zu entrathen. Er hat das
schlechte Gewissen seiner Zeit zu sein, — dazu muss er deren
bestes Wissen haben. Aber wo fände er für das Labyrinth der
modernen Seele einen eingeweihteren Führer, einen beredteren
Seelenkündiger als Wagner? Durch Wagner redet die Modernität
ihre i n t i m s t e Sprache: sie verbirgt weder ihr Gutes, noch ihr
Böses, sie hat alle Scham vor sich verlernt. Und umgekehrt: man
hat beinahe eine Abrechnung über den W e r t h des Modernen
gemacht, wenn man über Gut und Böse bei Wagner mit sich im
Klaren ist. — Ich verstehe es vollkommen, wenn heut ein Musiker sagt „ich hasse Wagner, aber ich halte keine andre Musik
mehr aus". Ich würde aber auch einen Philosophen verstehn, der
erklärte: „Wagner r e s ü m i r t die Modernität. Es hilft nichts,
man muss erst Wagnerianer sein..."

Der Fall Wagner.
Turiner Brief vom Mai 1888.

ridendo dicere severum...

1.

Ich hörte gestern — werden Sie es glauben? — zum zwanzigsten Male B i z e t ' s Meisterstück. Ich harrte wieder mit einer sanften Andacht aus, ich lief wieder nicht davon. Dieser Sieg über meine Ungeduld überrascht mich. Wie ein solches Werk vervollkommnet! Man wird selbst dabei zum „Meisterstück". — Und wirklich schien ich mir jedes Mal, dass ich C a r m e n hörte, mehr Philosoph, ein besserer Philosoph, als ich sonst mir scheine: so langmüthig geworden, so glücklich, so indisch, so s e s s h a f t ... Fünf Stunden Sitzen: erste Etappe der Heiligkeit! — Darf ich sagen, dass Bizet's Orchesterklang fast der einzige ist, den ich noch aushalte? Jener a n d e r e Orchesterklang, der jetzt obenauf ist, der Wagnerische, brutal, künstlich und „unschuldig" zugleich und damit zu den drei Sinnen der modernen Seele auf Einmal redend, — wie nachtheilig ist mir dieser Wagnerische Orchesterklang! Ich heisse ihn Scirocco. Ein verdriesslicher Schweiss bricht an mir aus. Mit m e i n e m guten Wetter ist es vorbei.

Diese Musik scheint mir vollkommen. Sie kommt leicht, biegsam, mit Höflichkeit daher. Sie ist liebenswürdig, sie s c h w i t z t nicht. „Das Gute ist leicht, alles Göttliche läuft auf zarten Füssen": erster Satz meiner Aesthetik. Diese Musik ist böse, raffinirt, fatalistisch: sie bleibt dabei populär — sie hat das Raffinement einer Rasse, nicht eines Einzelnen. Sie ist reich. Sie ist präcis. Sie

baut, organisirt, wird fertig: damit macht sie den Gegensatz zum
Polypen in der Musik, zur „unendlichen Melodie". Hat man je
schmerzhaftere tragische Accente auf der Bühne gehört? Und wie
werden dieselben erreicht! Ohne Grimasse! Ohne Falschmünzerei! Ohne die L ü g e des grossen Stils! — Endlich: diese Musik
nimmt den Zuhörer als intelligent, selbst als Musiker, — sie ist
auch d a mit das Gegenstück zu Wagner, der, was immer sonst,
jedenfalls das u n h ö f l i c h s t e Genie der Welt war (Wagner
nimmt uns gleichsam als ob — —, er sagt Ein Ding so oft, bis
man verzweifelt, — bis man's glaubt).

Und nochmals: ich werde ein besserer Mensch, wenn mir dieser Bizet zuredet. Auch ein besserer Musikant, ein besserer Z u -
h ö r e r. Kann man überhaupt noch besser zuhören? — Ich ver-
grabe meine Ohren noch u n t e r diese Musik, ich höre deren
Ursache. Es scheint mir, dass ich ihre Entstehung erlebe — ich
zittere vor Gefahren, die irgend ein Wagniss begleiten, ich bin
entzückt über Glücksfälle, an denen Bizet unschuldig ist. — Und
seltsam! im Grunde denke ich nicht daran, oder w e i s s es nicht,
wie sehr ich daran denke. Denn ganz andere Gedanken laufen
mir während dem durch den Kopf... Hat man bemerkt, dass
die Musik den Geist f r e i m a c h t ? dem Gedanken Flügel
giebt? dass man um so mehr Philosoph wird, je mehr man Musiker wird? — Der graue Himmel der Abstraktion wie von Blitzen
durchzuckt; das Licht stark genug für alles Filigran der Dinge;
die grossen Probleme nahe zum Greifen; die Welt wie von einem
Berge aus überblickt. — Ich definirte eben das philosophische
Pathos. — Und unversehens fallen mir A n t w o r t e n in den
Schooss, ein kleiner Hagel von Eis und Weisheit, von g e l ö -
s t e n Problemen... Wo bin ich? — Bizet macht mich fruchtbar.
Alles Gute macht mich fruchtbar. Ich habe keine andre Dankbarkeit, ich habe auch keinen andern B e w e i s dafür, was gut
ist. —

2.

Auch dies Werk erlöst; nicht Wagner allein ist ein „Erlöser". Mit ihm nimmt man Abschied vom f e u c h t e n Norden, von allem Wasserdampf des Wagnerischen Ideals. Schon die Handlung erlöst davon. Sie hat von Mérimée noch die Logik in der Passion, die kürzeste Linie, die h a r t e Nothwendigkeit; sie hat vor Allem, was zur heissen Zone gehört, die Trockenheit der Luft, die l i m p i d e z z a in der Luft, Hier ist in jedem Betracht das Klima verändert. Hier redet eine andre Sinnlichkeit, eine andre Sensibilität, eine andre Heiterkeit. Diese Musik ist heiter; aber nicht von einer französischen oder deutschen Heiterkeit. Ihre Heiterkeit ist afrikanisch; sie hat das Verhängniss über sich, ihr Glück ist kurz, plötzlich, ohne Pardon. Ich beneide Bizet darum, dass er den Muth zu dieser Sensibilität gehabt hat, die in der gebildeten Musik Europa's bisher noch keine Sprache hatte, — zu dieser südlicheren, bräuneren, verbrannteren Sensibilität... Wie die gelben Nachmittage ihres Glücks uns wohlthun! Wir blicken dabei hinaus: sahen wir je das Meer g l ä t t e r ? — Und wie uns der maurische Tanz beruhigend zuredet! Wie in seiner lasciven Schwermuth selbst unsre Unersättlichkeit einmal Sattheit lernt! — Endlich die Liebe, die in die N a t u r zurückübersetzte Liebe! N i c h t die Liebe einer „höheren Jungfrau"! Keine Senta-Sentimentalität! Sondern die Liebe als Fatum, als F a t a - l i t ä t, cynisch, unschuldig, grausam — und eben darin N a - t u r ! Die Liebe, die in ihren Mitteln der Krieg, in ihrem Grunde der T o d h a s s der Geschlechter ist! — Ich weiss keinen Fall, wo der tragische Witz, der das Wesen der Liebe macht, so streng sich ausdrückte, so schrecklich zur Formel würde, wie im letzten Schrei Don José's, mit dem das Werk schliesst:

> „Ja! I c h habe sie getödtet,
>
> i c h — meine angebetete Carmen!"

— Eine solche Auffassung der Liebe (die einzige, die des Philosophen würdig ist —) ist selten: sie hebt ein Kunstwerk unter Tausenden heraus. Denn im Durchschnitt machen es die Künstler wie alle Welt, sogar schlimmer — sie missverstehen die Liebe. Auch Wagner hat sie missverstanden. Sie glauben in ihr selbstlos zu sein, weil sie den Vortheil eines andren Wesens wollen, oft wider ihren eigenen Vortheil. Aber dafür wollen sie jenes andre Wesen besitzen... Sogar Gott macht hier keine Ausnahme. Er ist ferne davon zu denken „was geht dich's an, wenn ich dich liebe?" — er wird schrecklich, wenn man ihn nicht wieder liebt. L'amour — mit diesem Spruch behält man unter Göttern und Menschen Recht — est de tous les sentiments le plus égoïste, et, par conséquent, lorsqu'il est blessé, le moins généreux. (B. Constant.)

3.

Sie sehen bereits, wie sehr mich diese Musik verbessert? — Il faut méditerraniser la musique: ich habe Gründe zu dieser Formel (Jenseits von Gut und Böse, S. 220). Die Rückkehr zur Natur, Gesundheit, Heiterkeit, Jugend, Tugend! — Und doch war ich Einer der corruptesten Wagnerianer... Ich war im Stande, Wagnern ernst zu nehmen... Ah dieser alte Zauberer! was hat er uns Alles vorgemacht! Das Erste, was seine Kunst uns anbietet, ist ein Vergrösserungsglas: man sieht hinein, man traut seinen Augen nicht — Alles wird gross, selbst Wagner wird gross... Was für eine kluge Klapperschlange! Das ganze Leben hat sie uns von „Hingebung", von „Treue", von „Reinheit" vorgeklappert, mit einem Lobe auf die Keuschheit zog sie sich aus der verderbten Welt zurück! — Und wir haben's ihr geglaubt...

— Aber Sie hören mich nicht? Sie ziehen selbst das Problem Wagner's dem Bizet's vor? Auch ich unterschätze es nicht, es hat seinen Zauber. Das Problem der Erlösung ist selbst ein ehrwürdiges Problem. Wagner hat über Nichts so tief wie über die Erlösung nachgedacht: seine Oper ist die Oper der Erlösung. Irgend wer will bei ihm immer erlöst sein: bald ein Männlein, bald ein Fräulein — dies ist sein Problem. — Und wie reich er sein Leitmotiv variirt! Welche seltenen, welche tiefsinnigen Ausweichungen! Wer lehrte es uns, wenn nicht Wagner, dass die Unschuld mit Vorliebe interessante Sünder erlöst? (der Fall im Tannhäuser) Oder dass selbst der ewige Jude erlöst wird, s e s s - h a f t wird, wenn er sich verheirathet? (der Fall im Fliegenden Holländer) Oder dass alte verdorbene Frauenzimmer es vorziehn, von keuschen Jünglingen erlöst zu werden? (der Fall Kundry) Oder dass schöne Mädchen am liebsten durch einen Ritter erlöst werden, der Wagnerianer ist? (der Fall in den Meistersingern) Oder dass auch verheirathete Frauen gerne durch einen Ritter erlöst werden? (der Fall Isoldens) Oder dass „der alte Gott", nachdem er sich moralisch in jedem Betracht compromittirt hat, endlich durch einen Freigeist und Immoralisten erlöst wird? (der Fall im „Ring") Bewundern Sie in Sonderheit diesen letzten Tiefsinn! Verstehn Sie ihn? Ich — hüte mich, ihn zu verstehn... Dass man noch andre Lehren aus den genannten Werken ziehn kann, möchte ich eher beweisen als bestreiten. Dass man durch ein Wagnerisches Ballet zur Verzweiflung gebracht werden kann — u n d zur Tugend! (nochmals der Fall Tannhäusers) Dass es von den schlimmsten Folgen sein kann, wenn man nicht zur rechten Zeit zu Bett geht (nochmals der Fall Lohengrins). Dass man nie zu genau wissen soll, mit wem man sich eigentlich verheirathet (zum dritten Mal der Fall Lohengrins) — Tristan und Isolde verherrlichen den vollkommnen Ehegatten, der, in einem gewissen Falle, nur Eine Frage hat: „aber warum habt ihr mir das nicht eher gesagt? Nichts einfacher als das!" Antwort:

> „Das kann ich dir nicht sagen;
>   und was du frägst,
>   das kannst du nie erfahren."

Der Lohengrin enthält eine feierliche In-Acht-Erklärung des Forschens und Fragens. Wagner vertritt damit den christlichen Begriff „du sollst und musst g l a u b e n ". Es ist ein Verbrechen am Höchsten, am Heiligsten, wissenschaftlich zu sein... Der fliegende Holländer predigt die erhabne Lehre, dass das Weib auch den Unstätesten festmacht, Wagnerisch geredet, „erlöst". Hier gestatten wir uns eine Frage. Gesetzt nämlich, dies wäre wahr, wäre es damit auch schon wünschenswerth? — Was wird aus dem „ewigen Juden", den ein Weib anbetet und f e s t m a c h t ? Er hört bloss auf, ewig zu sein; er verheirathet sich, er geht uns Nichts mehr an. — In's Wirkliche übersetzt: die Gefahr der Künstler, der Genie's — und das sind ja die „ewigen Juden" — liegt im Weibe: die a n b e t e n d e n Weiber sind ihr Verderb. Fast Keiner hat Charakter genug, um nicht verdorben — „erlöst" zu werden, wenn er sich als Gott behandelt fühlt: — er c o n d e s c e n d i r t alsbald zum Weibe. — Der Mann ist feige vor allem Ewig-Weiblichen: das wissen die Weiblein. — In vielen Fällen der weiblichen Liebe, und vielleicht gerade in den berühmtesten, ist Liebe nur ein feinerer P a r a s i t i s m u s, ein Sich-Einnisten in eine fremde Seele, mitunter selbst in ein fremdes Fleisch — ach! wie sehr immer auf „des Wirthes" Unkosten! — —

Man kennt das Schicksal Goethe's im moralinsauren altjungfernhaften Deutschland. Er war den Deutschen immer anstössig, er hat ehrliche Bewunderer nur unter Jüdinnen gehabt. Schiller, der „edle" Schiller, der ihnen mit grossen Worten um die Ohren schlug, — d e r war nach ihrem Herzen. Was warfen sie Goethen vor? Den „Berg der Venus"; und dass er venetianische Epigramme gedichtet habe. Schon Klopstock hielt ihm eine Sittenpredigt; es gab eine Zeit, wo Herder, wenn er von Goethe sprach, mit Vorliebe das Wort „Priap" gebrauchte. Selbst der Wilhelm Meister galt nur als Symptom des Niedergangs, als moralisches „Auf-den-Hund-Kommen". Die „Menagerie von zahmem Vieh", die „Nichtswürdigkeit" des Helden darin erzürnte zum Beispiel Niebuhrn: der endlich in eine Klage ausbricht, welche B i t e r o l f hätte absingen können: „Nichts macht leicht einen schmerzlicheren Eindruck, als wenn ein grosser Geist sich seiner Flügel beraubt und seine Virtuosität in etwas

weit Geringerem sucht, i n d e m e r d e m H ö h e r e n e n t-
s a g t" ... Vor Allem aber war die höhere Jungfrau empört:
alle kleinen Höfe, alle Art „Wartburg" in Deutschland be-
kreuzte sich vor Goethe, vor dem „unsauberen Geist" in Goethe.
— D i e s e Geschichte hat Wagner in Musik gesetzt. Er e r l ö s t
Goethe, das versteht sich von selbst; aber so, dass er, mit Klugheit, zugleich die Partei der höheren Jungfrau nimmt. Goethe
wird gerettet: — ein Gebet rettet ihn, eine höhere Jungfrau
z i e h t i h n h i n a n ...

— Was Goethe über Wagner gedacht haben würde? —
Goethe hat sich einmal die Frage vorgelegt, was die Gefahr sei,
die über allen Romantikern schwebe: das Romantiker-Verhäng-
niss. Seine Antwort ist: „am Wiederkäuen sittlicher und religiöser Absurditäten zu ersticken." Kürzer: P a r s i f a l — —
Der Philosoph macht dazu noch einen Epilog. H e i l i g k e i t
— das Letzte vielleicht, was Volk und Weib von höheren Werthen noch zu Gesicht bekommt, der Horizont des Ideals für
Alles, was von Natur myops ist. Unter Philosophen aber, wie
jeder Horizont, ein blosses Nichtverständniss, eine Art Thorschluss vor dem, wo i h r e Welt erst b e g i n n t — i h r e
Gefahr, i h r Ideal, i h r e Wünschbarkeit ... Höflicher gesagt:
la philosophie ne suffit pas au grand nombre. Il lui faut la
sainteté. —

4.

— Ich erzähle noch die Geschichte des „Rings". Sie gehört
hierher. Auch sie ist eine Erlösungsgeschichte: nur dass dies Mal
Wagner es ist, der erlöst wird. — Wagner hat, sein halbes Leben
lang, an die R e v o l u t i o n geglaubt, wie nur irgend ein
Franzose an sie geglaubt hat. Er suchte nach ihr in der Runen-
schrift des Mythus, er glaubte in S i e g f r i e d den typischen
Revolutionär zu finden. — „Woher stammt alles Unheil in der
Welt?" fragte sich Wagner. Von „alten Verträgen": antwortete
er, gleich allen Revolutions-Ideologen. Auf deutsch: von Sitten,

Gesetzen, Moralen, Institutionen, von Alledem, worauf die alte
Welt, die alte Gesellschaft ruht. „Wie schafft man das Unheil
aus der Welt? Wie schafft man die alte Gesellschaft ab?" Nur dadurch, dass man den „Verträgen" (dem Herkommen, der Moral) den Krieg erklärt. D a s t h u t S i e g f r i e d. Er beginnt
früh damit, sehr früh: seine Entstehung ist bereits eine Kriegs-
erklärung an die Moral — er kommt aus Ehebruch, aus Blut-
schande zur Welt... N i c h t die Sage, sondern Wagner ist
der Erfinder dieses radikalen Zugs; an diesem Punkte hat er die
Sage c o r r i g i r t ... Siegfried fährt fort, wie er begonnen
hat: er folgt nur dem ersten Impulse, er wirft alles Ueberlieferte,
alle Ehrfurcht, alle F u r c h t über den Haufen. Was ihm miss-
fällt, sticht er nieder. Er rennt alten Gottheiten unehrerbietig
wider den Leib. Seine Hauptunternehmung aber geht dahin,
d a s W e i b z u e m a n c i p i r e n — „Brünnhilde zu erlösen"... Siegfried u n d Brünnhilde; das Sakrament der freien
Liebe; der Aufgang des goldnen Zeitalters; die Götterdämme-
rung der alten Moral — d a s U e b e l i s t a b g e-
s c h a f f t ... Wagner's Schiff lief lange Zeit lustig auf d i e-
s e r Bahn. Kein Zweifel, Wagner suchte auf ihr s e i n höchstes Ziel. — Was geschah? Ein Unglück. Das Schiff fuhr auf ein
Riff; Wagner sass fest. Das Riff war die Schopenhauerische Philosophie; Wagner sass auf einer c o n t r ä r e n Weltansicht fest.
Was hatte er in Musik gesetzt? Den Optimismus. Wagner
schämte sich. Noch dazu einen Optimismus, für den Schopenhauer ein böses Beiwort geschaffen hatte — den r u c h l o s e n
Optimismus. Er schämte sich noch einmal. Er besann sich lange,
seine Lage schien verzweifelt... Endlich dämmerte ihm ein
Ausweg: das Riff, an dem er scheiterte, wie? wenn er es als Z i e l,
als Hinterabsicht, als eigentlichen Sinn seiner Reise interpretirte?
H i e r zu scheitern — das war auch ein Ziel. Bene navigavi,
cum naufragium feci... Und er übersetzte den „Ring" in's
Schopenhauerische. Alles läuft schief, Alles geht zu Grunde, die
neue Welt ist so schlimm, wie die alte: — das N i c h t s, die

indische Circe winkt... Brünnhilde, die nach der ältern Absicht
sich mit einem Liede zu Ehren der freien Liebe zu verabschieden
hatte, die Welt auf eine socialistische Utopie vertröstend, mit
der „Alles gut wird", bekommt jetzt etwas Anderes zu thun.
Sie muss erst Schopenhauer studiren; sie muss das vierte Buch
der „Welt als Wille und Vorstellung" in Verse bringen. W a g -
n e r w a r e r l ö s t... Allen Ernstes, dies w a r eine Erlösung. Die Wohlthat, die Wagner Schopenhauern verdankt, ist
unermesslich. Erst der P h i l o s o p h d e r d é c a d e n c e gab
dem Künstler der décadence s i c h s e l b s t — —

5.

Dem K ü n s t l e r d e r d é c a d e n c e — da steht das Wort.
Und damit beginnt mein Ernst. Ich bin ferne davon, harmlos
zuzuschauen, wenn dieser décadent uns die Gesundheit verdirbt
— und die Musik dazu! Ist Wagner überhaupt ein Mensch? Ist
er nicht eher eine Krankheit? Er macht Alles krank, woran er
rührt, — e r h a t d i e M u s i k k r a n k g e m a c h t —

Ein typischer décadent, der sich nothwendig in seinem verderbten Geschmack fühlt, der mit ihm einen höheren Geschmack
in Anspruch nimmt, der seine Verderbniss als Gesetz, als Fortschritt, als Erfüllung in Geltung zu bringen weiss.

Und man wehrt sich nicht. Seine Verführungskraft steigt
in's Ungeheure, es qualmt um ihn von Weihrauch, das Missverständniss über ihn heisst sich „Evangelium" — er hat durchaus nicht bloss die A r m e n d e s G e i s t e s zu sich überredet!

Ich habe Lust, ein wenig die Fenster aufzumachen. Luft!
Mehr Luft! — —

Dass man sich in Deutschland über Wagner betrügt, befrem-
det mich nicht. Das Gegentheil würde mich befremden. Die
Deutschen haben sich einen Wagner zurecht gemacht, den sie verehren können: sie waren noch nie Psychologen, sie sind damit

dankbar, dass sie missverstehn. Aber dass man sich auch in Paris über Wagner betrügt! wo man beinahe nichts Andres mehr ist als Psycholog. Und in Sankt-Petersburg! wo man Dinge noch erräth, die selbst in Paris nicht errathen werden. Wie verwandt muss Wagner der gesammten europäischen décadence sein, dass er von ihr nicht als décadent empfunden wird! Er gehört zu ihr: er ist ihr Protagonist, ihr grösster Name... Man ehrt sich, wenn man i h n in die Wolken hebt. — Denn dass man nicht gegen ihn sich wehrt, das ist selbst schon ein Zeichen von décadence. Der Instinkt ist geschwächt. Was man zu scheuen hätte, das zieht an. Man setzt an die Lippen, was noch schneller in den Abgrund treibt. — Will man ein Beispiel? Aber man hat nur das régime zu beobachten, das sich Anämische oder Gichtische oder Diabetiker selbst verordnen. Definition des Vegetariers: ein Wesen, das eine corroborirende Diät nöthig hat. Das Schädliche als schädlich empfinden, sich etwas Schädliches verbieten k ö n n e n ist ein Zeichen noch von Jugend, von Lebenskraft. Den Erschöpften l o c k t das Schädliche: den Vegetarier das Gemüse. Die Krankheit selbst kann ein Stimulans des Lebens sein: nur muss man gesund genug für dies Stimulans sein! — Wagner vermehrt die Erschöpfung: d e s h a l b zieht er die Schwachen und Erschöpften an. Oh über das Klapperschlangen-Glück des alten Meisters, da er gerade immer „die Kindlein" zu sich kommen sah! —

Ich stelle diesen Gesichtspunkt voran: Wagner's Kunst ist krank. Die Probleme, die er auf die Bühne bringt — lauter Hysteriker-Probleme —, das Convulsivische seines Affekts, seine überreizte Sensibilität, sein Geschmack, der nach immer schärfern Würzen verlangte, seine Instabilität, die er zu Principien verkleidete, nicht am wenigsten die Wahl seiner Helden und Heldinnen, diese als physiologische Typen betrachtet (— eine Kranken-Galerie! —): Alles zusammen stellt ein Krankheitsbild dar, das keinen Zweifel lässt. W a g n e r e s t u n e n é v r o s e. Nichts ist vielleicht heute besser bekannt, Nichts jedenfalls besser studirt als der Proteus-Charakter der Degenerescenz, der hier sich als Kunst und Künstler verpuppt. Unsre Aerzte und Physiologen haben in Wagner ihren interessantesten Fall, zum Mindesten einen sehr vollständigen. Gerade, weil Nichts moderner ist als diese Gesammterkrankung, diese Spätheit und Überreiztheit der nervösen Maschinerie, ist Wagner der m o d e r n e K ü n s t l e r par excellence, der Cagliostro der Modernität. In seiner Kunst ist auf die verführerischeste Art gemischt, was heute alle Welt am nöthigsten hat, — die drei grossen Stimulantia der Erschöpften, das B r u t a l e, das K ü n s t l i c h e und das U n s c h u l d i g e (Idiotische).

Wagner ist ein grosser Verderb für die Musik. Er hat in ihr das Mittel errathen, müde Nerven zu reizen, — er hat die Musik damit krank gemacht. Seine Erfindungsgabe ist keine kleine in der Kunst, die Erschöpftesten wieder aufzustacheln, die Halbtodten in's Leben zu rufen. Er ist der Meister hypnotischer Griffe, er wirft die Stärksten noch wie Stiere um. Der E r f o l g Wagner's — sein Erfolg bei den Nerven und folglich bei den Frauen — hat die ganze ehrgeizige Musiker-Welt zu Jüngern seiner Geheimkunst gemacht. Und nicht nur die ehrgeizige, auch die k l u g e... Man macht heute nur Geld mit kranker Musik; unsre grossen Theater leben von Wagner.

6.

— Ich gestatte mir wieder eine Erheiterung. Ich setze den Fall, dass der E r f o l g Wagner's leibhaft würde, Gestalt annähme, dass er, verkleidet zum menschenfreundlichen Musikgelehrten, sich unter junge Künstler mischte. Wie meinen Sie wohl, dass er sich da verlautbarte? —

Meine Freunde, würde er sagen, reden wir fünf Worte unter uns. Es ist leichter, schlechte Musik zu machen als gute. Wie? wenn es ausserdem auch noch vortheilhafter wäre? wirkungsvoller, überredender, begeisternder, zuverlässiger? w a g n e -

r i s c h e r ? ... Pulchrum est paucorum hominum. Schlimm genug! Wir verstehn Latein, wir verstehn vielleicht auch unsern
Vortheil. Das Schöne hat seinen Haken: wir wissen das. Wozu
also Schönheit? Warum nicht lieber das Grosse, das Erhabne,
das Gigantische, Das, was die M a s s e n bewegt? — Und nochmals: es ist leichter, gigantisch zu sein als schön; wir wissen
das ...

Wir kennen die Massen, wir kennen das Theater. Das Beste,
was darin sitzt, deutsche Jünglinge, gehörnte Siegfriede und
andre Wagnerianer, bedarf des Erhabenen, des Tiefen, des
Überwältigenden. So viel vermögen wir noch. Und das Andre,
das auch noch darin sitzt, die Bildungs-Cretins, die kleinen Blasirten, die Ewig-Weiblichen, die Glücklich-Verdauenden, kurz
das V o l k — bedarf ebenfalls des Erhabenen, des Tiefen, des
Überwältigenden. Das hat Alles einerlei Logik. „Wer uns umwirft, der ist stark; wer uns erhebt, der ist göttlich; wer uns
ahnen macht, der ist tief." — Entschliessen wir uns, meine
Herrn Musiker: wir wollen sie umwerfen, wir wollen sie erheben, wir wollen sie ahnen machen. So viel vermögen wir noch.

Was das Ahnen-machen betrifft: so nimmt hier unser Begriff „Stil" seinen Ausgangspunkt. Vor Allem kein Gedanke!
Nichts ist compromittirender als ein Gedanke! Sondern der Zustand v o r dem Gedanken, das Gedräng der noch nicht gebo-
renen Gedanken, das Versprechen zukünftiger Gedanken, die
Welt, wie sie war, bevor Gott sie schuf, — eine Recrudescenz
des Chaos ... Das Chaos macht ahnen ...

In der Sprache des Meisters geredet: Unendlichkeit, aber
ohne Melodie.

Was, zuzweit, das Umwerfen angeht, so gehört dies zum
Theil schon in die Physiologie. Studiren wir vor Allem die Instrumente. Einige von ihnen überreden selbst noch die Eingeweide (— sie ö f f n e n die Thore, mit Händel zu reden),
andre bezaubern das Rückenmark. Die Farbe des Klangs ent-
scheidet hier; w a s erklingt, ist beinahe gleichgültig. Raffiniren

wir in d i e s e m Punkte! Wozu uns sonst verschwenden? Seien wir im Klang charakteristisch bis zur Narrheit! Man rechnet es unserm Geiste zu, wenn wir mit Klängen viel zu rathen geben! Agaçiren wir die Nerven, schlagen wir sie todt, handhaben wir Blitz und Donner, — das wirft um …

Vor Allem aber wirft die L e i d e n s c h a f t um. — Verstehen wir uns über die Leidenschaft. Nichts ist wohlfeiler als die Leidenschaft! Man kann aller Tugenden des Contrapunktes entrathen, man braucht Nichts gelernt zu haben, — die Leidenschaft kann man immer! Die Schönheit ist schwierig: hüten wir uns vor der Schönheit! … Und gar die M e l o d i e ! Verleumden wir, meine Freunde, verleumden wir, wenn anders es uns ernst ist mit dem Ideale, verleumden wir die Melodie! Nichts ist gefährlicher als eine schöne Melodie! Nichts verdirbt sicherer den Geschmack! Wir sind verloren, meine Freunde, wenn man wieder schöne Melodien liebt! …

G r u n d s a t z : die Melodie ist unmoralisch. B e w e i s : Palestrina. N u t z a n w e n d u n g : Parsifal. Der Mangel an Melodie heiligt selbst …

Und dies ist die Definition der Leidenschaft. Leidenschaft — oder die Gymnastik des Hässlichen auf dem Seile der Enharmonik. — Wagen wir es, meine Freunde, hässlich zu sein! Wagner hat es gewagt! Wälzen wir unverzagt den Schlamm der widrigsten Harmonien vor uns her! Schonen wir unsre Hände nicht! Erst damit werden wir n a t ü r l i c h …

Einen letzten Rath! Vielleicht fasst er Alles in Eins. — S e i e n w i r I d e a l i s t e n ! — Dies ist, wenn nicht das Klügste, so doch das Weiseste, was wir thun können. Um die Menschen zu erheben, muss man selbst erhaben sein. Wandeln wir über Wolken, haranguiren wir das Unendliche, stellen wir die grossen Symbole um uns herum! Sursum! Bumbum! — es giebt keinen besseren Rath. Der „gehobene Busen" sei unser Argument, das „schöne Gefühl" unser Fürsprecher. Die Tugend behält Recht noch gegen den Contrapunkt. „Wer uns verbessert,

wie sollte der nicht selbst gut sein?" so hat die Menschheit
immer geschlossen. Verbessern wir also die Menschheit! — damit wird man gut (damit wird man selbst „Klassiker": — Schiller wurde „Klassiker"). Das Haschen nach niederem Sinnesreiz,
nach der sogenannten Schönheit hat den Italiäner entnervt:
bleiben wir deutsch! Selbst Mozart's Verhältniss zur Musik —
Wagner hat es u n s zum Trost gesagt! — war im Grunde fri-
vol... Lassen wir niemals zu, dass die Musik „zur Erholung
diene"; dass sie „erheitere"; dass sie „Vergnügen mache". M a -
c h e n   w i r   n i e   V e r g n ü g e n ! — wir sind verloren, wenn
man von der Kunst wieder hedonistisch denkt... Das ist schlechtes achtzehntes Jahrhundert... Nichts dagegen dürfte räth-
licher sein, bei Seite gesagt, als eine Dosis — M u c k e r thum,
sit venia verbo. Das giebt Würde. — Und wählen wir die
Stunde, wo es sich schickt, schwarz zu blicken, öffentlich zu
seufzen, christlich zu seufzen, das grosse christliche Mitleiden zur
Schau zu stellen. „Der Mensch ist verderbt: wer erlöst ihn? w a s
e r l ö s t   i h n ? " — Antworten wir nicht. Seien wir vorsichtig.
Bekämpfen wir unsern Ehrgeiz, welcher Religionen stiften
möchte. Aber Niemand darf zweifeln, dass w i r ihn erlösen,
dass u n s r e Musik allein erlöst... (Wagner's Aufsatz „Religion und Kunst".)

7.

Genug! Genug! Man wird, fürchte ich, zu deutlich nur unter
meinen heitern Strichen die sinistre Wirklichkeit wiedererkannt
haben — das Bild eines Verfalls der Kunst, eines Verfalls auch
der Künstler. Der letztere, ein Charakter-Verfall, käme vielleicht mit dieser Formel zu einem vorläufigen Ausdruck: der
Musiker wird jetzt zum Schauspieler, seine Kunst entwickelt
sich immer mehr als ein Talent zu l ü g e n. Ich werde eine
Gelegenheit haben (in einem Capitel meines Hauptwerks, das
den Titel führt „Zur Physiologie der Kunst"), des Näheren zu
zeigen, wie diese Gesammtverwandlung der Kunst in's Schau-

spielerische eben so bestimmt ein Ausdruck physiologischer Degenerescenz (genauer, eine Form des Hysterismus) ist, wie jede
einzelne Verderbniss und Gebrechlichkeit der durch Wagner
inaugurirten Kunst: zum Beispiel die Unruhe ihrer Optik, die
dazu nöthigt, in jedem Augenblick die Stellung vor ihr zu wech-
seln. Man versteht Nichts von Wagner, so lange man in ihm
nur ein Naturspiel, eine Willkür und Laune, eine Zufälligkeit
sieht. Er war kein „lückenhaftes", kein „verunglücktes", kein
„contradiktorisches" Genie, wie man wohl gesagt hat. Wagner
war etwas Vollkommnes, ein typischer décadent, bei
dem jeder „freie Wille" fehlt, jeder Zug Nothwendigkeit hat.
Wenn irgend Etwas interessant ist an Wagner, so ist es die Logik, mit der ein physiologischer Missstand als Praktik und Prozedur, als Neuerung in den Principien, als Krisis des Geschmacks
Schluss für Schluss, Schritt für Schritt macht.

Ich halte mich dies Mal nur bei der Frage des Stils auf.
— Womit kennzeichnet sich jede litterarische décadence? Damit, dass das Leben nicht mehr im Ganzen wohnt. Das
Wort wird souverain und springt aus dem Satz hinaus, der Satz
greift über und verdunkelt den Sinn der Seite, die Seite gewinnt
Leben auf Unkosten des Ganzen — das Ganze ist kein Ganzes
mehr. Aber das ist das Gleichniss für jeden Stil der décadence:
jedes Mal Anarchie der Atome, Disgregation des Willens,
„Freiheit des Individuums", moralisch geredet, — zu einer politischen Theorie erweitert „gleiche Rechte für Alle". Das
Leben, die gleiche Lebendigkeit, die Vibration und Exuberanz des Lebens in die kleinsten Gebilde zurückgedrängt, der
Rest arm an Leben. Überall Lähmung, Mühsal, Erstarrung
oder Feindschaft und Chaos: beides immer mehr in die Augen
springend, in je höhere Formen der Organisation man aufsteigt.
Das Ganze lebt überhaupt nicht mehr: es ist zusammengesetzt,
gerechnet, künstlich, ein Artefakt. —

Bei Wagner steht im Anfang die Hallucination: nicht von
Tönen, sondern von Gebärden. Zu ihnen sucht er erst die Ton-

Semiotik. Will man ihn bewundern, so sehe man ihn hier an der Arbeit: wie er hier trennt, wie er kleine Einheiten gewinnt, wie er diese belebt, heraustreibt, sichtbar macht. Aber daran erschöpft sich seine Kraft: der Rest taugt Nichts. Wie armselig, wie verlegen, wie laienhaft ist seine Art zu „entwickeln", sein Versuch, Das, was nicht auseinander gewachsen ist, wenigstens durcheinander zu stecken! Seine Manieren dabei erinnern an die auch sonst für Wagner's Stil heranziehbaren frères de Goncourt: man hat eine Art Erbarmen mit soviel Nothstand. Dass Wagner seine Unfähigkeit zum organischen Gestalten in ein Princip verkleidet hat, dass er einen „dramatischen Stil" statuirt, wo wir bloss sein Unvermögen zum Stil überhaupt statuiren, entspricht einer kühnen Gewohnheit, die Wagnern durch's ganze Leben begleitet hat: er setzt ein Princip an, wo ihm ein Vermögen fehlt (— sehr verschieden hierin, anbei gesagt, vom alten Kant, der eine a n d r e Kühnheit liebte: nämlich überall, wo ihm ein Princip fehlte, ein „Vermögen" dafür im Menschen anzusetzen ...). Nochmals gesagt: bewunderungswürdig, liebenswürdig ist Wagner nur in der Erfindung des Kleinsten, in der Ausdichtung des Détails, — man hat alles Recht auf seiner Seite, ihn hier als einen Meister ersten Ranges zu proklamiren, als unsern grössten M i n i a t u r i s t e n der Musik, der in den kleinsten Raum eine Unendlichkeit von Sinn und Süsse drängt. Sein Reichthum an Farben, an Halbschatten, an Heimlichkeiten absterbenden Lichts verwöhnt dergestalt, dass Einem hinterdrein fast alle andern Musiker zu robust vorkommen. — Will man mir glauben, so hat man den höchsten Begriff Wagner nicht aus dem zu entnehmen, was heute von ihm gefällt. Das ist zur Überredung von Massen erfunden, davor springt Unsereins wie vor einem allzufrechen Affresco zurück. Was geht u n s die agaçante Brutalität der Tannhäuser-Ouvertüre an? Oder der Circus Walküre? Alles, was von Wagner's Musik auch abseits vom Theater populär geworden ist, ist zweifelhaften Geschmacks und verdirbt den Geschmack. Der

Tannhäuser-Marsch scheint mir der Biedermännerei verdächtig; die Ouvertüre zum fliegenden Holländer ist ein Lärm um Nichts; das Lohengrin-Vorspiel gab das erste, nur zu verfängliche, nur zu gut gerathene Beispiel dafür, wie man auch mit Musik hypnotisirt (— ich mag alle Musik nicht, deren Ehrgeiz nicht weiter geht als die Nerven zu überreden). Aber vom Magnétiseur und Affresco-Maler Wagner abgesehn giebt es noch einen Wagner, der kleine Kostbarkeiten bei Seite legt: unsern grössten Melancholiker der Musik, voll von Blicken, Zärtlichkeiten und Trostworten, die ihm Keiner vorweggenommen hat, den Meister in Tönen eines schwermüthigen und schläfrigen Glücks... Ein Lexikon der intimsten Worte Wagner's, lauter kurze Sachen von fünf bis fünfzehn Takten, lauter Musik, die N i e m a n d k e n n t... Wagner hatte die Tugend der décadents, das Mitleiden — — —

8.

— „Sehr gut! Aber wie k a n n man seinen Geschmack an diesen décadent verlieren, wenn man nicht zufällig ein Musiker, wenn man nicht zufällig selbst ein décadent ist?“ — Umgekehrt! Wie kann man's n i c h t! Versuchen Sie's doch! — Sie wissen nicht, wer Wagner ist: ein ganz grosser Schauspieler! Giebt es überhaupt eine tiefere, eine s c h w e r e r e Wirkung im Theater? Sehen Sie doch diese Jünglinge — erstarrt, blass, athemlos! Das sind Wagnerianer: das versteht Nichts von Musik, — und trotzdem wird Wagner über sie Herr... Wagner's Kunst drückt mit hundert Atmosphären: bücken Sie sich nur, man kann nicht anders... Der Schauspieler Wagner ist ein Tyrann, sein Pathos wirft jeden Geschmack, jeden Widerstand über den Haufen. — Wer hat diese Überzeugungskraft der Gebärde, wer sieht so bestimmt, so zu allererst die Gebärde! Dies Athem-Anhalten des Wagnerischen Pathos, dies Nicht-mehr-loslassen-Wollen eines extremen Gefühls, diese Schrecken einflössende

L ä n g e in Zuständen, wo der Augenblick schon erwürgen
will! — —

  War Wagner überhaupt ein Musiker? Jedenfalls war er etwas Anderes m e h r : nämlich ein unvergleichlicher Histrio, der
grösste Mime, das erstaunlichste Theater-Genie, das die Deutschen gehabt haben, unser S c e n i k e r par excellence. Er gehört wo andershin als in die Geschichte der Musik: mit deren
grossen Echten soll man ihn nicht verwechseln. Wagner u n d
Beethoven — das ist eine Blasphemie — und zuletzt ein Unrecht selbst gegen Wagner... Er war auch als Musiker nur Das,
was er überhaupt war: er w u r d e Musiker, er w u r d e
Dichter, weil der Tyrann in ihm, sein Schauspieler-Genie ihn
dazu zwang. Man erräth Nichts von Wagner, so lange man nicht
seinen dominirenden Instinkt errieth.

  Wagner war n i c h t Musiker von Instinkt. Dies bewies er
damit, dass er alle Gesetzlichkeit und, bestimmter geredet, allen
Stil in der Musik preisgab, um aus ihr zu machen, was er nöthig
hatte, eine Theater-Rhetorik, ein Mittel des Ausdrucks, der Ge-
bärden-Verstärkung, der Suggestion, des Psychologisch-Pittores-
ken. Wagner dürfte uns hier als Erfinder und Neuerer ersten
Ranges gelten — e r h a t d a s S p r a c h v e r m ö g e n d e r
M u s i k i n ' s U n e r m e s s l i c h e v e r m e h r t —: er ist
der Victor Hugo der Musik als Sprache. Immer vorausgesetzt,
dass man zuerst gelten lässt, Musik d ü r f e unter Umständen
nicht Musik, sondern Sprache, sondern Werkzeug, sondern an-
cilla dramaturgica sein. Wagner's Musik, n i c h t vom Theater-
Geschmacke, einem sehr toleranten Geschmacke, in Schutz genommen, ist einfach schlechte Musik, die schlechteste überhaupt,
die vielleicht gemacht worden ist. Wenn ein Musiker nicht mehr
bis drei zählen kann, wird er „dramatisch", wird er „Wagnerisch" ...

  Wagner hat beinahe entdeckt, welche Magie selbst noch mit
einer aufgelösten und gleichsam e l e m e n t a r i s c h gemachten Musik ausgeübt werden kann. Sein Bewusstsein davon geht

bis in's Unheimliche, wie sein Instinkt, die höhere Gesetzlichkeit, den S t i l gar nicht nöthig zu haben. Das Elementarische g e - n ü g t — Klang, Bewegung, Farbe, kurz die Sinnlichkeit der Musik. Wagner rechnet nie als Musiker, von irgend einem Mu- siker-Gewissen aus: er will die Wirkung, er will Nichts als die Wirkung. Und er kennt das, worauf er zu wirken hat! — Er hat darin die Unbedenklichkeit, die Schiller hatte, die jeder Theatermensch hat, er hat auch dessen Verachtung der Welt, die er sich zu Füssen legt! ... Man ist Schauspieler damit, dass man Eine Einsicht vor dem Rest der Menschen voraus hat: was als wahr wirken soll, darf nicht wahr sein. Der Satz ist von Talma formulirt: er enthält die ganze Psychologie des Schauspielers, er enthält — zweifeln wir nicht daran! — auch dessen Moral. Wagner's Musik ist niemals wahr.

— Aber m a n h ä l t s i e d a f ü r : und so ist es in Ord- nung. —

So lang man noch kindlich ist und Wagnerianer dazu, hält man Wagner selbst für reich, selbst für einen Ausbund von Ver- schwender, selbst für einen Grossgrundbesitzer im Reich des Klangs. Man bewundert an ihm, was junge Franzosen an Vic- tor Hugo bewundern, die „königliche Freigebigkeit". Später be- wundert man den Einen wie den Andern aus umgekehrten Gründen: als Meister und Muster der Oekonomie, als k l u g e Gastgeber. Niemand kommt ihnen darin gleich, mit bescheide- nem Aufwand eine fürstliche Tafel zu repräsentiren. — Der Wagnerianer, mit seinem gläubigen Magen, wird sogar satt bei der Kost, die ihm sein Meister vorzaubert. Wir Anderen, die wir in Büchern wie in Musik vor Allem S u b s t a n z verlan- gen und denen mit bloss „repräsentirten" Tafeln kaum gedient ist, sind viel schlimmer dran. Auf deutsch: Wagner giebt uns nicht genug zu beissen. Sein recitativo — wenig Fleisch, schon mehr Knochen und sehr viel Brühe — ist von mir „alla geno- vese" getauft: womit ich durchaus den Genuesen nicht ge- schmeichelt haben will, wohl aber dem ä l t e r e n recitativo, dem recitativo secco. Was gar das Wagnerische „Leitmotiv" betrifft, so fehlt mir dafür alles kulinarische Verständniss. Ich würde es, wenn man mich drängt, vielleicht als idealen Zahnstocher gelten lassen, als Gelegenheit, R e s t e von Speisen los zu werden. Bleiben die „Arien" Wagner's — Und nun sage ich kein Wort mehr.

9.

Auch im Entwerfen der Handlung ist Wagner vor Allem Schauspieler. Was zuerst ihm aufgeht, ist eine Scene von unbedingt sichrer Wirkung, eine wirkliche Actio*) mit einem hautrelief der Gebärde, eine Scene, die u m w i r f t — diese denkt er in die Tiefe, aus ihr zieht er erst die Charaktere. Der ganze Rest folgt daraus, einer technischen Ökonomik gemäss, die keine Gründe hat, subtil zu sein. Es ist n i c h t das Publikum Corneille's, das Wagner zu schonen hat: blosses neunzehntes Jahrhundert. Wagner würde über „das Eine, was noth thut" ungefähr urtheilen, wie jeder andre Schauspieler heute urtheilt: eine Reihe starker Scenen, eine stärker als die andre — und, dazwischen, viel k l u g e Stupidität. Er sucht sich selbst zuerst die Wirkung seines Werkes zu garantiren, er beginnt mit dem dritten Akte, er b e w e i s t sich sein Werk mit dessen letzter Wirkung. Mit einem solchen Theaterverstande als Führer ist

*) A n m e r k u n g. Es ist ein wahres Unglück für die Aesthetik gewesen, dass man das Wort Drama immer mit „Handlung" übersetzt hat. Nicht Wagner allein irrt hierin; alle Welt ist noch im Irrthum; die Philologen sogar, die es besser wissen sollten. Das antike Drama hatte grosse P a t h o s s c e n e n im Auge — es schloss gerade die Handlung aus (verlegte sie v o r den Anfang oder h i n t e r die Scene). Das Wort Drama ist dorischer Herkunft: und nach dorischem Sprachgebrauch bedeutet es „Ereigniss," „Geschichte," beide Worte in hieratischem Sinne. Das älteste Drama stellte die Ortslegende dar, die „heilige Geschichte," auf der die Gründung des Cultus ruhte (— also kein Thun, sondern ein Geschehen: δρᾶν heisst im Dorischen gar nicht „thun").

man nicht in Gefahr, unversehens ein Drama zu schaffen. Das Drama verlangt die h a r t e Logik: aber was lag Wagnern überhaupt an der Logik! Nochmals gesagt: es ist n i c h t das Publikum Corneille's, das er zu schonen hatte: blosse Deutsche! Man weiss, bei welchem technischen Problem der Dramatiker alle seine Kraft ansetzt und oft Blut schwitzt: dem Knoten N o t h w e n d i g k e i t zu geben und ebenso der Lösung, so dass beide nur auf eine einzige Art möglich sind, beide den Eindruck der Freiheit machen (Princip des kleinsten Aufwandes von Kraft). Nun, dabei schwitzt Wagner am wenigsten Blut; gewiss ist, dass er für Knoten und Lösung den kleinsten Aufwand von Kraft macht. Man nehme irgend einen „Knoten" Wagner's unter das Mikroskop — man wird dabei zu lachen haben, das verspreche ich. Nichts erheiternder als der Knoten des Tristan, es müsste denn der Knoten der Meistersinger sein. Wagner ist k e i n Dramatiker, man lasse sich Nichts vormachen. Er liebte das Wort „Drama": das ist Alles — er hat immer die schönen Worte geliebt. Das Wort „Drama" in seinen Schriften ist trotzdem bloss ein Missverständniss (— u n d eine Klugheit: Wagner that immer vornehm gegen das Wort „Oper" —); ungefähr wie das Wort „Geist" im neuen Testament bloss ein Missverständniss ist. — Er war schon nicht Psychologe genug zum Drama; er wich instinktiv der psychologischen Motivirung aus — womit? damit, dass er immer die Idiosynkrasie an deren Stelle rückte... Sehr modern, nicht wahr? sehr Pariserisch! sehr décadent!... Die K n o t e n, anbei gesagt, die thatsächlich Wagner mit Hülfe dramatischer Erfindungen zu lösen weiss, sind ganz andrer Art. Ich gebe ein Beispiel. Nehmen wir den Fall, dass Wagner eine Weiberstimme nöthig hat. Ein ganzer Akt o h n e Weiberstimme — das geht nicht! Aber die „Heldinnen" sind im Augenblick alle nicht frei. Was thut Wagner? Er emancipirt das älteste Weib der Welt, die Erda: „herauf, alte Grossmutter! Sie müssen singen!" Erda singt. Wagner's Absicht ist erreicht. Sofort schafft er die alte Dame wieder ab. „Wozu kamen Sie eigentlich? Ziehn Sie ab! Schlafen Sie gefälligst weiter!" — In summa: eine Scene voller mythologischer Schauder, bei der der Wagnerianer a h n t…

— „Aber der G e h a l t der Wagnerischen Texte! ihr mythischer Gehalt, ihr ewiger Gehalt!" — Frage: wie prüft man diesen Gehalt, diesen ewigen Gehalt? — Der Chemiker antwortet: man übersetzt Wagnern in's Reale, in's Moderne, — seien wir noch grausamer! in's Bürgerliche! Was wird dabei aus Wagner? — Unter uns, ich habe es versucht. Nichts unterhaltender, Nichts für Spaziergänge mehr zu empfehlen als sich Wagnern in v e r j ü n g t e n Proportionen zu erzählen: zum Beispiel Parsifal als Candidaten der Theologie, mit Gymnasialbildung (— letztere als unentbehrlich zur r e i n e n T h o r h e i t). Welche Überraschungen man dabei erlebt! Würden Sie es glauben, dass die Wagnerischen Heroïnen sammt und sonders, sobald man nur erst den heroischen Balg abgestreift hat, zum Verwechseln Madame Bovary ähnlich sehn! — wie man umgekehrt auch begreift, dass es Flaubert f r e i s t a n d, seine Heldin in's Skandinavische oder Karthagische zu übersetzen und sie dann, mythologisirt, Wagnern als Textbuch anzubieten. Ja, in's Grosse gerechnet, scheint Wagner sich für keine andern Probleme interessirt zu haben, als die, welche heute die kleinen Pariser décadents interessiren. Immer fünf Schritte weit vom Hospital! Lauter ganz moderne, lauter ganz g r o s s s t ä d t is c h e Probleme! zweifeln Sie nicht daran!… Haben Sie bemerkt (es gehört in diese Ideen-Association), dass die Wagnerischen Heldinnen keine Kinder bekommen? — Sie k ö n n e n's nicht… Die Verzweiflung, mit der Wagner das Problem angegriffen hat, Siegfried überhaupt geboren werden zu lassen, verräth, w i e modern er in diesem Punkte fühlte. — Siegfried „emancipirt das Weib" — doch ohne Hoffnung auf Nachkommenschaft. — Eine Thatsache endlich, die uns fassungslos lässt: Parsifal ist der Vater Lohengrin's! Wie hat er das ge-

macht? — Muss man sich hier daran erinnern, dass „die Keuschheit W u n d e r thut"?...
Wagnerus dixit princeps in castitate auctoritas.

10.

Anbei noch ein Wort über die Schriften Wagner's: sie sind,
unter Anderem, eine Schule der K l u g h e i t. Das System von
Prozeduren, das Wagner handhabt, ist auf hundert andre Fälle
anzuwenden, — wer Ohren hat, der höre. Vielleicht habe ich
einen Anspruch auf öffentliche Erkenntlichkeit, wenn ich den
drei werthvollsten Prozeduren einen präcisen Ausdruck gebe.

Alles, was Wagner n i c h t kann, ist verwerflich.
Wagner könnte noch Vieles: aber er will es nicht, — aus Rigo-
rosität im Princip.
Alles, was Wagner k a n n, wird ihm Niemand nachmachen,
hat ihm Keiner vorgemacht, s o l l ihm Keiner nachmachen...
Wagner ist göttlich ...

Diese drei Sätze sind die Quintessenz von Wagner's Litteratur; der Rest ist — „Litteratur."
— Nicht jede Musik hat bisher Litteratur nöthig gehabt:
man thut gut, hier nach dem zureichenden Grund zu suchen. Ist
es, dass Wagner's Musik zu schwer verständlich ist? Oder fürch-
tete er das Umgekehrte, dass man sie zu leicht versteht, — dass
man sie n i c h t s c h w e r g e n u g versteht? — Thatsächlich
hat er sein ganzes Leben Einen Satz wiederholt: dass seine Musik nicht nur Musik bedeute! Sondern mehr! Sondern unendlich
viel mehr!... „N i c h t n u r Musik" — so redet kein Musiker. Nochmals gesagt, Wagner konnte nicht aus dem Ganzen
schaffen, er hatte gar keine Wahl, er musste Stückwerk machen,
„Motive", Gebärden, Formeln, Verdopplungen und Verhundert-
fachungen, er blieb Rhetor als Musiker — er m u s s t e grundsätzlich deshalb das „es bedeutet" in den Vordergrund bringen.

„Die Musik ist immer nur ein Mittel": das war seine Theorie, das war vor Allem die einzige ihm überhaupt mögliche P r a - x i s. Aber so denkt kein Musiker. — Wagner hatte Litteratur nöthig, um alle Welt zu überreden, seine Musik ernst zu neh- men, tief zu nehmen, „weil sie Unendliches b e d e u t e"; er war zeitlebens der Commentator der „Idee". — Was bedeutet Elsa? Aber kein Zweifel: Elsa ist „der unbewusste G e i s t d e s V o l k s" (— „mit dieser Erkenntniss wurde ich nothwendig zum vollkommnen Revolutionär" —).

Erinnern wir uns, dass Wagner in der Zeit, wo Hegel und Schelling die Geister verführten, jung war; dass er errieth, dass er mit Händen griff, was allein der Deutsche ernst nimmt — „die Idee", will sagen Etwas, das dunkel, ungewiss, ahnungsvoll ist; dass Klarheit unter Deutschen ein Einwand, Logik eine Widerlegung ist. Schopenhauer hat, mit Härte, die Epoche He- gel's und Schelling's der Unredlichkeit geziehn — mit Härte, auch mit Unrecht: er selbst, der alte pessimistische Falsch- münzer, hat es in Nichts „redlicher" getrieben als seine berühm- teren Zeitgenossen. Lassen wir die Moral aus dem Spiele: Hegel ist ein G e s c h m a c k... Und nicht nur ein deutscher, sondern ein europäischer Geschmack! — Ein Geschmack, den Wagner be- griff! — dem er sich gewachsen fühlte! den er verewigt hat! — Er machte bloss die Nutzanwendung auf die Musik — er erfand sich einen Stil, der „Unendliches bedeutet," — er wurde der E r b e H e g e l ' s... Die Musik als „Idee" — —

Und wie man Wagnern verstand! — Dieselbe Art Mensch, die für Hegel geschwärmt, schwärmt heute für Wagner; in seiner Schule s c h r e i b t man sogar Hegelisch! — Vor Allen ver- stand ihn der deutsche Jüngling. Die zwei Worte „unendlich" und „Bedeutung" genügten bereits: ihm wurde dabei auf eine unvergleichliche Weise wohl. Es ist n i c h t die Musik, mit der Wagner sich die Jünglinge erobert hat, es ist die „Idee": — es ist das Räthselreiche seiner Kunst, ihr Versteckspielen unter hundert Symbolen, ihre Polychromie des Ideals, was diese Jüng-

linge zu Wagner führt und lockt; es ist Wagner's Genie der
Wolkenbildung, sein Greifen, Schweifen und Streifen durch die
Lüfte, sein Überall und Nirgendswo, genau Dasselbe, womit sie
seiner Zeit Hegel verführt und verlockt hat! — Inmitten von
Wagner's Vielheit, Fülle und Willkür sind sie wie bei sich selbst
gerechtfertigt — „erlöst" —. Sie hören mit Zittern, wie in seiner Kunst die grossen Symbole aus vernebelter Ferne
mit sanftem Donner laut werden; sie sind nicht ungehalten,
wenn es zeitweilig grau, grässlich und kalt in ihr zugeht. Sind
sie doch sammt und sonders, gleich Wagnern selbst, verwandt
mit dem schlechten Wetter, dem deutschen Wetter! Wotan ist ihr
Gott: aber Wotan ist der Gott des schlechten Wetters... Sie
haben Recht, diese deutschen Jünglinge, so wie sie nun einmal
sind: wie könnten sie vermissen, was wir Anderen, was
wir Halkyonier bei Wagnern vermissen — la gaya
scienza; die leichten Füsse; Witz, Feuer, Anmuth; die grosse Logik; den Tanz der Sterne; die übermüthige Geistigkeit; die
Lichtschauder des Südens; das glatte Meer — Vollkommenheit...

11.

— Ich habe erklärt, wohin Wagner gehört — nicht in
die Geschichte der Musik. Was bedeutet er trotzdem in deren
Geschichte? Die Heraufkunft des Schauspielers
in der Musik: ein capitales Ereigniss, das zu denken, das
vielleicht auch zu fürchten giebt. In Formel: „Wagner und
Liszt." — Noch nie wurde die Rechtschaffenheit der Musiker,
ihre „Echtheit" gleich gefährlich auf die Probe gestellt. Man
greift es mit Händen: Der grosse Erfolg, der Massen-Erfolg ist
nicht mehr auf Seite der Echten, — man muss Schauspieler sein,
ihn zu haben! — Victor Hugo und Richard Wagner — sie bedeuten Ein und Dasselbe: dass in Niedergangs-Culturen, dass
überall, wo den Massen die Entscheidung in die Hände fällt,
die Echtheit überflüssig, nachtheilig, zurücksetzend wird. Nur

der Schauspieler weckt noch die g r o s s e Begeisterung. — Damit kommt für den Schauspieler das g o l d e n e Z e i t a l t e r herauf — für ihn und für Alles, was seiner Art verwandt ist. Wagner marschirt mit Trommeln und Pfeifen an der Spitze aller Künstler des Vortrags, der Darstellung, des Virtuosenthums; er hat zuerst die Kapellmeister, die Maschinisten und Theatersänger überzeugt. Nicht zu vergessen die Orchestermusiker: — er „erlöste" diese von der Langenweile... Die Bewegung, die Wagner schuf, greift selbst in das Gebiet der Erkenntniss über: ganze zugehörige Wissenschaften tauchen langsam aus jahrhundertealter Scholastik empor. Ich hebe, um ein Beispiel zu geben, mit Auszeichnung die Verdienste R i e m a n n ' s um die Rhythmik hervor, des Ersten, der den Hauptbegriff der Interpunktion auch für die Musik geltend gemacht hat (leider vermittelst eines hässlichen Wortes: er nennt's „Phrasirung"). — Dies Alles sind, ich sage es mit Dankbarkeit, die Besten unter den Verehrern Wagner's, die Achtungswürdigsten — sie haben einfach Recht, Wagnern zu verehren. Der gleiche Instinkt verbindet sie mit einander, sie sehen in ihm ihren höchsten Typus, sie fühlen sich zur Macht, zur Grossmacht selbst umgewandelt, seit er sie mit seiner eignen Gluth entzündet hat. Hier nämlich, wenn irgendwo, ist der Einfluss Wagner's wirklich w o h l t h ä t i g gewesen. Noch nie ist in dieser Sphäre so viel gedacht, gewollt, gearbeitet worden. Wagner hat allen diesen Künstlern ein neues Gewissen eingegeben: was sie jetzt von sich fordern, von sich e r l a n g e n , das haben sie nie vor Wagner von sich gefordert — sie waren früher zu bescheiden dazu. Es herrscht ein andrer Geist am Theater, seit Wagner's Geist daselbst herrscht: man verlangt das Schwerste, man tadelt hart, man lobt selten, — das Gute, das Ausgezeichnete gilt als Regel. Geschmack thut nicht mehr Noth; nicht einmal Stimme. Man singt Wagner nur mit ruinirter Stimme: das wirkt „dramatisch". Selbst Begabung ist ausgeschlossen. Das espressivo um jeden Preis, wie es das Wagnerische Ideal, das décadence-Ideal verlangt, verträgt sich schlecht mit Begabung. Dazu gehört bloss T u g e n d — will sagen Dressur, Automatismus, „Selbstverleugnung." Weder Geschmack, noch Stimme, noch Begabung: die Bühne Wagner's hat nur Eins nöthig — G e r m a n e n !... Definition des Germanen: Gehorsam und lange Beine... Es ist voll tiefer Bedeutung, dass die Heraufkunft Wagner's zeitlich mit der Heraufkunft des „Reichs" zusammenfällt: beide Thatsachen beweisen Ein und Dasselbe — Gehorsam und lange Beine. — Nie ist besser gehorcht, nie besser befohlen worden. Die Wagnerischen Kapellmeister in Sonderheit sind eines Zeitalters würdig, das die Nachwelt einmal mit scheuer Ehrfurcht d a s k l a s s i s c h e Z e i t a l t e r d e s K r i e g s nennen wird. Wagner verstand zu commandiren; er war auch damit der grosse Lehrer. Er commandirte als der unerbittliche Wille zu sich, als die lebenslängliche Zucht an sich: Wagner, der vielleicht das grösste Beispiel der Selbstvergewaltigung abgiebt, das die Geschichte der Künste hat (— selbst Alfieri, sonst sein Nächstverwandter, ist noch überboten. Anmerkung eines Turiners).

I 2.

Mit dieser Einsicht, dass unsre Schauspieler verehrungswürdiger als je sind, ist ihre Gefährlichkeit nicht als geringer begriffen... Aber wer zweifelt noch daran, was ich will, — was die d r e i F o r d e r u n g e n sind, zu denen mir diesmal mein Ingrimm, meine Sorge, meine Liebe zur Kunst den Mund geöffnet hat?

    D a s s d a s T h e a t e r n i c h t H e r r ü b e r d i e K ü n s t e w i r d.

    D a s s d e r S c h a u s p i e l e r n i c h t z u m V e r f ü h r e r d e r E c h t e n w i r d.

    D a s s d i e M u s i k n i c h t z u e i n e r K u n s t z u l ü g e n w i r d.

FRIEDRICH NIETZSCHE.

Nachschrift.

— Der Ernst der letzten Worte erlaubt mir, an dieser Stelle
noch einige Sätze aus einer ungedruckten Abhandlung mitzu-
theilen, welche zum Mindesten über meinen Ernst in dieser
Sache keinen Zweifel lassen. Jene Abhandlung ist betitelt: W a s
W a g n e r u n s k o s t e t.

Die Anhängerschaft an Wagner zahlt sich theuer. Ein dunk-
les Gefühl hierüber ist auch heute noch vorhanden. Auch der Erfolg Wagner's, sein S i e g, riss dies Gefühl nicht in der Wurzel
aus. Aber ehemals war es stark, war es furchtbar, war es wie
ein düsterer Hass — fast drei Viertheile von Wagner's Leben
hindurch. Jener Widerstand, den er bei uns Deutschen fand,
kann nicht hoch genug geschätzt und zu Ehren gebracht werden.
Man wehrte sich gegen ihn wie gegen eine Krankheit, —
n i c h t mit Gründen — man widerlegt keine Krankheit —,
sondern mit Hemmung, Misstrauen, Verdrossenheit, Ekel, mit
einem finsteren Ernste, als ob in ihm eine grosse Gefahr herum-
schliche. Die Herren Aesthetiker haben sich blossgestellt, als
sie, aus drei Schulen der deutschen Philosophie heraus, Wagner's
Principien mit „wenn" und „denn" einen absurden Krieg machten — was lag ihm an Principien, selbst den eigenen! — Die
Deutschen selbst haben genug Vernunft im Instinkt gehabt, um
hier sich jedes „wenn" und „denn" zu verbieten. Ein Instinkt
ist geschwächt, wenn er sich rationalisirt: denn damit, d a s s

er sich rationalisirt, schwächt er sich. Wenn es Anzeichen dafür
giebt, dass, trotz dem Gesammt-Charakter der europäischen
décadence, noch ein Grad Gesundheit, noch eine Instinkt-Wit-
terung für Schädliches und Gefahrdrohendes im deutschen Wesen wohnt, so möchte ich unter ihnen am wenigsten diesen
d u m p f e n Widerstand gegen Wagner unterschätzt wissen. Er
macht uns Ehre, er erlaubt selbst zu hoffen: so viel Gesundheit
hätte Frankreich nicht mehr aufzuwenden. Die Deutschen, die
V e r z ö g e r e r par excellence in der Geschichte, sind heute das
zurückgebliebenste Culturvolk Europa's: dies hat seinen Vortheil, — eben damit sind sie relativ das j ü n g s t e.

Die Anhängerschaft an Wagner zahlt sich theuer. Die Deutschen haben eine Art Furcht vor ihm vor ganz Kurzem erst verlernt, — die Lust, i h n l o s z u s e i n, kam ihnen bei jeder
Gelegenheit.*) — Erinnert man sich eines curiosen Umstandes
noch, bei dem, ganz zuletzt, ganz unerwartet, jenes alte Gefühl
wieder zum Vorschein kam? Es geschah beim Begräbnisse Wagner's, dass der erste deutsche Wagner-Verein, der Münchener, an
seinem Grabe einen Kranz niederlegte, dessen I n s c h r i f t sofort berühmt wurde. „Erlösung dem Erlöser!" — lautete sie.
Jedermann bewunderte die hohe Inspiration, die diese Inschrift
diktirt hatte, Jedermann einen Geschmack, auf den die Anhänger Wagner's ein Vorrecht haben; Viele aber auch (es war selt-

*) A n m e r k u n g. — War Wagner überhaupt ein Deutscher? Man
hat einige Gründe, so zu fragen. Es ist schwer, in ihm irgend einen
deutschen Zug ausfindig zu machen. Er hat, als der grosse Lerner, der
er war, viel Deutsches nachmachen gelernt — das ist Alles. Sein Wesen
selbst w i d e r s p r i c h t dem, was bisher als deutsch empfunden wurde:
nicht zu reden vom deutschen Musiker! — Sein Vater war ein Schauspieler
Namens Geyer. Ein Geyer ist beinahe schon ein Adler ... Das, was bisher
als „Leben Wagner's" in Umlauf gebracht ist, ist fable convenue,
wenn nicht Schlimmeres. Ich bekenne mein Misstrauen gegen jeden Punkt,
der bloss durch Wagner selbst bezeugt ist. Er hatte nicht Stolz genug zu
irgend einer Wahrheit über sich, Niemand war weniger stolz; er blieb,
ganz wie Victor Hugo, auch im Biographischen sich treu, — er blieb Schauspieler.

sam genug!) machten an ihr dieselbe kleine Correctur: „Erlösung
v o m Erlöser!" — Man athmete auf. —

Die Anhängerschaft an Wagner zahlt sich theuer. Messen wir
sie an ihrer Wirkung auf die Cultur. Wen hat eigentlich seine
Bewegung in den Vordergrund gebracht? Was hat sie immer
mehr in's Grosse gezüchtet? — Vor Allem die Anmaassung des
Laien, des Kunst-Idioten. Das organisirt jetzt Vereine, das will
seinen „Geschmack" durchsetzen, das möchte selbst in rebus mu-
sicis et musicantibus den Richter machen. Zuzweit: eine immer
grössere Gleichgültigkeit gegen jede strenge, vornehme, gewis-
senhafte Schulung im Dienste der Kunst; an ihre Stelle gerückt
den Glauben an das Genie, auf deutsch: den frechen Dilettantismus (— die Formel dafür steht in den Meistersingern). Zudritt
und zuschlimmst: d i e T h e a t r o k r a t i e —, den Aberwitz
eines Glaubens an den V o r r a n g des Theaters, an ein Recht
auf H e r r s c h a f t des Theaters über die Künste, über die
Kunst... Aber man soll es den Wagnerianern hundert Mal in's
Gesicht sagen, w a s das Theater ist: immer nur ein U n t e r -
h a l b der Kunst, immer nur etwas Zweites, etwas Vergröbertes,
etwas für die Massen Zurechtgebogenes, Zurechtgelogenes! Daran
hat auch Wagner Nichts verändert: Bayreuth ist grosse Oper —
und nicht einmal g u t e Oper... Das Theater ist eine Form der
Demolatrie in Sachen des Geschmacks, das Theater ist ein Mas-
sen-Aufstand, ein Plebiscit g e g e n den guten Geschmack...
D i e s e b e n b e w e i s t d e r F a l l W a g n e r : er gewann
die Menge, — er verdarb den Geschmack, er verdarb selbst für
die Oper unsren Geschmack! —

Die Anhängerschaft an Wagner zahlt sich theuer. Was macht
sie aus dem Geist? b e f r e i t W a g n e r d e n G e i s t ? — Ihm
eignet jede Zweideutigkeit, jeder Doppelsinn, Alles überhaupt,
was die Ungewissen überredet, ohne ihnen zum Bewusstsein zu
bringen, w o f ü r sie überredet sind. Damit ist Wagner ein
Verführer grossen Stils. Es giebt nichts Müdes, nichts Abgeleb-
tes, nichts Lebensgefährliches und Weltverleumderisches in Din-

gen des Geistes, das von seiner Kunst nicht heimlich in Schutz genommen würde — es ist der schwärzeste Obskurantismus, den er in die Lichthüllen des Ideals verbirgt. Er schmeichelt jedem nihilistischen (— buddhistischen) Instinkte und verkleidet ihn in Musik, er schmeichelt jeder Christlichkeit, jeder religiösen Ausdrucksform der décadence. Man mache seine Ohren auf: Alles, was je auf dem Boden des v e r a r m t e n Lebens aufgewachsen ist, die ganze Falschmünzerei der Transscendenz und des Jenseits, hat in Wagner's Kunst ihren sublimsten Fürsprecher — n i c h t in Formeln: Wagner ist zu klug für Formeln — sondern in einer Überredung der Sinnlichkeit, die ihrerseits wieder den Geist mürbe und müde macht. Die Musik als Circe... Sein letztes Werk ist hierin sein grösstes Meisterstück. Der Parsifal wird in der Kunst der Verführung ewig seinen Rang behalten, als der G e n i e s t r e i c h der Verführung... Ich bewundere dies Werk, ich möchte es selbst gemacht haben; in Ermangelung davon v e r s t e h e i c h e s... Wagner war nie besser inspirirt als am Ende. Das Raffinement im Bündniss von Schönheit und Krankheit geht hier so weit, dass es über Wagner's frühere Kunst gleichsam Schatten legt: — sie erscheint zu hell, zu gesund. Versteht ihr das? Die Gesundheit, die Helligkeit als Schatten wirkend? als E i n w a n d beinahe?... So weit sind wir schon r e i n e T h o r e n... Niemals gab es einen grösseren Meister in dumpfen hieratischen Wohlgerüchen, — nie lebte ein gleicher Kenner alles k l e i n e n Unendlichen, alles Zitternden und Überschwänglichen, aller Femininismen aus dem Idiotikon des Glücks! — Trinkt nur, meine Freunde, die Philtren dieser Kunst! Ihr findet nirgends eine angenehmere Art, euren Geist zu entnerven, eure Männlichkeit unter einem Rosengebüsche zu vergessen... Ah dieser alte Zauberer! Dieser Klingsor aller Klingsore! Wie er u n s damit den Krieg macht! uns, den freien Geistern! Wie er jeder Feigheit der modernen Seele mit Zaubermädchen-Tönen zu Willen redet! — Es gab nie einen solchen T o d h a s s auf die Erkenntniss! — Man muss

Cyniker sein, um hier nicht verführt zu werden, man muss beissen können, um hier nicht anzubeten. Wohlan, alter Verführer! Der Cyniker warnt dich — cave canem …

Die Anhängerschaft an Wagner zahlt sich theuer. Ich beobachte die Jünglinge, die lange seiner Infektion ausgesetzt waren. Die nächste, relativ unschuldige Wirkung ist die ⟨Verderbniss⟩ des Geschmacks. Wagner wirkt wie ein fortgesetzter Gebrauch von Alkohol. Er stumpft ab, er verschleimt den Magen. Spezifische Wirkung: Entartung des rhythmischen Gefühls. Der Wagnerianer nennt zuletzt rhythmisch, was ich selbst, mit einem griechischen Sprüchwort, „den Sumpf bewegen" nenne. Schon viel gefährlicher ist die Verderbniss der Begriffe. Der Jüngling wird zum Mondkalb, — zum „Idealisten". Er ist über die Wissenschaft hinaus; darin steht er auf der Höhe des Meisters. Dagegen macht er den Philosophen; er schreibt Bayreuther Blätter; er löst alle Probleme im Namen des Vaters, des Sohnes und des heiligen Meisters. Am unheimlichsten freilich bleibt die Verderbniss der Nerven. Man gehe Nachts durch eine grössere Stadt: überall hört man, dass mit feierlicher Wuth Instrumente genothzüchtigt werden — ein wildes Geheul mischt sich dazwischen. Was geht da vor? — Die Jünglinge beten Wagner an … Bayreuth reimt sich auf Kaltwasserheilanstalt. — Typisches Telegramm aus Bayreuth: b e r e i t s b e r e u t. — Wagner ist schlimm für die Jünglinge; er ist verhängnissvoll für das Weib. Was ist, ärztlich gefragt, eine Wagnerianerin? — Es scheint mir, dass ein Arzt jungen Frauen nicht ernst genug diese Gewissens-Alternative stellen könnte: Eins o d e r das Andere. — Aber sie haben bereits gewählt. Man kann nicht zween Herren dienen, wenn der Eine Wagner heisst. Wagner hat das Weib erlöst; das Weib hat ihm dafür Bayreuth gebaut. Ganz Opfer, ganz Hingebung: man hat Nichts, was man ihm nicht geben würde. Das Weib verarmt sich zu Gunsten des Meisters, es wird rührend, es steht nackt vor ihm. — Die Wagnerianerin — die anmuthigste Zweideutigkeit, die es heute giebt: sie v e r k ö r p e r t die

Sache Wagner's, — in ihrem Zeichen s i e g t seine Sache...
Ah, dieser alte Räuber! Er raubt uns die Jünglinge, er raubt
selbst noch unsre Frauen und schleppt sie in seine Höhle... Ah,
dieser alte Minotaurus! Was er uns schon gekostet hat! Alljährlich führt man ihm Züge der schönsten Mädchen und Jünglinge
in sein Labyrinth, damit er sie verschlinge, — alljährlich into-
nirt ganz Europa „auf nach Kreta! auf nach Kreta!"...

Zweite Nachschrift.

— Mein Brief, scheint es, ist einem Missverständnisse ausgesetzt. Auf gewissen Gesichtern zeigen sich die Falten der
Dankbarkeit; ich höre selbst ein bescheidenes Frohlocken. Ich
zöge vor, hier wie in vielen Dingen, verstanden zu werden. —
Seitdem aber in den Weinbergen des deutschen Geistes ein neues
Thier haust, der Reichswurm, die berühmte R h i n o x e r a,
wird kein Wort von mir mehr verstanden. Die Kreuzzeitung
selbst bezeugt es mir, nicht zu reden vom litterarischen Central-
blatt. — Ich habe den Deutschen die tiefsten Bücher gegeben,
die sie überhaupt besitzen — Grund genug, dass die Deutschen
kein Wort davon verstehn… Wenn ich in d i e s e r Schrift
Wagnern den Krieg mache — und, nebenbei, einem deutschen
„Geschmack" —, wenn ich für den Bayreuther Cretinismus harte
Worte habe, so möchte ich am allerwenigsten irgend welchen
a n d r e n Musikern damit ein Fest machen. A n d r e Musiker kommen gegen Wagner nicht in Betracht. Es steht schlimm
überhaupt. Der Verfall ist allgemein. Die Krankheit liegt in der
Tiefe. Wenn Wagner der Name bleibt für den R u i n d e r
M u s i k, wie Bernini für den Ruin der Skulptur, so ist er doch
nicht dessen Ursache. Er hat nur dessen tempo beschleunigt, —
freilich in einer Weise, dass man mit Entsetzen vor diesem fast
plötzlichen Abwärts, Abgrundwärts steht. Er hatte die Naivetät
der décadence: dies war seine Überlegenheit. Er glaubte an sie,

er blieb vor keiner Logik der décadence stehn. Die Andern
z ö g e r n — das unterscheidet sie. Sonst Nichts!... Das Gemeinsame zwischen Wagner und „den Andern" — ich zähle es
auf: der Niedergang der organisirenden Kraft; der Missbrauch
überlieferter Mittel, ohne das r e c h t f e r t i g e n d e Vermögen, das zum-Zweck; die Falschmünzerei in der Nachbildung
grosser Formen, für die heute Niemand stark, stolz, selbstgewiss,
g e s u n d genug ist; die Überlebendigkeit im Kleinsten; der Affekt um jeden Preis; das Raffinement als Ausdruck des v e r -
a r m t e n Lebens; immer mehr Nerven an Stelle des Fleisches.
— Ich kenne nur Einen Musiker, der heute noch im Stande ist,
eine Ouvertüre aus g a n z e m H o l z e zu schnitzen: und Niemand kennt ihn... Was heute berühmt ist, macht, im Vergleich
mit Wagner, nicht „bessere" Musik, sondern nur unentschiede-
nere, sondern nur gleichgültigere: — gleichgültigere, weil das
Halbe damit abgethan ist, d a s s d a s G a n z e d a i s t. Aber
Wagner war ganz; aber Wagner war die ganze Verderbniss; aber
Wagner war der Muth, der Wille, die Ü b e r z e u g u n g in
der Verderbniss — was liegt noch an Johannes Brahms!... Sein
Glück war ein deutsches Missverständniss: man nahm ihn als
Antagonisten Wagner's, — man b r a u c h t e einen Antagonisten! — Das macht keine n o t h w e n d i g e Musik, das
macht vor Allem zu viel Musik! — Wenn man nicht reich ist,
soll man stolz genug sein zur Armuth!... Die Sympathie, die
Brahms unleugbar hier und da einflösst, ganz abgesehen von jenem Partei-Interesse, Partei-Missverständnisse, war mir lange
ein Räthsel: bis ich endlich, durch einen Zufall beinahe, dahinter
kam, dass er auf einen bestimmten Typus von Menschen wirkt.
Er hat die Melancholie des Unvermögens; er schafft n i c h t aus
der Fülle, er d u r s t e t nach der Fülle. Rechnet man ab, was
er nachmacht, was er grossen alten oder exotisch-modernen Stil-
formen entlehnt — er ist Meister in der Copie —, so bleibt als
sein Eigenstes die S e h n s u c h t... Das errathen die Sehn-
süchtigen, die Unbefriedigten aller Art. Er ist zu wenig Person,

zu wenig Mittelpunkt... Das verstehen die „Unpersönlichen", die Peripherischen, — sie lieben ihn dafür. In Sonderheit ist er der Musiker einer Art unbefriedigter Frauen. Fünfzig Schritt weiter: und man hat die Wagnerianerin — ganz wie man fünfzig Schritt über Brahms hinaus Wagner findet —, die Wagnerianerin, einen ausgeprägteren, interessanteren, vor Allem a n m u t h i g e r e n Typus. Brahms ist rührend, so lange er heimlich schwärmt oder über sich trauert — darin ist er „modern" —; er wird kalt, er geht uns Nichts mehr an, sobald er die Klassiker b e e r b t... Man nennt Brahms gern den E r b e n Beethoven's: ich kenne keinen vorsichtigeren Euphemismus. — Alles, was heute in der Musik auf „grossen Stil" Anspruch macht, ist damit e n t w e d e r falsch gegen uns o d e r falsch gegen sich. Diese Alternative ist nachdenklich genug: sie schliesst nämlich eine Casuistik über den Werth der zwei Fälle in sich ein. „Falsch gegen u n s": dagegen protestirt der Instinkt der Meisten — sie wollen nicht betrogen werden —; ich selbst freilich würde diesen Typus immer noch dem anderen („falsch gegen s i c h") vorziehn. Dies ist m e i n Geschmack. — Fasslicher, für die „Armen im Geiste" ausgedrückt: Brahms — o d e r Wagner... Brahms ist k e i n Schauspieler. — Man kann einen guten Theil der a n d r e n Musiker in den Begriff Brahms subsumiren. — Ich sage kein Wort von den klugen Affen Wagner's, zum Beispiel von Goldmark: mit der „Königin von Saba" gehört man in die Menagerie, — man kann sich sehen lassen. — Was heute gut gemacht, meisterhaft gemacht werden kann, ist nur das Kleine. Hier allein ist noch Rechtschaffenheit möglich. — Nichts kann aber die Musik i n d e r Hauptsache v o n der Hauptsache kuriren, von der Fatalität, Ausdruck des physiologischen Widerspruchs zu sein, — m o d e r n zu sein. Der beste Unterricht, die gewissenhafteste Schulung, die grundsätzliche Intimität, ja selbst Isolation in der Gesellschaft der alten Meister — das bleibt Alles nur palliativisch, strenger geredet, i l l u s o r i s c h, weil man die Voraussetzung dazu

nicht mehr im Leibe hat: sei dies nun die starke Rasse eines
Händel, sei es die überströmende Animalität eines Rossini. —
Nicht Jeder hat das R e c h t zu jedem Lehrer: das gilt von
ganzen Zeitaltern. — An sich ist die Möglichkeit nicht ausgeschlossen, dass es noch R e s t e stärkerer Geschlechter, typisch unzeitgemässer Menschen irgendwo in Europa giebt: von
da aus wäre eine v e r s p ä t e t e Schönheit und Vollkommenheit auch für die Musik noch zu erhoffen. Was wir, besten Falls,
noch erleben können, sind Ausnahmen. Von der R e g e l,
dass die Verderbniss obenauf, dass die Verderbniss fatalistisch
ist, rettet die Musik kein Gott. —

Epilog.

— Entziehen wir uns zuletzt, um aufzuathmen, für einen Augenblick der engen Welt, zu der jede Frage nach dem Werth von Personen den Geist verurtheilt. Ein Philosoph hat das Bedürfniss, sich die Hände zu waschen, nachdem er sich so lange mit dem „Fall Wagner" befasst hat. — Ich gebe meinen Begriff des Modernen. — Jede Zeit hat in ihrem Maass von Kraft ein Maass auch dafür, welche Tugenden ihr erlaubt, welche ihr verboten sind. Entweder hat sie die Tugenden des aufsteigenden Lebens: dann widerstrebt sie aus unterstem Grunde den Tugenden des niedergehenden Lebens. Oder sie ist selbst ein niedergehendes Leben, — dann bedarf sie auch der Niedergangs-Tugenden, dann hasst sie Alles, was aus der Fülle, was aus dem Überreichthum an Kräften allein sich rechtfertigt. Die Aesthetik ist unablöslich an diese biologischen Voraussetzungen gebunden: es giebt eine décadence-Aesthetik, es giebt eine klassische Aesthetik, — ein „Schönes an sich" ist ein Hirngespinst, wie der ganze Idealismus. — In der engeren Sphäre der sogenannten moralischen Werthe ist kein grösserer Gegensatz aufzufinden, als der einer Herren-Moral und der Moral der christlichen Werthbegriffe: letztere, auf einem durch und durch morbiden Boden gewachsen (— die Evangelien führen uns genau dieselben physiologischen Typen vor, welche die Romane Dostoiewsky's schildern), die Herren-Moral („römisch", „heid-

nisch", „klassisch", „Renaissance") umgekehrt als die Zeichensprache der Wohlgerathenheit, des a u f s t e i g e n d e n Lebens, des Willens zur Macht als Princips des Lebens. Die Herren-
Moral b e j a h t ebenso instinktiv, wie die christliche v e r -
n e i n t („Gott", Jenseits", „Entselbstung" lauter Negationen).
Die erstere giebt aus ihrer Fülle an die Dinge ab — sie verklärt,
sie verschönt, sie v e r n ü n f t i g t die Welt —, die letztere verarmt, verblasst, verhässlicht den Werth der Dinge, sie v e r -
n e i n t die Welt. „Welt" ein christliches Schimpfwort. — Diese
Gegensatzformen in der Optik der Werthe sind b e i d e nothwendig: es sind Arten zu sehen, denen man mit Gründen und
Widerlegungen nicht beikommt. Man widerlegt das Christenthum nicht, man widerlegt eine Krankheit des Auges nicht. Dass
man den Pessimismus wie eine Philosophie bekämpft hat, war
der Gipfelpunkt des gelehrten Idiotenthums. Die Begriffe
„wahr" und „unwahr" haben, wie mir scheint, in der Optik keinen Sinn. — Wogegen man sich allein zu wehren hat, das ist die
Falschheit, die Instinkt-Doppelzüngigkeit, welche diese Gegensätze nicht als Gegensätze empfinden w i l l : wie es zum Beispiel
Wagner's Wille war, der in solchen Falschheiten keine kleine
Meisterschaft hatte. Nach der Herren-Moral, der v o r n e h -
m e n Moral hinschielen (— die isländische Sage ist beinahe
deren wichtigste Urkunde —) und dabei die Gegenlehre, die vom
„Evangelium der Niedrigen", vom B e d ü r f n i s s der Erlösung, im Munde führen!... Ich bewundere, anbei gesagt, die
Bescheidenheit der Christen, die nach Bayreuth gehn. Ich selbst
würde gewisse Worte nicht aus dem Munde eines Wagner aus-
halten. Es giebt Begriffe, die n i c h t nach Bayreuth gehören...
Wie? ein Christenthum, zurechtgemacht für Wagnerianerinnen,
vielleicht v o n Wagnerianerinnen — denn Wagner war in alten
Tagen durchaus feminini generis —? Nochmals gesagt, die Chri-
sten von heute sind mir zu bescheiden... Wenn Wagner ein
Christ war, nun dann war vielleicht Liszt ein Kirchenvater! —
Das Bedürfniss nach E r l ö s u n g, der Inbegriff aller christ-

lichen Bedürfnisse hat mit solchen Hanswursten Nichts zu thun:
es ist die ehrlichste Ausdrucksform der décadence, es ist das
überzeugteste, schmerzhafteste Ja-sagen zu ihr in sublimen Symbolen und Praktiken. Der Christ will von sich l o s k o m m e n.
Le moi est toujours h a ï s s a b l e. — Die vornehme Moral, die
Herren-Moral, hat umgekehrt ihre Wurzel in einem triumphiren-
den Ja-sagen zu s i c h, — sie ist Selbstbejahung, Selbstverherr-
lichung des Lebens, sie braucht gleichfalls sublime Symbole und
Praktiken, aber nur „weil ihr das Herz zu voll" ist. Die ganze
s c h ö n e, die ganze g r o s s e Kunst gehört hierher: beider
Wesen ist Dankbarkeit. Andrerseits kann man von ihr nicht
einen Instinkt-Widerwillen g e g e n die décadents, einen
Hohn, ein Grauen selbst vor deren Symbolik abrechnen: dergleichen ist beinahe ihr Beweis. Der vornehme Römer empfand das
Christenthum als f o e d a superstitio: ich erinnere daran, wie der
letzte Deutsche vornehmen Geschmacks, wie Goethe das Kreuz
empfand. Man sucht umsonst nach werthvolleren, nach n o t h-
w e n d i g e r e n Gegensätzen...*)
— Aber eine solche Falschheit, wie die der Bayreuther, ist
heute keine Ausnahme. Wir kennen alle den unästhetischen
Begriff des christlichen Junkers. Diese U n s c h u l d zwischen
Gegensätzen, dies „gute Gewissen" in der Lüge ist vielmehr m o-
d e r n par excellence, man definirt beinahe damit die Modernität. Der moderne Mensch stellt, biologisch, einen W i d e r-
s p r u c h d e r W e r t h e dar, er sitzt zwischen zwei Stühlen,
er sagt in Einem Athem Ja und Nein. Was Wunder, dass gerade in unsern Zeiten die Falschheit selber Fleisch und sogar Ge-

*) A n m e r k u n g. Über den Gegensatz „v o r n e h m e Moral" und
„christliche Moral" unterrichtete zuerst meine „G e n e a l o g i e d e r
Moral": es giebt vielleicht keine entscheidendere Wendung in der Geschichte der religiösen und moralischen Erkenntniss. Dies Buch, mein Prüf-
stein für Das, was zu mir gehört, hat das Glück, nur den höchstgesinnten
und strengsten Geistern zugänglich zu sein: dem R e s t e fehlen die Ohren
dafür. Man muss seine Leidenschaft in Dingen haben, wo sie heute Niemand
hat...

nie wurde? dass W a g n e r „unter uns wohnte"? Nicht ohne
Grund nannte ich Wagner den Cagliostro der Modernität...
Aber wir Alle haben, wider Wissen, wider Willen, Werthe,
Worte, Formeln, Moralen e n t g e g e n g e s e t z t e r Abkunft
im Leibe, — wir sind, physiologisch betrachtet, f a l s c h ...
Eine D i a g n o s t i k d e r m o d e r n e n S e e l e — womit
begönne sie? Mit einem resoluten Einschnitt in diese Instinkt-
Widersprüchlichkeit, mit der Herauslösung ihrer Gegensatz-
Werthe, mit der Vivisektion vollzogen an ihrem l e h r r e i c h -
s t e n Fall. — Der Fall Wagner ist für den Philosophen ein
G l ü c k s f a l l , — diese Schrift ist, man hört es, von der
Dankbarkeit inspirirt...

Götzen-Dämmerung
oder
Wie man mit dem Hammer philosophirt.

Vorwort.

Inmitten einer düstern und über die Maassen verantwortlichen Sache seine Heiterkeit aufrecht erhalten ist nichts Kleines von Kunststück: und doch, was wäre nöthiger als Heiterkeit? Kein Ding geräth, an dem nicht der Übermuth seinen Theil hat. Das Zuviel von Kraft erst ist der Beweis der Kraft. — Eine Umwerthung aller Werthe, dies Fragezeichen so schwarz, so ungeheuer, dass es Schatten auf Den wirft, der es setzt — ein solches Schicksal von Aufgabe zwingt jeden Augenblick, in die Sonne zu laufen, einen schweren, allzuschwer gewordnen Ernst von sich zu schütteln. Jedes Mittel ist dazu recht, jeder „Fall" ein Glücksfall. Vor Allem der K r i e g. Der Krieg war immer die grosse Klugheit aller zu innerlich, zu tief gewordnen Geister; selbst in der Verwundung liegt noch Heilkraft. Ein Spruch, dessen Herkunft ich der gelehrten Neugierde vorenthalte, war seit langem mein Wahlspruch:

increscunt animi, virescit volnere virtus.

Eine andere Genesung, unter Umständen mir noch erwünschter, ist G ö t z e n a u s h o r c h e n ... Es giebt mehr Götzen als Realitäten in der Welt: das ist m e i n „böser Blick" für diese Welt, das ist auch mein „böses O h r" ... Hier einmal mit dem H a m m e r Fragen stellen und, vielleicht, als Antwort jenen berühmten hohlen Ton hören, der von geblähten Eingeweiden redet — welches Entzücken für Einen, der Ohren noch hinter den Ohren hat, — für mich alten Psychologen und Rattenfänger, vor dem gerade Das, was still bleiben möchte, l a u t w e r d e n m u s s . . .

Auch diese Schrift — der Titel verräth es — ist vor Allem eine Erholung, ein Sonnenfleck, ein Seitensprung in den Müssiggang eines Psychologen. Vielleicht auch ein neuer Krieg? Und werden neue Götzen ausgehorcht? . . . Diese kleine Schrift ist eine g r o s s e K r i e g s e r k l ä r u n g ; und was das Aushorchen von Götzen anbetrifft, so sind es dies Mal keine Zeitgötzen, sondern e w i g e Götzen, an die hier mit dem Hammer wie mit einer Stimmgabel gerührt wird, — es giebt überhaupt keine älteren, keine überzeugteren, keine aufgeblaseneren Götzen . . . Auch keine hohleren . . . Das hindert nicht, dass sie die g e g l a u b - t e s t e n sind; auch sagt man, zumal im vornehmsten Falle, durchaus nicht Götze . . .

T u r i n , am 30. September 1888,

am Tage, da das erste Buch der U m w e r t h u n g
aller Werthe zu Ende kam.

FRIEDRICH NIETZSCHE.

Sprüche und Pfeile.

1.

Müssiggang ist aller Psychologie Anfang. Wie? wäre Psychologie ein — Laster?

2.

Auch der Muthigste von uns hat nur selten den Muth zu dem, was er eigentlich w e i s s ...

3.

Um allein zu leben, muss man ein Thier oder ein Gott sein — sagt Aristoteles. Fehlt der dritte Fall: man muss Beides sein — P h i l o s o p h ...

4.

„Alle Wahrheit ist einfach." — Ist das nicht zwiefach eine Lüge? —

5.

Ich will, ein für alle Mal, Vieles n i c h t wissen. — Die Weisheit zieht auch der Erkenntniss Grenzen.

6.

Man erholt sich in seiner wilden Natur am besten von seiner Unnatur, von seiner Geistigkeit ...

7.

Wie? ist der Mensch nur ein Fehlgriff Gottes? Oder Gott nur ein Fehlgriff des Menschen? —

8.

Aus der Kriegsschule des Lebens. — Was mich nicht umbringt, macht mich stärker.

9.

Hilf dir selber: dann hilft dir noch Jedermann. Princip der Nächstenliebe.

10.

Dass man gegen seine Handlungen keine Feigheit begeht! dass man sie nicht hinterdrein im Stiche lässt! — Der Gewissensbiss ist unanständig.

11.

Kann ein Esel tragisch sein? — Dass man unter einer Last zu Grunde geht, die man weder tragen, noch abwerfen kann? ... Der Fall des Philosophen.

12.

Hat man sein warum? des Lebens, so verträgt man sich

fast mit jedem w i e ? — Der Mensch strebt n i c h t nach Glück;
nur der Engländer thut das.

13.

Der Mann hat das Weib geschaffen — woraus doch? Aus einer
Rippe seines Gottes, — seines „Ideals" . . .

14.

Was? du suchst? du möchtest dich verzehnfachen, verhundert-
fachen? du suchst Anhänger? — Suche N u l l e n ! —

15.

Posthume Menschen — ich zum Beispiel — werden schlechter
verstanden als zeitgemässe, aber besser g e h ö r t. Strenger: wir
werden nie verstanden — und d a h e r unsre Autorität . . .

16.

U n t e r F r a u e n. — „Die Wahrheit? Oh Sie kennen die
Wahrheit nicht! Ist sie nicht ein Attentat auf alle unsre
pudeurs?" —

17.

Das ist ein Künstler, wie ich Künstler liebe, bescheiden in
seinen Bedürfnissen: er will eigentlich nur Zweierlei, sein Brod
und seine Kunst, — panem et C i r c e n . . .

18.

Wer seinen Willen nicht in die Dinge zu legen weiss, der

legt wenigstens einen S i n n noch hinein: das heisst, er glaubt, dass ein Wille bereits darin sei (Princip des „Glaubens").

19.

Wie? ihr wähltet die Tugend und den gehobenen Busen und seht zugleich scheel nach den Vortheilen der Unbedenklichen? — Aber mit der Tugend v e r z i c h t e t man auf „Vortheile" ... (einem Antisemiten an die Hausthür.)

20.

Das vollkommne Weib begeht Litteratur, wie es eine kleine Sünde begeht: zum Versuch, im Vorübergehn, sich umblickend, ob es Jemand bemerkt und d a s s es Jemand bemerkt...

21.

Sich in lauter Lagen begeben, wo man keine Scheintugenden haben darf, wo man vielmehr, wie der Seiltänzer auf seinem Seile, entweder stürzt oder steht — oder davon kommt ...

22.

„Böse Menschen haben keine Lieder." — Wie kommt es, dass die Russen Lieder haben?

23.

„Deutscher Geist": seit achtzehn Jahren eine contradictio in adjecto.

24.

Damit, dass man nach den Anfängen sucht, wird man Krebs.

Der Historiker sieht rückwärts; endlich g l a u b t er auch rückwärts.

25.

Zufriedenheit schützt selbst vor Erkältung. Hat je sich ein Weib, das sich gut bekleidet wusste, erkältet? — Ich setze den Fall, das es kaum bekleidet war.

26.

Ich misstraue allen Systematikern und gehe ihnen aus dem Weg. Der Wille zum System ist ein Mangel an Rechtschaffenheit.

27.

Man hält das Weib für tief — warum? weil man nie bei ihm auf den Grund kommt. Das Weib ist noch nicht einmal flach.

28.

Wenn das Weib männliche Tugenden hat, so ist es zum Davonlaufen; und wenn es keine männlichen Tugenden hat, so läuft es selbst davon.

29.

„Wie viel hatte ehemals das Gewissen zu beissen? welche guten Zähne hatte es? — Und heute? woran fehlt es?" — Frage eines Zahnarztes.

30.

Man begeht selten eine Übereilung allein. In der ersten

Übereilung thut man immer zu viel. Eben darum begeht man gewöhnlich noch eine zweite — und nunmehr thut man zu wenig ...

31.

Der getretene Wurm krümmt sich. So ist es klug. Er verringert damit die Wahrscheinlichkeit, von Neuem getreten zu werden. In der Sprache der Moral: D e m u t h. —

32.

Es giebt einen Hass auf Lüge und Verstellung aus einem reizbaren Ehrbegriff; es giebt einen ebensolchen Hass aus Feigheit, insofern die Lüge, durch ein göttliches Gebot, v e r b o t e n ist. Zu feige, um zu lügen ...

33.

Wie wenig gehört zum Glücke! Der Ton eines Dudelsacks. — Ohne Musik wäre das Leben ein Irrthum. Der Deutsche denkt sich selbst Gott liedersingend.

34.

On ne peut penser et écrire qu'assis (G. Flaubert). — Damit habe ich dich, Nihilist! Das Sitzfleisch ist gerade die S ü n d e wider den heiligen Geist. Nur die e r g a n g e n e n Gedanken haben Werth.

35.

Es giebt Fälle, wo wir wie Pferde sind, wir Psychologen, und in Unruhe gerathen: wir sehen unsren eignen Schatten vor uns auf und niederschwanken. Der Psychologe muss von s i c h absehn, um überhaupt zu sehn.

36.

Ob wir Immoralisten der Tugend S c h a d e n thun? — Eben so wenig, als die Anarchisten den Fürsten. Erst seitdem diese angeschossen werden, sitzen sie wieder fest auf ihrem Thron. Moral: m a n   m u s s   d i e   M o r a l   a n s c h i e s s e n.

37.

Du läufst v o r a n ? — Thust du das als Hirt? oder als Ausnahme? Ein dritter Fall wäre der Entlaufene ... E r s t e Gewissensfrage.

38.

Bist du echt? oder nur ein Schauspieler? Ein Vertreter? oder das Vertretene selbst? — Zuletzt bist du gar bloss ein nachgemachter Schauspieler ... Z w e i t e Gewissensfrage.

39.

Der E n t t ä u s c h t e s p r i c h t. — Ich suchte nach grossen Menschen, ich fand immer nur die A f f e n ihres Ideals.

40.

Bist du Einer, der zusieht? oder der Hand anlegt? — oder der wegsieht, bei Seite geht? ... D r i t t e Gewissensfrage.

41.

Willst du mitgehn? oder vorangehn? oder für dich gehn? ...

Man muss wissen, w a s man will und d a s s man will. V i e r t e
Gewissensfrage.

42.

Das waren Stufen für mich, ich bin über sie hinaufgestiegen,
— dazu musste ich über sie hinweg. Aber sie meinten, ich
wollte mich auf ihnen zur Ruhe setzen . . .

43.

Was liegt daran, dass i c h Recht behalte! Ich h a b e zu viel
Recht. — Und wer heute am besten lacht, lacht auch zuletzt.

44.

Formel meines Glücks: ein Ja, ein Nein, eine gerade Linie,
ein Z i e l . . .

Das Problem des Sokrates.

1.

Über das Leben haben zu allen Zeiten die Weisesten gleich
geurtheilt: e s t a u g t n i c h t s . . . Immer und überall hat man
aus ihrem Munde denselben Klang gehört, — einen Klang voll
Zweifel, voll Schwermuth, voll Müdigkeit am Leben, voll Widerstand gegen das Leben. Selbst Sokrates sagte, als er starb: „leben
— das heisst lange krank sein: ich bin dem Heilande Asklepios
einen Hahn schuldig." Selbst Sokrates hatte es satt. — Was b e -
w e i s t das? Worauf w e i s t das? — Ehemals hätte man gesagt
(— oh man hat es gesagt und laut genug und unsre Pessimisten
voran!): „Hier muss jedenfalls Etwas wahr sein! Der consensus
sapientium beweist die Wahrheit." — Werden wir heute noch
so reden? d ü r f e n wir das? „Hier muss jedenfalls Etwas k r a n k
sein" — geben w i r zur Antwort: diese Weisesten aller Zeiten,
man sollte sie sich erst aus der Nähe ansehn! Waren sie vielleicht
allesammt auf den Beinen nicht mehr fest? spät? wackelig?
décadents? Erschiene die Weisheit vielleicht auf Erden als Rabe,
den ein kleiner Geruch von Aas begeistert? . . .

2.

Mir selbst ist diese Unehrerbietigkeit, dass die grossen Weisen
N i e d e r g a n g s - T y p e n sind, zuerst gerade in einem Falle

aufgegangen, wo ihr am stärksten das gelehrte und ungelehrte Vorurtheil entgegensteht: ich erkannte Sokrates und Plato als Verfalls-Symptome, als Werkzeuge der griechischen Auflösung, als pseudogriechisch, als antigriechisch („Geburt der Tragödie" 1872). Jener consensus sapientium — das begriff ich immer besser — beweist am wenigsten, dass sie Recht mit dem hatten, worüber sie übereinstimmten: er beweist vielmehr, dass sie selbst, diese Weisesten, irgend worin p h y s i o l o g i s c h übereinstimmten, um auf gleiche Weise negativ zum Leben zu stehn, — stehn zu m ü s s e n. Urtheile, Werthurtheile über das Leben, für oder wider, können zuletzt niemals wahr sein: sie haben nur Werth als Symptome, sie kommen nur als Symptome in Betracht, — an sich sind solche Urtheile Dummheiten. Man muss durchaus seine Finger darnach ausstrecken und den Versuch machen, diese erstaunliche finesse zu fassen, d a s s d e r W e r t h d e s L e - b e n s n i c h t a b g e s c h ä t z t w e r d e n k a n n. Von einem Lebenden nicht, weil ein solcher Partei, ja sogar Streitobjekt ist und nicht Richter; von einem Todten nicht, aus einem andren Grunde. — Von Seiten eines Philosophen im W e r t h des Le- bens ein Problem sehn bleibt dergestalt sogar ein Einwurf gegen ihn, ein Fragezeichen an seiner Weisheit, eine Unweisheit. — Wie? und alle diese grossen Weisen — sie wären nicht nur décadents, sie wären nicht einmal weise gewesen? — Aber ich komme auf das Problem des Sokrates zurück.

3.

Sokrates gehörte, seiner Herkunft nach, zum niedersten Volk: Sokrates war Pöbel. Man weiss, man sieht es selbst noch, wie hässlich er war. Aber Hässlichkeit, an sich ein Einwand, ist unter Griechen beinahe eine Widerlegung. War Sokrates überhaupt ein Grieche? Die Hässlichkeit ist häufig genug der Ausdruck einer gekreuzten, durch Kreuzung g e h e m m t e n Entwicklung. Im andren Falle erscheint sie als n i e d e r g e h e n d e Entwicklung.

Die Anthropologen unter den Criminalisten sagen uns, dass der typische Verbrecher hässlich ist: monstrum in fronte, monstrum in animo. Aber der Verbrecher ist ein décadent. War Sokrates ein typischer Verbrecher? — Zum Mindesten widerspräche dem jenes berühmte Physiognomen-Urtheil nicht, das den Freunden des Sokrates so anstössig klang. Ein Ausländer, der sich auf Gesichter verstand, sagte, als er durch Athen kam, dem Sokrates in's Gesicht, er s e i ein monstrum, — er berge alle schlimmen Laster und Begierden in sich. Und Sokrates antwortete bloss: „Sie kennen mich, mein Herr!" —

4.

Auf décadence bei Sokrates deutet nicht nur die zugestandne Wüstheit und Anarchie in den Instinkten: eben dahin deutet auch die Superfötation des Logischen und jene R h a c h i t i k e r - B o s h e i t , die ihn auszeichnet. Vergessen wir auch jene Gehörs-Hallucinationen nicht, die, als „Dämonion des Sokrates", in's Religiöse interpretirt worden sind. Alles ist übertrieben, buffo, Karikatur an ihm, Alles ist zugleich versteckt, hintergedanklich, unterirdisch. — Ich suche zu begreifen, aus welcher Idiosynkrasie jene sokratische Gleichsetzung von Vernunft = Tugend = Glück stammt: jene bizarrste Gleichsetzung, die es giebt und die in Sonderheit alle Instinkte des älteren Hellenen gegen sich hat.

5.

Mit Sokrates schlägt der griechische Geschmack zu Gunsten der Dialektik um: was geschieht da eigentlich? Vor Allem wird damit ein v o r n e h m e r Geschmack besiegt; der Pöbel kommt mit der Dialektik obenauf. Vor Sokrates lehnte man in der guten Gesellschaft die dialektischen Manieren ab: sie galten als schlechte Manieren, sie stellten bloss. Man warnte die Jugend vor ihnen. Auch misstraute man allem solchen Präsentiren seiner Gründe.

Honnette Dinge tragen, wie honnette Menschen, ihre Gründe
nicht so in der Hand. Es ist unanständig, alle fünf Finger zeigen.
Was sich erst beweisen lassen muss, ist wenig werth. Überall, wo
noch die Autorität zur guten Sitte gehört, wo man nicht „begründet", sondern befiehlt, ist der Dialektiker eine Art Hanswurst:
man lacht über ihn, man nimmt ihn nicht ernst. — Sokrates war
der Hanswurst, der sich e r n s t   n e h m e n   m a c h t e : was geschah da eigentlich? —

6.

Man wählt die Dialektik nur, wenn man kein andres Mittel
hat. Man weiss, dass man Misstrauen mit ihr erregt, dass sie
wenig überredet. Nichts ist leichter wegzuwischen als ein Dialek-
tiker-Effekt: die Erfahrung jeder Versammlung, wo geredet
wird, beweist das. Sie kann nur N o t h w e h r sein, in den Händen Solcher, die keine andren Waffen mehr haben. Man muss sein
Recht zu e r z w i n g e n haben: eher macht man keinen Gebrauch
von ihr. Die Juden waren deshalb Dialektiker; Reinecke Fuchs
war es: wie? und Sokrates war es auch? —

7.

— Ist die Ironie des Sokrates ein Ausdruck von Revolte? von
Pöbel-Ressentiment? geniesst er als Unterdrückter seine eigne
Ferocität in den Messerstichen des Syllogismus? r ä c h t er sich
an den Vornehmen, die er fascinirt? — Man hat, als Dialektiker,
ein schonungsloses Werkzeug in der Hand; man kann mit ihm
den Tyrannen machen; man stellt bloss, indem man siegt. Der
Dialektiker überlässt seinem Gegner den Nachweis, kein Idiot zu
sein: er macht wüthend, er macht zugleich hülflos. Der Dialektiker d e p o t e n z i r t den Intellekt seines Gegners. — Wie?
ist Dialektik nur eine Form der R a c h e bei Sokrates?

8.

Ich habe zu verstehn gegeben, womit Sokrates abstossen konnte: es bleibt um so mehr zu erklären, da s s er fascinirte. — Dass er eine neue Art A g o n entdeckte, dass er der erste Fechtmeister davon für die vornehmen Kreise Athen's war, ist das Eine. Er fascinirte, indem er an den agonalen Trieb der Hellenen rührte, — er brachte eine Variante in den Ringkampf zwischen jungen Männern und Jünglingen. Sokrates war auch ein grosser E r o t i k e r.

9.

Aber Sokrates errieth noch mehr. Er sah h i n t e r seine vornehmen Athener; er begriff, dass s e i n Fall, seine Idiosynkrasie von Fall bereits kein Ausnahmefall war. Die gleiche Art von Degenerescenz bereitete sich überall im Stillen vor: das alte Athen gieng zu Ende. — Und Sokrates verstand, dass alle Welt ihn n ö t h i g hatte, — sein Mittel, seine Kur, seinen Personal-Kunstgriff der Selbst-Erhaltung ... Überall waren die Instinkte in Anarchie; überall war man fünf Schritt weit vom Excess: das monstrum in animo war die allgemeine Gefahr. „Die Triebe wollen den Tyrannen machen; man muss einen G e g e n t y r a n n e n erfinden, der stärker ist" ... Als jener Physiognomiker dem Sokrates enthüllt hatte, wer er war, eine Höhle aller schlimmen Begierden, liess der grosse Ironiker noch ein Wort verlauten, das den Schlüssel zu ihm giebt. „Dies ist wahr, sagte er, aber ich wurde über alle Herr." W i e wurde Sokrates über s i c h Herr? — Sein Fall war im Grunde nur der extreme Fall, nur der in die Augen springendste von dem, was damals die allgemeine Noth zu werden anfieng: dass Niemand mehr über sich Herr war, dass die Instinkte sich g e g e n einander wendeten. Er fascinirte als dieser extreme Fall — seine furchteinflössende Hässlichkeit sprach ihn für jedes Auge aus: er fascinirte, wie sich von selbst versteht, noch stärker als Antwort, als Lösung, als Anschein der K u r dieses Falls. —

10.

Wenn man nöthig hat, aus der V e r n u n f t einen Tyrannen zu machen, wie Sokrates es that, so muss die Gefahr nicht klein sein, dass etwas Andres den Tyrannen macht. Die Vernünftigkeit wurde damals errathen als R e t t e r i n, es stand weder Sokrates, noch seinen „Kranken" frei, vernünftig zu sein, — es war de rigueur, es war ihr l e t z t e s Mittel. Der Fanatismus, mit dem sich das ganze griechische Nachdenken auf die Vernünftigkeit wirft, verräth eine Nothlage: man war in Gefahr, man hatte nur Eine Wahl: entweder zu Grunde zu gehn oder — a b s u r d - v e r n ü n f t i g zu sein … Der Moralismus der griechischen Philosophen von Plato ab ist pathologisch bedingt; ebenso ihre Schätzung der Dialektik. Vernunft = Tugend = Glück heisst bloss: man muss es dem Sokrates nachmachen und gegen die dunklen Begehrungen ein T a g e s l i c h t in Permanenz herstellen — das Tageslicht der Vernunft. Man muss klug, klar, hell um jeden Preis sein: jedes Nachgeben an die Instinkte, an's Unbewusste führt h i n a b…

11.

Ich habe zu verstehn gegeben, womit Sokrates fascinirte: er schien ein Arzt, ein Heiland zu sein. Ist es nöthig, noch den Irrthum aufzuzeigen, der in seinem Glauben an die „Vernünftigkeit um jeden Preis" lag? — Es ist ein Selbstbetrug seitens der Philosophen und Moralisten, damit schon aus der décadence herauszutreten, dass sie gegen dieselbe Krieg machen. Das Heraustreten steht ausserhalb ihrer Kraft: was sie als Mittel, als Rettung wählen, ist selbst nur wieder ein Ausdruck der décadence — sie v e r ä n d e r n deren Ausdruck, sie schaffen sie selbst nicht weg.

Sokrates war ein Missverständniss; die ganze Besserungs-Moral, auch die christliche, war ein Missverständniss... Das grellste Tageslicht, die Vernünftigkeit um jeden Preis, das Leben hell, kalt, vorsichtig, bewusst, ohne Instinkt, im Widerstand gegen Instinkte war selbst nur eine Krankheit, eine andre Krankheit — und durchaus kein Rückweg zur „Tugend", zur „Gesundheit", zum Glück ... Die Instinkte bekämpfen müssen — das ist die Formel für décadence: so lange das Leben aufsteigt, ist Glück gleich Instinkt. —

12.

— Hat er das selbst noch begriffen, dieser Klügste aller Selbst-Überlister? Sagte er sich das zuletzt, in der Weisheit seines Muthes zum Tode? ... Sokrates wollte sterben: — nicht Athen, er gab sich den Giftbecher, er zwang Athen zum Giftbecher ... „Sokrates ist kein Arzt, sprach er leise zu sich: der Tod allein ist hier Arzt ... Sokrates selbst war nur lange krank ..."

Die „Vernunft" in der Philosophie.

1.

Sie fragen mich, was Alles Idiosynkrasie bei den Philosophen
ist? ... Zum Beispiel ihr Mangel an historischem Sinn, ihr Hass
gegen die Vorstellung selbst des Werdens, ihr Ägypticismus. Sie
glauben einer Sache eine E h r e anzuthun, wenn sie dieselbe ent-
historisiren, sub specie aeterni, — wenn sie aus ihr eine Mumie
machen. Alles, was Philosophen seit Jahrtausenden gehandhabt
haben, waren Begriffs-Mumien; es kam nichts Wirkliches lebendig
aus ihren Händen. Sie tödten, sie stopfen aus, diese Herren Be-
griffs-Götzendiener, wenn sie anbeten, — sie werden Allem
lebensgefährlich, wenn sie anbeten. Der Tod, der Wandel, das
Alter ebensogut als Zeugung und Wachsthum sind für sie Einwände, — Widerlegungen sogar. Was ist, w i r d nicht; was
wird, i s t nicht ... Nun glauben sie Alle, mit Verzweiflung sogar, an's Seiende. Da sie aber dessen nicht habhaft werden, suchen
sie nach Gründen, weshalb man's ihnen vorenthält. „Es muss ein
Schein, eine Betrügerei dabei sein, dass wir das Seiende nicht
wahrnehmen: wo steckt der Betrüger?" — „Wir haben ihn,
schreien sie glückselig, die Sinnlichkeit ist's! Diese Sinne, d i e
a u c h s o n s t s o u n m o r a l i s c h s i n d, sie betrügen uns
über die w a h r e Welt. Moral: loskommen von dem Sinnen-
trug, vom Werden, von der Historie, von der Lüge, — Historie
ist nichts als Glaube an die Sinne, Glaube an die Lüge. Moral:

Neinsagen zu Allem, was den Sinnen Glauben schenkt, zum
ganzen Rest der Menschheit: das ist Alles „Volk". Philosoph
sein, Mumie sein, den Monotono-Theismus durch eine Todten-
gräber-Mimik darstellen! — Und weg vor Allem mit dem
Leibe, dieser erbarmungswürdigen idée fixe der Sinne! behaftet mit allen Fehlern der Logik, die es giebt, widerlegt, unmöglich sogar, ob er schon frech genug ist, sich als wirklich zu gebärden!" ...

2.

Ich nehme, mit hoher Ehrerbietung, den Namen Heraklit's bei Seite. Wenn das andre Philosophen-Volk das Zeugniss der Sinne verwarf, weil dieselben Vielheit und Veränderung
zeigten, verwarf er deren Zeugniss, weil sie die Dinge zeigten,
als ob sie Dauer und Einheit hätten. Auch Heraklit that den Sinnen Unrecht. Dieselben lügen weder in der Art, wie die Eleaten
es glauben, noch wie er es glaubte, — sie lügen überhaupt nicht.
Was wir aus ihrem Zeugniss machen, das legt erst die Lüge
hinein, zum Beispiel die Lüge der Einheit, die Lüge der Dinglichkeit, der Substanz, der Dauer ... Die „Vernunft" ist die Ursache,
dass wir das Zeugniss der Sinne fälschen. Sofern die Sinne das
Werden, das Vergehn, den Wechsel zeigen, lügen sie nicht ...
Aber damit wird Heraklit ewig Recht behalten, dass das Sein
eine leere Fiktion ist. Die „scheinbare" Welt ist die einzige: die
„wahre Welt" ist nur hinzugelogen ...

3.

— Und was für feine Werkzeuge der Beobachtung haben wir
an unsren Sinnen! Diese Nase zum Beispiel, von der noch kein
Philosoph mit Verehrung und Dankbarkeit gesprochen hat, ist
sogar einstweilen das delikateste Instrument, das uns zu Gebote
steht: es vermag noch Minimaldifferenzen der Bewegung zu

constatiren, die selbst das Spektroskop nicht constatirt. Wir besitzen heute genau so weit Wissenschaft, als wir uns entschlossen haben, das Zeugniss der Sinne a n z u n e h m e n , — als wir sie noch schärfen, bewaffnen, zu Ende denken lernten. Der Rest ist Missgeburt und Noch-nicht-Wissenschaft: will sagen Metaphysik, Theologie, Psychologie, Erkenntnisstheorie. O d e r Formal-Wissenschaft, Zeichenlehre: wie die Logik und jene angewandte Logik, die Mathematik. In ihnen kommt die Wirklichkeit gar nicht vor, nicht einmal als Problem; ebensowenig als die Frage, welchen Werth überhaupt eine solche Zeichen-Convention, wie die Logik ist, hat. —

4.

Die a n d r e Idiosynkrasie der Philosophen ist nicht weniger gefährlich: sie besteht darin, das Letzte und das Erste zu verwechseln. Sie setzen Das, was am Ende kommt — leider! denn es sollte gar nicht kommen! — die „höchsten Begriffe", das heisst die allgemeinsten, die leersten Begriffe, den letzten Rauch der verdunstenden Realität an den Anfang a l s Anfang. Es ist dies wieder nur der Ausdruck ihrer Art zu verehren: das Höhere d a r f nicht aus dem Niederen wachsen, d a r f überhaupt nicht gewachsen sein ... Moral: Alles, was ersten Ranges ist, muss causa sui sein. Die Herkunft aus etwas Anderem gilt als Einwand, als Werth-Anzweifelung. Alle obersten Werthe sind ersten Ranges, alle höchsten Begriffe, das Seiende, das Unbedingte, das Gute, das Wahre, das Vollkommne — das Alles kann nicht geworden sein, m u s s folglich causa sui sein. Das Alles aber kann auch nicht einander ungleich, kann nicht mit sich im Widerspruch sein ... Damit haben sie ihren stupenden Begriff „Gott" ... Das Letzte, Dünnste, Leerste wird als Erstes gesetzt, als Ursache an sich, als ens realissimum ... Dass die Menschheit die Gehirnleiden kranker Spinneweber hat ernst nehmen müssen! — Und sie hat theuer dafür gezahlt! ...

5.

— Stellen wir endlich dagegen, auf welche verschiedne Art
w i r (— ich sage höflicher Weise wir ...) das Problem des Irrthums und der Scheinbarkeit in's Auge fassen. Ehemals nahm man
die Veränderung, den Wechsel, das Werden überhaupt als Beweis
für Scheinbarkeit, als Zeichen dafür, dass Etwas da sein müsse, das
uns irre führe. Heute umgekehrt sehen wir, genau so weit als das
Vernunft-Vorurtheil uns zwingt, Einheit, Identität, Dauer, Substanz, Ursache, Dinglichkeit, Sein anzusetzen, uns gewissermaas-
sen verstrickt in den Irrthum, n e c e s s i t i r t zum Irrthum; so
sicher wir auf Grund einer strengen Nachrechnung bei uns darüber sind, d a s s hier der Irrthum ist. Es steht damit nicht anders als mit den Bewegungen des grossen Gestirns: bei ihnen hat
der Irrthum unser Auge, hier hat er unsre S p r a c h e zum beständigen Anwalt. Die Sprache gehört ihrer Entstehung nach in
die Zeit der rudimentärsten Form von Psychologie: wir kommen
in ein grobes Fetischwesen hinein, wenn wir uns die Grundvor-
aussetzungen der Sprach-Metaphysik, auf deutsch: der V e r -
n u n f t , zum Bewusstsein bringen. D a s sieht überall Thäter
und Thun: das glaubt an Willen als Ursache überhaupt; das
glaubt an's „Ich", an's Ich als Sein, an's Ich als Substanz und
p r o j i c i r t den Glauben an die Ich-Substanz auf alle Dinge —
es s c h a f f t erst damit den Begriff „Ding" ... Das Sein wird
überall als Ursache hineingedacht, u n t e r g e s c h o b e n ; aus
der Conception „Ich" folgt erst, als abgeleitet, der Begriff
„Sein" ... Am Anfang steht das grosse Verhängniss von Irrthum,
dass der Wille Etwas ist, das w i r k t , — dass Wille ein V e r -
m ö g e n ist ... Heute wissen wir, dass er bloss ein Wort ist ...
·Sehr viel später, in einer tausendfach aufgeklärteren Welt kam
die S i c h e r h e i t , die subjektive G e w i s s h e i t in der Hand-
habung der Vernunft-Kategorien den Philosophen mit Überraschung zum Bewusstsein: sie schlossen, dass dieselben nicht aus
der Empirie stammen könnten, — die ganze Empirie stehe ja zu
ihnen in Widerspruch. W o h e r a l s o s t a m m e n s i e ? —

Und in Indien wie in Griechenland hat man den gleichen Fehlgriff gemacht: „wir müssen schon einmal in einer höheren Welt
heimisch gewesen sein (— statt in einer sehr viel niederen: was die Wahrheit gewesen wäre!), wir müssen göttlich
gewesen sein, denn wir haben die Vernunft!" ... In der That,
Nichts hat bisher eine naivere Überredungskraft gehabt als der
Irrthum vom Sein, wie er zum Beispiel von den Eleaten formulirt
wurde: er hat ja jedes Wort für sich, jeden Satz für sich, den wir
sprechen! — Auch die Gegner der Eleaten unterlagen noch der
Verführung ihres Seins-Begriffs: Demokrit unter Anderen, als er
sein Atom erfand ... Die „Vernunft" in der Sprache: oh was
für eine alte betrügerische Weibsperson! Ich fürchte, wir werden
Gott nicht los, weil wir noch an die Grammatik glauben ...

6.

Man wird mir dankbar sein, wenn ich eine so wesentliche, so
neue Einsicht in vier Thesen zusammendränge: ich erleichtere damit das Verstehen, ich fordere damit den Widerspruch heraus.

Erster Satz. Die Gründe, darauf hin „diese" Welt als
scheinbar bezeichnet worden ist, begründen vielmehr deren Realität, — eine andre Art Realität ist absolut unnachweisbar.

Zweiter Satz. Die Kennzeichen, welche man dem „wah-
ren Sein" der Dinge gegeben hat, sind die Kennzeichen des Nicht-
Seins, des Nichts, — man hat die „wahre Welt" aus dem
Widerspruch zur wirklichen Welt aufgebaut: eine scheinbare
Welt in der That, insofern sie bloss eine moralisch-
optische Täuschung ist.

Dritter Satz. Von einer „andren" Welt als dieser zu
fabeln hat gar keinen Sinn, vorausgesetzt, dass nicht ein Instinkt
der Verleumdung, Verkleinerung, Verdächtigung des Lebens in
uns mächtig ist: im letzteren Falle rächen wir uns am Leben
mit der Phantasmagorie eines „anderen", eines „besseren" Lebens.

Vierter Satz. Die Welt scheiden in eine „wahre" und eine „scheinbare", sei es in der Art des Christenthums, sei es in der Art Kant's (eines hinterlistigen Christen zu guterletzt) ist nur eine Suggestion der décadence, — ein Symptom niedergehenden Lebens ... Dass der Künstler den Schein höher schätzt als die Realität, ist kein Einwand gegen diesen Satz. Denn „der Schein" bedeutet hier die Realität noch einmal, nur in einer Auswahl, Verstärkung, Correctur ... Der tragische Künstler ist kein Pessimist, — er sagt gerade Ja zu allem Fragwürdigen und Furchtbaren selbst, er ist dionysisch...

Wie die „wahre Welt" endlich zur Fabel wurde.

Geschichte eines Irrthums.

1. Die wahre Welt erreichbar für den Weisen, den Frommen, den Tugendhaften, — er lebt in ihr, e r i s t s i e.

    (Älteste Form der Idee, relativ klug, simpel, überzeugend. Umschreibung des Satzes „ich, Plato, b i n die Wahrheit".)

2. Die wahre Welt, unerreichbar für jetzt, aber versprochen für den Weisen, den Frommen, den Tugendhaften („für den Sünder, der Busse thut").

    (Fortschritt der Idee: sie wird feiner, verfänglicher, unfasslicher, — s i e w i r d W e i b, sie wird christlich ...)

3. Die wahre Welt, unerreichbar, unbeweisbar, unversprechbar, aber schon als gedacht ein Trost, eine Verpflichtung, ein Imperativ.

    (Die alte Sonne im Grunde, aber durch Nebel und Skepsis hindurch; die Idee sublim geworden, bleich, nordisch, königsbergisch.)

4. Die wahre Welt — unerreichbar? Jedenfalls unerreicht. Und als unerreicht auch u n b e k a n n t. Folglich auch nicht tröstend, erlösend, verpflichtend: wozu könnte uns etwas Unbekanntes verpflichten? ...

    (Grauer Morgen. Erstes Gähnen der Vernunft. Hahnenschrei des Positivismus.)

5. Die „wahre Welt" — eine Idee, die zu Nichts mehr nütz ist, nicht einmal mehr verpflichtend, — eine unnütz, eine überflüssig gewordene Idee, f o l g l i c h eine widerlegte Idee: schaffen wir sie ab!

(Heller Tag; Frühstück; Rückkehr des bon sens und der Heiterkeit; Schamröthe Plato's; Teufelslärm aller freien Geister.)

6. Die wahre Welt haben wir abgeschafft: welche Welt blieb übrig? die scheinbare vielleicht? ... Aber nein! m i t d e r w a h r e n W e l t h a b e n w i r a u c h d i e s c h e i n b a r e a b g e s c h a f f t!

(Mittag; Augenblick des kürzesten Schattens; Ende des längsten Irrthums; Höhepunkt der Menschheit; INCIPIT ZARATHUSTRA.)

Moral als Widernatur.

1.

Alle Passionen haben eine Zeit, wo sie bloss verhängnissvoll
sind, wo sie mit der Schwere der Dummheit ihr Opfer hinunter-
ziehen — und eine spätere, sehr viel spätere, wo sie sich mit dem
Geist verheirathen, sich „vergeistigen". Ehemals machte man,
wegen der Dummheit in der Passion, der Passion selbst den
Krieg: man verschwor sich zu deren Vernichtung, — alle alten
Moral-Unthiere sind einmüthig darüber „il faut tuer les pas-
sions." Die berühmteste Formel dafür steht im neuen Testament,
in jener Bergpredigt, wo, anbei gesagt, die Dinge durchaus nicht
a u s d e r H ö h e betrachtet werden. Es wird daselbst zum Beispiel mit Nutzanwendung auf die Geschlechtlichkeit gesagt
„wenn dich dein Auge ärgert, so reisse es aus": zum Glück handelt kein Christ nach dieser Vorschrift. Die Leidenschaften und
Begierden v e r n i c h t e n, bloss um ihrer Dummheit und den
unangenehmen Folgen ihrer Dummheit vorzubeugen, erscheint
uns heute selbst bloss als eine akute Form der Dummheit. Wir
bewundern die Zahnärzte nicht mehr, welche die Zähne a u s -
r e i s s e n, damit sie nicht mehr weh thun … Mit einiger Billigkeit werde andrerseits zugestanden, dass auf dem Boden, aus dem
das Christenthum gewachsen ist, der Begriff „V e r g e i s t i g u n g
der Passion" gar nicht concipirt werden konnte. Die erste Kirche
kämpfte ja, wie bekannt, g e g e n die „Intelligenten" zu Gun-

sten der „Armen des Geistes": wie dürfte man von ihr einen
intelligenten Krieg gegen die Passion erwarten? — Die Kirche
bekämpft die Leidenschaft mit Ausschneidung in jedem Sinne:
ihre Praktik, ihre „Kur" ist der C a s t r a t i s m u s. Sie fragt nie:
„wie vergeistigt, verschönt, vergöttlicht man eine Begierde?" —
sie hat zu allen Zeiten den Nachdruck der Disciplin auf die Ausrottung (der Sinnlichkeit, des Stolzes, der Herrschsucht, der Hab-
sucht, der Rachsucht) gelegt. — Aber die Leidenschaften an der
Wurzel angreifen heisst das Leben an der Wurzel angreifen: die
Praxis der Kirche ist l e b e n s f e i n d l i c h ...

2.

Dasselbe Mittel, Verschneidung, Ausrottung, wird instinktiv
im Kampfe mit einer Begierde von Denen gewählt, welche zu
willensschwach, zu degenerirt sind, um sich ein Maass in ihr auf-
legen zu können: von jenen Naturen, die la Trappe nöthig haben,
im Gleichniss gesprochen (und ohne Gleichniss —), irgend eine
endgültige Feindschafts-Erklärung, eine K l u f t zwischen sich
und einer Passion. Die radikalen Mittel sind nur den Degenerir-
ten unentbehrlich; die Schwäche des Willens, bestimmter geredet,
die Unfähigkeit, auf einen Reiz n i c h t zu reagiren, ist selbst
bloss eine andre Form der Degenerescenz. Die radikale Feindschaft, die Todfeindschaft gegen die Sinnlichkeit bleibt ein nachdenkliches Symptom: man ist damit zu Vermuthungen über den
Gesammt-Zustand eines dergestalt Excessiven berechtigt. — Jene
Feindschaft, jener Hass kommt übrigens erst auf seine Spitze,
wenn solche Naturen selbst zur Radikal-Kur, zur Absage von
ihrem „Teufel" nicht mehr Festigkeit genug haben. Man über-
schaue die ganze Geschichte der Priester und Philosophen, der
Künstler hinzugenommen: das Giftigste gegen die Sinne ist
n i c h t von den Impotenten gesagt, auch n i c h t von den Asketen, sondern von den unmöglichen Asketen, von Solchen, die es
nöthig gehabt hätten, Asketen zu sein ...

3.

Die Vergeistigung der Sinnlichkeit heisst L i e b e : sie ist ein grosser Triumph über das Christenthum. Ein andrer Triumph ist unsre Vergeistigung der F e i n d s c h a f t. Sie besteht darin, dass man tief den Werth begreift, den es hat, Feinde zu haben: kurz, dass man umgekehrt thut und schliesst als man ehedem that und schloss. Die Kirche wollte zu allen Zeiten die Vernichtung ihrer Feinde: wir, wir Immoralisten und Antichristen, sehen unsern Vortheil darin, dass die Kirche besteht ... Auch im Politischen ist die Feindschaft jetzt geistiger geworden, — viel klüger, viel nachdenklicher, viel s c h o n e n d e r. Fast jede Partei begreift ihr Selbsterhaltungs-Interesse darin, dass die Gegenpartei nicht von Kräften kommt; dasselbe gilt von der grossen Politik. Eine neue Schöpfung zumal, etwa das neue Reich, hat Feinde nöthiger als Freunde: im Gegensatz erst fühlt es sich nothwendig, im Gegensatz w i r d es erst nothwendig ... Nicht anders verhalten wir uns gegen den „inneren Feind“: auch da haben wir die Feindschaft vergeistigt, auch da haben wir ihren W e r t h begriffen. Man ist nur f r u c h t b a r um den Preis, an Gegensätzen reich zu sein; man bleibt nur j u n g unter der Voraussetzung, dass die Seele nicht sich streckt, nicht nach Frieden begehrt ... Nichts ist uns fremder geworden als jene Wünschbarkeit von Ehedem, die vom „Frieden der Seele“, die c h r i s t l i c h e Wünschbarkeit; Nichts macht uns weniger Neid als die Moral-Kuh und das fette Glück des guten Gewissens. Man hat auf das g r o s s e Leben verzichtet, wenn man auf den Krieg verzichtet ... In vielen Fällen freilich ist der „Frieden der Seele“ bloss ein Missverständniss, — etwas A n d e r e s, das sich nur nicht ehrlicher zu benennen weiss. Ohne Umschweif und Vorurtheil ein paar Fälle. „Frieden der Seele“ kann zum Beispiel die sanfte Ausstrahlung einer reichen Animalität in's Moralische (oder Religiöse) sein. Oder der Anfang der Müdigkeit, der erste Schatten, den der Abend, jede Art Abend wirft. Oder ein Zeichen davon, dass die Luft feucht ist, dass Südwinde herankommen. Oder die Dankbarkeit wider

Wissen für eine glückliche Verdauung („Menschenliebe" mitunter genannt). Oder das Stille-werden des Genesenden, dem alle Dinge neu schmecken und der wartet … Oder der Zustand, der einer starken Befriedigung unsrer herrschenden Leidenschaft folgt, das Wohlgefühl einer seltnen Sattheit. Oder die Altersschwäche unsres Willens, unsrer Begehrungen, unsrer Laster. Oder die Faulheit, von der Eitelkeit überredet, sich moralisch aufzuputzen. Oder der Eintritt einer Gewissheit, selbst furchtbaren Gewissheit, nach einer langen Spannung und Marterung durch die Ungewissheit. Oder der Ausdruck der Reife und Meisterschaft mitten im Thun, Schaffen, Wirken, Wollen, das ruhige Athmen, die e r r e i c h t e „Freiheit des Willens" … G ö t z e n - D ä m m e r u n g : wer weiss? vielleicht auch nur eine Art „Frieden der Seele" …

4.

— Ich bringe ein Princip in Formel. Jeder Naturalismus in der Moral, das heisst jede g e s u n d e Moral ist von einem Instinkte des Lebens beherrscht, — irgend ein Gebot des Lebens wird mit einem bestimmten Kanon von „Soll" und „Soll nicht" erfüllt, irgend eine Hemmung und Feindseligkeit auf dem Wege des Lebens wird damit bei Seite geschafft. Die w i d e r n a t ü r - l i c h e Moral, das heisst fast jede Moral, die bisher gelehrt, verehrt und gepredigt worden ist, wendet sich umgekehrt gerade g e g e n die Instinkte des Lebens, — sie ist eine bald heimliche, bald laute und freche V e r u r t h e i l u n g dieser Instinkte. Indem sie sagt „Gott sieht das Herz an", sagt sie Nein zu den untersten und obersten Begehrungen des Lebens und nimmt Gott als F e i n d d e s L e b e n s … Der Heilige, an dem Gott sein Wohlgefallen hat, ist der ideale Castrat … Das Leben ist zu Ende, wo das „Reich Gottes" a n f ä n g t …

5.

Gesetzt, dass man das Frevelhafte einer solchen Auflehnung
gegen das Leben begriffen hat, wie sie in der christlichen Moral
beinahe sakrosankt geworden ist, so hat man damit, zum Glück,
auch Etwas Andres begriffen: das Nutzlose, Scheinbare, Absurde,
L ü g n e r i s c h e einer solchen Auflehnung. Eine Verurtheilung
des Lebens von Seiten des Lebenden bleibt zuletzt doch nur das
Symptom einer bestimmten Art von Leben: die Frage, ob mit
Recht, ob mit Unrecht, ist gar nicht damit aufgeworfen. Man
müsste eine Stellung a u s s e r h a l b des Lebens haben, und
andrerseits es so gut kennen, wie Einer, wie Viele, wie Alle, die
es gelebt haben, um das Problem vom W e r t h des Lebens überhaupt anrühren zu dürfen: Gründe genug, um zu begreifen, dass
das Problem ein für uns unzugängliches Problem ist. Wenn wir
von Werthen reden, reden wir unter der Inspiration, unter der
Optik des Lebens: das Leben selbst zwingt uns Werthe anzusetzen, das Leben selbst werthet durch uns, w e n n wir Werthe
ansetzen ... Daraus folgt, dass auch jene W i d e r n a t u r v o n
M o r a l, welche Gott als Gegenbegriff und Verurtheilung des
Lebens fasst, nur ein Werthurtheil des Lebens ist — w e l c h e s
Lebens? w e l c h e r Art von Leben? — Aber ich gab schon die
Antwort: des niedergehenden, des geschwächten, des müden, des
verurtheilten Lebens. Moral, wie sie bisher verstanden worden
ist — wie sie zuletzt noch von Schopenhauer formulirt wurde als
„Verneinung des Willens zum Leben" — ist der d é c a d e n c e -
I n s t i n k t selbst, der aus sich einen Imperativ macht: sie sagt:
„g e h z u G r u n d e !" — sie ist das Urtheil Verurtheilter ...

6.

Erwägen wir endlich noch, welche Naivetät es überhaupt ist,
zu sagen „so und so s o l l t e der Mensch sein!" Die Wirklichkeit
zeigt uns einen entzückenden Reichthum der Typen, die Üppigkeit eines verschwenderischen Formenspiels und -Wechsels: und

irgend ein armseliger Eckensteher von Moralist sagt dazu: „nein! der Mensch sollte a n d e r s sein"?... Er weiss es sogar, wie er sein sollte, dieser Schlucker und Mucker, er malt sich an die Wand und sagt dazu „ecce homo!" ... Aber selbst wenn der Moralist sich bloss an den Einzelnen wendet und zu ihm sagt: „so und so solltest d u sein!" hört er nicht auf, sich lächerlich zu machen. Der Einzelne ist ein Stück fatum, von Vorne und von Hinten, ein Gesetz mehr, eine Nothwendigkeit mehr für Alles, was kommt und sein wird. Zu ihm sagen „ändere dich" heisst verlangen, dass Alles sich ändert, sogar rückwärts noch ... Und wirklich, es gab consequente Moralisten, sie wollten den Menschen anders, nämlich tugendhaft, sie wollten ihn nach ihrem Bilde, nämlich als Mucker: dazu v e r n e i n t e n sie die Welt! Keine kleine Tollheit! Keine bescheidne Art der Unbescheidenheit!... Die Moral, insofern sie v e r u r t h e i l t, an sich, n i c h t aus Hinsichten, Rücksichten, Absichten des Lebens, ist ein spezifischer Irrthum, mit dem man kein Mitleiden haben soll, eine D e g e n e r i r t e n - I d i o s y n k r a s i e, die unsäglich viel Schaden gestiftet hat! ... Wir Anderen, wir Immoralisten, haben umgekehrt unser Herz weit gemacht für alle Art Verstehn, Begreifen, G u t h e i s s e n. Wir verneinen nicht leicht, wir suchen unsre Ehre darin, B e j a h e n d e zu sein. Immer mehr ist uns das Auge für jene Ökonomie aufgegangen, welche alles Das noch braucht und auszunützen weiss, was der heilige Aberwitz des Priesters, der k r a n k e n Vernunft im Priester verwirft, für jene Ökonomie im Gesetz des Lebens, die selbst aus der widerlichen species des Muckers, des Priesters, des Tugendhaften ihren Vortheil zieht, — w e l c h e n Vortheil? — Aber wir selbst, wir Immoralisten sind hier die Antwort ...

Die vier grossen Irrthümer.

I.

Irrthum der Verwechslung von Ursache und
Folge. — Es giebt keinen gefährlicheren Irrthum als die
Folge mit der Ursache zu verwechseln: ich heisse
ihn die eigentliche Verderbniss der Vernunft. Trotzdem gehört
dieser Irrthum zu den ältesten und jüngsten Gewohnheiten der
Menschheit: er ist selbst unter uns geheiligt, er trägt den Namen
„Religion“, „Moral“. Jeder Satz, den die Religion und die
Moral formulirt, enthält ihn; Priester und Moral-Gesetzgeber
sind die Urheber jener Verderbniss der Vernunft. — Ich nehme
ein Beispiel: Jedermann kennt das Buch des berühmten Cornaro,
in dem er seine schmale Diät als Recept zu einem langen und
glücklichen Leben — auch tugendhaften — anräth. Wenige
Bücher sind so viel gelesen worden, noch jetzt wird es in England
jährlich in vielen Tausenden von Exemplaren gedruckt. Ich
zweifle nicht daran, dass kaum ein Buch (die Bibel, wie billig,
ausgenommen) so viel Unheil gestiftet, so viele Leben verkürzt hat wie dies so wohlgemeinte Curiosum. Grund dafür:
die Verwechslung der Folge mit der Ursache. Der biedere Italiäner sah in seiner Diät die Ursache seines langen Lebens:
während die Vorbedingung zum langen Leben, die ausserordent-
liche Langsamkeit des Stoffwechsels, der geringe Verbrauch, die
Ursache seiner schmalen Diät war. Es stand ihm nicht frei, wenig

o d e r viel zu essen, seine Frugalität war n i c h t ein „freier Wille“: er wurde krank, wenn er mehr ass. Wer aber kein Karpfen ist, thut nicht nur gut, sondern hat es nöthig, o r d e n t - l i c h zu essen. Ein Gelehrter u n s r e r Tage, mit seinem rapiden Verbrauch an Nervenkraft, würde sich mit dem régime Cornaro's zu Grunde richten. Crede experto. —

2.

Die allgemeinste Formel, die jeder Religion und Moral zu Grunde liegt, heisst: „Thue das und das, lass das und das — so wirst du glücklich! Im andern Falle . . .“ Jede Moral, jede Religion i s t dieser Imperativ, — ich nenne ihn die grosse Erbsünde der Vernunft, die u n s t e r b l i c h e U n v e r n u n f t. In meinem Munde verwandelt sich jene Formel in ihre Umkehrung — e r s t e s Beispiel meiner „Umwerthung aller Werthe“: ein wohlgerathener Mensch, ein „Glücklicher“, m u s s gewisse Handlungen thun und scheut sich instinktiv vor anderen Handlungen, er trägt die Ordnung, die er physiologisch darstellt, in seine Beziehungen zu Menschen und Dingen hinein. In Formel: seine Tugend ist die F o l g e seines Glücks . . . Langes Leben, eine reiche Nachkommenschaft ist n i c h t der Lohn der Tugend, die Tugend ist vielmehr selbst jene Verlangsamung des Stoffwechsels, die, unter Anderem, auch ein langes Leben, eine reiche Nachkommenschaft, kurz den C o r n a r i s m u s im Gefolge hat. — Die Kirche und die Moral sagen: „ein Geschlecht, ein Volk wird durch Laster und Luxus zu Grunde gerichtet.“ Meine w i e d e r h e r g e s t e l l t e Vernunft sagt: wenn ein Volk zu Grunde geht, physiologisch degenerirt, so f o l g e n daraus Laster und Luxus (das heisst das Bedürfniss nach immer stärkeren und häufigeren Reizen, wie sie jede erschöpfte Natur kennt). Dieser junge Mann wird frühzeitig blass und welk. Seine Freunde sagen: daran ist die und die Krankheit schuld. Ich sage: d a s s er krank wurde, d a s s er der Krankheit nicht widerstand, war bereits die

Folge eines verarmten Lebens, einer hereditären Erschöpfung. Der Zeitungsleser sagt: diese Partei richtet sich mit einem solchen Fehler zu Grunde. Meine h ö h e r e Politik sagt: eine Partei, die solche Fehler macht, ist am Ende — sie hat ihre Instinkt-Sicherheit nicht mehr. Jeder Fehler in jedem Sinne ist die Folge von Instinkt-Entartung, von Disgregation des Willens: man definirt beinahe damit das S c h l e c h t e . Alles G u t e ist Instinkt — und, folglich, leicht, nothwendig, frei. Die Mühsal ist ein Einwand, der Gott ist typisch vom Helden unterschieden (in meiner Sprache: die l e i c h t e n Füsse das erste Attribut der Göttlichkeit).

3.

I r r t h u m   e i n e r   f a l s c h e n   U r s ä c h l i c h k e i t . — Man hat zu allen Zeiten geglaubt, zu wissen, was eine Ursache ist: aber woher nahmen wir unser Wissen, genauer, unsern Glauben, hier zu wissen? Aus dem Bereich der berühmten „inneren Thatsachen“, von denen bisher keine sich als thatsächlich erwiesen hat. Wir glaubten uns selbst im Akt des Willens ursächlich; wir meinten da wenigstens die Ursächlichkeit a u f d e r T h a t z u e r t a p p e n . Man zweifelte insgleichen nicht daran, dass alle antecedentia einer Handlung, ihre Ursachen, im Bewusstsein zu suchen seien und darin sich wiederfänden, wenn man sie suche — als „Motive“: man wäre ja sonst z u ihr nicht frei, f ü r sie nicht verantwortlich gewesen. Endlich, wer hätte bestritten, dass ein Gedanke verursacht wird? dass das Ich den Gedanken verursacht? ... Von diesen drei „inneren Thatsachen“, mit denen sich die Ursächlichkeit zu verbürgen schien, ist die erste und überzeugendste die vom W i l l e n a l s U r s a c h e ; die Conception eines Bewusstseins („Geistes“) als Ursache und später noch die des Ich (des „Subjekts“) als Ursache sind bloss nachgeboren, nachdem vom Willen die Ursächlichkeit als gegeben feststand, als E m p i r i e ... Inzwischen haben wir uns besser besonnen. Wir glauben heute kein Wort mehr von dem Allen.

Die „innere Welt" ist voller Trugbilder und Irrlichter: der Wille
ist eins von ihnen. Der Wille bewegt nichts mehr, erklärt folglich
auch nichts mehr — er begleitet bloss Vorgänge, er kann auch
fehlen. Das sogenannte „Motiv": ein andrer Irrthum. Bloss ein
Oberflächenphänomen des Bewusstseins, ein Nebenher der That,
das eher noch die antecedentia einer That verdeckt, als dass es
sie darstellt. Und gar das Ich! Das ist zur Fabel geworden, zur
Fiktion, zum Wortspiel: das hat ganz und gar aufgehört, zu
denken, zu fühlen und zu wollen! . . . Was folgt daraus? Es giebt
gar keine geistigen Ursachen! Die ganze angebliche Empirie dafür
gieng zum Teufel! D a s folgt daraus! — Und wir hatten einen
artigen Missbrauch mit jener „Empirie" getrieben, wir hatten die
Welt daraufhin g e s c h a f f e n als eine Ursachen-Welt, als eine
Willens-Welt, als eine Geister-Welt. Die älteste und längste
Psychologie war hier am Werk, sie hat gar nichts Anderes gethan:
alles Geschehen war ihr ein Thun, alles Thun Folge eines Willens,
die Welt wurde ihr eine Vielheit von Thätern, ein Thäter (ein
„Subjekt") schob sich allem Geschehen unter. Der Mensch hat
seine drei „inneren Thatsachen", Das, woran er am festesten
glaubte, den Willen, den Geist, das Ich, aus sich herausprojicirt,
— er nahm erst den Begriff Sein aus dem Begriff Ich heraus,
er hat die „Dinge" als seiend gesetzt nach seinem Bilde, nach
seinem Begriff des Ichs als Ursache. Was Wunder, dass er später
in den Dingen immer nur wiederfand, w a s e r i n s i e g e -
s t e c k t h a t t e ? — Das Ding selbst, nochmals gesagt, der Begriff Ding, ein Reflex bloss vom Glauben an's Ich als Ursache . . .
Und selbst noch Ihr Atom, meine Herren Mechanisten und
Physiker, wie viel Irrthum, wie viel rudimentäre Psychologie ist
noch in Ihrem Atom rückständig! — Gar nicht zu reden vom
„Ding an sich", vom horrendum pudendum der Metaphysiker!
Der Irrthum vom Geist als Ursache mit der Realität verwechselt!
Und zum Maass der Realität gemacht! Und G o t t genannt! —

4.

Irrthum der imaginären Ursachen. — Vom
Traume auszugehn: einer bestimmten Empfindung, zum Beispiel
in Folge eines fernen Kanonenschusses, wird nachträglich eine
Ursache untergeschoben (oft ein ganzer kleiner Roman, in dem
gerade der Träumende die Hauptperson ist). Die Empfindung
dauert inzwischen fort, in einer Art von Resonanz: sie wartet
gleichsam, bis der Ursachentrieb ihr erlaubt, in den Vordergrund
zu treten, — nunmehr nicht mehr als Zufall, sondern als „Sinn".
Der Kanonenschuss tritt in einer c a u s a l e n Weise auf, in einer
anscheinenden Umkehrung der Zeit. Das Spätere, die Motivirung, wird zuerst erlebt, oft mit hundert Einzelnheiten, die wie
im Blitz vorübergehn, der Schuss folgt... Was ist geschehen?
Die Vorstellungen, welche ein gewisses Befinden e r z e u g t e ,
wurden als Ursache desselben missverstanden. — Thatsächlich
machen wir es im Wachen ebenso. Unsre meisten Allgemeingefühle — jede Art Hemmung, Druck, Spannung, Explosion im
Spiel und Gegenspiel der Organe, wie in Sonderheit der Zustand
des nervus sympathicus — erregen unsern Ursachentrieb: wir
wollen einen G r u n d haben, uns s o u n d s o zu befinden, —
uns schlecht zu befinden oder gut zu befinden. Es genügt uns
niemals, einfach bloss die Thatsache, d a s s wir uns so und so
befinden, festzustellen: wir lassen diese Thatsache erst zu, —
werden ihrer b e w u s s t —, w e n n wir ihr eine Art Motivirung gegeben haben. — Die Erinnerung, die in solchem Falle,
ohne unser Wissen, in Thätigkeit tritt, führt frühere Zustände
gleicher Art und die damit verwachsenen Causal-Interpretationen
herauf, — n i c h t deren Ursächlichkeit. Der Glaube freilich,
dass die Vorstellungen, die begleitenden Bewusstseins-Vorgänge
die Ursachen gewesen seien, wird durch die Erinnerung auch mit
heraufgebracht. So entsteht eine G e w ö h n u n g an eine bestimmte Ursachen-Interpretation, die in Wahrheit eine E r f o r -
s c h u n g der Ursache hemmt und selbst ausschliesst.

5.

Psychologische Erklärung dazu. — Etwas Unbekanntes auf etwas Bekanntes zurückführen, erleichtert, beruhigt, befriedigt, giebt ausserdem ein Gefühl von Macht. Mit dem Unbekannten ist die Gefahr, die Unruhe, die Sorge gegeben, — der erste Instinkt geht dahin, diese peinlichen Zustände wegzuschaffen. Erster Grundsatz: irgend eine Erklärung ist besser als keine. Weil es sich im Grunde nur um ein Loswerdenwollen drückender Vorstellungen handelt, nimmt man es nicht gerade streng mit den Mitteln, sie loszuwerden: die erste Vorstellung, mit der sich das Unbekannte als bekannt erklärt, thut so wohl, dass man sie „für wahr hält". Beweis der Lust („der Kraft") als Criterium der Wahrheit. — Der Ursachen-Trieb ist also bedingt und erregt durch das Furchtgefühl. Das „Warum?" soll, wenn irgend möglich, nicht sowohl die Ursache um ihrer selber willen geben, als vielmehr eine Art von Ursache — eine beruhigende, befreiende, erleichternde Ursache. Dass etwas schon Bekanntes, Erlebtes, in die Erinnerung Eingeschriebenes als Ursache angesetzt wird, ist die erste Folge dieses Bedürfnisses. Das Neue, das Unerlebte, das Fremde wird als Ursache ausgeschlossen. — Es wird also nicht nur eine Art von Erklärungen als Ursache gesucht, sondern eine ausgesuchte und bevorzugte Art von Erklärungen, die, bei denen am schnellsten, am häufigsten das Gefühl des Fremden, Neuen, Unerlebten weggeschafft worden ist, — die gewöhnlichsten Erklärungen. — Folge: eine Art von Ursachen-Setzung überwiegt immer mehr, concentrirt sich zum System und tritt endlich dominirend hervor, das heisst andere Ursachen und Erklärungen einfach ausschliessend. — Der Banquier denkt sofort an's „Geschäft", der Christ an die „Sünde", das Mädchen an seine Liebe.

6.

Der ganze Bereich der Moral und Religion gehört unter diesen Begriff der imaginären Ursachen. — „Erklärung" der unangenehmen Allgemeingefühle. Dieselben sind bedingt durch Wesen, die uns feind sind (böse Geister: berühmtester Fall — Missverständniss der Hysterischen als Hexen). Dieselben sind bedingt durch Handlungen, die nicht zu billigen sind (das Gefühl der „Sünde", der „Sündhaftigkeit" einem physiologischen Missbehagen untergeschoben — man findet immer Gründe, mit sich unzufrieden zu sein). Dieselben sind bedingt als Strafen, als eine Abzahlung für Etwas, das wir nicht hätten thun, das wir nicht hätten s e i n sollen (in impudenter Form von Schopenhauer zu einem Satze verallgemeinert, in dem die Moral als Das erscheint, was sie ist, als eigentliche Giftmischerin und Verleumderin des Lebens: „jeder grosse Schmerz, sei er leiblich, sei er geistig, sagt aus, was wir verdienen; denn er könnte nicht an uns kommen, wenn wir ihn nicht verdienten." Welt als Wille und Vorstellung, 2, 666). Dieselben sind bedingt als Folgen unbedachter, schlimm auslaufender Handlungen (— die Affekte, die Sinne als Ursache, als „schuld" angesetzt; physiologische Nothstände mit Hülfe a n d e r e r Nothstände als „verdient" ausgelegt). — „Erklärung" der angenehmen Allgemeingefühle. Dieselben sind bedingt durch Gottvertrauen. Dieselben sind bedingt durch das Bewusstsein guter Handlungen (das sogenannte „gute Gewissen", ein physiologischer Zustand, der mitunter einer glücklichen Verdauung zum Verwechseln ähnlich sieht). Dieselben sind bedingt durch den glücklichen Ausgang von Unternehmungen (— naiver Fehlschluss: der glückliche Ausgang einer Unternehmung schafft einem Hypochonder oder einem Pascal durchaus keine angenehmen Allgemeingefühle). Dieselben sind bedingt durch Glaube, Liebe, Hoffnung — die christlichen Tugenden. — In Wahrheit sind alle diese vermeintlichen Erklärungen F o l g e zustände und gleichsam Übersetzungen von Lust- oder Unlust-Gefühlen in einen falschen Dialekt: man ist im

Zustande zu hoffen, w e i l das physiologische Grundgefühl wieder stark und reich ist; man vertraut Gott, w e i l das Gefühl der Fülle und Stärke Einem Ruhe giebt. — Die Moral und Religion gehört ganz und gar unter die P s y c h o l o g i e d e s I r r t h u m s : in jedem einzelnen Falle wird Ursache und Wirkung verwechselt; oder die Wahrheit mit der Wirkung des als wahr G e g l a u b t e n verwechselt; oder ein Zustand des Bewusstseins mit der Ursächlichkeit dieses Zustands verwechselt.

7.

I r r t h u m v o m f r e i e n W i l l e n . — Wir haben heute kein Mitleid mehr mit dem Begriff „freier Wille": wir wissen nur zu gut, was er ist — das anrüchigste Theologen-Kunststück, das es giebt, zum Zweck, die Menschheit in ihrem Sinne „verantwortlich" zu machen, das heisst s i e v o n s i c h a b h ä n g i g z u m a c h e n . . . Ich gebe hier nur die Psychologie alles Verantwortlichmachens. — Überall, wo Verantwortlichkeiten gesucht werden, pflegt es der Instinkt des S t r a f e n - u n d R i c h t e n - W o l l e n s zu sein, der da sucht. Man hat das Werden seiner Unschuld entkleidet, wenn irgend ein So-und-so-Sein auf Wille, auf Absichten, auf Akte der Verantwortlichkeit zurückgeführt wird: die Lehre vom Willen ist wesentlich erfunden zum Zweck der Strafe, das heisst des S c h u l d i g - f i n d e n - w o l l e n s . Die ganze alte Psychologie, die Willens-Psychologie hat ihre Voraussetzung darin, dass deren Urheber, die Priester an der Spitze alter Gemeinwesen, sich ein R e c h t schaffen wollten, Strafen zu verhängen — oder Gott dazu ein Recht schaffen wollten . . . Die Menschen wurden „frei" gedacht, um gerichtet, um gestraft werden zu können, — um s c h u l d i g werden zu können: folglich m u s s t e jede Handlung als gewollt, der Ursprung jeder Handlung im Bewusstsein liegend gedacht werden (— womit die g r u n d s ä t z l i c h s t e Falschmünzerei in psychologicis zum Princip der Psychologie selbst gemacht war . . .)

Heute, wo wir in die u m g e k e h r t e Bewegung eingetreten sind, wo wir Immoralisten zumal mit aller Kraft den Schuldbegriff und den Strafbegriff aus der Welt wieder herauszunehmen und Psychologie, Geschichte, Natur, die gesellschaftlichen Institutionen und Sanktionen von ihnen zu reinigen suchen, giebt es in unsern Augen keine radikalere Gegnerschaft als die der Theologen, welche fortfahren, mit dem Begriff der „sittlichen Weltordnung" die Unschuld des Werdens durch „Strafe" und „Schuld" zu durchseuchen. Das Christenthum ist eine Metaphysik des Henkers . . .

8.

Was kann allein u n s r e Lehre sein? — Dass Niemand dem Menschen seine Eigenschaften g i e b t, weder Gott, noch die Gesellschaft, noch seine Eltern und Vorfahren, noch e r s e l b s t (— der Unsinn der hier zuletzt abgelehnten Vorstellung ist als „intelligible Freiheit" von Kant, vielleicht auch schon von Plato gelehrt worden). N i e m a n d ist dafür verantwortlich, dass er überhaupt da ist, dass er so und so beschaffen ist, dass er unter diesen Umständen, in dieser Umgebung ist. Die Fatalität seines Wesens ist nicht herauszulösen aus der Fatalität alles dessen, was war und was sein wird. Er ist n i c h t die Folge einer eignen Absicht, eines Willens, eines Zwecks, mit ihm wird n i c h t der Versuch gemacht, ein „Ideal von Mensch" oder ein „Ideal von Glück" oder ein „Ideal von Moralität" zu erreichen, — es ist absurd, sein Wesen in irgend einen Zweck hin a b w ä l z e n zu wollen. W i r haben den Begriff „Zweck" erfunden: in der Realität f e h l t der Zweck . . . Man ist nothwendig, man ist ein Stück Verhängniss, man gehört zum Ganzen, man i s t im Ganzen, — es giebt Nichts, was unser Sein richten, messen, vergleichen, verurtheilen könnte, denn das hiesse das Ganze richten, messen, vergleichen, verurtheilen . . . A b e r e s g i e b t N i c h t s a u s s e r d e m G a n z e n ! — Dass Niemand mehr verant-

wortlich gemacht wird, dass die Art des Seins nicht auf eine
causa prima zurückgeführt werden darf, dass die Welt weder
als Sensorium, noch als „Geist" eine Einheit ist, d i e s e r s t i s t
d i e g r o s s e B e f r e i u n g , — damit erst ist die U n s c h u l d
des Werdens wieder hergestellt . . . Der Begriff „Gott" war
bisher der grösste E i n w a n d gegen das Dasein . . . Wir leugnen
Gott, wir leugnen die Verantwortlichkeit in Gott: d a m i t erst
erlösen wir die Welt. —

Die „Verbesserer" der Menschheit.

I.

Man kennt meine Forderung an den Philosophen, sich j e n -
s e i t s von Gut und Böse zu stellen, — die Illusion des moralischen Urtheils u n t e r sich zu haben. Diese Forderung folgt aus
einer Einsicht, die von mir zum ersten Male formulirt worden
ist: d a s s e s g a r k e i n e m o r a l i s c h e n T h a t s a c h e n
g i e b t. Das moralische Urtheil hat Das mit dem religiösen
gemein, dass es an Realitäten glaubt, die keine sind. Moral ist
nur eine Ausdeutung gewisser Phänomene, bestimmter geredet,
eine M i s s deutung. Das moralische Urtheil gehört, wie das
religiöse, einer Stufe der Unwissenheit zu, auf der selbst der
Begriff des Realen, die Unterscheidung des Realen und Imaginären noch fehlt: so dass „Wahrheit" auf solcher Stufe lauter Dinge
bezeichnet, die wir heute „Einbildungen" nennen. Das moralische Urtheil ist insofern nie wörtlich zu nehmen: als solches
enthält es immer nur Widersinn. Aber es bleibt als S e m i o t i k
unschätzbar: es offenbart, für den Wissenden wenigstens, die
werthvollsten Realitäten von Culturen und Innerlichkeiten, die
nicht genug w u s s t e n, um sich selbst zu „verstehn". Moral
ist bloss Zeichenrede, bloss Symptomatologie: man muss bereits
wissen, w o r u m es sich handelt, um von ihr Nutzen zu ziehen.

2.

Ein erstes Beispiel und ganz vorläufig. Zu allen Zeiten hat man die Menschen „verbessern" wollen: dies vor Allem hiess Moral. Aber unter dem gleichen Wort ist das Allerverschiedenste von Tendenz versteckt. Sowohl die Z ä h m u n g der Bestie Mensch als die Z ü c h t u n g einer bestimmten Gattung Mensch ist „Besserung" genannt worden: erst diese zoologischen termini drücken Realitäten aus — Realitäten freilich, von denen der typische „Verbesserer", der Priester, Nichts weiss — Nichts wissen w i l l . . . Die Zähmung eines Thieres seine „Besserung" nennen ist in unsren Ohren beinahe ein Scherz. Wer weiss, was in Menagerien geschieht, zweifelt daran, dass die Bestie daselbst „verbessert" wird. Sie wird geschwächt, sie wird weniger schädlich gemacht, sie wird durch den depressiven Affekt der Furcht, durch Schmerz, durch Wunden, durch Hunger zur k r a n k h a f - t e n Bestie. — Nicht anders steht es mit dem gezähmten Menschen, den der Priester „verbessert" hat. Im frühen Mittelalter, wo in der That die Kirche vor Allem eine Menagerie war, machte man allerwärts auf die schönsten Exemplare der „blonden Bestie" Jagd, — man „verbesserte" zum Beispiel die vornehmen Germanen. Aber wie sah hinterdrein ein solcher „verbesserter", in's Kloster verführter Germane aus? Wie eine Caricatur des Menschen, wie eine Missgeburt: er war zum „Sünder" geworden, er stak im Käfig, man hatte ihn zwischen lauter schreckliche Begriffe eingesperrt . . . Da lag er nun, krank, kümmerlich, gegen sich selbst böswillig; voller Hass gegen die Antriebe zum Leben, voller Verdacht gegen Alles, was noch stark und glücklich war. Kurz, ein „Christ" . . . Physiologisch geredet: im Kampf mit der Bestie k a n n Krankmachen das einzige Mittel sein, sie schwach zu machen. Das verstand die Kirche: sie v e r d a r b den Menschen, sie schwächte ihn, — aber sie nahm in Anspruch, ihn „verbessert" zu haben . . .

3.

Nehmen wir den andern Fall der sogenannten Moral, den Fall der Z ü c h t u n g einer bestimmten Rasse und Art. Das grossartigste Beispiel dafür giebt die indische Moral, als „Gesetz des Manu" zur Religion sanktionirt. Hier ist die Aufgabe gestellt, nicht weniger als vier Rassen auf einmal zu züchten: eine priesterliche, eine kriegerische, eine händler- und ackerbauerische, endlich eine Dienstboten-Rasse, die Sudras. Ersichtlich sind wir hier nicht mehr unter Thierbändigern: eine hundert Mal mildere und vernünftigere Art Mensch ist die Voraussetzung, um auch nur den Plan einer solchen Züchtung zu concipiren. Man athmet auf, aus der christlichen Kranken- und Kerkerluft in diese gesündere, höhere, w e i t e r e Welt einzutreten. Wie armselig ist das „neue Testament" gegen Manu, wie schlecht riecht es! — Aber auch diese Organisation hatte nöthig, f u r c h t b a r zu sein, — nicht dies Mal im Kampf mit der Bestie, sondern mit i h r e m Gegensatz-Begriff, dem Nicht-Zucht-Menschen, dem Mischmasch-Menschen, dem Tschandala. Und wieder hatte sie kein andres Mittel, ihn ungefährlich, ihn schwach zu machen, als ihn k r a n k zu machen, — es war der Kampf mit der „grossen Zahl". Vielleicht giebt es nichts unserm Gefühle Widersprechenderes als d i e s e Schutzmaassregeln der indischen Moral. Das dritte Edikt zum Beispiel (Avadana-Sastra I), das „von den unreinen Gemüsen", ordnet an, dass die einzige Nahrung, die den Tschandala erlaubt ist, Knoblauch und Zwiebeln sein sollen, in Anbetracht, dass die heilige Schrift verbietet, ihnen Korn oder Früchte, die Körner tragen, oder W a s s e r oder Feuer zu geben. Dasselbe Edikt setzt fest, dass das Wasser, welches sie nöthig haben, weder aus den Flüssen, noch aus den Quellen, noch aus den Teichen genommen werden dürfe, sondern nur aus den Zugängen zu Sümpfen und aus Löchern, welche durch die Fusstapfen der Thiere entstanden sind. Insgleichen wird ihnen verboten, ihre Wäsche zu waschen und s i c h s e l b s t z u w a s c h e n, da das Wasser, das ihnen aus Gnade zugestanden wird, nur benutzt

werden darf, den Durst zu löschen. Endlich ein Verbot an die
Sudra-Frauen, den Tschandala-Frauen bei der Geburt beizustehn,
insgleichen noch eins für die letzteren, einander dabei
beizustehn ... — Der Erfolg einer solchen Sanitäts-Polizei
blieb nicht aus: mörderische Seuchen, scheussliche Geschlechts-
krankheiten und darauf hin wieder „das Gesetz des Messers",
die Beschneidung für die männlichen, die Abtragung der kleinen
Schamlippen für die weiblichen Kinder anordnend. — Manu
selbst sagt: „die Tschandala sind die Frucht von Ehebruch,
Incest und Verbrechen (— dies die nothwendige Consequenz des Begriffs Züchtung). Sie sollen zu Kleidern nur die
Lumpen von Leichnamen haben, zum Geschirr zerbrochne
Töpfe, zum Schmuck altes Eisen, zum Gottesdienst nur die bösen
Geister; sie sollen ohne Ruhe von einem Ort zum andern schweifen. Es ist ihnen verboten, von links nach rechts zu schreiben
und sich der rechten Hand zum Schreiben zu bedienen: der Gebrauch der rechten Hand und des von Links nach Rechts ist
bloss den Tugendhaften vorbehalten, den Leuten von
Rasse." —

4.

Diese Verfügungen sind lehrreich genug: in ihnen haben wir
einmal die arische Humanität, ganz rein, ganz ursprünglich,
— wir lernen, dass der Begriff „reines Blut" der Gegensatz eines
harmlosen Begriffs ist. Andrerseits wird klar, in welchem
Volk sich der Hass, der Tschandala-Hass gegen diese „Humanität" verewigt hat, wo er Religion, wo er Genie geworden
ist ... Unter diesem Gesichtspunkte sind die Evangelien eine
Urkunde ersten Ranges; noch mehr das Buch Henoch. — Das
Christenthum, aus jüdischer Wurzel und nur verständlich als
Gewächs dieses Bodens, stellt die Gegenbewegung gegen
jede Moral der Züchtung, der Rasse, des Privilegiums dar: — es
ist die antiarische Religion par excellence: das Christenthum

die Umwerthung aller arischen Werthe, der Sieg der Tschandala-Werthe, das Evangelium den Armen, den Niedrigen gepredigt, der Gesammt-Aufstand alles Niedergetretenen, Elenden, Missrathenen, Schlechtweggekommenen gegen die „Rasse", — die unsterbliche Tschandala-Rache als Religion der Liebe...

5.

Die Moral der Züchtung und die Moral der Zähmung sind in den Mitteln, sich durchzusetzen, vollkommen einander würdig: wir dürfen als obersten Satz hinstellen, dass, um Moral zu machen, man den unbedingten Willen zum Gegentheil haben muss. Dies ist das grosse, das unheimliche Problem, dem ich am längsten nachgegangen bin: die Psychologie der „Verbesserer" der Menschheit. Eine kleine und im Grunde bescheidne Thatsache, die der sogenannten pia fraus, gab mir den ersten Zugang zu diesem Problem: die pia fraus, das Erbgut aller Philosophen und Priester, die die Menschheit „verbesserten". Weder Manu, noch Plato, noch Confucius, noch die jüdischen und christlichen Lehrer haben je an ihrem Recht zur Lüge gezweifelt. Sie haben an ganz andren Rechten nicht gezweifelt ... In Formel ausgedrückt dürfte man sagen: alle Mittel, wodurch bisher die Menschheit moralisch gemacht werden sollte, waren von Grund aus unmoralisch. —

Was den Deutschen abgeht.

I.

Unter Deutschen ist es heute nicht genug, Geist zu haben:
man muss ihn noch sich nehmen, sich Geist h e r a u s n e h m e n . . .
Vielleicht kenne ich die Deutschen, vielleicht darf ich selbst
ihnen ein paar Wahrheiten sagen. Das neue Deutschland stellt
ein grosses Quantum vererbter und angeschulter Tüchtigkeit dar,
so dass es den aufgehäuften Schatz von Kraft eine Zeit lang
selbst verschwenderisch ausgeben darf. Es ist n i c h t eine hohe
Cultur, die mit ihm Herr geworden, noch weniger ein delikater
Geschmack, eine vornehme „Schönheit“ der Instinkte; aber
m ä n n l i c h e r e Tugenden, als sonst ein Land Europa’s auf-
weisen kann. Viel guther Muth und Achtung vor sich selber,
viel Sicherheit im Verkehr, in der Gegenseitigkeit der Pflichten,
viel Arbeitsamkeit, viel Ausdauer — und eine angeerbte Mässigung, welche eher des Stachels als des Hemmschuhs bedarf. Ich
füge hinzu, dass hier noch gehorcht wird, ohne dass das Ge-
horchen demüthigt . . . Und Niemand verachtet seinen Gegner . . .
Man sieht, es ist mein Wunsch, den Deutschen gerecht zu sein:
ich möchte mir darin nicht untreu werden, — ich muss ihnen also
auch meinen Einwand machen. Es zahlt sich theuer, zur Macht zu
kommen: die Macht v e r d u m m t . . . Die Deutschen — man
hiess sie einst das Volk der Denker: denken sie heute überhaupt
noch? — Die Deutschen langweilen sich jetzt am Geiste, die Deut-

schen misstrauen jetzt dem Geiste, die Politik verschlingt allen Ernst für wirklich geistige Dinge — „Deutschland, Deutschland über Alles", ich fürchte, das war das Ende der deutschen Philosophie ... „Giebt es deutsche Philosophen? giebt es deutsche Dichter? giebt es g u t e deutsche Bücher?" fragt man mich im Ausland. Ich erröthe, aber mit der Tapferkeit, die mir auch in verzweifelten Fällen zu eigen ist, antworte ich: „Ja, B i s - m a r c k !" — Dürfte ich auch nur eingestehn, welche Bücher man heute liest? ... Vermaledeiter Instinkt der Mittelmässigkeit! —

2.

— Was der deutsche Geist sein k ö n n t e, wer hätte nicht schon darüber seine schwermüthigen Gedanken gehabt! Aber dies Volk hat sich willkürlich verdummt, seit einem Jahrtausend beinahe: nirgendswo sind die zwei grossen europäischen Narcotica, Alkohol und Christenthum, lasterhafter gemissbraucht worden. Neuerdings kam sogar noch ein drittes hinzu, mit dem allein schon aller feinen und kühnen Beweglichkeit des Geistes der Garaus gemacht werden kann, die Musik, unsre verstopfte verstopfende deutsche Musik. — Wie viel verdriessliche Schwere, Lahmheit, Feuchtigkeit, Schlafrock, wie viel B i e r ist in der deutschen Intelligenz! Wie ist es eigentlich möglich, dass junge Männer, die den geistigsten Zielen ihr Dasein weihn, nicht den ersten Instinkt der Geistigkeit, d e n S e l b s t e r h a l t u n g s - I n s t i n k t d e s G e i s t e s in sich fühlen — und Bier trinken? ... Der Alkoholismus der gelehrten Jugend ist vielleicht noch kein Fragezeichen in Absicht ihrer Gelehrsamkeit — man kann ohne Geist sogar ein grosser Gelehrter sein —, aber in jedem andren Betracht bleibt er ein Problem. — Wo fände man sie nicht, die sanfte Entartung, die das Bier im Geiste hervorbringt! Ich habe einmal in einem beinahe berühmt gewordnen Fall den Finger auf eine solche Entartung gelegt — die Entartung unsres ersten deutschen Freigeistes, des k l u g e n David Strauss, zum Verfasser eines Bierbank-

Evangeliums und „neuen Glaubens" … Nicht umsonst hatte er
der „holden Braunen" sein Gelöbniss in Versen gemacht —
Treue bis zum Tod …

3.

— Ich sprach vom deutschen Geiste: dass er gröber wird, dass
er sich verflacht. Ist das genug? — Im Grunde ist es etwas ganz
Anderes, das mich erschreckt: wie es immer mehr mit dem deutschen Ernste, der deutschen Tiefe, der deutschen L e i d e n -
s c h a f t in geistigen Dingen abwärts geht. Das Pathos hat sich
verändert, nicht bloss die Intellektualität. — Ich berühre hier und
da deutsche Universitäten: was für eine Luft herrscht unter deren
Gelehrten, welche öde, welche genügsam und lau gewordne Geistigkeit! Es wäre ein tiefes Missverständniss, wenn man mir hier
die deutsche Wissenschaft einwenden wollte — und ausserdem
ein Beweis dafür, dass man nicht ein Wort von mir gelesen hat.
Ich bin seit siebzehn Jahren nicht müde geworden, den e n t g e i -
s t i g e n d e n Einfluss unsres jetzigen Wissenschafts-Betriebs an's
Licht zu stellen. Das harte Helotenthum, zu dem der ungeheure
Umfang der Wissenschaften heute jeden Einzelnen verurtheilt, ist
ein Hauptgrund dafür, dass voller, reicher, t i e f e r angelegte
Naturen keine ihnen gemässe Erziehung u n d E r z i e h e r mehr
vorfinden. Unsre Cultur leidet an Nichts m e h r , als an dem
Überfluss anmaasslicher Eckensteher und Bruchstück-Humani-
täten; unsre Universitäten sind, w i d e r Willen, die eigentlichen
Treibhäuser für diese Art Instinkt-Verkümmerung des Geistes.
Und ganz Europa hat bereits einen Begriff davon — die grosse
Politik täuscht Niemanden … Deutschland gilt immer mehr als
Europa's F l a c h l a n d . — Ich s u c h e noch nach einem Deutschen, mit dem i c h auf meine Weise ernst sein könnte, — um
wie viel mehr nach einem, mit dem ich heiter sein dürfte! G ö t -
z e n - D ä m m e r u n g : ah wer begriffe es heute, v o n w a s f ü r

e i n e m   E r n s t e sich hier ein Einsiedler erholt! — Die Heiterkeit ist an uns das Unverständlichste...

4.

Man mache einen Überschlag: es liegt nicht nur auf der Hand,
dass die deutsche Cultur niedergeht, es fehlt auch nicht am zureichenden Grund dafür. Niemand kann zuletzt mehr ausgeben
als er hat — das gilt von Einzelnen, das gilt von Völkern. Giebt
man sich für Macht, für grosse Politik, für Wirthschaft, Weltver-
kehr, Parlamentarismus, Militär-Interessen aus, — giebt man
das Quantum Verstand, Ernst, Wille, Selbstüberwindung, das
man ist, nach d i e s e r Seite weg, so fehlt es auf der andern
Seite. Die Cultur und der Staat — man betrüge sich hierüber nicht
— sind Antagonisten: „Cultur-Staat" ist bloss eine moderne
Idee. Das Eine lebt vom Andern, das Eine gedeiht auf Unkosten
des Anderen. Alle grossen Zeiten der Cultur sind politische Nie-
dergangs-Zeiten: was gross ist im Sinn der Cultur war unpoli-
tisch, selbst a n t i p o l i t i s c h. — Goethen gieng das Herz auf
bei dem Phänomen Napoleon, — es gieng ihm z u bei den „Freiheits-Kriegen"... In demselben Augenblick, wo Deutschland als
Grossmacht heraufkommt, gewinnt Frankreich als C u l t u r -
m a c h t eine veränderte Wichtigkeit. Schon heute ist viel neuer
Ernst, viel neue L e i d e n s c h a f t des Geistes nach Paris über-
gesiedelt; die Frage des Pessimismus zum Beispiel, die Frage
Wagner, fast alle psychologischen und artistischen Fragen werden
dort unvergleichlich feiner und gründlicher erwogen als in
Deutschland, — die Deutschen sind selbst u n f ä h i g zu dieser
Art Ernst. — In der Geschichte der europäischen Cultur bedeutet
die Heraufkunft des „Reichs" vor allem Eins: eine V e r l e g u n g
d e s   S c h w e r g e w i c h t s. Man weiss es überall bereits: in der
Hauptsache — und das bleibt die Cultur — kommen die Deutschen nicht mehr in Betracht. Man fragt: habt ihr auch nur Einen
für Europa m i t z ä h l e n d e n Geist aufzuweisen? wie euer

Goethe, euer Hegel, euer Heinrich Heine, euer Schopenhauer mitzählte? — Dass es nicht einen einzigen deutschen Philosophen mehr giebt, darüber ist des Erstaunens kein Ende. —

5.

Dem ganzen höheren Erziehungswesen in Deutschland ist die Hauptsache abhanden gekommen: Z w e c k sowohl als M i t t e l zum Zweck. Dass Erziehung, B i l d u n g selbst Zweck ist — und n i c h t „das Reich" —, dass es zu diesem Zweck der E r z i e h e r bedarf — und n i c h t der Gymnasiallehrer und Universitäts-Gelehrten — man vergass das ... Erzieher thun noth, d i e s e l b s t e r z o g e n sind, überlegene, vornehme Geister, in jedem Augenblick bewiesen, durch Wort und Schweigen bewiesen, reife, s ü s s gewordene Culturen, — n i c h t die gelehrten Rüpel, welche Gymnasium und Universität der Jugend heute als „höhere Ammen" entgegenbringt. Die Erzieher f e h l e n , die Ausnahmen der Ausnahmen abgerechnet, die e r s t e Vorbedingung der Erziehung: d a h e r der Niedergang der deutschen Cultur. — Eine jener allerseltensten Ausnahmen ist mein verehrungswürdiger Freund Jakob Burckhardt in Basel: ihm zuerst verdankt Basel seinen Vorrang von Humanität. — Was die „höheren Schulen" Deutschlands thatsächlich erreichen, das ist eine brutale Abrichtung, um, mit möglichst geringem Zeitverlust, eine Unzahl junger Männer für den Staatsdienst nutzbar, a u s n u t z b a r zu machen. „Höhere Erziehung" und U n z a h l — das widerspricht sich von vornherein. Jede höhere Erziehung gehört nur der Ausnahme: man muss privilegirt sein, um ein Recht auf ein so hohes Privilegium zu haben. Alle grossen, alle schönen Dinge können nie Gemeingut sein: pulchrum est paucorum hominum. — Was b e d i n g t den Niedergang der deutschen Cultur? Dass „höhere Erziehung" kein V o r r e c h t mehr ist — der Demokratismus der „allgemeinen", der g e m e i n gewordnen „Bildung" ... Nicht zu vergessen, dass militärische Privilegien

den Zu-Viel-Besuch der höheren Schulen, das heisst ihren
Untergang, förmlich erzwingen. — Es steht Niemandem mehr
frei, im jetzigen Deutschland seinen Kindern eine vornehme Erziehung zu geben: unsre „höheren“ Schulen sind allesammt auf
die zweideutigste Mittelmässigkeit eingerichtet, mit Lehrern, mit
Lehrplänen, mit Lehrzielen. Und überall herrscht eine unanständige Hast, wie als ob Etwas versäumt wäre, wenn der junge
Mann mit 23 Jahren noch nicht „fertig“ ist, noch nicht Antwort
weiss auf die „Hauptfrage“: welchen Beruf? — Eine höhere
Art Mensch, mit Verlaub gesagt, liebt nicht „Berufe“, genau deshalb, weil sie sich berufen weiss … Sie hat Zeit, sie nimmt sich
Zeit, sie denkt gar nicht daran, „fertig“ zu werden, — mit dreis-
sig Jahren ist man, im Sinne hoher Cultur, ein Anfänger, ein
Kind. — Unsre überfüllten Gymnasien, unsre überhäuften,
stupid gemachten Gymnasiallehrer sind ein Skandal: um diese
Zustände in Schutz zu nehmen, wie es jüngst die Professoren von
Heidelberg gethan haben, dazu hat man vielleicht Ursachen,
— Gründe dafür giebt es nicht.

6.

— Ich stelle, um nicht aus meiner Art zu fallen, die jasagend ist und mit Widerspruch und Kritik nur mittelbar,
nur unfreiwillig zu thun hat, sofort die drei Aufgaben hin,
derentwegen man Erzieher braucht. Man hat sehen zu lernen,
man hat denken zu lernen, man hat sprechen und
schreiben zu lernen: das Ziel in allen Dreien ist eine vornehme Cultur. — Sehen lernen — dem Auge die Ruhe, die
Geduld, das An-sich-herankommen-lassen angewöhnen; das Urtheil hinausschieben, den Einzelfall von allen Seiten umgehn und
umfassen lernen. Das ist die erste Vorschulung zur Geistigkeit:
auf einen Reiz nicht sofort reagiren, sondern die hemmenden,
die abschliessenden Instinkte in die Hand bekommen. Sehen
lernen, so wie ich es verstehe, ist beinahe Das, was die unphilo-

sophische Sprechweise den starken Willen nennt: das Wesentliche daran ist gerade, n i c h t „wollen", die Entscheidung aussetzen k ö n n e n. Alle Ungeistigkeit, alle Gemeinheit beruht auf dem Unvermögen, einem Reize Widerstand zu leisten — man m u s s reagiren, man folgt jedem Impulse. In vielen Fällen ist ein solches Müssen bereits Krankhaftigkeit, Niedergang, Symptom der Erschöpfung, — fast Alles, was die unphilosophische Rohheit mit dem Namen „Laster" bezeichnet, ist bloss jenes physiologische Unvermögen, n i c h t zu reagiren. — Eine Nutzanwendung vom Sehen-gelernt-haben: man wird als L e r n e n d e r überhaupt langsam, misstrauisch, widerstrebend geworden sein. Man wird Fremdes, N e u e s jeder Art zunächst mit feindseliger Ruhe herankommen lassen, — man wird seine Hand davor zurückziehn. Das Offenstehn mit allen Thüren, das unterthänige Auf-dem-Bauch-Liegen vor jeder kleinen Thatsache, das allzeit sprungbereite Sich-hinein-Setzen, Sich-hinein-S t ü r z e n in Andere und Anderes, kurz die berühmte moderne „Objektivität" ist schlechter Geschmack, ist u n v o r n e h m par excellence. —

7.

D e n k e n lernen: man hat auf unsren Schulen keinen Begriff mehr davon. Selbst auf den Universitäten, sogar unter den eigentlichen Gelehrten der Philosophie beginnt Logik als Theorie, als Praktik, als H a n d w e r k, auszusterben. Man lese deutsche Bücher: nicht mehr die entfernteste Erinnerung daran, dass es zum Denken einer Technik, eines Lehrplans, eines Willens zur Meisterschaft bedarf, — dass Denken gelernt sein will, wie Tanzen gelernt sein will, a l s eine Art Tanzen … Wer kennt unter Deutschen jenen feinen Schauder aus Erfahrung noch, den die l e i c h t e n F ü s s e im Geistigen in alle Muskeln überströmen! — Die steife Tölpelei der geistigen Gebärde, die p l u m p e Hand beim Fassen — das ist in dem Grade deutsch, dass man es im Auslande mit dem deutschen Wesen überhaupt verwechselt. Der

Deutsche hat keine F i n g e r für nuances ... Dass die Deutschen
ihre Philosophen auch nur ausgehalten haben, vor Allen jenen
verwachsensten Begriffs-Krüppel, den es je gegeben hat, den
g r o s s e n Kant, giebt keinen kleinen Begriff von der deutschen
Anmuth. — Man kann nämlich das T a n z e n in jeder Form
nicht von der v o r n e h m e n E r z i e h u n g abrechnen, Tanzen-
können mit den Füssen, mit den Begriffen, mit den Worten; habe
ich noch zu sagen, dass man es auch mit der F e d e r können
muss, — dass man s c h r e i b e n lernen muss? — Aber an dieser
Stelle würde ich deutschen Lesern vollkommen zum Räthsel werden ...

Streifzüge eines Unzeitgemässen.

I.

Meine Unmöglichen. — Seneca: oder der Toreador der Tugend. — Rousseau: oder die Rückkehr zur Natur in impuris naturalibus. — Schiller: oder der Moral-Trompeter von Säckingen. — Dante: oder die Hyäne, die in Gräbern dichtet. — Kant: oder cant als intelligibler Charakter. — Victor Hugo: oder der Pharus am Meere des Unsinns. — Liszt: oder die Schule der Geläufigkeit — nach Weibern. — George Sand: oder lactea ubertas, auf deutsch: die Milchkuh mit „schönem Stil". — Michelet: oder die Begeisterung, die den Rock auszieht ... Carlyle: oder Pessimismus als zurückgetretenes Mittagessen. — John Stuart Mill: oder die beleidigende Klarheit. — Les frères de Goncourt: oder die beiden Ajaxe im Kampf mit Homer. Musik von Offenbach. — Zola: oder „die Freude zu stinken." —

2.

Renan. — Theologie, oder die Verderbniss der Vernunft durch die „Erbsünde" (das Christenthum). Zeugniss Renan, der, sobald er einmal ein Ja oder Nein allgemeinerer Art risquirt, mit peinlicher Regelmässigkeit daneben greift. Er möchte zum Beispiel la science und la noblesse in Eins verknüpfen: aber la science

gehört zur Demokratie, das greift sich doch mit Händen. Er
wünscht, mit keinem kleinen Ehrgeize, einen Aristokratismus des
Geistes darzustellen: aber zugleich liegt er vor dessen Gegenlehre,
dem évangile des humbles auf den Knien und nicht nur auf den
Knien ... Was hilft alle Freigeisterei, Modernität, Spötterei und
Wendehals-Geschmeidigkeit, wenn man mit seinen Eingeweiden
Christ, Katholik und sogar Priester geblieben ist! Renan hat
seine Erfindsamkeit, ganz wie ein Jesuit und Beichtvater, in der
Verführung; seiner Geistigkeit fehlt das breite Pfaffen-Ge-
schmunzel nicht, — er wird, wie alle Priester, gefährlich erst,
wenn er liebt. Niemand kommt ihm darin gleich, auf eine lebens-
gefährliche Weise anzubeten ... Dieser Geist Renan's, ein Geist,
der e n t n e r v t , ist ein Verhängniss mehr für das arme, kranke,
willenskranke Frankreich. —

3.

S a i n t e - B e u v e . — Nichts von Mann; voll eines kleinen
Ingrimms gegen alle Mannsgeister. Schweift umher, fein, neugierig, gelangweilt, aushorcherisch, — eine Weibsperson im
Grunde, mit einer Weibs-Rachsucht und Weibs-Sinnlichkeit. Als
Psycholog ein Genie der médisance; unerschöpflich reich an Mit-
teln dazu; Niemand versteht besser, mit einem Lob Gift zu
mischen. Plebejisch in den untersten Instinkten und mit dem
ressentiment Rousseau's verwandt: f o l g l i c h Romantiker —
denn unter allem romantisme grunzt und giert der Instinkt
Rousseau's nach Rache. Revolutionär, aber durch die Furcht leid-
lich noch im Zaum gehalten. Ohne Freiheit vor Allem, was
Stärke hat (öffentliche Meinung, Akademie, Hof, selbst Port
Royal). Erbittert gegen alles Grosse an Mensch und Ding, gegen
Alles, was an sich glaubt. Dichter und Halbweib genug, um das
Grosse noch als Macht zu fühlen; gekrümmt beständig, wie jener
berühmte Wurm, weil er sich beständig getreten fühlt. Als Kriti-
ker ohne Maassstab, Halt und Rückgrat, mit der Zunge des

kosmopolitischen libertin für Vielerlei, aber ohne den Muth selbst zum Eingeständniss der libertinage. Als Historiker ohne Philosophie, ohne die M a c h t des philosophischen Blicks, — deshalb die Aufgabe des Richtens in allen Hauptsachen ablehnend, die „Objektivität" als Maske vorhaltend. Anders verhält er sich zu allen Dingen, wo ein feiner, vernutzter Geschmack die höchste Instanz ist: da hat er wirklich den Muth zu sich, die Lust an sich, — da ist er M e i s t e r. — Nach einigen Seiten eine Vorform Baudelaire's. —

4.

Die i m i t a t i o C h r i s t i gehört zu den Büchern, die ich nicht ohne einen physiologischen Widerstand in den Händen halte: sie haucht einen parfum des Ewig-Weiblichen aus, zu dem man bereits Franzose sein muss — oder Wagnerianer ... Dieser Heilige hat eine Art von der Liebe zu reden, dass sogar die Pariserinnen neugierig werden. — Man sagt mir, dass jener k l ü g s t e Jesuit, A. Comte, der seine Franzosen auf dem U m w e g der Wissenschaft nach Rom führen wollte, sich an diesem Buche inspirirt habe. Ich glaube es: „die Religion des Herzens" ...

5.

G. E l i o t. — Sie sind den christlichen Gott los und glauben nun um so mehr die christliche Moral festhalten zu müssen: das ist eine e n g l i s c h e Folgerichtigkeit, wir wollen sie den Moral-Weiblein à la Eliot nicht verübeln. In England muss man sich für jede kleine Emancipation von der Theologie in furchteinflössender Weise als Moral-Fanatiker wieder zu Ehren bringen. Das ist dort die B u s s e, die man zahlt. — Für uns Andre steht es anders. Wenn man den christlichen Glauben aufgiebt, zieht man sich damit das R e c h t zur christlichen Moral unter den Füssen weg. Diese versteht sich schlechterdings n i c h t von selbst: man muss diesen Punkt, den englischen Flachköpfen zum Trotz, immer wieder an's Licht stellen. Das Christenthum ist ein System, eine zusammengedachte und g a n z e Ansicht der Dinge. Bricht man aus ihm einen Hauptbegriff, den Glauben an Gott, heraus, so zerbricht man damit auch das Ganze: man hat nichts Nothwendiges mehr zwischen den Fingern. Das Christenthum setzt voraus, dass der Mensch nicht wisse, nicht wissen k ö n n e, was für ihn gut, was böse ist: er glaubt an Gott, der allein es weiss. Die christliche Moral ist ein Befehl; ihr Ursprung ist transscendent; sie ist jenseits aller Kritik, alles Rechts auf Kritik; sie hat nur Wahrheit, falls Gott die Wahrheit ist, — sie steht und fällt mit dem Glauben an Gott. — Wenn thatsächlich die Engländer glauben, sie wüssten von sich aus, „intuitiv", was gut und böse ist, wenn sie folglich vermeinen, das Christenthum als Garantie der Moral nicht mehr nöthig zu haben, so ist dies selbst bloss die F o l g e der Herrschaft des christlichen Werthurtheils und ein Ausdruck von der S t ä r k e und T i e f e dieser Herrschaft: so dass der Ursprung der englischen Moral vergessen worden ist, so dass das Sehr-Bedingte ihres Rechts auf Dasein nicht mehr empfunden wird. Für den Engländer ist die Moral noch kein Problem...

6.

G e o r g e S a n d. — Ich las die ersten lettres d'un voyageur: wie Alles, was von Rousseau stammt, falsch, gemacht, Blasebalg, übertrieben. Ich halte diesen bunten Tapeten-Stil nicht aus; ebensowenig als die Pöbel-Ambition nach generösen Gefühlen. Das Schlimmste freilich bleibt die Weibskoketterie mit Männlichkeiten, mit Manieren ungezogener Jungen. — Wie kalt muss sie bei alledem gewesen sein, diese unausstehliche Künstlerin! Sie zog sich auf wie eine Uhr — und schrieb ... Kalt, wie Hugo, wie Balzac, wie alle Romantiker, sobald sie dichteten! Und wie selbstgefällig sie dabei dagelegen haben mag, diese fruchtbare Schreibe-Kuh, die etwas Deutsches im schlimmen Sinne an sich hatte, gleich

Rousseau selbst, ihrem Meister, und jedenfalls erst beim Niedergang des französischen Geschmacks möglich war! — Aber Renan verehrt sie ...

7.

Moral für Psychologen. — Keine Colportage-Psychologie treiben! Nie beobachten, u m zu beobachten! Das giebt eine falsche Optik, ein Schielen, etwas Erzwungenes und Übertreibendes. Erleben als Erleben-Wollen — das geräth nicht. Man d a r f nicht im Erlebniss nach sich hinblicken, jeder Blick wird da zum „bösen Blick“. Ein geborner Psycholog hütet sich aus Instinkt, zu sehn, um zu sehn; dasselbe gilt vom gebornen Maler. Er arbeitet nie „nach der Natur“, — er überlässt seinem Instinkte, seiner camera obscura das Durchsieben und Ausdrücken des „Falls“, der „Natur“, des „Erlebten“ ... Das A l l - g e m e i n e erst kommt ihm zum Bewusstsein, der Schluss, das Ergebniss: er kennt jenes willkürliche Abstrahiren vom einzelnen Falle nicht. — Was wird daraus, wenn man es anders macht? Zum Beispiel nach Art der Pariser romanciers gross und klein Colportage-Psychologie treibt? D a s lauert gleichsam der Wirklichkeit auf, d a s bringt jeden Abend eine Handvoll Curiositäten mit nach Hause ... Aber man sehe nur, was zuletzt herauskommt — ein Haufen von Klecksen, ein Mosaik besten Falls, in jedem Falle etwas Zusammen-Addirtes, Unruhiges, Farbenschreiendes. Das Schlimmste darin erreichen die Goncourt: sie setzen nicht drei Sätze zusammen, die nicht dem Auge, dem P s y c h o - l o g e n - Auge einfach weh thun. — Die Natur, künstlerisch abgeschätzt, ist kein Modell. Sie übertreibt, sie verzerrt, sie lässt Lücken. Die Natur ist der Z u f a l l. Das Studium „nach der Natur“ scheint mir ein schlechtes Zeichen: es verräth Unterwerfung, Schwäche, Fatalismus, — dies Im-Staube-Liegen vor petits faits ist eines g a n z e n Künstlers unwürdig. Sehen, w a s i s t — das gehört einer andern Gattung von Geistern zu, den a n t i -

a r t i s t i s c h e n, den Thatsächlichen. Man muss wissen, w e r
man ist ...

8.

Z u r   P s y c h o l o g i e   d e s   K ü n s t l e r s. — Damit es
Kunst giebt, damit es irgend ein ästhetisches Thun und Schauen
giebt, dazu ist eine physiologische Vorbedingung unumgänglich:
der R a u s c h. Der Rausch muss erst die Erregbarkeit der ganzen
Maschine gesteigert haben: eher kommt es zu keiner Kunst. Alle
noch so verschieden bedingten Arten des Rausches haben dazu
die Kraft: vor Allem der Rausch der Geschlechtserregung, diese
älteste und ursprünglichste Form des Rausches. Insgleichen der
Rausch, der im Gefolge aller grossen Begierden, aller starken
Affekte kommt; der Rausch des Festes, des Wettkampfs, des Bra-
vourstücks, des Siegs, aller extremen Bewegung; der Rausch der
Grausamkeit; der Rausch in der Zerstörung; der Rausch unter
gewissen meteorologischen Einflüssen, zum Beispiel der Früh-
lingsrausch; oder unter dem Einfluss der Narcotica; endlich der
Rausch des Willens, der Rausch eines überhäuften und geschwell-
ten Willens. — Das Wesentliche am Rausch ist das Gefühl der
Kraftsteigerung und Fülle. Aus diesem Gefühle giebt man an die
Dinge ab, man z w i n g t sie von uns zu nehmen, man vergewal-
tigt sie, — man heisst diesen Vorgang I d e a l i s i r e n. Machen
wir uns hier von einem Vorurtheil los: das Idealisiren besteht
n i c h t, wie gemeinhin geglaubt wird, in einem Abziehn oder
Abrechnen des Kleinen, des Nebensächlichen. Ein ungeheures
H e r a u s t r e i b e n der Hauptzüge ist vielmehr das Entscheidende, so dass die andern darüber verschwinden.

9.

Man bereichert in diesem Zustande Alles aus seiner eignen
Fülle: was man sieht, was man will, man sieht es geschwellt,

gedrängt, stark, überladen mit Kraft. Der Mensch dieses Zustandes verwandelt die Dinge, bis sie seine Macht wiederspiegeln, — bis sie Reflexe seiner Vollkommenheit sind. Dies Verwandelnmüssen in's Vollkommne ist — Kunst. Alles selbst, was er nicht ist, wird trotzdem ihm zur Lust an sich; in der Kunst geniesst sich der Mensch als Vollkommenheit. — Es wäre erlaubt, sich einen gegensätzlichen Zustand auszudenken, ein spezifisches Antikünstlerthum des Instinkts, — eine Art zu sein, welche alle Dinge verarmte, verdünnte, schwindsüchtig machte. Und in der That, die Geschichte ist reich an solchen Anti-Artisten, an solchen Ausgehungerten des Lebens: welche mit Nothwendigkeit die Dinge noch an sich nehmen, sie auszehren, sie m a g e r e r machen müssen. Dies ist zum Beispiel der Fall des echten Christen, Pascal's zum Beispiel: ein Christ, der zugleich Künstler wäre, k o m m t n i c h t v o r ... Man sei nicht kindlich und wende mir Raffael ein oder irgend welche homöopathische Christen des neunzehnten Jahrhunderts: Raffael sagte Ja, Raffael m a c h t e Ja, folglich war Raffael kein Christ ...

10.

Was bedeutet der von mir in die Aesthetik eingeführte Gegensatz-Begriff a p o l l i n i s c h und d i o n y s i s c h, beide als Arten des Rausches begriffen? — Der apollinische Rausch hält vor Allem das Auge erregt, so dass es die Kraft der Vision bekommt. Der Maler, der Plastiker, der Epiker sind Visionäre par excellence. Im dionysischen Zustande ist dagegen das gesammte Affekt-System erregt und gesteigert: so dass es alle seine Mittel des Ausdrucks mit einem Male entladet und die Kraft des Darstellens, Nachbildens, Transfigurirens, Verwandelns, alle Art Mimik und Schauspielerei zugleich heraustreibt. Das Wesentliche bleibt die Leichtigkeit der Metamorphose, die Unfähigkeit, n i c h t zu reagiren (— ähnlich wie bei gewissen Hysterischen, die auch auf jeden Wink hin in j e d e Rolle eintreten). Es ist

dem dionysischen Menschen unmöglich, irgend eine Suggestion
nicht zu verstehn, er übersieht kein Zeichen des Affekts, er hat
den höchsten Grad des verstehenden und errathenden Instinkts,
wie er den höchsten Grad von Mittheilungs-Kunst besitzt. Er
geht in jede Haut, in jeden Affekt ein: er verwandelt sich beständig. — Musik, wie wir sie heute verstehn, ist gleichfalls eine
Gesammt-Erregung und -Entladung der Affekte, aber dennoch
nur das Überbleibsel von einer viel volleren Ausdrucks-Welt des
Affekts, ein blosses r e s i d u u m des dionysischen Histrionismus.
Man hat, zur Ermöglichung der Musik als Sonderkunst, eine Anzahl Sinne, vor Allem den Muskelsinn still gestellt (relativ
wenigstens: denn in einem gewissen Grade redet noch aller
Rhythmus zu unsern Muskeln): so dass der Mensch nicht mehr
Alles, was er fühlt, sofort leibhaft nachahmt und darstellt. Trotzdem ist D a s der eigentlich dionysische Normalzustand, jedenfalls der Urzustand; die Musik ist die langsam erreichte Spezi-
fikation desselben auf Unkosten der nächstverwandten Vermögen.

11.

Der Schauspieler, der Mime, der Tänzer, der Musiker, der
Lyriker sind in ihren Instinkten grundverwandt und an sich Eins,
aber allmählich spezialisirt und von einander abgetrennt — bis
selbst zum Widerspruch. Der Lyriker blieb am längsten mit dem
Musiker geeint; der Schauspieler mit dem Tänzer. — Der A r -
c h i t e k t stellt weder einen dionysischen, noch einen apollini-
schen Zustand dar: hier ist es der grosse Willensakt, der Wille,
der Berge versetzt, der Rausch des grossen Willens, der zur
Kunst verlangt. Die mächtigsten Menschen haben immer die Ar-
chitekten inspirirt; der Architekt war stets unter der Suggestion
der Macht. Im Bauwerk soll sich der Stolz, der Sieg über die
Schwere, der Wille zur Macht versichtbaren; Architektur ist eine
Art Macht-Beredsamkeit in Formen, bald überredend, selbst

schmeichelnd, bald bloss befehlend. Das höchste Gefühl von Macht und Sicherheit kommt in dem zum Ausdruck, was g r o s - s e n S t i l hat. Die Macht, die keinen Beweis mehr nöthig hat; die es verschmäht, zu gefallen; die schwer antwortet; die keinen Zeugen um sich fühlt; die ohne Bewusstsein davon lebt, dass es Widerspruch gegen sie giebt; die in s i c h ruht, fatalistisch, ein Gesetz unter Gesetzen: D a s redet als grosser Stil von sich. —

12.

Ich las das Leben T h o m a s C a r l y l e ' s, diese farce wider Wissen und Willen, diese heroisch-moralische Interpretation dyspeptischer Zustände. — Carlyle, ein Mann der starken Worte und Attitüden, ein Rhetor aus N o t h, den beständig das Verlangen nach einem starken Glauben agaçirt u n d das Gefühl der Unfähigkeit dazu (— darin ein typischer Romantiker!). Das Verlangen nach einem starken Glauben ist n i c h t der Beweis eines starken Glaubens, vielmehr das Gegentheil. H a t m a n i h n, so darf man sich den schönen Luxus der Skepsis gestatten: man ist sicher genug, fest genug, gebunden genug dazu. Carlyle betäubt Etwas in sich durch das fortissimo seiner Verehrung für Menschen starken Glaubens und durch seine Wuth gegen die weniger Einfältigen: er b e d a r f des Lärms. Eine beständige leidenschaftliche U n r e d l i c h k e i t gegen sich — das ist sein proprium, damit ist und bleibt er interessant. — Freilich, in England wird er gerade wegen seiner Redlichkeit bewundert ... Nun, das ist englisch; und in Anbetracht, dass die Engländer das Volk des vollkommnen cant sind, sogar billig, und nicht nur begreiflich. Im Grunde ist Carlyle ein englischer Atheist, der seine Ehre darin sucht, es n i c h t zu sein.

13.

Emerson. — Viel aufgeklärter, schweifender, vielfacher, raffinirter als Carlyle, vor Allem glücklicher ... Ein Solcher, der sich instinktiv bloss von Ambrosia nährt, der das Unverdauliche in den Dingen zurücklässt. Gegen Carlyle gehalten ein Mann des Geschmacks. — Carlyle, der ihn sehr liebte, sagte trotzdem von ihm: „er giebt u n s nicht genug zu beissen": was mit Recht gesagt sein mag, aber nicht zu Ungunsten Emerson's. — Emerson hat jene gütige und geistreiche Heiterkeit, welche allen Ernst entmuthigt; er weiss es schlechterdings nicht, wie alt er schon ist und wie jung er noch sein wird, — er könnte von sich mit einem Wort Lope de Vega's sagen: „yo me sucedo a mi mismo". Sein Geist findet immer Gründe, zufrieden und selbst dankbar zu sein; und bisweilen streift er die heitere Transscendenz jenes Biedermanns, der von einem verliebten Stelldichein tamquam re bene gesta zurückkam. „Ut desint vires, sprach er dankbar, tamen est laudanda voluptas." —

14.

Anti-Darwin. — Was den berühmten Kampf um's Le ben" betrifft, so scheint er mir einstweilen mehr behauptet als bewiesen. Er kommt vor, aber als Ausnahme; der Gesammt-Aspekt des Lebens ist n i c h t die Nothlage, die Hungerlage, vielmehr der Reichthum, die Üppigkeit, selbst die absurde Verschwendung, — wo gekämpft wird, kämpft man um M a c h t ... Man soll nicht Malthus mit der Natur verwechseln. — Gesetzt aber, es giebt diesen Kampf — und in der That, er kommt vor —, so läuft er leider umgekehrt aus als die Schule Darwin's wünscht, als man vielleicht mit ihr wünschen d ü r f t e : nämlich zu Ungunsten der Starken, der Bevorrechtigten, der glücklichen Ausnahmen. Die Gattungen wachsen n i c h t in der Vollkommenheit: die Schwachen werden immer wieder über die Starken Herr, — das macht, sie sind die grosse Zahl, sie sind auch k l ü g e r ...

Darwin hat den Geist vergessen (— das ist englisch!), d i e
S c h w a c h e n   h a b e n   m e h r   G e i s t ... Man muss Geist
nöthig haben, um Geist zu bekommen, — man verliert ihn, wenn
man ihn nicht mehr nöthig hat. Wer die Stärke hat, entschlägt sich
des Geistes (— „lass fahren dahin! denkt man heute in Deutschland — das R e i c h muss uns doch bleiben" ...). Ich verstehe
unter Geist, wie man sieht, die Vorsicht, die Geduld, die List, die
Verstellung, die grosse Selbstbeherrschung und Alles, was mimi-
cry ist (zu letzterem gehört ein grosser Theil der sogenannten
Tugend).

15.

P s y c h o l o g e n - C a s u i s t i k. — Das ist ein Menschenkenner: wozu studirt er eigentlich die Menschen? Er will kleine
Vortheile über sie erschnappen, oder auch grosse, — er ist ein Po-
litikus! ... Jener da ist auch ein Menschenkenner: und ihr sagt,
der wolle Nichts damit für sich, das sei ein grosser „Unpersön-
licher". Seht schärfer zu! Vielleicht will er sogar noch einen
s c h l i m m e r e n Vortheil: sich den Menschen überlegen fühlen,
auf sie herabsehn dürfen, sich nicht mehr mit ihnen verwechseln.
Dieser „Unpersönliche" ist ein Menschen-V e r ä c h t e r : und
jener Erstere ist die humanere Species, was auch der Augenschein
sagen mag. Er stellt sich wenigstens gleich, er stellt sich h i n -
e i n ...

16.

Der p s y c h o l o g i s c h e T a k t der Deutschen scheint mir
durch eine ganze Reihe von Fällen in Frage gestellt, deren Ver-
zeichniss vorzulegen mich meine Bescheidenheit hindert. In Einem
Falle wird es mir nicht an einem grossen Anlasse fehlen, meine
These zu begründen: ich trage es den Deutschen nach, sich über
K a n t und seine „Philosophie der Hinterthüren", wie ich sie
nenne, vergriffen zu haben, — das war n i c h t der Typus der
intellektuellen Rechtschaffenheit. — Das Andre, was ich nicht

hören mag, ist ein berüchtigtes „und": die Deutschen sagen „Goethe u n d Schiller", — ich fürchte, sie sagen „Schiller und Goethe" ... K e n n t man noch nicht diesen Schiller? — Es giebt noch schlimmere „und"; ich habe mit meinen eigenen Ohren, allerdings nur unter Universitäts-Professoren, gehört „Schopenhauer u n d Hartmann" ...

17.

Die geistigsten Menschen, vorausgesetzt, dass sie die muthigsten sind, erleben auch bei weitem die schmerzhaftesten Tragödien: aber eben deshalb ehren sie das Leben, weil es ihnen seine grösste Gegnerschaft entgegenstellt.

18.

Z u m „i n t e l l e k t u e l l e n G e w i s s e n". — Nichts scheint mir heute seltner als die echte Heuchelei. Mein Verdacht ist gross, dass diesem Gewächs die sanfte Luft unsrer Cultur nicht zuträglich ist. Die Heuchelei gehört in die Zeitalter des starken Glaubens: wo man selbst nicht bei der N ö t h i g u n g, einen andern Glauben zur Schau zu tragen, von dem Glauben losliess, den man hatte. Heute lässt man ihn los; oder, was noch gewöhnlicher, man legt sich noch einen zweiten Glauben zu, — e h r l i c h bleibt man in jedem Falle. Ohne Zweifel ist heute eine sehr viel grössere Anzahl von Überzeugungen möglich als ehemals: möglich, das heisst erlaubt, das heisst u n s c h ä d l i c h. Daraus entsteht die Toleranz gegen sich selbst. — Die Toleranz gegen sich selbst gestattet mehrere Überzeugungen: diese selbst leben verträglich beisammen, — sie hüten sich, wie alle Welt heute, sich zu compromittiren. Womit compromittirt man sich heute? Wenn man Consequenz hat. Wenn man in gerader Linie geht. Wenn man weniger als fünfdeutig ist. Wenn man echt ist ... Meine Furcht ist gross, dass der moderne Mensch für einige Laster einfach zu bequem ist: so dass diese geradezu aussterben. Alles Böse, das vom starken Willen bedingt ist — und vielleicht giebt es nichts Böses ohne Willensstärke — entartet, in unsrer lauen Luft, zur Tugend ... Die wenigen Heuchler, die ich kennen lernte, machten die Heuchelei nach: sie waren, wie heutzutage fast jeder zehnte Mensch, Schauspieler. —

19.

Schön und hässlich. — Nichts ist bedingter, sagen wir beschränkter, als unser Gefühl des Schönen. Wer es losgelöst von der Lust des Menschen am Menschen denken wollte, verlöre sofort Grund und Boden unter den Füssen. Das „Schöne an sich" ist bloss ein Wort, nicht einmal ein Begriff. Im Schönen setzt sich der Mensch als Maass der Vollkommenheit; in ausgesuchten Fällen betet er sich darin an. Eine Gattung kann gar nicht anders als dergestalt zu sich allein Ja sagen. Ihr unterster Instinkt, der der Selbsterhaltung und Selbsterweiterung, strahlt noch in solchen Sublimitäten aus. Der Mensch glaubt die Welt selbst mit Schönheit überhäuft, — er vergisst sich als deren Ursache. Er allein hat sie mit Schönheit beschenkt, ach! nur mit einer sehr menschlich-allzumenschlichen Schönheit .... Im Grunde spiegelt sich der Mensch in den Dingen, er hält Alles für schön, was ihm sein Bild zurückwirft: das Urtheil „schön" ist seine Gattungs-Eitelkeit .... Dem Skeptiker nämlich darf ein kleiner Argwohn die Frage in's Ohr flüstern: ist wirklich damit die Welt verschönt, dass gerade der Mensch sie für schön nimmt? Er hat sie vermenschlicht: das ist Alles. Aber Nichts, gar Nichts verbürgt uns, dass gerade der Mensch das Modell des Schönen abgäbe. Wer weiss, wie er sich in den Augen eines höheren Geschmacksrichters ausnimmt? Vielleicht gewagt? vielleicht selbst erheiternd? vielleicht ein wenig arbiträr? ... „Oh Dionysos, Göttlicher, warum ziehst du mich an den Ohren?" fragte Ariadne einmal bei einem jener berühmten Zwiegespräche auf Naxos ihren philosophischen Liebhaber. „Ich finde eine Art Humor in deinen Ohren, Ariadne: warum sind sie nicht noch länger?"

20.

Nichts ist schön, nur der Mensch ist schön: auf dieser Naivetät ruht alle Aesthetik, sie ist deren e r s t e Wahrheit. Fügen wir sofort noch deren zweite hinzu: Nichts ist hässlich als der e n t a r t e n d e Mensch, — damit ist das Reich des ästhetischen Urtheils umgrenzt. — Physiologisch nachgerechnet, schwächt und betrübt alles Hässliche den Menschen. Es erinnert ihn an Verfall, Gefahr, Ohnmacht; er büsst thatsächlich dabei Kraft ein. Man kann die Wirkung des Hässlichen mit dem Dynamometer messen. Wo der Mensch überhaupt niedergedrückt wird, da wittert er die Nähe von etwas „Hässlichem". Sein Gefühl der Macht, sein Wille zur Macht, sein Muth, sein Stolz — das fällt mit dem Hässlichen, das steigt mit dem Schönen . . . Im einen wie im andern Falle m a c h e n w i r e i n e n S c h l u s s: die Prämissen dazu sind in ungeheurer Fülle im Instinkte aufgehäuft. Das Hässliche wird verstanden als ein Wink und Symptom der Degenerescenz: was im Entferntesten an Degenerescenz erinnert, das wirkt in uns das Urtheil „hässlich". Jedes Anzeichen von Erschöpfung, von Schwere, von Alter, von Müdigkeit, jede Art Unfreiheit, als Krampf, als Lähmung, vor Allem der Geruch, die Farbe, die Form der Auflösung, der Verwesung, und sei es auch in der letzten Verdünnung zum Symbol — das Alles ruft die gleiche Reaktion hervor, das Werthurtheil „hässlich". Ein H a s s springt da hervor: wen hasst da der Mensch? Aber es ist kein Zweifel: den N i e d e r g a n g s e i n e s T y p u s. Er hasst da aus dem tiefsten Instinkte der Gattung heraus; in diesem Hass ist Schauder, Vorsicht, Tiefe, Fernblick, — es ist der tiefste Hass, den es giebt. Um seinetwillen ist die Kunst t i e f . . .

21.

Schopenhauer. — Schopenhauer, der letzte Deutsche, der in Betracht kommt (— der ein europäisches Ereigniss gleich Goethe, gleich Hegel, gleich Heinrich Heine ist, und nicht bloss ein lokales, ein „nationales"), ist für einen Psychologen ein Fall ersten Ranges: nämlich als bösartig genialer Versuch, zu Gunsten einer nihilistischen Gesammt-Abwerthung des Lebens gerade die Gegen-Instanzen, die grossen Selbstbejahungen des „Willens zum Leben", die Exuberanz-Formen des Lebens in's Feld zu führen. Er hat, der Reihe nach, die Kunst, den Heroismus, das Genie, die Schönheit, das grosse Mitgefühl, die Erkenntniss, den Willen zur Wahrheit, die Tragödie als Folgeerscheinungen der „Verneinung" oder der Verneinungs-Bedürftigkeit des „Willens" interpretirt — die grösste psychologische Falschmünzerei, die es, das Christenthum abgerechnet, in der Geschichte giebt. Genauer zugesehn ist er darin bloss der Erbe der christlichen Interpretation: nur dass er auch das vom Christenthum Abgelehnte, die grossen Cultur-Thatsachen der Menschheit noch in einem christlichen, das heisst nihilistischen Sinne gutzuheissen wusste (— nämlich als Wege zur „Erlösung", als Vorformen der „Erlösung", als Stimulantia des Bedürfnisses nach „Erlösung" . . .)

22.

Ich nehme einen einzelnen Fall. Schopenhauer spricht von der Schönheit mit einer schwermüthigen Gluth, — warum letzten Grundes? Weil er in ihr eine Brücke sieht, auf der man weiter gelangt, oder Durst bekommt, weiter zu gelangen . . . Sie ist ihm die Erlösung vom „Willen" auf Augenblicke — sie lockt zur Erlösung für immer . . . Insbesondere preist er sie als Erlöserin vom „Brennpunkte des Willens", von der Geschlechtlichkeit, — in der Schönheit sieht er den Zeugetrieb verneint . . . Wunderlicher Heiliger! Irgend Jemand widerspricht dir, ich fürchte, es ist die Natur. Wozu giebt es überhaupt Schönheit in Ton, Farbe, Duft, rhythmischer Bewegung in der Natur? was treibt die Schönheit heraus? — Glücklicherweise widerspricht ihm auch ein Philosoph. Keine geringere Autorität als die des göttlichen Plato (— so nennt ihn Schopenhauer selbst) hält einen andern Satz aufrecht: dass alle Schönheit zur Zeugung reize, — dass dies gerade das proprium ihrer Wirkung sei, vom Sinnlichsten bis hinauf in's Geistigste ...

23.

Plato geht weiter. Er sagt mit einer Unschuld, zu der man Grieche sein muss und nicht „Christ", dass es gar keine platonische Philosophie geben würde, wenn es nicht so schöne Jünglinge in Athen gäbe: deren Anblick sei es erst, was die Seele des Philosophen in einen erotischen Taumel versetze und ihr keine Ruhe lasse, bis sie den Samen aller hohen Dinge in ein so schönes Erdreich hinabgesenkt habe. Auch ein wunderlicher Heiliger! — man traut seinen Ohren nicht, gesetzt selbst, dass man Plato traut. Zum Mindesten erräth man, dass in Athen anders philosophirt wurde, vor Allem öffentlich. Nichts ist weniger griechisch als die Begriffs-Spinneweberei eines Einsiedlers, amor intellectualis dei nach Art des Spinoza. Philosophie nach Art des Plato wäre eher als ein erotischer Wettbewerb zu definiren, als eine Fortbildung und Verinnerlichung der alten agonalen Gymnastik und deren Voraussetzungen ... Was wuchs zuletzt aus dieser philosophischen Erotik Plato's heraus? Eine neue Kunstform des griechischen Agon, die Dialektik. — Ich erinnere noch, gegen Schopenhauer und zu Ehren Plato's, daran, dass auch die ganze höhere Cultur und Litteratur des klassischen Frankreichs auf dem Boden des geschlechtlichen Interesses aufgewachsen ist. Man darf überall bei ihr die Galanterie, die Sinne, den Geschlechts-Wettbewerb, das „Weib" suchen, — man wird nie umsonst suchen ...

24.

L'art pour l'art. — Der Kampf gegen den Zweck in
der Kunst ist immer der Kampf gegen die moralisirende
Tendenz in der Kunst, gegen ihre Unterordnung unter die Moral.
L'art pour l'art heisst: „der Teufel hole die Moral!" — Aber
selbst noch diese Feindschaft verräth die Übergewalt des Vorurtheils. Wenn man den Zweck des Moralpredigens und Men-
schen-Verbesserns von der Kunst ausgeschlossen hat, so folgt
daraus noch lange nicht, dass die Kunst überhaupt zwecklos, ziellos, sinnlos, kurz l'art pour l'art — ein Wurm, der sich in den
Schwanz beisst — ist. „Lieber gar keinen Zweck als einen moralischen Zweck!" — so redet die blosse Leidenschaft. Ein Psycholog
fragt dagegen: was thut alle Kunst? lobt sie nicht? verherrlicht
sie nicht? wählt sie nicht aus? zieht sie nicht hervor? Mit dem
Allen stärkt oder schwächt sie gewisse Werthschätzun-
gen ... Ist dies nur ein Nebenbei? ein Zufall? Etwas, bei dem
der Instinkt des Künstlers gar nicht betheiligt wäre? Oder aber:
ist es nicht die Voraussetzung dazu, dass der Künstler kann ...?
Geht dessen unterster Instinkt auf die Kunst oder nicht vielmehr
auf den Sinn der Kunst, das Leben? auf eine Wünschbarkeit von Leben? — Die Kunst ist das grosse Stimulans
zum Leben: wie könnte man sie als zwecklos, als ziellos, als
l'art pour l'art verstehn? — Eine Frage bleibt zurück: die Kunst
bringt auch vieles Hässliche, Harte, Fragwürdige des Lebens zur
Erscheinung, — scheint sie nicht damit vom Leben zu ent-
leiden? — Und in der That, es gab Philosophen, die ihr diesen
Sinn liehn: „loskommen vom Willen" lehrte Schopenhauer als
Gesammt-Absicht der Kunst, „zur Resignation stimmen" verehrte er als die grosse Nützlichkeit der Tragödie. — Aber dies —
ich gab es schon zu verstehn — ist Pessimisten-Optik und „böser
Blick" —: man muss an die Künstler selbst appelliren. Was
theilt der tragische Künstler von sich mit? Ist
es nicht gerade der Zustand ohne Furcht vor dem Furchtbaren
und Fragwürdigen, das er zeigt? — Dieser Zustand selbst ist

eine hohe Wünschbarkeit; wer ihn kennt, ehrt ihn mit den höchsten Ehren. Er theilt ihn mit, er m u s s ihn mittheilen, vorausgesetzt, dass er ein Künstler ist, ein Genie der Mittheilung. Die
Tapferkeit und Freiheit des Gefühls vor einem mächtigen Feinde,
vor einem erhabenen Ungemach, vor einem Problem, das Grauen
erweckt — dieser s i e g r e i c h e Zustand ist es, den der tragische Künstler auswählt, den er verherrlicht. Vor der Tragödie
feiert das Kriegerische in unserer Seele seine Saturnalien; wer
Leid gewohnt ist, wer Leid aufsucht, der h e r o i s c h e Mensch
preist mit der Tragödie sein Dasein, — ihm allein kredenzt der
Tragiker den Trunk dieser süssesten Grausamkeit. —

25.

Mit Menschen fürlieb nehmen, mit seinem Herzen offen Haus
halten, das ist liberal, das ist aber bloss liberal. Man erkennt die
Herzen, die der v o r n e h m e n Gastfreundschaft fähig sind, an
den vielen verhängten Fenstern und geschlossenen Läden: ihre
besten Räume halten sie leer. Warum doch? — Weil sie Gäste
erwarten, mit denen man n i c h t „fürlieb nimmt“ . . .

26.

Wir schätzen uns nicht genug mehr, wenn wir uns mittheilen.
Unsre eigentlichen Erlebnisse sind ganz und gar nicht geschwät-
zig. Sie könnten sich selbst nicht mittheilen, wenn sie wollten.
Das macht, es fehlt ihnen das Wort. Wofür wir Worte haben,
darüber sind wir auch schon hinaus. In allem Reden liegt ein Gran
Verachtung. Die Sprache, scheint es, ist nur für Durchschnittliches,
Mittleres, Mittheilsames erfunden. Mit der Sprache v u l g a r i -
s i r t sich bereits der Sprechende. — Aus einer Moral für Taub-
stumme und andere Philosophen.

27.

„Dies Bildniss ist bezaubernd schön!"... Das Litteratur-Weib, unbefriedigt, aufgeregt, öde in Herz und Eingeweide, mit schmerzhafter Neugierde jederzeit auf den Imperativ hinhorchend, der aus den Tiefen seiner Organisation „aut liberi aut libri" flüstert: das Litteratur-Weib, gebildet genug, die Stimme der Natur zu verstehn, selbst wenn sie Latein redet und andrerseits eitel und Gans genug, um im Geheimen auch noch französisch mit sich zu sprechen „je me verrai, je me lirai, je m'extasierai et je dirai: Possible, que j'aie eu tant d'esprit?"...

28.

Die „Unpersönlichen" kommen zu Wort. — „Nichts fällt uns leichter, als weise, geduldig, überlegen zu sein. Wir triefen vom Oel der Nachsicht und des Mitgefühls, wir sind auf eine absurde Weise gerecht, wir verzeihen Alles. Eben darum sollten wir uns etwas strenger halten; eben darum sollten wir uns, von Zeit zu Zeit, einen kleinen Affekt, ein kleines Laster von Affect z ü c h t e n. Es mag uns sauer angehn; und unter uns lachen wir vielleicht über den Aspekt, den wir damit geben. Aber was hilft es! Wir haben keine andre Art mehr übrig von Selbstüberwindung: dies ist u n s r e Asketik, u n s e r Büsserthum" ... P e r s ö n l i c h w e r d e n — die Tugend des „Unpersönlichen" ...

29.

A u s   e i n e r   D o c t o r - P r o m o t i o n. — „Was ist die Aufgabe alles höheren Schulwesens?" — Aus dem Menschen eine Maschine zu machen. — „Was ist das Mittel dazu?" — Er muss lernen, sich langweilen. — „Wie erreicht man das?" — Durch den Begriff der Pflicht. — „Wer ist sein Vorbild dafür?" — Der Philolog: der lehrt o c h s e n. — „Wer ist der vollkommene Mensch?" — Der Staats-Beamte. — „Welche Philosophie giebt

die höchste Formel für den Staats-Beamten?" — Die Kant's: der
Staats-Beamte als Ding an sich zum Richter gesetzt über den
Staats-Beamten als Erscheinung. —

30.

D a s   R e c h t   a u f   D u m m h e i t. — Der ermüdete und
langsam athmende Arbeiter, der gutmüthig blickt, der die Dinge
gehen lässt, wie sie gehn: diese typische Figur, der man jetzt, im
Zeitalter der Arbeit (u n d des „Reichs"! —) in allen Klassen
der Gesellschaft begegnet, nimmt heute gerade die K u n s t für
sich in Anspruch, eingerechnet das Buch, vor Allem das Journal,
— um wie viel mehr die schöne Natur, Italien… Der Mensch
des Abends, mit den „entschlafenen wilden Trieben", von denen
Faust redet, bedarf der Sommerfrische, des Seebads, der Glet-
scher, Bayreuth's . . . In solchen Zeitaltern hat die Kunst ein
Recht auf r e i n e T h o r h e i t, — als eine Art Ferien für Geist,
Witz und Gemüth. Das verstand Wagner. Die r e i n e T h o r-
h e i t stellt wieder her . . .

31.

N o c h   e i n   P r o b l e m   d e r   D i ä t. — Die Mittel, mit
denen Julius Cäsar sich gegen Kränklichkeiten und Kopfschmerz
vertheidigte: ungeheure Märsche, einfachste Lebensweise, ununterbrochner Aufenthalt im Freien, beständige Strapazen — das
sind, in's Grosse gerechnet, die Erhaltungs- und Schutz-Maass-
regeln überhaupt gegen die extreme Verletzlichkeit jener
subtilen und unter höchstem Druck arbeitenden Maschine,
welche Genie heisst. —

32.

D e r   I m m o r a l i s t   r e d e t. — Einem Philosophen geht
Nichts m e h r wider den Geschmack als der Mensch, s o f e r n

e r w ü n s c h t . . . Sieht er den Menschen nur in seinem Thun, sieht er dieses tapferste, listigste, ausdauerndste Thier verirrt selbst in labyrinthische Nothlagen, wie bewunderungswürdig erscheint ihm der Mensch! Er spricht ihm noch zu . . . Aber der Philosoph verachtet den wünschenden Menschen, auch den „wünschbaren" Menschen — und überhaupt alle Wünschbarkeiten, alle I d e a l e des Menschen. Wenn ein Philosoph Nihilist sein könnte, so würde er es sein, weil er das Nichts hinter allen Idealen des Menschen findet. Oder noch nicht einmal das Nichts, — sondern nur das Nichtswürdige, das Absurde, das Kranke, das Feige, das Müde, alle Art Hefen aus dem a u s g e t r u n - k e n e n Becher seines Lebens . . . Der Mensch, der als Realität so verehrungswürdig ist, wie kommt es, dass er keine Achtung verdient, sofern er wünscht? Muss er es büssen, so tüchtig als Realität zu sein? Muss er sein Thun, die Kopf- und Willensan- spannung in allem Thun, mit einem Gliederstrecken im Imaginä- ren und Absurden ausgleichen? — Die Geschichte seiner Wünsch- barkeiten war bisher die partie honteuse des Menschen: man soll sich hüten, zu lange in ihr zu lesen. Was den Menschen recht- fertigt, ist seine Realität, — sie wird ihn ewig rechtfertigen. Um wie viel mehr werth ist der wirkliche Mensch, verglichen mit irgend einem bloss gewünschten, erträumten, erstunkenen und erlogenen Menschen? mit irgend einem i d e a l e n Menschen? . . . Und nur der ideale Mensch geht dem Philosophen wider den Geschmack.

33.

N a t u r w e r t h d e s E g o i s m u s . — Die Selbstsucht ist so viel werth, als Der physiologisch werth ist, der sie hat: sie kann sehr viel werth sein, sie kann nichtswürdig und verächtlich sein. Jeder Einzelne darf darauf hin angesehen werden, ob er die aufsteigende oder die absteigende Linie des Lebens darstellt. Mit einer Entscheidung darüber hat man auch einen Kanon dafür,

was seine Selbstsucht werth ist. Stellt er das Aufsteigen der Linie
dar, so ist in der That sein Werth ausserordentlich, — und um
des Gesammt-Lebens willen, das mit ihm einen Schritt w e i t e r
thut, darf die Sorge um Erhaltung, um Schaffung seines optimum
von Bedingungen selbst extrem sein. Der Einzelne, das „Individuum", wie Volk und Philosoph das bisher verstand, ist ja ein
Irrthum: er ist nichts für sich, kein Atom, kein „Ring der Kette",
nichts bloss Vererbtes von Ehedem, — er ist die ganze Eine Linie
Mensch bis zu ihm hin selber noch . . . Stellt er die absteigende
Entwicklung, den Verfall, die chronische Entartung, Erkrankung
dar (— Krankheiten sind, in's Grosse gerechnet, bereits Folgeerscheinungen des Verfalls, n i c h t dessen Ursachen), so kommt
ihm wenig Werth zu, und die erste Billigkeit will, dass er den
Wohlgerathenen so wenig als möglich w e g n i m m t. Er ist
bloss noch deren Parasit . . .

34.

C h r i s t u n d A n a r c h i s t. — Wenn der Anarchist, als
Mundstück n i e d e r g e h e n d e r Schichten der Gesellschaft,
mit einer schönen Entrüstung „Recht", „Gerechtigkeit", „gleiche
Rechte" verlangt, so steht er damit nur unter dem Drucke
seiner Unkultur, welche nicht zu begreifen weiss, w a r u m er
eigentlich leidet, — w o r a n er arm ist, an Leben . . . Ein Ursachen-Trieb ist in ihm mächtig: Jemand muss schuld daran sein,
dass er sich schlecht befindet . . . Auch thut ihm die „schöne
Entrüstung" selber schon wohl, es ist ein Vergnügen für alle
armen Teufel, zu schimpfen, — es giebt einen kleinen Rausch
von Macht. Schon die Klage, das Sich-Beklagen, kann dem Leben
einen Reiz geben, um dessentwillen man es aushält: eine feinere
Dosis R a c h e ist in jeder Klage, man wirft sein Schlechtbefin-
den, unter Umständen selbst seine Schlechtigkeit Denen, die
anders sind, wie ein Unrecht, wie ein u n e r l a u b t e s Vorrecht
vor. „Bin ich eine canaille, so solltest du es auch sein": auf diese

Logik hin macht man Revolution. — Das Sich-Beklagen taugt in keinem Falle etwas: es stammt aus der Schwäche. Ob man sein Schlecht-Befinden Andern oder s i c h s e l b e r zumisst — Ersteres thut der Socialist, Letzteres zum Beispiel der Christ —, macht keinen eigentlichen Unterschied. Das Gemeinsame, sagen wir auch das U n w ü r d i g e daran ist, dass Jemand s c h u l d daran sein soll, dass man leidet — kurz, dass der Leidende sich gegen sein Leiden den Honig der Rache verordnet. Die Objekte dieses Rach-Bedürfnisses als eines L u s t - Bedürfnisses sind Gelegenheits-Ursachen: der Leidende findet überall Ursachen, seine kleine Rache zu kühlen, — ist er Christ, nochmals gesagt, so findet er sie in s i c h . . . Der Christ und der Anarchist — Beide sind décadents. — Aber auch wenn der Christ die „ W e l t “ verurtheilt, verleumdet, beschmutzt, so thut er es aus dem gleichen Instinkte, aus dem der socialistische Arbeiter die G e s e l l s c h a f t verurtheilt, verleumdet, beschmutzt: das „jüngste Gericht“ selbst ist noch der süsse Trost der Rache — die Revolution, wie sie auch der socialistische Arbeiter erwartet, nur etwas ferner gedacht . . . Das „Jenseits“ selbst — wozu ein Jenseits, wenn es nicht ein Mittel wäre, das Diesseits zu beschmutzen? . . .

35.

K r i t i k d e r D é c a d e n c e - M o r a l . — Eine „altruistische“ Moral, eine Moral, bei der die Selbstsucht v e r k ü m - m e r t —, bleibt unter allen Umständen ein schlechtes Anzeichen. Dies gilt vom Einzelnen, dies gilt namentlich von Völkern. Es fehlt am Besten, wenn es an der Selbstsucht zu fehlen beginnt. Instinktiv das S i c h - Schädliche wählen, G e l o c k t - werden durch „uninteressirte“ Motive giebt beinahe die Formel ab für décadence. „Nicht s e i n e n Nutzen suchen“ — das ist bloss das moralische Feigenblatt für eine ganz andere, nämlich physiologische Thatsächlichkeit: „ich weiss meinen Nutzen nicht

mehr zu f i n d e n " . . . Disgregation der Instinkte! — Es ist
zu Ende mit ihm, wenn der Mensch altruistisch wird. — Statt
naiv zu sagen, „i c h bin nichts mehr werth", sagt die Moral-
Lüge im Munde des décadent: „Nichts ist etwas werth, — das
L e b e n ist nichts werth" . . . Ein solches Urtheil bleibt zuletzt
eine grosse Gefahr, es wirkt ansteckend, — auf dem ganzen
morbiden Boden der Gesellschaft wuchert es bald zu tropischer
Begriffs-Vegetation empor, bald als Religion (Christenthum),
bald als Philosophie (Schopenhauerei). Unter Umständen vergiftet eine solche aus Fäulniss gewachsene Giftbaum-Vegeta-
tion mit ihrem Dunste weithin, auf Jahrtausende hin d a s
L e b e n . . .

36.

M o r a l   f ü r   Ä r z t e . — Der Kranke ist ein Parasit der
Gesellschaft. In einem gewissen Zustande ist es unanständig, noch
länger zu leben. Das Fortvegetiren in feiger Abhängigkeit von
Ärzten und Praktiken, nachdem der Sinn vom Leben, das
R e c h t zum Leben verloren gegangen ist, sollte bei der Gesellschaft eine tiefe Verachtung nach sich ziehn. Die Ärzte wiederum
hätten die Vermittler dieser Verachtung zu sein, — nicht Recepte,
sondern jeden Tag eine neue Dosis E k e l vor ihrem Patien-
ten . . . Eine neue Verantwortlichkeit schaffen, die des Arztes,
für alle Fälle, wo das höchste Interesse des Lebens, des a u f -
s t e i g e n d e n Lebens, das rücksichtsloseste Nieder- und Bei-
seite-Drängen des e n t a r t e n d e n Lebens verlangt — zum
Beispiel für das Recht auf Zeugung, für das Recht, geboren zu
werden, für das Recht, zu leben . . . Auf eine stolze Art sterben,
wenn es nicht mehr möglich ist, auf eine stolze Art zu
leben. Der Tod, aus freien Stücken gewählt, der Tod zur
rechten Zeit, mit Helle und Freudigkeit, inmitten von Kindern
und Zeugen vollzogen: so dass ein wirkliches Abschiednehmen
noch möglich ist, wo Der n o c h   d a   i s t , der sich verabschiedet,

insgleichen ein wirkliches Abschätzen des Erreichten und Ge-
wollten, eine S u m m i r u n g des Lebens — Alles im Gegensatz
zu der erbärmlichen und schauderhaften Komödie, die das
Christenthum mit der Sterbestunde getrieben hat. Man soll es
dem Christenthume nie vergessen, dass es die Schwäche des
Sterbenden zu Gewissens-Nothzucht, dass es die Art des Todes
selbst zu Werth-Urtheilen über Mensch und Vergangenheit gemissbraucht hat! — Hier gilt es, allen Feigheiten des Vorurtheils
zum Trotz, vor Allem die richtige, das heisst physiologische Wür-
digung des sogenannten n a t ü r l i c h e n Todes herzustellen: der
zuletzt auch nur ein „unnatürlicher", ein Selbstmord ist. Man
geht nie durch Jemand Anderes zu Grunde, als durch sich selbst.
Nur ist es der Tod unter den verächtlichsten Bedingungen, ein
unfreier Tod, ein Tod zur u n r e c h t e n Zeit, ein Feiglings-
Tod. Man sollte, aus Liebe zum L e b e n —, den Tod anders
wollen, frei, bewusst, ohne Zufall, ohne Überfall ... Endlich ein
Rath für die Herrn Pessimisten und andere décadents. Wir
haben es nicht in der Hand, zu verhindern, geboren zu werden:
aber wir können diesen Fehler — denn bisweilen ist es ein
Fehler — wieder gut machen. Wenn man sich a b s c h a f f t,
thut man die achtungswürdigste Sache, die es giebt: man verdient beinahe damit, zu leben . . . Die Gesellschaft, was sage
ich! das L e b e n selber hat mehr Vortheil davon, als durch
irgend welches „Leben" in Entsagung, Bleichsucht und andrer
Tugend —, man hat die Andern von seinem Anblick befreit,
man hat das Leben von einem E i n w a n d befreit . . . Der
Pessimismus, pur, vert, b e w e i s t s i c h e r s t durch die Selbst-
Widerlegung der Herrn Pessimisten: man muss einen Schritt
weiter gehn in seiner Logik, nicht bloss mit „Wille und Vorstellung", wie Schopenhauer es that, das Leben verneinen —, man
muss S c h o p e n h a u e r n z u e r s t v e r n e i n e n... Der Pessimismus, anbei gesagt, so ansteckend er ist, vermehrt trotzdem
nicht die Krankhaftigkeit einer Zeit, eines Geschlechts im Ganzen: er ist deren Ausdruck. Man verfällt ihm, wie man der Cholera

verfällt: man muss morbid genug dazu schon angelegt sein. Der Pessimismus selbst macht keinen einzigen décadent mehr; ich erinnere an das Ergebniss der Statistik, dass die Jahre, in denen die Cholera wüthet, sich in der Gesammt-Ziffer der Sterbefälle nicht von andern Jahrgängen unterscheiden.

37.

Ob wir moralischer geworden sind. — Gegen meinen Begriff „jenseits von Gut und Böse" hat sich, wie zu erwarten stand, die ganze Ferocität der moralischen Verdummung, die bekanntlich in Deutschland als die Moral selber gilt —, in's Zeug geworfen: ich hätte artige Geschichten davon zu erzählen. Vor Allem gab man mir die „unleugbare Überlegenheit" unsrer Zeit im sittlichen Urtheil zu überdenken, unsern wirklich hier gemachten Fortschritt: ein Cesare Borgia sei, im Vergleich mit uns, durchaus nicht als ein „höherer Mensch", als eine Art Übermensch, wie ich es thue, aufzustellen . . . Ein Schweizer Redakteur, vom „Bund", gieng so weit, nicht ohne seine Achtung vor dem Muth zu solchem Wagniss auszudrücken, den Sinn meines Werks dahin zu „verstehn", dass ich mit demselben die Abschaffung aller anständigen Gefühle beantragte. Sehr verbunden! — Ich erlaube mir, als Antwort, die Frage aufzuwerfen, ob wir wirklich moralischer geworden sind. Dass alle Welt das glaubt, ist bereits ein Einwand dagegen . . . Wir modernen Menschen, sehr zart, sehr verletzlich und hundert Rücksichten gebend und nehmend, bilden uns in der That ein, diese zärtliche Menschlichkeit, die wir darstellen, diese erreichte Einmüthigkeit in der Schonung, in der Hülfsbereitschaft, im gegenseitigen Vertrauen sei ein positiver Fortschritt, damit seien wir weit über die Menschen der Renaissance hinaus. Aber so denkt jede Zeit, so muss sie denken. Gewiss ist, dass wir uns nicht in Renaissance-Zustände hineinstellen dürften, nicht einmal hineindenken: unsre Nerven hielten jene

Wirklichkeit nicht aus, nicht zu reden von unsern Muskeln. Mit diesem Unvermögen ist aber kein Fortschritt bewiesen, sondern nur eine andre, eine spätere Beschaffenheit, eine schwächere, zärtlichere, verletzlichere, aus der sich nothwendig eine r ü c k s i c h - t e n r e i c h e Moral erzeugt. Denken wir unsre Zartheit und Spätheit, unsre physiologische Alterung weg, so verlöre auch unsre Moral der „Vermenschlichung" sofort ihren Werth — an sich hat keine Moral Werth —: sie würde uns selbst Geringschätzung machen. Zweifeln wir andrerseits nicht daran, dass wir Modernen mit unsrer dick wattirten Humanität, die durchaus an keinen Stein sich stossen will, den Zeitgenossen Cesare Borgia's eine Komödie zum Todtlachen abgeben würden. In der That, wir sind über die Maassen unfreiwillig spasshaft, mit unsren modernen „Tugenden" . . . Die Abnahme der feindseligen und misstrauenweckenden Instinkte — und das wäre ja unser „Fortschritt" — stellt nur eine der Folgen in der allgemeinen Abnahme der V i t a l i t ä t dar: es kostet hundert Mal mehr Mühe, mehr Vorsicht, ein so bedingtes, so spätes Dasein durchzusetzen. Da hilft man sich gegenseitig, da ist Jeder bis zu einem gewissen Grade Kranker und Jeder Krankenwärter. Das heisst dann „Tugend" —: unter Menschen, die das Leben noch anders kannten, voller, verschwenderischer, überströmender, hätte man's anders genannt, „Feigheit" vielleicht, „Erbärmlichkeit", „Altweiber-Moral" . . . Unsre Milderung der Sitten — das ist mein Satz, das ist, wenn man will, meine N e u e r u n g — ist eine Folge des Niedergangs; die Härte und Schrecklichkeit der Sitte kann umgekehrt eine Folge des Überschusses von Leben sein: dann nämlich darf auch Viel gewagt, Viel herausgefordert, Viel auch v e r g e u d e t werden. Was Würze ehedem des Lebens war, für uns wäre es G i f t . . . Indifferent zu sein — auch das ist eine Form der Stärke — dazu sind wir gleichfalls zu alt, zu spät: unsre Mitgefühls-Moral, vor der ich als der Erste gewarnt habe, Das, was man l'impressionisme morale nennen könnte, ist ein Ausdruck mehr der physiologischen Überreizbarkeit, die Allem, was décadent ist, eignet. Jene Be-

wegung, die mit der M i t l e i d s - M o r a l Schopenhauer's versucht hat, sich wissenschaftlich vorzuführen — ein sehr unglück-
licher Versuch! — ist die eigentliche décadence-Bewegung in der
Moral, sie ist als solche tief verwandt mit der christlichen Moral.
Die starken Zeiten, die v o r n e h m e n Culturen sehen im Mitleiden, in der „Nächstenliebe", im Mangel an Selbst und Selbst-
gefühl etwas Verächtliches. — Die Zeiten sind zu messen nach
ihren p o s i t i v e n K r ä f t e n — und dabei ergiebt sich jene
so verschwenderische und verhängnissreiche Zeit der Renaissance
als die letzte g r o s s e Zeit, und wir, wir Modernen mit unsrer
ängstlichen Selbst-Fürsorge und Nächstenliebe, mit unsren Tugenden der Arbeit, der Anspruchslosigkeit, der Rechtlichkeit, der
Wissenschaftlichkeit — sammelnd, ökonomisch, machinal — als
eine s c h w a c h e Zeit . . . Unsre Tugenden sind bedingt, sind
h e r a u s g e f o r d e r t durch unsre Schwäche . . . Die „Gleichheit", eine gewisse thatsächliche Anähnlichung, die sich in der
Theorie von „gleichen Rechten" nur zum Ausdruck bringt, gehört
wesentlich zum Niedergang: die Kluft zwischen Mensch und
Mensch, Stand und Stand, die Vielheit der Typen, der Wille,
selbst zu sein, sich abzuheben, Das, was ich P a t h o s d e r D i -
s t a n z nenne, ist jeder s t a r k e n Zeit zu eigen. Die Spannkraft,
die Spannweite zwischen den Extremen wird heute immer kleiner, — die Extreme selbst verwischen sich endlich bis zur Ähnlichkeit . . . Alle unsre politischen Theorien u n d Staats-Verfas-
sungen, das „deutsche Reich" durchaus nicht ausgenommen, sind
Folgerungen, Folge-Nothwendigkeiten des Niedergangs; die
unbewusste Wirkung der décadence ist bis in die Ideale einzelner
Wissenschaften hinein Herr geworden. Mein Einwand gegen die
ganze Sociologie in England und Frankreich bleibt, dass sie nur
die V e r f a l l s - G e b i l d e der Societät aus Erfahrung kennt
und vollkommen unschuldig die eigenen Verfalls-Instinkte als
N o r m des sociologischen Werthurteils nimmt. Das n i e d e r -
g e h e n d e Leben, die Abnahme aller organisirenden, das heisst
trennenden, Klüfte aufreissenden, unter- und überordnenden

Kraft formulirt sich in der Sociologie von heute zum I d e a l . . .
Unsre Socialisten sind décadents, aber auch Herr Herbert Spencer
ist ein décadent, — er sieht im Sieg des Altruismus etwas Wün-
schenswerthes! . . .

38.

M e i n B e g r i f f v o n F r e i h e i t . — Der Werth einer
Sache liegt mitunter nicht in dem, was man mit ihr erreicht,
sondern in dem, was man für sie bezahlt, — was sie uns k o s t e t .
Ich gebe ein Beispiel. Die liberalen Institutionen hören alsbald
auf, liberal zu sein, sobald sie erreicht sind: es giebt später keine
ärgeren und gründlicheren Schädiger der Freiheit, als liberale Institutionen. Man weiss ja, w a s sie zu Wege bringen: sie unter-
miniren den Willen zur Macht, sie sind die zur Moral erhobene
Nivellirung von Berg und Tal, sie machen klein, feige und genüss-
lich, — mit ihnen triumphirt jedesmal das Heerdenthier. Libera-
lismus: auf deutsch H e e r d e n - V e r t h i e r u n g . . . Dieselben
Institutionen bringen, so lange sie noch erkämpft werden, ganz
andere Wirkungen hervor; sie fördern dann in der That die Freiheit auf eine mächtige Weise. Genauer zugesehn, ist es der Krieg,
der diese Wirkungen hervorbringt, der Krieg u m liberale Institutionen, der als Krieg die i l l i b e r a l e n Instinkte dauern lässt.
Und der Krieg erzieht zur Freiheit. Denn was ist Freiheit! Dass
man den Willen zur Selbstverantwortlichkeit hat. Dass man die
Distanz, die uns abtrennt, festhält. Dass man gegen Mühsal,
Härte, Entbehrung, selbst gegen das Leben gleichgültiger wird.
Dass man bereit ist, seiner Sache Menschen zu opfern, sich selber
nicht abgerechnet. Freiheit bedeutet, dass die männlichen, die
kriegs- und siegsfrohen Instinkte die Herrschaft haben über
andre Instinkte, zum Beispiel über die des „Glücks". Der f r e i -
g e w o r d n e Mensch, um wie viel mehr der freigewordne
G e i s t , tritt mit Füssen auf die verächtliche Art von Wohlbefinden, von dem Krämer, Christen, Kühe, Weiber, Engländer

und andre Demokraten träumen. Der freie Mensch ist K r i e -
g e r. — Wonach misst sich die Freiheit, bei Einzelnen, wie
bei Völkern? Nach dem Widerstand, der überwunden werden muss, nach der Mühe, die es kostet, o b e n zu bleiben.
Den höchsten Typus freier Menschen hätte man dort zu suchen,
wo beständig der höchste Widerstand überwunden wird:
fünf Schritt weit von der Tyrannei, dicht an der Schwelle der
Gefahr der Knechtschaft. Dies ist psychologisch wahr, wenn man
hier unter den „Tyrannen" unerbittliche und furchtbare Instinkte
begreift, die das Maximum von Autorität und Zucht gegen sich
herausfordern — schönster Typus Julius Caesar —; dies ist
auch politisch wahr, man mache nur seinen Gang durch die Geschichte. Die Völker, die Etwas werth waren, werth w u r d e n,
wurden dies nie unter liberalen Institutionen: die g r o s s e
G e f a h r machte Etwas aus ihnen, das Ehrfurcht verdient, die
Gefahr, die uns unsre Hülfsmittel, unsre Tugenden, unsre Wehr
und Waffen, unsern G e i s t erst kennen lehrt, — die uns
z w i n g t, stark zu sein . . . E r s t e r Grundsatz: man muss es
nöthig haben, stark zu sein: sonst wird man's nie. — Jene grossen
Treibhäuser für starke, für die stärkste Art Mensch, die es bisher
gegeben hat, die aristokratischen Gemeinwesen in der Art von
Rom und Venedig verstanden Freiheit genau in dem Sinne, wie
ich das Wort Freiheit verstehe: als Etwas, das man hat und
n i c h t hat, das man w i l l, das man e r o b e r t . . .

39.

K r i t i k d e r M o d e r n i t ä t. — Unsre Institutionen
taugen nichts mehr: darüber ist man einmüthig. Aber das liegt
nicht an ihnen, sondern an u n s. Nachdem uns alle Instinkte
abhanden gekommen sind, aus denen Institutionen wachsen,
kommen uns Institutionen überhaupt abhanden, weil w i r nicht
mehr zu ihnen taugen. Demokratismus war jeder Zeit die Nieder-
gangs-Form der organisirenden Kraft: ich habe schon in

„Menschliches, Allzumenschliches" I, 318 die moderne Demokratie sammt ihren Halbheiten, wie „deutsches Reich", als Verfallsform des Staats gekennzeichnet. Damit es Institutionen giebt, muss es eine Art Wille, Instinkt, Imperativ geben, antiliberal bis zur Bosheit: den Willen zur Tradition, zur Autorität, zur Verantwortlichkeit auf Jahrhunderte hinaus, zur Solidarität von Geschlechter-Ketten vorwärts und rückwärts in infinitum. Ist dieser Wille da, so gründet sich Etwas wie das imperium Romanum: oder wie Russland, die einzige Macht, die heute Dauer im Leibe hat, die warten kann, die Etwas noch versprechen kann, — Russland der Gegensatz-Begriff zu der erbärmlichen europäischen Kleinstaaterei und Nervosität, die mit der Gründung des deutschen Reichs in einen kritischen Zustand eingetreten ist ... Der ganze Westen hat jene Instinkte nicht mehr, aus denen Institutionen wachsen, aus denen Zukunft wächst: seinem „modernen Geiste" geht vielleicht Nichts so sehr wider den Strich. Man lebt für heute, man lebt sehr geschwind, — man lebt sehr unverantwortlich: dies gerade nennt man „Freiheit". Was aus Institutionen Institutionen macht, wird verachtet, gehasst, abgelehnt: man glaubt sich in der Gefahr einer neuen Sklaverei, wo das Wort „Autorität" auch nur laut wird. So weit geht die décadence im Werth-Instinkte unsrer Politiker, unsrer politischen Parteien: sie ziehn instinktiv vor, was auflöst, was das Ende beschleunigt ... Zeugniss die moderne Ehe. Aus der modernen Ehe ist ersichtlich alle Vernunft abhanden gekommen: das giebt aber keinen Einwand gegen die Ehe ab, sondern gegen die Modernität. Die Vernunft der Ehe — sie lag in der juristischen Alleinverantwortlichkeit des Mannes: damit hatte die Ehe Schwergewicht, während sie heute auf beiden Beinen hinkt. Die Vernunft der Ehe — sie lag in ihrer principiellen Unlösbarkeit: damit bekam sie einen Accent, der, dem Zufall von Gefühl, Leidenschaft und Augenblick gegenüber, sich Gehör zu schaffen wusste. Sie lag insgleichen in der Verantwortlichkeit der Familien für die Auswahl der Gatten. Man hat mit der

wachsenden Indulgenz zu Gunsten der L i e b e s - Heirath geradezu
die Grundlage der Ehe, Das, was erst aus ihr eine Institution
m a c h t , eliminirt. Man gründet eine Institution nie und nim-
mermehr auf eine Idiosynkrasie, man gründet die Ehe n i c h t ,
wie gesagt, auf die „Liebe", — man gründet sie auf den Ge-
schlechtstrieb, auf den Eigenthumstrieb (Weib und Kind als
Eigenthum), auf den H e r r s c h a f t s - T r i e b , der sich beständig das kleinste Gebilde der Herrschaft, die Familie, organisirt, der Kinder und Erben b r a u c h t , um ein erreichtes Maass
von Macht, Einfluss, Reichthum auch physiologisch festzuhalten,
um lange Aufgaben, um Instinkt-Solidarität zwischen Jahrhunderten vorzubereiten. Die Ehe als Institution begreift bereits die
Bejahung der grössten, der dauerhaftesten Organisationsform in
sich: wenn die Gesellschaft selbst nicht als Ganzes für sich g u t -
s a g e n kann bis in die fernsten Geschlechter hinaus, so hat die
Ehe überhaupt keinen Sinn. — Die moderne Ehe v e r l o r ihren
Sinn, — folglich schafft man sie ab. —

40.

D i e   A r b e i t e r - F r a g e . — Die Dummheit, im Grunde
die Instinkt-Entartung, welche heute die Ursache a l l e r Dummheiten ist, liegt darin, dass es eine Arbeiter-Frage giebt. Über gewisse Dinge f r a g t   m a n   n i c h t : erster Imperativ des In-
stinktes. — Ich sehe durchaus nicht ab, was man mit dem europäischen Arbeiter machen will, nachdem man erst eine Frage aus
ihm gemacht hat. Er befindet sich viel zu gut, um nicht Schritt
für Schritt mehr zu fragen, unbescheidner zu fragen. Er hat zuletzt die grosse Zahl für sich. Die Hoffnung ist vollkommen vor-
über, dass hier sich eine bescheidene und selbstgenügsame Art
Mensch, ein Typus Chinese zum Stande herausbilde: und dies
hätte Vernunft gehabt, dies wäre geradezu eine Nothwendigkeit
gewesen. Was hat man gethan? — Alles, um auch die Voraussetzung dazu im Keime zu vernichten, — man hat die Instinkte,

vermöge deren ein Arbeiter als Stand möglich, s i c h s e l b e r
möglich wird, durch die unverantwortlichste Gedankenlosigkeit
in Grund und Boden zerstört. Man hat den Arbeiter militärtüch-
tig gemacht, man hat ihm das Coalitions-Recht, das politische
Stimmrecht gegeben: was Wunder, wenn der Arbeiter seine Existenz heute bereits als Nothstand (moralisch ausgedrückt als U n -
r e c h t —) empfindet? Aber was w i l l man? nochmals gefragt.
Will man einen Zweck, muss man auch die Mittel wollen: will
man Sklaven, so ist man ein Narr, wenn man sie zu Herrn erzieht. —

41.

„Freiheit, die ich n i c h t meine ...“ — In solchen Zeiten,
wie heute, seinen Instinkten überlassen sein, ist ein Verhängniss
mehr. Diese Instinkte widersprechen, stören sich, zerstören sich
unter einander; ich definirte das M o d e r n e bereits als den
physiologischen Selbst-Widerspruch. Die Vernunft der Erziehung
würde wollen, dass unter einem eisernen Drucke wenigstens Eins
dieser Instinkt-Systeme p a r a l y s i r t würde, um einem andren
zu erlauben, zu Kräften zu kommen, stark zu werden, Herr zu
werden. Heute müsste man das Individuum erst möglich machen,
indem man dasselbe b e s c h n e i d e t : möglich, das heisst g a n z
... Das Umgekehrte geschieht: der Anspruch auf Unabhängig-
keit, auf freie Entwicklung, auf laisser aller wird gerade von
Denen am hitzigsten gemacht, für die kein Zügel z u s t r e n g
w ä r e — dies gilt in politicis, dies gilt in der Kunst. Aber das ist
ein Symptom der d é c a d e n c e : unser moderner Begriff
„Freiheit“ ist ein Beweis von Instinkt-Entartung mehr. —

42.

W o G l a u b e n o t h t h u t . — Nichts ist seltner unter
Moralisten und Heiligen als Rechtschaffenheit; vielleicht sagen sie

das Gegentheil, vielleicht g l a u b e n sie es selbst. Wenn nämlich
ein Glaube nützlicher, wirkungsvoller, überzeugender ist, als die
b e w u s s t e Heuchelei, so wird, aus Instinkt, die Heuchelei alsbald zur U n s c h u l d : erster Satz zum Verständniss grosser
Heiliger. Auch bei den Philosophen, einer andren Art von Heiligen, bringt es das ganze Handwerk mit sich, dass sie nur gewisse
Wahrheiten zulassen: nämlich solche, auf die hin ihr Handwerk
die ö f f e n t l i c h e Sanktion hat, — Kantisch geredet, Wahrheiten der p r a k t i s c h e n Vernunft. Sie wissen, was sie beweisen m ü s s e n , darin sind sie praktisch, — sie erkennen sich
unter einander daran, dass sie über „die Wahrheiten" überein-
stimmen. — „Du sollst nicht lügen" — auf deutsch: h ü t e n S i e
s i c h , mein Herr Philosoph, die Wahrheit zu sagen …

43.

D e n   C o n s e r v a t i v e n   i n ' s   O h r   g e s a g t . — Was
man früher nicht wusste, was man heute weiss, wissen könnte —,
eine R ü c k b i l d u n g , eine Umkehr in irgend welchem Sinn
und Grade ist gar nicht möglich. Wir Physiologen wenigstens
wissen das. Aber alle Priester und Moralisten haben daran geglaubt, — sie w o l l t e n die Menschheit auf ein f r ü h e r e s
Maass von Tugend zurückbringen, zurück s c h r a u b e n . Moral
war immer ein Prokrustes-Bett. Selbst die Politiker haben es
darin den Tugendpredigern nachgemacht: es giebt auch heute
noch Parteien, die als Ziel den K r e b s g a n g aller Dinge träumen. Aber es steht Niemandem frei, Krebs zu sein. Es hilft nichts:
man m u s s vorwärts, will sagen S c h r i t t   f ü r   S c h r i t t
w e i t e r   i n   d e r   d é c a d e n c e (— dies m e i n e Definition
des modernen „Fortschritts" …). Man kann diese Entwicklung
h e m m e n und, durch Hemmung, die Entartung selber stauen,
aufsammeln, vehementer und p l ö t z l i c h e r machen: mehr
kann man nicht. —

44.

Mein Begriff vom Genie. — Grosse Männer sind wie grosse Zeiten Explosiv-Stoffe, in denen eine ungeheure Kraft aufgehäuft ist; ihre Voraussetzung ist immer, historisch und physiologisch, dass lange auf sie hin gesammelt, gehäuft, gespart und bewahrt worden ist, — dass lange keine Explosion stattfand. Ist die Spannung in der Masse zu gross geworden, so genügt der zufälligste Reiz, das „Genie", die „That", das grosse Schicksal in die Welt zu rufen. Was liegt dann an Umgebung, an Zeitalter, an „Zeitgeist", an „öffentlicher Meinung"! — Man nehme den Fall Napoleon's. Das Frankreich der Revolution, und noch mehr das der Vor-Revolution, würde aus sich den entgegengesetzten Typus, als der Napoleon's ist, hervorgebracht haben: es h a t ihn auch hervorgebracht. Und weil Napoleon a n d e r s war, Erbe einer stärkeren, längeren, älteren Civilisation als die, welche in Frankreich in Dampf und Stücke gieng, wurde er hier Herr, w a r er allein hier Herr. Die grossen Menschen sind nothwendig, die Zeit, in der sie erscheinen, ist zufällig; dass sie fast immer über dieselbe Herr werden, liegt nur darin, dass sie stärker, dass sie älter sind, dass länger auf sie hin gesammelt worden ist. Zwischen einem Genie und seiner Zeit besteht ein Verhältniss, wie zwischen stark und schwach, auch wie zwischen alt und jung: die Zeit ist relativ immer viel jünger, dünner, unmündiger, unsicherer, kindischer. — Dass man hierüber in Frankreich heute s e h r a n - d e r s denkt (in Deutschland auch: aber daran liegt nichts), dass dort die Theorie vom milieu, eine wahre Neurotiker-Theorie, sakrosankt und beinahe wissenschaftlich geworden ist und bis unter die Physiologen Glauben findet, das „riecht nicht gut", das macht Einem traurige Gedanken. — Man versteht es auch in England nicht anders, doch darüber wird sich kein Mensch betrüben. Dem Engländer stehen nur zwei Wege offen, sich mit dem Genie und „grossen Manne" abzufinden: entweder d e m o k r a t i s c h in der Art Buckle's oder r e l i g i ö s in der Art Carlyle's. — Die G e f a h r , die in grossen Menschen und Zeiten liegt, ist ausser-

ordentlich; die Erschöpfung jeder Art, die Sterilität folgt ihnen
auf dem Fusse. Der grosse Mensch ist ein Ende; die grosse Zeit,
die Renaissance zum Beispiel, ist ein Ende. Das Genie — in
Werk, in That — ist nothwendig ein Verschwender: dass es
sich ausgiebt, ist seine Grösse ... Der Instinkt der Selbsterhaltung ist gleichsam ausgehängt; der übergewaltige Druck der
ausströmenden Kräfte verbietet ihm jede solche Obhut und Vorsicht. Man nennt das „Aufopferung"; man rühmt seinen „Heroismus" darin, seine Gleichgültigkeit gegen das eigne Wohl, seine
Hingebung für eine Idee, eine grosse Sache, ein Vaterland: Alles
Missverständnisse ... Er strömt aus, er strömt über, er verbraucht
sich, er schont sich nicht, — mit Fatalität, verhängnissvoll, unfreiwillig, wie das Ausbrechen eines Flusses über seine Ufer unfreiwillig ist. Aber weil man solchen Explosiven viel verdankt, hat
man ihnen auch viel dagegen geschenkt, zum Beispiel eine Art
höherer Moral ... Das ist ja die Art der menschlichen
Dankbarkeit: sie missversteht ihre Wohlthäter. —

45.

Der Verbrecher und was ihm verwandt
ist. — Der Verbrecher-Typus, das ist der Typus des starken
Menschen unter ungünstigen Bedingungen, ein krank gemachter
starker Mensch. Ihm fehlt die Wildniss, eine gewisse freiere und
gefährlichere Natur und Daseinsform, in der Alles, was Waffe
und Wehr im Instinkt des starken Menschen ist, zu Recht
besteht. Seine Tugenden sind von der Gesellschaft in Bann
gethan; seine lebhaftesten Triebe, die er mitgebracht hat, verwachsen alsbald mit den niederdrückenden Affekten, mit dem
Verdacht, der Furcht, der Unehre. Aber dies ist beinahe das Recept zur physiologischen Entartung. Wer Das, was er am besten
kann, am liebsten thäte, heimlich thun muss, mit langer Spannung, Vorsicht, Schlauheit, wird anämisch; und weil er immer nur
Gefahr, Verfolgung, Verhängniss von seinen Instinkten her

erntet, verkehrt sich auch sein Gefühl gegen diese Instinkte — er fühlt sie fatalistisch. Die Gesellschaft ist es, unsre zahme, mittelmässige, verschnittene Gesellschaft, in der ein naturwüchsiger Mensch, der vom Gebirge her oder aus den Abenteuern des Meeres kommt, nothwendig zum Verbrecher entartet. Oder beinahe nothwendig: denn es giebt Fälle, wo ein solcher Mensch sich stärker erweist als die Gesellschaft: der Corse Napoleon ist der berühmteste Fall. Für das Problem, das hier vorliegt, ist das Zeugniss Dostoiewsky's von Belang — Dostoiewsky's, des einzigen Psychologen, anbei gesagt, von dem ich Etwas zu lernen hatte: er gehört zu den schönsten Glücksfällen meines Lebens, mehr selbst noch als die Entdeckung Stendhal's. Dieser t i e f e Mensch, der zehn Mal Recht hatte, die oberflächlichen Deutschen gering zu schätzen, hat die sibirischen Zuchthäusler, in deren Mitte er lange lebte, lauter schwere Verbrecher, für die es keinen Rückweg zur Gesellschaft mehr gab, sehr anders empfunden als er selbst erwartete — ungefähr als aus dem besten, härtesten und werthvollsten Holze geschnitzt, das auf russischer Erde überhaupt wächst. Verallgemeinern wir den Fall des Verbrechers: denken wir uns Naturen, denen, aus irgend einem Grunde, die öffentliche Zustimmmung fehlt, die wissen, dass sie nicht als wohlthätig, als nützlich empfunden werden, — jenes Tschandala-Gefühl, dass man nicht als gleich gilt, sondern als ausgestossen, unwürdig, verunreinigend. Alle solche Naturen haben die Farbe des Unterirdischen auf Gedanken und Handlungen; an ihnen wird Jegliches bleicher als an Solchen, auf deren Dasein das Tageslicht ruht. Aber fast alle Existenzformen, die wir heute auszeichnen, haben ehemals unter dieser halben Grabesluft gelebt: der wissenschaftliche Charakter, der Artist, das Genie, der freie Geist, der Schauspieler, der Kaufmann, der grosse Entdecker ... So lange der P r i e s t e r als oberster Typus galt, war j e d e werthvolle Art Mensch entwerthet ... Die Zeit kommt — ich verspreche das — wo er als der n i e d r i g s t e gelten wird, als u n s e r Tschandala, als die verlogenste, als die unanständigste Art

Mensch ... Ich richte die Aufmerksamkeit darauf, wie noch jetzt, unter dem mildesten Regiment der Sitte, das je auf Erden, zum Mindesten in Europa, geherrscht hat, jede Abseitigkeit, jedes lange, allzulange Unterhalb, jede ungewöhnliche, undurchsichtige Daseinsform jenem Typus nahe bringt, den der Verbrecher vollendet. Alle Neuerer des Geistes haben eine Zeit das fahle und fatalistische Zeichen des Tschandala auf der Stirn: nicht, weil sie so empfunden würden, sondern weil sie selbst die furchtbare Kluft fühlen, die sie von allem Herkömmlichen und in Ehren Stehenden trennt. Fast jedes Genie kennt als eine seiner Entwicklungen die „catilinarische Existenz", ein Hass-, Rache- und Aufstands-Gefühl gegen Alles, was schon ist, was nicht mehr wird ... Catilina — die Präexistenz-Form jedes Caesar. —

46.

Hier ist die Aussicht frei. — Es kann Höhe der Seele sein, wenn ein Philosoph schweigt; es kann Liebe sein, wenn er sich widerspricht; es ist eine Höflichkeit des Erkennenden möglich, welche lügt. Man hat nicht ohne Feinheit gesagt: il est indigne des grands coeurs de répandre le trouble, qu'ils ressentent: nur muss man hinzufügen, dass vor dem Unwürdigsten sich nicht zu fürchten ebenfalls Grösse der Seele sein kann. Ein Weib, das liebt, opfert seine Ehre; ein Erkennender, welcher „liebt", opfert vielleicht seine Menschlichkeit; ein Gott, welcher liebte, ward Jude ...

47.

Die Schönheit kein Zufall. — Auch die Schönheit einer Rasse oder Familie, ihre Anmuth und Güte in allen Gebärden wird erarbeitet: sie ist, gleich dem Genie, das Schlussergebniss der accumulirten Arbeit von Geschlechtern. Man muss dem guten

Geschmacke grosse Opfer gebracht haben, man muss um seinetwillen Vieles gethan, Vieles gelassen haben — das siebzehnte
Jahrhundert Frankreichs ist bewunderungswürdig in Beidem —,
man muss in ihm ein Princip der Wahl, für Gesellschaft, Ort,
Kleidung, Geschlechtsbefriedigung gehabt haben, man muss
Schönheit dem Vortheil, der Gewohnheit, der Meinung, der
Trägheit vorgezogen haben. Oberste Richtschnur: man muss sich
auch vor sich selber nicht „gehen lassen". — Die guten Dinge sind
über die Maassen kostspielig: und immer gilt das Gesetz, dass wer
sie h a t, ein Andrer ist, als wer sie e r w i r b t. Alles Gute ist
Erbschaft: was nicht ererbt ist, ist unvollkommen, ist Anfang …
In Athen waren zur Zeit Cicero's, der darüber seine Überraschung ausdrückt, die Männer und Jünglinge bei weitem den
Frauen an Schönheit überlegen: aber welche Arbeit und Anstren-
gung im Dienste der Schönheit hatte daselbst das männliche Geschlecht seit Jahrhunderten von sich verlangt! — Man soll sich
nämlich über die Methodik hier nicht vergreifen: eine blosse
Zucht von Gefühlen und Gedanken ist beinahe Null (— hier
liegt das grosse Missverständniss der deutschen Bildung, die ganz
illusorisch ist): man muss den L e i b zuerst überreden. Die
strenge Aufrechterhaltung bedeutender und gewählter Gebärden,
eine Verbindlichkeit, nur mit Menschen zu leben, die sich nicht
„gehen lassen", genügt vollkommen, um bedeutend und gewählt
zu werden: in zwei, drei Geschlechtern ist bereits Alles v e r -
i n n e r l i c h t. Es ist entscheidend über das Loos von Volk und
Menschheit, dass man die Cultur an der r e c h t e n Stelle beginnt — n i c h t an der „Seele" (wie es der verhängnissvolle
Aberglaube der Priester und Halb-Priester war): die rechte Stelle
ist der Leib, die Gebärde, die Diät, die Physiologie, der R e s t
folgt daraus … Die Griechen bleiben deshalb das e r s t e C u l -
t u r - E r e i g n i s s der Geschichte — sie wussten, sie t h a t e n,
was Noth that; das Christenthum, das den Leib verachtete, war
bisher das grösste Unglück der Menschheit. —

48.

F o r t s c h r i t t i n m e i n e m S i n n e. — Auch ich rede von „Rückkehr zur Natur", obwohl es eigentlich nicht ein Zurückgehn, sondern ein H i n a u f k o m m e n ist — hinauf in die hohe, freie, selbst furchtbare Natur und Natürlichkeit, eine solche, die mit grossen Aufgaben spielt, spielen d a r f ... Um es im G l e i c h n i s s zu sagen: Napoleon war ein Stück „Rückkehr zur Natur", so wie ich sie verstehe (zum Beispiel in rebus tacticis, noch mehr, wie die Militärs wissen, im Strategischen). — Aber Rousseau — wohin wollte d e r eigentlich zurück? Rousseau, dieser erste moderne Mensch, Idealist und canaille in Einer Person; der die moralische „Würde" nöthig hatte, um seinen eignen Aspekt auszuhalten; krank vor zügelloser Eitelkeit und zügelloser Selbstverachtung. Auch diese Missgeburt, welche sich an die Schwelle der neuen Zeit gelagert hat, wollte „Rückkehr zur Natur" — wohin, nochmals gefragt, wollte Rousseau zurück? — Ich hasse Rousseau noch i n der Revolution: sie ist der welthistorische Ausdruck für diese Doppelheit von Idealist und canaille. Die blutige farce, mit der sich diese Revolution abspielte, ihre „Immoralität", geht mich wenig an: was ich hasse, ist ihre Rousseau'sche M o r a l i t ä t — die sogenannten „Wahrheiten" der Revolution, mit denen sie immer noch wirkt und alles Flache und Mittelmässige zu sich überredet. Die Lehre von der Gleichheit! ... Aber es giebt gar kein giftigeres Gift: denn sie s c h e i n t von der Gerechtigkeit selbst gepredigt, während sie das E n d e der Gerechtigkeit ist ... „Den Gleichen Gleiches, den Ungleichen Ungleiches — d a s wäre die wahre Rede der Gerechtigkeit: und, was daraus folgt, Ungleiches niemals gleich machen." — Dass es um jene Lehre von der Gleichheit herum so schauerlich und blutig zugieng, hat dieser „modernen Idee" par excellence eine Art Glorie und Feuerschein gegeben, so dass die Revolution als S c h a u s p i e l auch die edelsten Geister verführt hat. Das ist zuletzt kein Grund, sie mehr zu achten. — Ich sehe nur Einen,

der sie empfand, wie sie empfunden werden muss, mit E k e l —
Goethe ...

49.

G o e t h e — kein deutsches Ereigniss, sondern ein europäisches: ein grossartiger Versuch, das achtzehnte Jahrhundert zu
überwinden durch eine Rückkehr zur Natur, durch ein H i n -
a u f kommen zur Natürlichkeit der Renaissance, eine Art Selbstüberwindung von Seiten dieses Jahrhunderts. — Er trug dessen
stärkste Instinkte in sich: die Gefühlsamkeit, die Natur-Idolatrie,
das Antihistorische, das Idealistische, das Unreale und Revolutionäre (— letzteres ist nur eine Form des Unrealen). Er nahm die
Historie, die Naturwissenschaft, die Antike, insgleichen Spinoza
zu Hülfe, vor Allem die praktische Thätigkeit; er umstellte sich
mit lauter geschlossenen Horizonten; er löste sich nicht vom Leben ab, er stellte sich hinein; er war nicht verzagt und nahm so
viel als möglich auf sich, über sich, in sich. Was er wollte, das war
T o t a l i t ä t ; er bekämpfte das Auseinander von Vernunft,
Sinnlichkeit, Gefühl, Wille (— in abschreckendster Scholastik
durch K a n t gepredigt, den Antipoden Goethe's), er discipli-
nirte sich zur Ganzheit, er s c h u f sich ... Goethe war, inmitten
eines unreal gesinnten Zeitalters, ein überzeugter Realist: er
sagte Ja zu Allem, was ihm hierin verwandt war, — er hatte
kein grösseres Erlebniss als jenes ens realissimum, genannt Napoleon. Goethe concipirte einen starken, hochgebildeten, in allen
Leiblichkeiten geschickten, sich selbst im Zaume habenden, vor
sich selber ehrfürchtigen Menschen, der sich den ganzen Umfang
und Reichthum der Natürlichkeit zu gönnen wagen darf, der
stark genug zu dieser Freiheit ist; den Menschen der Toleranz,
nicht aus Schwäche, sondern aus Stärke, weil er Das, woran die
durchschnittliche Natur zu Grunde gehn würde, noch zu seinem
Vortheile zu brauchen weiss; den Menschen, für den es nichts Ver-
botenes mehr giebt, es sei denn die S c h w ä c h e , heisse sie nun

Laster oder Tugend ... Ein solcher f r e i g e w o r d n e r Geist steht mit einem freudigen und vertrauenden Fatalismus mitten im All, im G l a u b e n , dass nur das Einzelne verwerflich ist, dass im Ganzen sich Alles erlöst und bejaht — e r v e r n e i n t n i c h t m e h r ... Aber ein solcher Glaube ist der höchste aller möglichen Glauben: ich habe ihn auf den Namen des D i o n y s o s getauft. —

50.

Man könnte sagen, dass in gewissem Sinne das neunzehnte Jahrhundert Das alles a u c h erstrebt hat, was Goethe als Person erstrebte: eine Universalität im Verstehn, im Gutheissen, ein An-sich-heran-kommen-lassen von Jedwedem, einen verwegnen Realismus, eine Ehrfurcht vor allem Thatsächlichen. Wie kommt es, dass das Gesammt-Ergebniss kein Goethe, sondern ein Chaos ist, ein nihilistisches Seufzen, ein Nicht-wissen-wo-aus-noch-ein, ein Instinkt von Ermüdung, der in praxi fortwährend dazu treibt, z u m a c h t z e h n t e n J a h r h u n d e r t z u r ü c k z u - g r e i f e n ? (— zum Beispiel als Gefühls-Romantik, als Altruismus und Hyper-Sentimentalität, als Femininismus im Geschmack, als Socialismus in der Politik.) Ist nicht das neunzehnte Jahrhundert, zumal in seinem Ausgange, bloss ein verstärktes v e r r o h t e s achtzehntes Jahrhundert, das heisst ein d é c a - d e n c e - Jahrhundert? So dass Goethe nicht bloss für Deutschland, sondern für ganz Europa bloss ein Zwischenfall, ein schönes Umsonst gewesen wäre? — Aber man missversteht grosse Menschen, wenn man sie aus der armseligen Perspektive eines öffentlichen Nutzens ansieht. Dass man keinen Nutzen aus ihnen zu ziehn weiss, d a s g e h ö r t s e l b s t v i e l l e i c h t z u r G r ö s s e ...

51.

Goethe ist der letzte Deutsche, vor dem ich Ehrfurcht habe: er hätte drei Dinge empfunden, die ich empfinde, — auch verstehen wir uns über das „Kreuz"... Man fragt mich öfter, wozu ich eigentlich d e u t s c h schriebe: nirgendswo würde ich schlechter gelesen, als im Vaterlande. Aber wer weiss zuletzt, ob ich auch nur w ü n s c h e, heute gelesen zu werden? — Dinge schaffen, an denen umsonst die Zeit ihre Zähne versucht; der Form nach, d e r S u b s t a n z n a c h um eine kleine Unsterblichkeit bemüht sein — ich war noch nie bescheiden genug, weniger von mir zu verlangen. Der Aphorismus, die Sentenz, in denen ich als der Erste unter Deutschen Meister bin, sind die Formen der „Ewigkeit"; mein Ehrgeiz ist, in zehn Sätzen zu sagen, was jeder Andre in einem Buche sagt, — was jeder Andre in einem Buche n i c h t sagt ...

Ich habe der Menschheit das tiefste Buch gegeben, das sie besitzt, meinen Z a r a t h u s t r a : ich gebe ihr über kurzem das unabhängigste. —

Was ich den Alten verdanke.

I.

Zum Schluss ein Wort über jene Welt, zu der ich Zugänge gesucht, zu der ich vielleicht einen neuen Zugang gefunden habe —
die alte Welt. Mein Geschmack, der der Gegensatz eines duld-
samen Geschmacks sein mag, ist auch hier fern davon, in Bausch
und Bogen Ja zu sagen: er sagt überhaupt nicht gern Ja, lieber
noch Nein, am allerliebsten gar nichts . . . Das gilt von ganzen
Culturen, das gilt von Büchern, — es gilt auch von Orten und
Landschaften. Im Grunde ist es eine ganz kleine Anzahl antiker
Bücher, die in meinem Leben mitzählen; die berühmtesten sind
nicht darunter. Mein Sinn für Stil, für das Epigramm als Stil erwachte fast augenblicklich bei der Berührung mit Sallust. Ich habe
das Erstaunen meines verehrten Lehrers Corssen nicht vergessen,
als er seinem schlechtesten Lateiner die allererste Censur geben
musste —, ich war mit Einem Schlage fertig. Gedrängt, streng,
mit so viel Substanz als möglich auf dem Grunde, eine kalte Bosheit gegen das „schöne Wort“, auch das „schöne Gefühl“ — daran
errieth ich mich. Man wird, bis in meinen Zarathustra hinein, eine
sehr ernsthafte Ambition nach r ö m i s c h e m Stil, nach dem
„aere perennius“ im Stil bei mir wiedererkennen. — Nicht anders
ergieng es mir bei der ersten Berührung mit Horaz. Bis heute
habe ich an keinem Dichter dasselbe artistische Entzücken gehabt,
das mir von Anfang an eine Horazische Ode gab. In gewissen

Sprachen ist Das, was hier erreicht ist, nicht einmal zu w o l l e n. Dies Mosaik von Worten, wo jedes Wort als Klang, als Ort, als Begriff, nach rechts und links und über das Ganze hin seine Kraft ausströmt, dies minimum in Umfang und Zahl der Zeichen, dies damit erzielte maximum in der Energie der Zeichen — das Alles ist römisch und, wenn man mir glauben will, v o r n e h m par excellence. Der ganze Rest von Poesie wird dagegen etwas zu Populäres, — eine blosse Gefühls-Geschwätzigkeit ...

2.

Den Griechen verdanke ich durchaus keine verwandt starken Eindrücke; und, um es geradezu herauszusagen, sie k ö n n e n uns nicht sein, was die Römer sind. Man l e r n t nicht von den Griechen — ihre Art ist zu fremd, sie ist auch zu flüssig, um imperativisch, um „klassisch" zu wirken. Wer hätte je an einem Griechen schreiben gelernt! Wer hätte es je o h n e die Römer gelernt! ... Man wende mir ja nicht Plato ein. Im Verhältniss zu Plato bin ich ein gründlicher Skeptiker und war stets ausser Stande, in die Bewunderung des A r t i s t e n Plato, die unter Gelehrten herkömmlich ist, einzustimmen. Zuletzt habe ich hier die raffinirtesten Geschmacksrichter unter den Alten selbst auf meiner Seite. Plato wirft, wie mir scheint, alle Formen des Stils durcheinander, er ist damit ein e r s t e r décadent des Stils: er hat etwas Ähnliches auf dem Gewissen, wie die Cyniker, die die satura Menippea erfanden. Dass der Platonische Dialog, diese entsetzlich selbstgefällige und kindliche Art Dialektik, als Reiz wirken könne, dazu muss man nie gute Franzosen gelesen haben, — Fontenelle zum Beispiel. Plato ist langweilig. — Zuletzt geht mein Misstrauen bei Plato in die Tiefe: ich finde ihn so abgeirrt von allen Grundinstinkten der Hellenen, so vermoralisirt, so präexistent-christlich — er hat bereits den Begriff „gut" als obersten Begriff —, dass ich von dem ganzen Phänomen Plato eher das harte Wort „höherer Schwindel" oder, wenn man's lieber hört,

Idealismus — als irgend ein andres gebrauchen möchte. Man hat theuer dafür bezahlt, dass dieser Athener bei den Ägyptern in die Schule gieng (— oder bei den Juden in Ägypten? ...) Im grossen Verhängniss des Christenthums ist Plato jene „Ideal" genannte Zweideutigkeit und Fascination, die den edleren Naturen des Alterthums es möglich machte, sich selbst misszuverstehn und die B r ü c k e zu betreten, die zum „Kreuz" führte ... Und wie viel Plato ist noch im Begriff „Kirche", in Bau, System, Praxis der Kirche! — Meine Erholung, meine Vorliebe, meine K u r von allem Platonismus war zu jeder Zeit T h u k y d i d e s. Thukydides und, vielleicht, der principe Macchiavell's sind mir selber am meisten verwandt durch den unbedingten Willen, sich Nichts vorzumachen und die Vernunft in der R e a l i t ä t zu sehn, — n i c h t in der „Vernunft", noch weniger in der „Moral" ... Von der jämmerlichen Schönfärberei der Griechen in's Ideal, die der „klassisch gebildete" Jüngling als Lohn für seine Gymnasial-Dressur in's Leben davonträgt, kurirt Nichts so gründlich als Thukydides. Man muss ihn Zeile für Zeile umwenden und seine Hintergedanken so deutlich ablesen wie seine Worte: es giebt wenige so hintergedankenreiche Denker. In ihm kommt die S o - p h i s t e n - C u l t u r, will sagen die R e a l i s t e n - C u l t u r, zu ihrem vollendeten Ausdruck: diese unschätzbare Bewegung inmitten des eben allerwärts losbrechenden Moral- und Ideal-Schwindels der sokratischen Schulen. Die griechische Philosophie als die d é c a d e n c e des griechischen Instinkts; Thukydides als die grosse Summe, die letzte Offenbarung jener starken, strengen, harten Thatsächlichkeit, die dem älteren Hellenen im Instinkte lag. Der M u t h vor der Realität unterscheidet zuletzt solche Naturen wie Thukydides und Plato: Plato ist ein Feigling vor der Realität, — f o l g l i c h flüchtet er in's Ideal; Thukydides hat s i c h in der Gewalt, folglich behält er auch die Dinge in der Gewalt ...

3.

In den Griechen „schöne Seelen", „goldene Mitten" und andre Vollkommenheiten auszuwittern, etwa an ihnen die Ruhe in der Grösse, die ideale Gesinnung, die hohe Einfalt bewundern — vor dieser „hohen Einfalt", einer niaiserie allemande zuguterletzt, war ich durch den Psychologen behütet, den ich in mir trug. Ich sah ihren stärksten Instinkt, den Willen zur Macht, ich sah sie zittern vor der unbändigen Gewalt dieses Triebs, — ich sah alle ihre Institutionen wachsen aus Schutzmaassregeln, um sich vor einander gegen ihren inwendigen E x p l o s i v s t o f f sicher zu stellen. Die ungeheure Spannung im Innern entlud sich dann in furchtbarer und rücksichtsloser Feindschaft nach Aussen: die Stadtgemeinden zerfleischten sich unter einander, damit die Stadtbürger jeder einzelnen vor sich selber Ruhe fänden. Man hatte es nöthig, stark zu sein: die Gefahr war in der Nähe —, sie lauerte überall. Die prachtvoll geschmeidige Leiblichkeit, der verwegene Realismus und Immoralismus, der dem Hellenen eignet, ist eine N o t h, nicht eine „Natur" gewesen. Er folgte erst, er war nicht von Anfang an da. Und mit Festen und Künsten wollte man auch nichts Andres als sich o b e n a u f fühlen, sich obenauf z e i g e n : es sind Mittel, sich selber zu verherrlichen, unter Umständen vor sich Furcht zu machen ... Die Griechen auf deutsche Manier nach ihren Philosophen beurtheilen, etwa die Biedermännerei der sokratischen Schulen zu Aufschlüssen darüber benutzen, w a s im Grunde hellenisch sei! ... Die Philosophen sind ja die décadents des Griechenthums, die Gegenbewegung gegen den alten, den vornehmen Geschmack (— gegen den agonalen Instinkt, gegen die Polis, gegen den Werth der Rasse, gegen die Autorität des Herkommens). Die sokratischen Tugenden wurden gepredigt, w e i l sie den Griechen abhanden gekommen waren: reizbar, furchtsam, unbeständig, Komödianten allesammt, hatten sie ein paar Gründe zu viel, sich Moral predigen zu lassen. Nicht, dass es Etwas geholfen hätte: aber grosse Worte und Attitüden stehen décadents so gut ...

4.

Ich war der erste, der, zum Verständniss des älteren, des noch
reichen und selbst überströmenden hellenischen Instinkts, jenes
wundervolle Phänomen ernst nahm, das den Namen des Dionysos trägt: es ist einzig erklärbar aus einem Z u v i e l von Kraft.
Wer den Griechen nachgeht, wie jener tiefste Kenner ihrer Cultur,
der heute lebt, wie Jakob Burckhardt in Basel, der wusste sofort,
dass damit Etwas gethan sei: Burckhardt fügte seiner „Cultur der
Griechen" einen eignen Abschnitt über das genannte Phänomen
ein. Will man den Gegensatz, so sehe man die beinahe erheiternde
Instinkt-Armuth der deutschen Philologen, wenn sie in die Nähe
des Dionysischen kommen. Der berühmte Lobeck zumal, der mit
der ehrwürdigen Sicherheit eines zwischen Büchern ausgetrock-
neten Wurms in diese Welt geheimnissvoller Zustände hinein-
kroch und sich überredete, damit wissenschaftlich zu sein, dass er
bis zum Ekel leichtfertig und kindisch war, — Lobeck hat mit
allem Aufwande von Gelehrsamkeit zu verstehn gegeben, eigentlich habe es mit allen diesen Curiositäten Nichts auf sich. In der
That möchten die Priester den Theilhabern an solchen Orgien
einiges nicht Werthlose mitgetheilt haben, zum Beispiel, dass der
Wein zur Lust anrege, dass der Mensch unter Umständen von
Früchten lebe, dass die Pflanzen im Frühjahr aufblühn, im Herbst
verwelken. Was jenen so befremdlichen Reichthum an Riten,
Symbolen und Mythen orgiastischen Ursprungs angeht, von dem
die antike Welt ganz wörtlich überwuchert ist, so findet Lobeck
an ihm einen Anlass, noch um einen Grad geistreicher zu werden.
„Die Griechen, sagt er Aglaophamus I, 672, hatten sie nichts
Anderes zu thun, so lachten, sprangen, rasten sie umher, oder,
da der Mensch mitunter auch dazu Lust hat, so sassen sie nieder,
weinten und jammerten. A n d e r e kamen dann später hinzu
und suchten doch irgend einen Grund für das auffallende Wesen;
und so entstanden zur Erklärung jener Gebräuche jene zahllosen
Festsagen und Mythen. Auf der andren Seite glaubte man, jenes
p o s s i r l i c h e T r e i b e n , welches nun einmal an den Fest-

tagen stattfand, gehöre auch nothwendig zur Festfeier, und hielt es als einen unentbehrlichen Theil des Gottesdienstes fest." — Das ist verächtliches Geschwätz, man wird einen Lobeck nicht einen Augenblick ernst nehmen. Ganz anders berührt es uns, wenn wir den Begriff „griechisch" prüfen, den Winckelmann und Goethe sich gebildet haben, und ihn unverträglich mit jenem Elemente finden, aus dem die dionysische Kunst wächst, — mit dem Orgiasmus. Ich zweifle in der That nicht daran, dass Goethe etwas Derartiges grundsätzlich aus den Möglichkeiten der griechi- schen Seele ausgeschlossen hätte. F o l g l i c h v e r s t a n d G o e t h e d i e G r i e c h e n n i c h t. Denn erst in den diony- sischen Mysterien, in der Psychologie des dionysischen Zustands spricht sich die G r u n d t h a t s a c h e des hellenischen Instinkts aus — sein „Wille zum Leben". W a s verbürgte sich der Hellene mit diesen Mysterien? Das e w i g e Leben, die ewige Wiederkehr des Lebens; die Zukunft in der Vergangenheit verheissen und geweiht; das triumphirende Ja zum Leben über Tod und Wandel hinaus; das w a h r e Leben als das Gesammt-Fortleben durch die Zeugung, durch die Mysterien der Geschlechtlichkeit. Den Griechen war deshalb das g e s c h l e c h t l i c h e Symbol das ehrwürdige Symbol an sich, der eigentliche Tiefsinn innerhalb der ganzen antiken Frömmigkeit. Alles Einzelne im Akte der Zeugung, der Schwangerschaft, der Geburt erweckte die höchsten und feierlichsten Gefühle. In der Mysterienlehre ist der S c h m e r z heilig gesprochen: die „Wehen der Gebärerin" heili- gen den Schmerz überhaupt, — alles Werden und Wachsen, alles Zukunft-Verbürgende b e d i n g t den Schmerz . . . Damit es die ewige Lust des Schaffens giebt, damit der Wille zum Leben sich ewig selbst bejaht, m u s s es auch ewig die „Qual der Gebärerin" geben . . . Dies Alles bedeutet das Wort Dionysos: ich kenne keine höhere Symbolik als diese g r i e c h i s c h e Symbolik, die der Dionysien. In ihr ist der tiefste Instinkt des Lebens, der zur Zukunft des Lebens, zur Ewigkeit des Lebens, religiös empfun- den, — der Weg selbst zum Leben, die Zeugung, als der h e i l i g e

Weg ... Erst das Christenthum, mit seinem Ressentiment g e g e n
das Leben auf dem Grunde, hat aus der Geschlechtlichkeit etwas
Unreines gemacht: es warf K o t h auf den Anfang, auf die Voraussetzung unseres Lebens ...

5.

Die Psychologie des Orgiasmus als eines überströmenden
Lebens- und Kraftgefühls, innerhalb dessen selbst der Schmerz
noch als Stimulans wirkt, gab mir den Schlüssel zum Begriff des
t r a g i s c h e n Gefühls, das sowohl von Aristoteles als in Sonderheit von unsern Pessimisten missverstanden worden ist. Die
Tragödie ist so fern davon, Etwas für den Pessimismus der Hellenen im Sinne Schopenhauer's zu beweisen, dass sie vielmehr
als dessen entscheidende Ablehnung und G e g e n - I n s t a n z zu
gelten hat. Das Jasagen zum Leben selbst noch in seinen fremdesten und härtesten Problemen; der Wille zum Leben, im O p -
f e r seiner höchsten Typen der eignen Unerschöpflichkeit frohwerdend — d a s nannte ich dionysisch, d a s errieth ich als die
Brücke zur Psychologie des t r a g i s c h e n Dichters. N i c h t
um von Schrecken und Mitleiden loszukommen, nicht um sich
von einem gefährlichen Affekt durch dessen vehemente Entladung
zu reinigen — so verstand es Aristoteles —: sondern um, über
Schrecken und Mitleid hinaus, die ewige Lust des Werdens
s e l b s t z u s e i n, — jene Lust, die auch noch die L u s t a m
V e r n i c h t e n in sich schliesst ... Und damit berühre ich wieder die Stelle, von der ich einstmals ausgieng — die „Geburt der
Tragödie“ war meine erste Umwerthung aller Werthe: damit
stelle ich mich wieder auf den Boden zurück, aus dem mein
Wollen, mein K ö n n e n wächst — ich, der letzte Jünger des
Philosophen Dionysos, — ich, der Lehrer der ewigen Wieder-
kunft ...

Der Hammer redet.
Also sprach Zarathustra. 3, 90.

„Warum so hart! — sprach zum Diamanten einst die Küchen-Kohle: sind wir denn nicht Nah-Verwandte?"

Warum so weich? Oh meine Brüder, also frage ich euch: seid ihr denn nicht — meine Brüder?

Warum so weich, so weichend und nachgebend? Warum ist so viel Leugnung, Verleugnung in eurem Herzen? so wenig Schicksal in eurem Blicke?

Und wollt ihr nicht Schicksale sein und Unerbittliche: wie könntet ihr einst mit mir — siegen?

Und wenn eure Härte nicht blitzen und schneiden und zerschneiden will: wie könntet ihr einst mit mir — schaffen?

Alle Schaffenden nämlich sind hart. Und Seligkeit muss es euch dünken, eure Hand auf Jahrtausende zu drücken wie auf Wachs, —

— Seligkeit, auf dem Willen von Jahrtausenden zu schreiben wie auf Erz, — härter als Erz, edler als Erz. Ganz hart allein ist das Edelste.

Diese neue Tafel, oh meine Brüder, stelle ich über euch: werdet hart! — —

Nachgelassene Schriften

(August 1888—Anfang Januar 1889)

Der Antichrist.
Fluch auf das Christenthum.

Vorwort.

Dies Buch gehört den Wenigsten. Vielleicht lebt selbst noch Keiner von ihnen. Es mögen die sein, welche meinen Zarathustra verstehn: wie d ü r f t e ich mich mit denen verwechseln, für welche heute schon Ohren wachsen? — Erst das Übermorgen gehört mir. Einige werden posthu⟨m⟩ geboren.

Die Bedingungen, unter denen man mich versteht und dann m i t N o t h w e n d i g k e i t versteht ⟨, —⟩ ich kenne sie nur zu genau. Man muss rechtschaffen sein in geistigen Dingen bis zur Härte, um auch nur meinen Ernst, meine Leidenschaft auszuhalten. Man muss geübt sein, auf Bergen zu leben — das erbärmliche Zeitgeschwätz von Politik und Völker-Selbstsucht u n t e r sich zu sehn. Man muss gleichgültig geworden sein, man muss nie fragen, ob die Wahrheit nützt, ob sie Einem Verhängniss wird ... Eine Vorliebe der Stärke für Fragen, zu denen Niemand heute den Muth hat; der Muth zum V e r b o t e n e n ; die Vorherbestimmung zum Labyrinth. Eine Erfahrung aus sieben Einsamkeiten. Neue Ohren für neue Musik. Neue Augen für das Fernste. Ein neues Gewissen für bisher stumm gebliebene Wahrheiten. U n d der Wille zur Ökonomie grossen Stils: seine Kraft, seine B e g e i s t e r u n g beisammen behalten ... Die Ehrfurcht vor sich; die Liebe zu sich; die unbedingte Freiheit gegen sich ...

Wohlan! Das allein sind meine Leser, meine rechten Leser, meine vorherbestimmten Leser: was liegt am R e s t ? — Der

Rest ist bloss die Menschheit. — Man muss der Menschheit überlegen sein durch Kraft, durch H ö h e der Seele, — durch Verachtung . . .

Friedrich Nietzsche.

I.

— Sehen wir uns ins Gesicht. Wir sind Hyperboreer, — wir wissen gut genug, wie abseits wir leben. „Weder zu Lande, noch zu Wasser wirst du den Weg zu den Hyperboreern finden": das hat schon Pindar von uns gewusst. Jenseits des Nordens, des Eises, des Todes — u n s e r Leben, u n s e r Glück . . . Wir haben das Glück entdeckt, wir wissen den Weg, wir fanden den Ausgang aus ganzen Jahrtausenden des Labyrinths. Wer fand ihn s o n s t ? — Der moderne Mensch etwa? „Ich weiss nicht aus, noch ein; ich bin Alles, was nicht aus noch ein weiss" — seufzt der moderne Mensch . . . An d i e s e r Modernität waren wir krank, — am faulen Frieden, am feigen Compromiss, an der ganzen tugendhaften Unsauberkeit des modernen Ja und Nein. Diese Toleranz und largeur des Herzens, die Alles „verzeiht", weil sie Alles „begreift", ist Scirocco für uns. Lieber im Eise leben als unter modernen Tugenden und andren Südwinden! . . . Wir waren tapfer genug, wir schonten weder uns, noch Andere: aber wir wussten lange nicht, w o h i n mit unsrer Tapferkeit. Wir wurden düster, man hiess uns Fatalisten. U n s e r Fatum — das w a r die Fülle, die Spannung, die Stauung der Kräfte. Wir dürsteten nach Blitz und Thaten, wir blieben am fernsten vom Glück der Schwächlinge, von der „Ergebung" . . . Ein Gewitter war in unsrer Luft, die Natur, die wir sind, verfinsterte sich — d e n n w i r h a t t e n k e i n e n W e g. Formel unsres Glücks: ein Ja, ein Nein, eine gerade Linie, ein Z i e l . . .

2.

Was ist gut? — Alles, was das Gefühl der Macht, den Willen zur Macht, die Macht selbst im Menschen erhöht.

Was ist schlecht? — Alles, was aus der Schwäche stammt.

Was ist Glück? — Das Gefühl davon, dass die Macht wächst, dass ein Widerstand überwunden wird.

Nicht Zufriedenheit, sondern mehr Macht; nicht Friede überhaupt, sondern Krieg; nicht Tugend, sondern Tüchtigkeit (Tugend im Renaissance-Stile, virtù, moralinfreie Tugend)

Die Schwachen und Missrathnen sollen zu Grunde gehn: erster Satz unsrer Menschenliebe. Und man soll ihnen noch dazu helfen.

Was ist schädlicher als irgend ein Laster? — Das Mitleiden der That mit allen Missrathnen und Schwachen — das Christenthum . . .

3.

Nicht, was die Menschheit ablösen soll in der Reihenfolge der Wesen, ist das Problem, das ich hiermit stelle (— der Mensch ist ein Ende —): sondern welchen Typus Mensch man züchten soll, wollen soll, als den höherwerthigeren, lebenswürdigeren, zukunftsgewisseren.

Dieser höherwerthigere Typus ist oft genug schon dagewesen: aber als ein Glücksfall, als eine Ausnahme, niemals als gewollt. Vielmehr ist er gerade am besten gefürchtet worden, er war bisher beinahe das Furchtbare; — und aus der Furcht heraus wurde der umgekehrte Typus gewollt, gezüchtet, erreicht: das Hausthier, das Heerdenthier, das kranke Thier Mensch, — der Christ . . .

4.

Die Menschheit stellt n i c h t eine Entwicklung zum Besseren oder Stärkeren oder Höheren dar, in der Weise, wie dies heute geglaubt wird. Der „Fortschritt" ist bloss eine moderne Idee, das heisst eine falsche Idee. Der Europäer von Heute bleibt, in seinem Werthe tief unter dem Europäer der Renaissance; Fortentwicklung ist schlechterdings n i c h t mit irgend welcher Nothwendigkeit Erhöhung, Steigerung, Verstärkung.

In einem andren Sinne giebt es ein fortwährendes Gelingen einzelner Fälle an den verschiedensten Stellen der Erde und aus den verschiedensten Culturen heraus, mit denen in der That sich ein h ö h e r e r T y p u s darstellt: Etwas, das im Verhältniss zur Gesammt-Menschheit eine Art Übermensch ist. Solche Glücksfälle des grossen Gelingens waren immer möglich und werden vielleicht immer möglich sein. Und selbst ganze Geschlechter, Stämme, Völker können unter Umständen einen solchen T r e f f e r darstellen.

5.

Man soll das Christenthum nicht schmücken und herausputzen: es hat einen T o d k r i e g gegen diesen h ö h e r e n Typus Mensch gemacht, es hat alle Grundinstinkte dieses Typus in Bann gethan, es hat aus diesen Instinkten das Böse, d e n Bösen herausdestillirt, — der starke Mensch als der typisch Verwerfliche, der „verworfene Mensch". Das Christenthum hat die Partei alles Schwachen, Niedrigen, Missrathnen genommen, es hat ein Ideal aus dem W i d e r s p r u c h gegen die Erhaltungs-Instinkte des starken Lebens gemacht; es hat die Vernunft selbst der geistigstärksten Naturen verdorben, indem es die obersten Werthe der Geistigkeit als sündhaft, als irreführend, als V e r s u c h u n g e n empfinden lehrte. Das jammervollste Beispiel — die Verderbniss Pascals, der an die Verderbniss seiner Vernunft durch die Erbsünde glaubte, während sie nur durch sein Christenthum verdorben war! —

6.

Es ist ein schmerzliches, ein schauerliches Schauspiel, das mir
aufgegangen ist: ich zog den Vorhang weg von der V e r d o r -
b e n h e i t des Menschen. Dies Wort, in meinem Munde, ist
wenigstens gegen Einen Verdacht geschützt: dass es eine moralische Anklage des Menschen enthält. Es ist — ich möchte es nochmals unterstreichen — m o r a l i n f r e i gemeint: und dies bis
zu dem Grade, dass jene Verdorbenheit gerade dort von mir
am stärksten empfunden wird, wo man bisher am bewusstesten
zur „Tugend“, zur „Göttlichkeit“ aspirirte. Ich verstehe Verdorbenheit, man erräth es bereits, im Sinne von décadence: meine
Behauptung ist, dass alle Werthe, in denen jetzt die Menschheit
ihre oberste Wünschbarkeit zusammenfasst, d é c a d e n c e -
W e r t h e sind.

Ich nenne ein Thier, eine Gattung, ein Individuum verdorben,
wenn es seine Instinkte verliert, wenn es wählt, wenn es v o r -
z i e h t , was ihm nachtheilig ist. Eine Geschichte der „höheren
Gefühle“, der „Ideale der Menschheit“ — und es ist möglich,
dass ich sie erzählen muss — wäre beinahe auch die Erklärung
dafür, w e s h a l b der Mensch so verdorben ist.

Das Leben selbst gilt mir als Instinkt für Wachsthum, für
Dauer, für Häufung von Kräften, für M a c h t : wo der Wille
zur Macht fehlt, giebt es Niedergang. Meine Behauptung ist, dass
allen obersten Werthen der Menschheit dieser Wille f e h l t , —
dass Niedergangs-Werthe, n i h i l i s t i s c h e Werthe unter den
heiligsten Namen die Herrschaft führen.

7.

Man nennt das Christenthum die Religion des M i t l e i -
d e n s . — Das Mitleiden steht im Gegensatz zu den tonischen
Affekten, welche die Energie des Lebensgefühls erhöhn: es wirkt
depressiv. Man verliert Kraft, wenn man mitleide⟨t⟩. Durch das
Mitleiden vermehrt und vervielfältigt sich die Einbusse an Kraft

noch, die an sich schon das Leiden dem Leben br⟨ingt.⟩ Das Leiden selbst wird durch das Mitleiden ansteckend; unter Umständen kann mit ihm eine Gesammt-Einbusse an Leben und Lebens-
Energie erreicht werden, die in einem absurden Verhältniss zum
Quantum der Ursache steht (— der Fall vom Tode des Naza-
reners) Das ist der erste Gesichtspunkt; es giebt aber noch einen
wichtigeren. Gesetzt, man misst das Mitleiden nach dem Werthe
der Reaktionen, die es hervorzubringen pflegt, so erscheint sein
lebensgefährlicher Charakter in einem noch viel helleren Lichte.
Das Mitleiden kreuzt im Ganzen Grossen das Gesetz der Entwicklung, welches das Gesetz der S e l e c t i o n ist. Es erhält,
was zum Untergange reif ist, es wehrt sich zu Gunsten der Enterbten und Verurtheilten des Lebens, es giebt durch die Fülle
des Missrathnen aller Art, das es im Leben f e s t h ä l t, dem
Leben selbst einen düsteren und fragwürdigen Aspekt. Man hat
gewagt, das Mitleiden eine Tugend zu nennen (— in jeder v o r -
n e h m e n Moral gilt es als Schwäche —); man ist weiter gegangen, man hat aus ihm d i e Tugend, den Boden und Ursprung aller
Tugenden gemacht, — nur freilich, was man stets im Auge behalten muss⟨,⟩ vom Gesichtspunkte einer Philosophie aus, welche
nihilistisch war, welche die V e r n e i n u n g d e s L e b e n s auf
ihr Schil⟨d schr⟩rieb. Schopenhauer war in seinem Rechte damit:
durch das Mit⟨leid⟩ wird das Leben verneint, v e r n e i n u n g s -
w ü ⟨r d i g e r⟩ gemacht, — Mitleiden ist die P r a x i s des
Nihilismus. Nochmals gesagt: dieser depressive und contagiöse
Instinkt kreuzt jene Instinkte, welche auf Erhaltung und Werth-
Erhöhung des Lebens aus sind: er ist ebenso als M u l t i p l i k a -
t o r des Elends wie als C o n s e r v a t o r alles Elenden ein
Hauptwerkzeug zur Steigerung der décadence — Mitleiden
überredet zum N i c h t s! ... Man sagt nicht „Nichts": man
sagt dafür „Jenseits"; oder „Gott"; oder „das w a h r e Leben";
oder Nirvana, Erlösung, Seligkeit ... Diese unschuldige Rhe-
torik aus dem Reich der religiös-moralischen Idiosynkrasie erscheint sofort v i e l w e n i g e r u n s c h u l d i g, wenn man

begreift, w e l c h e Tendenz hier den Mantel sublimer Worte
um sich schlägt: die l e b e n s f e i n d l i c h e Tendenz. Schopenhauer war lebensfeindlich: d e s h a l b wurde ihm das Mitleid
zur Tugend … Aristoteles sah, wie man weiss, im Mitleiden
einen krankhaften und gefährlichen Zustand, dem man gut
thäte, hier und da durch ein Purgativ beizukommen: er verstand
die Tragödie als Purgativ. Vom Instinkte des Lebens aus müsste
man in der That nach einem Mittel suchen, einer solchen krankhaften und gefährlichen Häufung des Mitleides, wie sie der Fall
Schopenhauers (und leider auch unsrer gesammten litterarischen
und artistischen décadence von St. Petersburg bis Paris, von
Tolstoi bis Wagner) darstellt, einen Stich zu versetzen: damit sie
p l a t z t … Nichts ist ungesunder, inmitten unsrer ungesunden
Modernität, als das christliche Mitleid. H i e r Arzt sein, h i e r
unerbittlich sein, h i e r das Messer führen — das gehört zu
u n s, das ist u n s r e Art Menschenliebe, damit sind w i r Philosophen, wir Hyperboreer! — — —

8.

Es ist nothwendig zu sagen, w e n wir als unsern Gegensatz
fühlen — die Theologen und Alles, was Theologen-Blut im Leibe
hat — unsre ganze Philosophie … Man muss das Verhängniss aus
der Nähe gesehn haben, noch besser, man muss es an sich erlebt,
man muss an ihm fast zu Grunde gegangen sein, um hier keinen
Spaass mehr zu verstehn (— die Freigeisterei unsrer Herrn
Naturforscher und Physiologen ist in meinen Augen ein
S p a a s s, — ihnen fehlt die Leidenschaft in diesen Dingen, das
L e i d e n an ihnen —) Jene Vergiftung reicht viel weiter als
man denkt: ich fand den Theologen-Instinkt des Hochmuths
überall wieder, wo man sich heute als „Idealist" fühlt, — wo
man, vermöge einer höheren Abkunft, ein Recht in Anpruch
nimmt, zur Wirklichkeit überlegen und fremd zu blicken … Der
Idealist hat, ganz wie der Priester, alle grossen Begriffe in der

Hand (— und nicht nur in der Hand!), er spielt sie mit einer
wohlwollenden Verachtung gegen den „Verstand", die „Sinne",
die „Ehren", das „Wohlleben", die „Wissenschaft" aus, er sieht
dergleichen u n t e r sich, wie schädigende und verführerische
5 Kräfte, über den⟨en⟩ „der Geist" in reiner Für-sich-heit schwebt:
— als ob nicht Demuth, Keuschheit, Armut, H e i l i g k e i t mit
Einem Wort dem Leben bisher unsäglich mehr Schaden gethan
hätten als irgend welche Furchtbarkeiten und Laster ... Der
reine Geist ist die reine Lüge ... So lange der Priester noch
10 als eine h ö h e r e Art Mensch gilt, dieser Verneiner, Verleumder,
Vergifter des Lebens von B e r u f , giebt es keine Antwort auf
die Frage: was i s t Wahrheit? Man h a t bereits die Wahrheit auf den Kopf gestellt, wenn der bewusste Advokat des
Nichts und der Verneinung als Vertreter der „Wahrheit" gilt ...

15   9.

Diesem Theologen-Instinkte mache ich den Krieg: ich fand
seine Spur überall. Wer Theologen-Blut im Leibe hat, steht von
vornherein zu allen Dingen schief und unehrlich. Das Pathos,
das sich daraus entwickelt, heisst sich G l a u b e : das Auge Ein-
20 für-alle Mal vor sich schliessen, um nicht am Aspekt unheilbarer
Falschheit zu leiden. Man macht bei sich eine Moral, eine Tugend,
eine Heiligkeit aus dieser fehlerhaften Optik zu allen Dingen,
man knüpft das g u t e Gewissen an das F a l s c h -sehen, — man
fordert, dass keine a n d r e Art Optik mehr Werth haben dürfe,
25 nachdem man die eigne mit den Namen „Gott" „Erlösung"
„Ewigkeit" sakrosankt gemacht hat. Ich grub den Theologen-
Instinkt noch überall aus: er ist die verbreitetste, die eigentlich
u n t e r i r d i s c h e Form der Falschheit, die es auf Erden giebt.
Was ein Theologe als wahr empfindet, das m u s s falsch sein:
30 man hat daran beinahe ein Kriterium der Wahrheit. Es ist sein
unterster Selbsterhaltungs-Instinkt, der verbietet, dass die Realität in irgend einem Punkte zu Ehren oder auch nur zu Worte

käme. So weit der Theologen-Einfluss reicht, ist das Werth-Urtheil auf den Kopf gestellt, sind die Begriffe „wahr" und „falsch" nothwendig umgekehrt: was dem Leben am schädlichsten ist, das heisst hier „wahr", was es hebt, steigert, bejaht, rechtfertigt und triumphiren macht, das heisst „falsch" . . . Kommt es vor, dass Theologen durch das „Gewissen" der Fürsten (oder der Völker —) hindurch nach der Macht die Hand ausstrecken, zweifeln wir nicht, was jedes Mal im Grunde sich begiebt: der Wille zum Ende, der nihilistische Wille will zur Macht ...

10.

Unter Deutschen versteht man sofort, wenn ich sage, dass die Philosophie durch Theologen-Blut verderbt ist. Der protestantische Pfarrer ist Grossvater der deutschen Philosophie, der Protestantismus selbst ihr peccatum originale. Definition des Protestantismus: die halbseitige Lähmung des Christenthums — und der Vernunft ... Man hat nur das Wort „Tübinger Stift" auszusprechen, um zu begreifen, was die deutsche Philosophie im Grunde ist — eine hinterlistige Theologie ... Die Schwaben sind die besten Lügner in Deutschland, sie lügen unschuldig ... Woher das Frohlocken, das beim Auftreten Kants durch die deutsche Gelehrtenwelt gieng, die zu drei Viertel aus Pfarrer- und Lehrer-Söhnen besteht —, woher die deutsche Überzeugung, die auch heute noch ihr Echo findet, dass mit Kant eine Wendung zum Besseren beginne? Der Theologen-Instinkt im deutschen Gelehrten errieth, was nunmehr wieder möglich war ... Ein Schleichweg zum alten Ideal stand offen, der Begriff „wahre Welt", der Begriff der Moral als Essenz der Welt (—diese zwei bösartigsten Irrthümer, die es giebt!) waren jetzt wieder, Dank einer verschmitzt-klugen Skepsis, wenn nicht beweisbar, so doch nicht mehr widerlegbar ... Die Vernunft, das Recht der Vernunft reicht nicht so weit ... Man hatte aus der Realität eine „Scheinbarkeit" gemacht; man hatte eine vollkommen e r l o g n e Welt, die des Seienden, zur Realität gemacht ... Der Erfolg Kant's ist bloss ein Theologen-Erfolg: Kant war, gleich Luther, gleich Leibnitz, ein Hemmschuh mehr in der an sich nicht taktfesten deutschen Rechtschaffenheit — —

11.

Ein Wort noch gegen Kant als M o r a l i s t. Eine Tugend muss u n s r e Erfindung sein, u n s r e persönlichste Nothwehr und Nothdurft: in jedem andren Sinne ist sie bloss eine Gefahr. Was nicht unser Leben bedingt, s c h a d e t ihm: eine Tugend bloss aus einem Respekts-Gefühle vor dem Begriff „Tugend", wie Kant es wollte, ist schädlich. Die „Tugend", die „Pflicht", das „Gute an sich", das Gute mit dem Charakter der Unpersönlichkeit und Allgemeingültigkeit — Hirngespinnste, in denen sich der Niedergang, die letzte Entkräftung des Lebens, das Königsberger Chinesenthum ausdrückt. Das Umgekehrte wird von den tiefsten Erhaltungs- und Wachsthums-Gesetzen geboten: dass Jeder sich s e i n e Tugend, s e i n e n kategorischen Imperativ erfinde. Ein Volk geht zu Grunde, wenn es s e i n e Pflicht mit dem Pflichtbegriff überhaupt verwechselt. Nichts ruinirt tiefer, innerlicher als jede „unpersönliche" Pflicht, jede Opferung vor dem Moloch der Abstraktion. — Dass man den kategorischen Imperativ Kant's nicht als l e b e n s g e f ä h r l i c h empfunden hat! ... Der Theologen-Instinkt allein nahm ihn in Schutz! — Eine Handlung, zu der der Instinkt des Lebens zwingt, hat in der Lust ihren Beweis, eine r e c h t e Handlung zu sein: und jener Nihilist mit christlich-dogmatischen Eingeweiden verstand die Lust als E i n w a n d ... Was zerstört schneller als ohne innere Nothwendigkeit, ohne eine tief persönliche Wahl, ohne L u s t arbeiten, denken, fühlen? als Automat der „Pflicht"? Es ist geradezu das R e c e p t zur décadence, selbst zum Idiotismus ... Kant wurde Idiot. — Und das war der Zeitgenosse G o e t h e s! Dies Ver-

hängniss von Spinne galt als der d e u t s c h e Philosoph, — gilt
es noch! ... Ich hüte mich zu sagen, was ich von den Deutschen
denke ... Hat Kant nicht in der französischen Revolution den
Übergang aus der unorganischen Form des Staats in die o r g a -
n i s c h e gesehn? Hat er sich nicht gefragt, ob es eine Begebenheit
giebt, die gar nicht anders erklärt werden könne als durch eine
moralische Anlage der Menschheit, so dass mit ihr, Ein-für-alle
Mal, die „Tendenz der Menschheit zum Guten" b e w i e s e n sei?
Antwort Kant's: „das ist die Revolution." Der fehlgreifende Instinkt in Allem und Jedem, die Widernatur als Instinkt, die
deutsche décadence als Philosophie — d a s   i s t   K a n t ! —

                              1 2.

Ich nehme ein Paar Skeptiker bei Seite, den anständigen Typus in der Geschichte der Philosophie: aber der Rest kennt die
ersten Forderungen der intellektuellen Rechtschaffenheit nicht.
Sie machen es allesammt wie die Weiblein, alle diese grossen
Schwärmer und Wunderthiere, — sie halten die „schönen Gefühle" bereits für Argumente, den „gehobenen Busen" für einen
Blasebalg der Gottheit, die Überzeugung für ein K r i t e r i u m
der Wahrheit. Zuletzt hat noch Kant, in „deutscher" Unschuld,
diese Form der Corruption, diesen Mangel an intellektuellem Gewissen unter dem Begriff „praktische Vernunft" zu verwissen-
schaftlichen versucht: er erfand eigens eine Vernunft dafür, in
welchem Falle man sich nicht um die Vernunft zu kümmern habe,
nämlich wenn die Moral, wenn die erhabne Forderung „du sollst"
laut wird. Erwägt man, dass fast bei allen Völkern der Philosoph
nur die Weiterentwicklung des priesterlichen Typus ist, so überrascht dieses Erbstück des Priesters, die F a l s c h m ü n z e r e i
v o r   s i c h   s e l b s t , nicht mehr. Wenn man heilige Aufgaben
hat, zum Beispiel die Menschen zu bessern, zu retten, zu erlösen,
wenn man die Gottheit im Busen trägt, Mundstück jenseitiger
Imperative ist, so steht man mit einer solchen Mission bereits

ausserhalb aller bloss verstandesmässigen Werthungen, —
selbst schon geheiligt durch eine solche Aufgabe, selbst schon
der Typus einer höheren Ordnung! ... Was geht einen Priester
die Wissenschaft an! Er steht zu hoch dafür! — Und der
Priester hat bisher geherrscht! Er bestimmte den Begriff „wahr" und „unwahr"! ...

13.

Unterschätzen wir dies nicht: wir selbst, wir freien Geister, sind bereits eine „Umwerthung aller Werthe", eine leibhafte Kriegs- und Siegs-Erklärung an alle alten Begriffe von
„wahr" und „unwahr". Die werthvollsten Einsichten werden am
spätesten gefunden; aber die werthvollsten Einsichten sind die
Methoden. Alle Methoden, alle Voraussetzungen unsrer
jetzigen Wissenschaftlichkeit haben Jahrtausende lang die tiefste
Verachtung gegen sich gehabt, auf sie hin war man aus dem Ver-
kehre mit „honnetten" Menschen ausgeschlossen, — man galt als
„Feind Gottes", als Verächter der Wahrheit, als „Besessener".
Als wissenschaftlicher Charakter war man Tschandala ... Wir
haben das ganze Pathos der Menschheit gegen uns gehabt —
ihren Begriff von dem, was Wahrheit sein soll, was der Dienst
der Wahrheit sein soll: jedes „du sollst" war bisher gegen
uns gerichtet ... Unsre Objekte, unsre Praktiken, unsre stille
vorsichtige misstrauische Art — Alles schien ihr vollkommen
unwürdig und verächtlich. — Zuletzt dürfte man, mit einiger
Billigkeit, sich fragen, ob es nicht eigentlich ein ästhetischer Geschmack war, was die Menschheit in so langer Blindheit gehalten
hat: sie verlangte von der Wahrheit einen pittoresken
Effekt, sie verlangte insgleichen vom Erkennenden, dass er stark
auf die Sinne wirke. Unsre Bescheidenheit gieng ihr am
längsten wider den Geschmack ... Oh wie sie das erriethen, diese
Truthähne Gottes — —

14.

Wir haben umgelernt. Wir sind in allen Stücken bescheidner
geworden. Wir leiten den Menschen nicht mehr vom „Geist",
von der „Gottheit" ab, wir haben ihn unter die Thiere zurück-
gestellt. Er gilt uns als das stärkste Thier, weil er das listigste ist:
eine Folge davon ist seine Geistigkeit. Wir wehren uns anderseits
gegen eine Eitelkeit, die auch hier wieder laut werden möchte: wie
als ob der Mensch die grosse Hinterabsicht der thierischen Entwicklung gewesen sei. Er ist durchaus keine Krone der Schöpfung,
jedes Wesen ist, neben ihm, auf einer gleichen Stufe der Vollkommenheit ... Und indem wir das behaupten, behaupten wir
noch zuviel: der Mensch ist, relativ genommen, das missrathenste
Thier, das krankhafteste, das von seinen Instinkten am gefähr-
lichste⟨n⟩ abgeirrte — freilich, mit alle dem, auch das i n t e r -
e s s a n t e s t e ! — Was die Thiere betrifft, so hat zuerst Descartes, mit verehrungswürdiger Kühnheit, den Gedanken gewagt,
das Thier als machina zu verstehn: unsre ganze Physiologie bemüht sich um den Beweis dieses Satzes. Auch stellen wir logischer
Weise den Menschen nicht bei Seite, wie noch Descartes that: was
überhaupt heute vom Menschen begriffen ist, geht genau so weit
als er machinal begriffen ist. Ehedem gab man dem Menschen als
seine Mitgift aus einer höheren Ordnung den „freien Willen":
heute haben wir ihm selbst den Willen genommen, in dem Sinne,
dass darunter kein Vermögen mehr verstanden werden darf. Das
alte Wort „Wille" dient nur dazu, eine Resultante zu bezeichnen,
eine Art individueller Reaktion, die nothwendig auf eine Menge
theils widersprechender, theils zusammenstimmender Reize
folgt: — der Wille „wirkt" nicht mehr, „bewegt" nicht mehr ...
Ehemals sah man im Bewusstsein des Menschen, im „Geist",
den Beweis seiner höheren Abkunft, seiner Göttlichkeit; um den
Menschen zu v o l l e n d e n , rieth man ihm an, nach der Art der
Schildkröte, die Sinne in sich hineinzuziehn, den Verkehr mit dem
Irdischen einzustellen, die sterbliche Hülle abzuthun: dann blieb
die Hauptsache von ihm zurück, der „reine Geist". Wir haben

uns auch hierüber besser besonnen: das Bewusstwerden, der
„Geist", gilt uns gerade als Symptom einer relativen Unvollkom-
menheit des Organismus, als ein Versuchen, Tasten, Fehlgreifen,
als eine Mühsal, bei der unnöthig viel Nervenkraft verbraucht
wird, — wir leugnen, dass irgend Etwas vollkommen gemacht
werden kann, so lange es noch bewusst gemacht wird. Der „reine
Geist" ist eine reine Dummheit: rechnen wir das Nervensystem
und die Sinne ab, die „sterbliche Hülle", s o v e r r e c h n e n
w i r u n s — weiter nichts! ...

15.

Weder die Moral noch die Religion berührt sich im Christenthume mit irgend einem Punkte der Wirklichkeit. Lauter imagi-
näre U r s a c h e n („Gott", „Seele", „Ich" „Geist", „der freie
Wille" — oder auch „der unfreie"); lauter imaginäre W i r k u n -
g e n („Sünde", „Erlösung", „Gnade", „Strafe", „Vergebung der
Sünde"). Ein Verkehr zwischen imaginären W e s e n („Gott"
„Geister" „Seelen"); eine imaginäre N a t u r wissenschaft
(anthropocentrisch; völliger Mangel des Begriffs der natürlichen
Ursachen) eine imaginäre P s y c h o l o g i e (lauter Selbst-
Missverständnisse, Interpretationen angenehmer oder unange-
nehmer Allgemeingefühle, zum Beispiel der Zustände des nervus
sympathicus mit Hülfe der Zeichensprache religiös-moralischer
Idiosynkrasie, — „Reue", „Gewissensbiss", „Versuchung des
Teufels", „die Nähe Gottes"); eine imaginäre T e l e o l o g i e
(„das Reich Gottes", „das jüngste Gericht", „das ewige Leben").
— Diese reine F i k t i o n s - W e l t unterscheidet sich dadurch
sehr zu ihren Ungunsten von der Traumwelt, dass letztere die
Wirklichkeit w i e d e r s p i e g e l t, während s i e die Wirklichkeit fälscht, entwerthet, verneint. Nachdem erst der Begriff „Natur" als Gegenbegriff zu „Gott" erfunden war, musste „natürlich" das Wort sein für „verwerflich", — jene ganze Fiktions-
Welt hat ihre Wurzel im H a s s gegen das Natürliche (— die

Wirklichkeit! —), sie ist der Ausdruck eines tiefen Missbehagens
am Wirklichen … Aber damit ist Alles erklärt. Wer
allein hat Gründe sich wegzulügen aus der Wirklichkeit?
Wer an ihr leidet. Aber an der Wirklichkeit leiden heisst eine
verunglückte Wirklichkeit sein … Das Übergewicht der
Unlustgefühle über die Lustgefühle ist die Ursache jener fikti-
ven Moral und Religion: ein solches Übergewicht giebt aber die
Formel ab für décadence …

16.

Zu dem gleichen Schlusse nöthigt eine Kritik des christlichen Gottesbegriffs. — Ein Volk, das noch an sich
selbst glaubt, hat auch noch seinen eignen Gott. In ihm verehrt
es die Bedingungen, durch die es obenauf ist, seine Tugenden, —
es projicirt seine Lust an sich, sein Machtgefühl in ein Wesen, dem
man dafür danken kann. Wer reich ist, will abgeben; ein stolzes
Volk braucht einen Gott, um zu opfern … Religion, innerhalb
solcher Voraussetzungen, ist eine Form der Dankbarkeit. Man ist
für sich selber dankbar: dazu braucht man einen Gott. — Ein
solcher Gott muss nützen und schaden können, muss Freund und
Feind sein können, — man bewundert ihn im Guten wie im
Schlimmen. Die widernatürliche Castration eines Gottes
zu einem Gotte bloss des Guten läge hier ausserhalb aller
Wünschbarkeit. Man hat den bösen Gott so nöthig als den
guten: man verdankt ja die eigne Existenz nicht gerade der Toleranz, der Menschenfreundlichkeit … Was läge an einem Gotte,
der nicht Zorn, Rache, Neid, Hohn, List, Gewaltthat kennte?
dem vielleicht nicht einmal die entzückenden ardeurs des Siegs
und der Vernichtung bekannt wären? Man würde einen solchen
Gott nicht verstehn: wozu sollte man ihn haben? — Freilich:
wenn ein Volk zu Grunde geht; wenn es den Glauben an Zukunft, seine Hoffnung auf Freiheit endgültig schwinden fühlt;
wenn ihm die Unterwerfung als erste Nützlichkeit, die Tugenden

der Unterworfenen als Erhaltungsbedingungen in's Bewusstsein treten, dann m u s s sich auch sein Gott verändern. Er wird jetzt Duckmäuser, furchtsam, bescheiden, räth zum „Frieden der Seele", zum Nicht-mehr-Hassen, zur Nachsicht, zur „Liebe" selbst gegen Freund und Feind. Er moralisirt beständig, er kriecht in die Höhle jeder Privattugend, wird Gott für Jedermann, wird Privatmann, wird Kosmopolit … Ehemals stellte er ein Volk, die Stärke eines Volkes, alles Aggressive und Machtdurstige aus der Seele eines Volkes dar: jetzt ist er bloss noch der gute Gott … In der That, es giebt keine andre Alternative für Götter: e n t - w e d e r sind sie der Wille zur Macht — und so lange werden sie Volksgötter sein — o d e r aber die Ohnmacht zur Macht — und dann werden sie nothwendig g u t …

17.

Wo in irgend welcher Form der Wille zur Macht niedergeht, giebt es jedes Mal auch einen physiologischen Rückgang, eine décadence. Die Gottheit der décadence, beschnitten an ihren männlichsten Tugenden und Trieben, wird nunmehr nothwendig zum Gott der physiologisch-Zurückgegangenen, der Schwachen. Sie heissen sich selbst nicht die Schwachen, sie heissen sich „die Guten" … Man versteht, ohne dass ein Wink noch Noth thäte, in welchen Augenblicken der Geschichte erst die dualistische Fiktion eines guten und eines bösen Gottes möglich wird. Mit demselben Instinkte, mit dem die Unterworfnen ihren Gott zum „Guten an sich" herunterbringen, streichen sie aus dem Gotte ihrer Überwinder die guten Eigenschaften aus; sie nehmen Rache an ihren Herrn, dadurch dass sie deren Gott v e r t e u f e l n. — Der g u t e Gott, ebenso wie der Teufel: Beide Ausgeburten der décadence. — Wie kann man heute noch der Einfalt christlicher Theologen so viel nachgeben, um mit ihnen zu dekretiren, die Fortentwicklung des Gottesbegriffs vom „Gotte Israels", vom Volksgotte zum christlichen Gotte, zum Inbegriff alles Guten sei ein

Fortschritt? — Aber selbst Renan thut es. Als ob Renan ein
Recht auf Einfalt hätte! Das Gegentheil springt doch in die
Augen. Wenn die Voraussetzungen des aufsteigenden Lebens, wenn alles Starke ,Tapfere, Herrische, Stolze aus dem Gottesbegriffe eliminirt werden, wenn er Schritt für Schritt zum
Symbol eines Stabs für Müde, eines Rettungsankers für alle Er-
trinkenden heruntersinkt, wenn er Arme-Leute-Gott, Sünder-
Gott, Kranken-Gott par excellence wird, und das Prädikat „Heiland“, „Erlöser“ gleichsam übrig bleibt als göttliches Prädikat
überhaupt: wovon redet eine solche Verwandlung? eine solche
Reduktion des Göttlichen? — Freilich: „das Reich Gottes“
ist damit grösser geworden. Ehemals hatte er nur sein Volk, sein
„auserwähltes“ Volk. Inzwischen gieng er, ganz wie sein Volk
selber, in die Fremde, auf Wanderschaft, er sass seitdem nirgendswo mehr still: bis er endlich überall heimisch wurde, der grosse
Cosmopolit, — bis er „die grosse Zahl“ und die halbe Erde auf
seine Seite bekam. Aber der Gott der „grossen Zahl“, der Demo-
krat unter den Göttern, wurde trotzdem kein stolzer Heidengott:
er blieb Jude, er blieb der Gott der Winkel, der Gott aller dunklen Ecken und Stellen, aller ungesunden Quartiere der ganzen
Welt! ... Sein Weltreich ist nach wie vor ein Unterwelts-Reich,
ein Hospital, ein Souterrain-Reich, ein Ghetto-Reich ... Und er
selbst, so blass, so schwach, so décadent ... Selbst die Blassesten
der Blassen wurden noch über ihn Herr, die Herrn Metaphysiker,
die Begriffs-Albinos. Diese spannen so lange um ihn herum, bis
er, hypnotisirt durch ihre Bewegungen, selbst Spinne, selbst Me-
taphysicus wurde. Nunmehr spann er wieder die Welt aus sich heraus — sub specie Spinozae —, nunmehr transfigurirte er sich ins
immer Dünnere und Blässere, ward „Ideal“, ward „reiner Geist“,
ward „absolutum“, ward „Ding an sich“ ... Verfall eines
Gottes: Gott ward „Ding an sich“ ...

18.

Der christliche Gottesbegriff — Gott als Krankengott, Gott als Spinne, Gott als Geist — ist einer der corruptesten Gottesbegriffe, die auf Erden erreicht worden sind; er stellt vielleicht selbst den Pegel des Tiefstands in der absteigenden Entwicklung des Götter-Typus dar. Gott zum Widerspruch des Lebens abgeartet, statt dessen Verklärung und ewiges Ja zu sein! In Gott dem Leben, der Natur, dem Willen zum Leben die Feindschaft angesagt! Gott die Formel für jede Verleumdung des „Diesseits", für jede Lüge vom „Jenseits"! In Gott das Nichts vergöttlicht, der Wille zum Nichts heilig gesprochen! . . .

19.

Dass die starken Rassen des nördlichen Europa den christlichen Gott nicht von sich gestossen haben, macht ihrer religiösen Begabung wahrlich keine Ehre, um nicht vom Geschmacke zu reden. Mit einer solchen krankhaften und altersschwachen Ausgeburt der décadence hätten sie fertig werden müssen. Aber es liegt ein Fluch dafür auf ihnen, dass sie nicht mit ihm fertig geworden sind: sie haben die Krankheit, das Alter, den Widerspruch in alle ihre Instinkte aufgenommen, — sie haben seitdem keinen Gott mehr geschaffen! Zwei Jahrtausende beinahe und nicht ein einziger neuer Gott! Sondern immer noch und wie zu Recht bestehend, wie ein ultimatum und maximum der gottbildenden Kraft, des creator spiritus im Menschen, dieser erbarmungswürdige Gott des christlichen Monotono-Theismus! dies hybride Verfalls-Gebilde aus Null, Begriff und Widerspruch, in dem alle Décadence-Instinkte, alle Feigheiten und Müdigkeiten der Seele ihre Sanktion haben! — —

20.

Mit meiner Verurtheilung des Christenthums möchte ich kein
Unrecht gegen eine verwandte Religion begangen haben, die der
Zahl der Bekenner nach sogar überwiegt, gegen den B u d d h i s -
m u s. Beide gehören als nihilistische Religionen zusammen — sie
sind décadence-Religionen —, beide sind von einander in der
merkwürdigsten Weise getrennt. Dass man sie jetzt v e r g l e i -
c h e n kann, dafür ist der Kritiker des Christenthums den indischen Gelehrten tief dankbar. — Der Buddhismus ist hundert
Mal realistischer als das Christenthum, — er hat die Erbschaft des
objektiven und kühlen Probleme-Stellens im Leibe, er kommt
n a c h einer Hunderte von Jahren dauernden philosophischen
Bewegung, der Begriff „Gott" ist bereits abgethan, als er kommt.
Der Buddhismus ist die einzige eigentlich p o s i t i v i s t i s c h e
Religion, die uns die Geschichte zeigt, auch noch in seiner Erkenntnisstheorie (einem strengen Phänomenalismus —), er sagt
nicht mehr „Kampf gegen S ü n d e", sondern, ganz der Wirklichkeit das Recht gebend, „Kampf gegen das L e i d e n". Er hat —
dies unterscheidet ihn tief vom Christenthum — die Selbst-Be-
trügerei der Moral-Begriffe bereits hinter sich, — er steht, in
meiner Sprache geredet, j e n s e i t s von Gut und Böse. — Die
z w e i physiologischen Thatsachen, auf denen er ruht und die er
ins Auge fasst, sind: e i n m a l eine übergrosse Reizbarkeit der
Sensibilität, welche sich als raffinirte Schmerzfähigkeit ausdrückt,
s o d a n n eine Übergeistigung, ein allzulanges Leben in Begriffen
und logischen Prozeduren, unter dem der Person-Instinkt zum
Vortheil des „Unpersönlichen" Schaden genommen hat (— Beides Zustände, die wenigstens Einige meiner Leser, die „Objektiven", gleich mir selbst, aus Erfahrung kennen werden) Auf
Grund dieser physiologischen Bedingungen ist eine D e p r e s -
s i o n entstanden: gegen diese geht Buddha hygienisch vor. Er
wendet dagegen das Leben im Freien an, das Wanderleben, die
Mässigung und die Wahl in der Kost; die Vorsicht gegen alle
Spirituosa; die Vorsicht insgleichen gegen alle Affekte, die Galle

machen, die das Blut erhitzen; keine S o r g e , weder für sich,
noch für Andre. Er fordert Vorstellungen, die entweder Ruhe
geben oder erheitern — er erfindet Mittel, die andren sich abzu-
gewöhnen. Er versteht die Güte, das Gütig-sein als gesundheit-
fördernd. G e b e t ist ausgeschlossen, ebenso wie die A s k e s e ;
kein kategorischer Imperativ, kein Z w a n g überhaupt, selbst
nicht innerhalb der Klostergemeinschaft (— man kann wieder
hinaus —) Das Alles wären Mittel, um jene übergrosse Reizbarkeit zu verstärken. Eben darum fordert er auch keinen Kampf
gegen Andersdenkende; seine Lehre wehrt sich gegen nichts
mehr als gegen das Gefühl der Rache, der Abneigung, des
ressentiment (— „nicht durch Feindschaft kommt Feindschaft zu
Ende": der rührende Refrain des ganzen Buddhismus ...) Und
das mit Recht: gerade diese Affekte wären vollkommen u n g e -
s u n d in Hinsicht auf die diätetische Hauptabsicht. Die geistige
Ermüdung, die er vorfindet, und die sich in einer allzugrossen
„Objektivität" (das heisst Schwächung des Individual-Interesses,
Verlust an Schwergewicht, an „Egoismus") ausdrückt, bekämpft
⟨er⟩ mit einer strengen Zurückführung auch der geistigsten Inter-
essen auf die P e r s o n . In der Lehre Buddha's wird der Egoismus Pflicht: das „Eins ist Noth", das „wie kommst d u vom
Leiden los" regulirt und begrenzt die ganze geistige Diät (— man
darf sich vielleicht an jenen Athener erinnern, der der reinen
„Wissenschaftlichkeit" gleichfalls den Krieg machte, an Sokrates,
der den Personal-Egoismus auch im Reich der Probleme zur Moral erhob.)

21.

Die Voraussetzung für den Buddhismus ist ein sehr mildes
Klima, eine grosse Sanftmuth und Liberalität in den Sitten, k e i n
Militarismus; und dass es die höheren und selbst gelehrten Stände
sind, in denen die Bewegung ihren Heerd hat. Man will die Heiterkeit, die Stille, die Wunschlosigkeit als höchstes Ziel, und man
e r r e i c h t sein Ziel. Der Buddhismus ist keine Religion, in der

man bloss auf Vollkommenheit aspirirt: das Vollkommne ist der
normale Fall. —

Im Christenthume kommen die Instinkte Unterworfner und
Unterdrückter in den Vordergrund: es sind die niedersten Stände,
die in ihm ihr Heil suchen. Hier wird als B e s c h ä f t i g u n g,
als Mittel gegen die Langeweile, die Casuistik der Sünde, die
Selbstkritik, die Gewissens-Inquisition geübt; hier wird der
Affekt gegen einen M ä c h t i g e n, „Gott" genannt, beständig
aufrecht erhalten (durch das Gebet); hier gilt das Höchste als
unerreichbar, als Geschenk, als „Gnade". Hier fehlt auch die
Öffentlichkeit; der Versteck, der dunkle Raum ist christlich. Hier
wird der Leib verachtet, die Hygiene als Sinnlichkeit abgelehnt;
die Kirche wehrt sich selbst gegen die Reinlichkeit (— die erste
christliche Massregel nach Vertreibung der Mauren war die
Schliessung der öffentlichen Bäder, von denen Cordova allein
270 besass). Christlich ist ein gewisser Sinn der Grausamkeit,
gegen sich und Andre; der Hass gegen die Andersdenkenden; der
Wille, zu verfolgen. Düstere und aufregende Vorstellungen sind
im Vordergrunde; die höchstbegehrten, mit den höchsten Namen
bezeichneten Zustände sind Epilepsoïden; die Diät wird so ge-
währt, dass sie morbide Erscheinungen begünstigt und die Nerven
überreizt. Christlich ist die Todfeindschaft gegen die Herren der
Erde, gegen die „Vornehmen" — und zugleich ein versteckter
heimlicher Wettbewerb (— man lässt ihnen den „Leib", man will
n u r die „Seele" …) Christlich ist der Hass gegen den G e i s t,
gegen Stolz, Muth, Freiheit, libertinage des Geistes; christlich ist
der Hass gegen die S i n n e, gegen die Freuden der Sinne, gegen
die Freude überhaupt …

22.

Dies Christenthum, als es seinen ersten Boden verliess, die
niedrigsten Stände, die U n t e r w e l t der antiken Welt, als es
unter Barbaren-Völkern nach Macht ausgieng, hatte hier nicht

mehr m ü d e Menschen zur Voraussetzung, sondern innerlich
verwilderte und sich zerreissende, — den starken Menschen, aber
den missrathenen. Die Unzufriedenheit mit sich, das Leiden an
sich ist hier n i c h t wie bei dem Buddhisten eine übermässige
Reizbarkeit und Schmerzfähigkeit, vielmehr umgekehrt ein über-
mächtiges Verlangen nach Wehethun, nach Auslassung der inneren Spannung in feindseligen Handlungen und Vorstellungen.
Das Christenthum hatte b a r b a r i s c h e Begriffe und Werthe
nöthig, um über Barbaren Herr zu werden: solche sind das Erst-
lingsopfer, das Bluttrinken im Abendmahl, die Verachtung des
Geistes und der Cultur; die Folterung in allen Formen, sinnlich
und unsinnlich; der grosse Pomp des Cultus. Der Buddhismus
ist eine Religion für s p ä t e Menschen, für gütige, sanfte, über-
geistig gewordne Rassen, die zu leicht Schmerz empfinden (—
Europa ist noch lange nicht reif für ihn —): er ist eine Rückfüh-
rung derselben zu Frieden und Heiterkeit, zur Diät im Geistigen,
zu einer gewissen Abhärtung im Leiblichen. Das Christenthum
will über R a u b t h i e r e Herr werden; sein Mittel ist, sie
k r a n k zu machen, — die Schwächung ist das christliche Rezept
zur Z ä h m u n g, zur „Civilisation". Der Buddhismus ist eine
Religion für den Schluss und die Müdigkeit der Civilisation, das
Christenthum findet sie noch nicht einmal vor, — es begründet sie
unter Umständen.

23.

Der Buddhismus, nochmals gesagt, ist hundert Mal kälter,
wahrhafter, objektiver. Er hat nicht mehr nöthig, sich sein Leiden, seine Schmerzfähigkeit a n s t ä n d i g zu machen durch die
Interpretation der Sünde, — er sagt bloss, was er denkt „ich
leide". Dem Barbaren dagegen ist Leiden an sich nichts Anstän-
diges: er braucht erst eine Auslegung, um es sich einzugestehn,
d a s s er leidet (sein Instinkt weist ihn eher auf Verleugnung
des Leidens, auf stilles Ertragen hin) Hier war das Wort „Teu-

fel" eine Wohlthat: man hatte einen übermächtigen und furchtbaren Feind, — man brauchte sich nicht zu schämen, an einem
solchen Feind zu leiden. —

Das Christenthum hat einige Feinheiten auf dem Grunde, die
zum Orient gehören. Vor allem weiss es, dass es an sich ganz
gleichgültig ist, ob Etwas wahr ⟨ist⟩, aber von höchster Wichtigkeit, s o f e r n es als wahr geglaubt wird. Die Wahrheit und der
G l a u b e, dass Etwas wahr sei: zwei ganz auseinanderliegende
Interessen-Welten, fast G e g e n s a t z - Welten — man kommt
zum Einen und zum Andren auf grundverschiednen Wegen.
Hierüber wissend zu sein — das m a c h t im Orient beinahe den
Weisen: so verstehn es die Brahmanen, so versteht es Plato, so
jeder Schüler esoterischer Weisheit. Wenn zum Beispiel ein
G l ü c k darin liegt, sich von der Sünde erlöst zu glauben, so thut
als Voraussetzung dazu n i c h t noth, dass der Mensch sündig sei,
sondern dass er sich sündig f ü h l t. Wenn aber überhaupt vor
allem G l a u b e noth thut, so muss man die Vernunft, die Erkenntniss, die Forschung in Misskredit bringen: der Weg zur
Wahrheit wird zum v e r b o t n e n Weg. — Die starke H o f f -
n u n g ist ein viel grösseres Stimulans des Lebens, als irgend ein
einzelnes wirklich eintretendes Glück. Man muss Leidende durch
eine Hoffnung aufrecht erhalten, welcher durch keine Wirklichkeit widersprochen werden kann, — welche nicht durch eine Erfüllung a b g e t h a n wird: eine Jenseits-Hoffnung. (Gerade
wegen dieser Fähigkeit, den Unglücklichen hinzuhalten, galt die
Hoffnung bei den Griechen als Übel der Übel, als das eigentlich t ü c k i s c h e Übel: es blieb im Fass des Übels zurück). —
Damit L i e b e möglich ist, muss Gott Person sein; damit die
untersten Instinkte mitreden können, muss Gott jung sein. Man
hat für die Inbrunst der Weiber einen schönen Heiligen, für die
der Männer eine Maria in den Vordergrund zu rücken. Dies unter
der Voraussetzung, dass das Christenthum auf einem Boden
Herr werden will, wo aphrodisische oder Adonis-Culte den
B e g r i f f des Cultus bereits bestimmt haben. Die Forderung

der K e u s c h h e i t verstärkt die Vehemenz und Innerlichkeit des religiösen Instinkts — sie macht den Cultus wärmer, schwärmerischer, seelenvoller. — Die Liebe ist der Zustand, wo der Mensch die Dinge am meisten so sieht, wie sie n i c h t sind. Die illusorische Kraft ist da auf ihrer Höhe, ebenso die versüssende, die v e r k l ä r e n d e Kraft. Man erträgt in der Liebe mehr als sonst, man duldet Alles. Es galt eine Religion zu erfinden, in der geliebt werden kann: damit ist man über das Schlimmste am Leben hinaus — man sieht es gar nicht mehr. — So viel über die drei christlichen Tugenden Glaube, Liebe, Hoffnung: ich nenne sie die drei christlichen K l u g h e i t e n. — Der Buddhismus ist zu spät, zu positivistisch dazu, um noch auf diese Weise klug zu sein. —

24.

Ich berühre hier nur das Problem der E n t s t e h u n g des Christenthums. Der e r s t e Satz zu dessen Lösung heisst: das Christenthum ist einzig aus dem Boden zu verstehn, aus dem es gewachsen ist, — es ist n i c h t eine Gegenbewegung gegen den jüdischen Instinkt, es ist dessen Folgerichtigkeit selbst, ein Schluss weiter in dessen furchteinflössender Logik. In der Formel des Erlösers: „das Heil kommt von den Juden“. — Der z w e i t e Satz heisst: der psychologische Typus des Galiläers ist noch erkennbar, aber erst in seiner vollständigen Entartung (die zugleich Verstümmelung und Überladung mit fremden Zügen ist —) hat er dazu dienen können, wozu er gebraucht worden ist, zum Typus eines E r l ö s e r s der Menschheit. —

Die Juden sind das merkwürdigste Volk der Weltgeschichte, weil sie, vor die Frage von Sein und Nichtsein gestellt, mit einer vollkommen unheimlichen Bewusstheit das Sein u m j e d e n P r e i s vorgezogen haben: dieser Preis war die radikale Fälschung aller Natur, aller Natürlichkeit, aller Realität, der ganzen inneren Welt so gut als der äusseren. Sie grenzten sich ab g e g e n alle Bedingungen, unter denen bisher ein Volk leben konnte, leben d u r f t e, sie schufen aus sich einen Gegensatz-Begriff zu n a t ü r l i c h e n Bedingungen, — sie haben, der Reihe nach, die Religion, den Cultus, die Moral, die Geschichte, die Psychologie auf eine unheilbare Weise in den W i d e r s p r u c h z u d e r e n N a t u r - W e r t h e n umgedreht. Wir begegnen demselben Phänomene noch einmal und in unsäglich vergrösser-ten Proportionen, trotzdem nur als Copie: — die christliche Kirche entbehrt, im Vergleich zum „Volk der Heiligen", jedes Anspruchs auf Originalität. Die Juden sind, ebendamit, das v e r -h ä n g n i s s v o l l s t e Volk der Weltgeschichte: in ihrer Nach-wirkung haben sie die Menschheit dermaassen falsch gemacht, dass heute noch der Christ antijüdisch fühlen kann, ohne sich als die l e t z t e j ü d i s c h e C o n s e q u e n z zu verstehn.

Ich habe in meiner „Genealogie der Moral" zum ersten Male den Gegensatz-Begriff einer v o r n e h m e n Moral und einer ressentiment-Moral psychologisch vorgeführt, letztere a u s d e m N e i n gegen die erstere entsprungen: aber dies ist die jüdisch-christliche Moral ganz und gar. Um Nein sagen zu können zu Allem, was die a u f s t e i g e n d e Bewegung des Lebens, die Wohlgerathenheit, die Macht, die Schönheit, die Selbstbejahung auf Erden darstellt, musste hier sich der Genie gewordne Instinkt des ressentiment eine a n d r e Welt erfinden, von wo aus jene L e b e n s - B e j a h u n g als das Böse, als das Verwerfliche an sich erschien. Psychologisch nachgerechnet, ist das jüdische Volk ein Volk der zähesten Lebenskraft, welches, unter unmögliche Bedingungen versetzt, freiwillig, aus der tiefsten Klugheit der Selbst-Erhaltung, die Partei aller décadence-Instinkte nimmt, — n i c h t als von ihnen beherrscht, sondern weil es in ihnen eine Macht errieth, mit der man sich g e g e n „die Welt" durch-setzen kann. Sie sind das Gegenstück aller décadents: sie haben sie d a r s t e l l e n müssen bis zur Illusion, sie haben sich, mit einem non-plus-ultra des schauspielerischen Genies, an die Spitze aller décadence-Bewegungen zu stellen gewusst (— als Christenthum des P a u l u s —), um aus ihnen Etwas zu schaffen, das stärker ist als jede J a - s a g e n d e Partei des Lebens. Die déca- dence ist, für die im Juden- und Christenthum zur Macht verlan- gende Art von Mensch, eine p r i e s t e r l i c h e Art, nur M i t - t e l : diese Art von Mensch hat ein Lebens-Interesse daran, die Menschheit k r a n k zu machen und die Begriffe „gut" und „böse", „wahr" und „falsch" in einen lebensgefährlichen und weltverleumderischen Sinn umzudrehn. —

25.

Die Geschichte Israels ist unschätzbar als typische Geschichte aller E n t n a t ü r l i c h u n g der Natur-Werthe: ich deute fünf Thatsachen derselben an. Ursprünglich, vor allem in der Zeit des Königthums, stand auch Israel zu allen Dingen in der r i c h t i g e n , das heisst der natürlichen Beziehung. Sein Javeh war der Ausdruck des Macht-Bewusstseins, der Freude an sich, der Hoffnung auf sich: in ihm erwartete man Sieg und Heil, mit ihm vertraute man der Natur, dass sie giebt, was das Volk nöthig hat — vor allem Regen. Javeh ist der Gott Israels und f o l g l i c h Gott der Gerechtigkeit: die Logik jedes Volks, das in Macht ist und ein gutes Gewissen davon hat. Im Fest-Cultus drücken sich diese beiden Seiten der Selbstbejahung eines Volks aus: es ist dankbar für die grossen Schicksale, durch die es oben- auf kam, es ist dankbar im Verhältniss zum Jahreskreislauf und allem Glück in Viehzucht und Ackerbau. — Dieser Zustand der Ding⟨e⟩ blieb noch lange das Ideal, auch als er auf eine traurige Weise abgethan war: die Anarchie im Innern, der Assyrer von aussen. Aber das Volk hielt als höchste Wünschbarkeit jene Vision eines Königs fest, der ein guter Soldat und ein strenger Richter ist: vor allem jener typische Prophet (das heisst Kritiker und Satyriker des Augenblicks) Jesaia. — Aber jede Hoffnung blieb unerfüllt. Der alte Gott k o n n t e nichts mehr von dem, was er ehemals konnte. Man hätte ihn fahren lassen sollen. Was ge-

schah? Man v e r ä n d e r t e seinen Begriff, — man e n t -
n a t ü r l i c h t e seinen Begriff: um diesen Preis hielt man ihn
fest. — Javeh der Gott der „Gerechtigkeit", — n i c h t m e h r
eine Einheit mit Israel, ein Ausdruck des Volks-Selbstgefühls:
nur noch ein Gott unter Bedingungen . . . Sein Begriff wird ein
Werkzeug in den Händen priesterlicher Agitatoren, welche alles
Glück nunmehr als Lohn, alles Unglück als Strafe für Ungehorsam gegen Gott, für „Sünde", interpretiren: jene verlogenste
Interpretations-Manier einer angeblich „sittlichen Weltordnung",
mit der, ein für alle Mal, der Naturbegriff „Ursache" und „Wirkung" auf den Kopf gestellt ist. Wenn man erst, mit Lohn und
Strafe, die natürliche Causalität aus der Welt geschafft hat, be-
darf man einer w i d e r n a t ü r l i c h e n Causalität: der ganze
Rest von Unnatur folgt nunmehr. Ein Gott, der f o r d e r t —
an Stelle eines Gottes, der hilft, der Rath schafft, der im Grunde
das Wort ist für jede glückliche Inspiration des Muths und des
Selbstvertrauens . . . Die M o r a l, nicht mehr der Ausdruck der
Lebens- und Wachsthums-Bedingungen eines Volk⟨s⟩, nicht mehr
sein unterster Instinkt des Lebens, sondern abstrakt geworden,
Gegensatz zum Leben geworden, — Moral als grundsätzliche
Verschlechterung der Phantasie, als „böser Blick" für alle Dinge.
W a s ist jüdische, w a s ist christliche Moral? Der Zufall um seine
Unschuld gebracht; das Unglück mit dem Begriff „Sünde" be-
schmutzt; das Wohlbefinden als Gefahr, als „Versuchung"; das
physiologische Übelbefinden mit dem Gewissens-Wurm ver-
giftet . . .

26.

Der Gottesbegriff gefälscht; der Moralbegriff gefälscht: —
die jüdische Priesterschaft blieb dabei nicht stehn. Man konnte die
ganze G e s c h i c h t e Israels nicht brauchen: fort mit ihr! —
Diese Priester haben jenes Wunderwerk von Fälschung zu Stande
gebracht, als deren Dokument uns ein guter Theil der Bibel

vorliegt: sie haben ihre eigne Volks-Vergangenheit mit einem
Hohn ohne Gleichen gegen jede Überlieferung, gegen jede historische Realität ins Religiöse übersetzt, das heisst, aus
ihr einen stupiden Heils-Mechanismus von Schuld gegen Javeh
und Strafe, von Frömmigkeit gegen Javeh und Lohn gemacht.
Wir würden diesen schmachvollsten Akt der Geschichts-Fälschung
viel schmerzhafter empfinden, wenn uns nicht die kirchliche
Geschichts-Interpretation von Jahrtausenden fast stumpf für die
Forderungen der Rechtschaffenheit in historicis gemacht hätte.
Und der Kirche sekundirten die Philosophen: die Lüge „der
sittlichen Weltordnung" geht durch die ganze Entwicklung selbst
der neueren Philosophie. Was bedeutet „sittliche Weltordnung"?
Dass es, ein für alle Mal, einen Willen Gottes giebt, was der
Mensch zu thun, was er zu lassen habe; dass der Werth eines
Volkes, eines Einzelnen sich darnach bemesse, wie sehr oder wie
wenig dem Willen Gottes gehorcht wird; dass in den Schicksalen
eines Volkes, eines Einzelnen sich der Wille Gottes als herr-
schend, das heisst als strafend und belohnend, je nach dem
Grade des Gehorsams, beweist. Die Realität an Stelle dieser
erbarmungswürdigen Lüge heisst: eine parasitische Art Mensch,
die nur auf Kosten aller gesunden Bildungen des Lebens gedeiht,
der Priester, missbraucht den Namen Gottes: er nennt einen
Zustand der Dinge, in dem der Priester den Werth der Dinge
bestimmt, „das Reich Gottes"; er nennt die Mittel, vermöge
deren ein solcher Zustand erreicht oder aufrecht erhalten wird,
„den Willen Gottes"; er misst, mit einem kaltblütigen Cynismus,
die Völker, die Zeiten, die Einzelnen darnach ab, ob sie der
Priester-Übermacht nützten oder widerstrebten. Man sehe sie am
Werk: unter den Händen der jüdischen Priester wurde die
grosse Zeit in der Geschichte Israels eine Verfalls-Zeit; das
Exil, das lange Unglück verwandelte sich in eine ewige Strafe
für die grosse Zeit — eine Zeit, in der der Priester noch nichts
war ... Sie haben aus den mächtigen, sehr frei gerathenen
Gestalten der Geschichte Israels, je nach Bedürfniss, armselige

Ducker und Mucker oder „Gottlose" gemacht, sie haben die
Psychologie jedes grossen Ereignisses auf die Idioten-Formel „Gehorsam o d e r Ungehorsam gegen Gott" vereinfacht. — Ein
Schritt weiter: der „Wille Gottes", das heisst die Erhaltungs-
Bedingungen für die Macht des Priesters, muss b e k a n n t sein,
— zu diesem Zwecke bedarf es einer „Offenbarung". Auf deutsch:
eine grosse litterarische Fälschung wird nöthig, eine „heilige
Schrift" wird entdeckt, — unter allem hieratischen Pomp, mit
Busstagen und Jammergeschrei über die lange „Sünde" wird sie
öffentlich gemacht. Der „Wille Gottes" stand längst fest: das
ganze Unheil liegt darin, dass man sich der „heiligen Schrift"
entfremdet hat . . . Moses schon war der „Wille Gottes" offenbart . . . Was war geschehn? Der Priester hatte, mit Strenge,
mit Pedanterie, bis auf die grossen und kleinen Steuern, die
man ihm zu zahlen hatte (— die schmackhaftesten Stücke vom
Fleisch nicht zu vergessen: denn der Priester ist ein Beefsteak-
Fresser) ein für alle Mal formulirt, w a s e r h a b e n w i l l,
„was der Wille Gottes ist" . . . Von nun an sind alle Dinge des
Lebens so geordnet, dass der Priester ü b e r a l l u n e n t b e h r -
l i c h ist; in allen natürlichen Vorkommnissen des Lebens, bei
der Geburt, der Ehe, der Krankheit, dem Tode, gar nicht vom
Opfer („der Mahlzeit") zu reden, erscheint der heilige Parasit,
um sie zu e n t n a t ü r l i c h e n : in seiner Sprache zu „heiligen" . . . Denn dies muss man begreifen: jede natürliche Sitte,
jede natürliche Institution (Staat, Gerichts-Ordnung, Ehe, Kran-
ken- und Armenpflege), jede vom Instinkt des Lebens eingegebne
Forderung, kurz Alles, was seinen Werth i n s i c h hat, wird
durch den Parasitismus des Priesters (oder der „sittlichen Weltordnung") grundsätzlich werthlos, werth-w i d r i g gemacht: es
bedarf nachträglich einer Sanktion, — eine w e r t h v e r l e i -
h e n d e Macht thut noth, welche die Natur darin verneint,
welche eben damit erst einen Werth s c h a f f t . . . Der Priester
entwerthet, e n t h e i l i g t die Natur: um diesen Preis besteht
er überhaupt. — Der Ungehorsam gegen Gott, das heisst gegen

den Priester, gegen „das Gesetz" bekommt nun den Namen „Sünde"; die Mittel, sich wieder „mit Gott zu versöhnen", sind, wie billig, Mittel, mit denen die Unterwerfung unter den Priester nur noch gründlicher gewährleistet ist: der Priester allein „erlöst" ... Psychologisch nachgerechnet werden in jeder priesterlich organisirten Gesellschaft die „Sünden" unentbehrlich: sie sind die eigentlichen Handhaben der Macht, der Priester l e b t von den Sünden, er hat nöthig, dass „gesündigt" wird ... Oberster Satz: „Gott vergiebt dem, der Busse thut" — auf deutsch: d e r s i c h d e m P r i e s t e r u n t e r w i r f t. —

27.

Auf einem dergestalt f a l s c h e n Boden, wo jede Natur, jeder Natur-Werth, jede R e a l i t ä t die tiefsten Instinkte der herrschenden Klasse wider sich hatte, wuchs das C h r i s t e n - t h u m auf, eine Todfeindschafts-Form gegen die Realität, die bisher nicht übertroffen worden ist. Das „heilige Volk", das für alle Dinge nur Priester-Werthe, nur Priester-Worte übrig behalten hatte, und mit einer Schluss-Folgerichtigkeit, die Furcht einflössen kann, Alles, was sonst noch an Macht auf Erden bestand, als „unheilig", als „Welt", als „Sünde" von sich abgetrennt hatte — dies Volk brachte für seinen Instinkt eine letzte Formel hervor, die logisch war bis zur Selbstverneinung: es verneinte, als C h r i s t e n t h u m, noch die letzte Form der Realität, das „heilige Volk", das „Volk der Ausgewählten", die j ü d i s c h e Realität selbst. Der Fall ist ersten Rangs: die kleine aufständische Bewegung, die auf den Namen des Jesus von Nazareth getauft wird, ist der jüdische Instinkt n o c h e i n m a l, — anders gesagt, der Priester-Instinkt, der den Priester als Realität nicht mehr verträgt, die Erfindung einer noch a b g e z o g n e r e n Daseinsform, einer noch u n r e a l e r e n Vision der Welt, als sie die Organisation einer Kirche bedingt. Das Christenthum v e r - n e i n t die Kirche ...

Ich sehe nicht ab, wogegen der Aufstand gerichtet war, als dessen Urheber Jesus verstanden oder m i s s v e r s t a n d e n worden ist, wenn es nicht der Aufstand gegen die jüdische Kirche war, Kirche genau in dem Sinn genommen, in dem wir heute das Wort nehmen. Es war ein Aufstand gegen „die Guten und Gerechten", gegen „die Heiligen Israels", gegen die Hierarchie der Gesellschaft — n i c h t gegen deren Verderbniss, sondern gegen die Kaste, das Privilegium, die Ordnung, die Formel; es war der U n g l a u b e an die „höheren Menschen", das N e i n gesprochen gegen Alles, was Priester und Theologe war. Aber die Hierarchie, die damit, wenn auch nur für einen Augenblick, in Frage gestellt wurde, war der Pfahlbau, auf dem das jüdische Volk, mitten im „Wasser", überhaupt noch fortbestand, die mühsam errungene l e t z t e Möglichkeit, übrig zu bleiben, das residuum seiner politischen Sonder-Existenz: ein Angriff auf sie war ein Angriff auf den tiefsten Volks-Instinkt, auf den zähesten Volks-Lebens-Willen, der je auf Erden dagewesen ist. Dieser heilige Anarchist, der das niedere Volk, die Ausgestossnen und „Sünder", die T s c h a n d a l a innerhalb des Judenthums zum Widerspruch gegen die herrschende Ordnung aufrief — mit einer Sprache, falls den Evangelien zu trauen wäre, die auch heute noch nach Sibirien führen würde, war ein politischer Verbrecher, so weit eben politische Verbrecher in einer a b s u r d - u n p o l i t i s c h e n Gemeinschaft möglich waren. Dies brachte ihn an's Kreuz: der Beweis dafür ist die Aufschrift des Kreuzes. Er starb für s e i n e Schuld, — es fehlt jeder Grund dafür, so oft es auch behauptet worden ist, dass er für die Schuld Andrer starb. —

28.

Eine vollkommen andre Frage ist es, ob er einen solchen Gegensatz überhaupt im Bewusstsein hatte, — ob er nicht bloss als dieser Gegensatz e m p f u n d e n wurde. Und hier erst berühre ich das Problem der P s y c h o l o g i e d e s E r l ö s e r s.

— Ich bekenne, dass ich wenige Bücher mit solchen Schwierigkeiten lese wie die Evangelien. Diese Schwierigkeiten sind andre, als die, an deren Nachweis die gelehrte Neugierde des deutschen Geistes einen ihrer unvergesslichsten Triumphe gefeiert hat. Die Zeit ist fern, wo auch ich, gleich jedem jungen Gelehrten, mit der klugen Langsamkeit eines raffinirten Philologen das Werk des unvergleichlichen Strauss auskostete. Damals war ich zwanzig Jahr alt: jetzt bin ich zu ernst dafür. Was gehen mich die Widersprüche der „Überlieferung" an? Wie kann man Heiligen-Legenden überhaupt „Überlieferung" nennen! Die Geschichten von Heiligen sind die zweideutigste Litteratur, die es überhaupt giebt: auf sie die wissenschaftliche Methode anwenden, w e n n s o n s t k e i n e U r k u n d e n v o r l i e g e n, scheint mir von vornherein verurtheilt — blosser gelehrter Müssiggang …

29.

Was m i c h angeht, ist der psychologische Typus des Erlösers. Derselbe k ö n n t e ja in den Evangelien enthalten sein trotz den Evangelien, wie sehr auch immer verstümmelt oder mit fremden Zügen überladen: wie der des Franciscus von Assisi in seinen Legenden erhalten ist trotz seinen Legenden. N i c h t die Wahrheit darüber, was er gethan, was er gesagt, wie er eigentlich gestorben ist: sondern die Frage, o b sein Typus überhaupt noch vorstellbar, ob er „überliefert" ist? — Die Versuche, die ich kenne, aus den Evangelien sogar die G e s c h i c h t e einer „Seele" herauszulesen, scheinen mir Beweise einer verabscheuungswürdigen psychologischen Leichtfertigkeit. Herr Renan, dieser Hanswurst in psychologicis, hat die zwei u n g e h ö r i g s t e n Begriffe zu seiner Erklärung des Typus Jesus hinzugebracht, die es hierfür geben kann: den Begriff G e n i e und den Begriff H e l d („héros"). Aber wenn irgend Etwas unevangelisch ist, so ist es der Begriff Held. Gerade der Gegensatz zu allem Ringen, zu allem Sich-in-Kampf-fühlen ist hier Instinkt geworden: die

Unfähigkeit zum Widerstand wird hier Moral („widerstehe nicht dem Bösen" das tiefste Wort der Evangelien, ihr Schlüssel in gewissem Sinne), die Seligkeit im Frieden, in der Sanftmuth, im Nicht-feind-sein - k ö n n e n. Was heisst „frohe Botschaft"? Das wahre Leben, das ewige Leben ist gefunden — es wird nicht verheissen, es ist da, es ist in e u c h: als Leben in der Liebe, in der Liebe ohne Abzug und Ausschluss, ohne Distanz. Jeder ist das Kind Gottes — Jesus nimmt durchaus nichts für sich allein in Anspruch — als Kind Gottes ist Jeder mit Jedem gleich . . . Aus Jesus einen H e l d e n machen! — Und was für ein Missverständniss ist gar das Wort „Genie"! Unser ganzer Begriff, unser Cultur-Begriff „Geist" hat in der Welt, in der Jesus lebt, gar keinen Sinn. Mit der Strenge des Physiologen gesprochen, wäre hier ein ganz andres Wort eher noch am Platz: das Wort Idiot. Wir kennen einen Zustand krankhafter Reizbarkeit des T a s t s i n n s, der dann vor jeder Berührung, vor jedem Anfassen eines festen Gegenstandes zurückschaudert. Man übersetze sich einen solchen physiologischen habitus in seine letzte Logik — als Instinkt-Hass gegen j e d e Realität, als Flucht in's „Unfassliche", in's „Unbegreifliche", als Widerwille gegen jede Formel, jeden Zeit- und Raumbegriff, gegen Alles, was fest, Sitte, Institution, Kirche ist, als Zu-Hause-sein in einer Welt, an die keine Art Realität mehr rührt, einer bloss noch „inneren" Welt, einer „wahren" Welt, einer „ewigen" Welt . . . „Das Reich Gottes ist in e u c h" . . .

30.

D e r I n s t i n k t - H a s s gegen die R e a l i t ä t: Folge einer extremen Leid- und Reizfähigkeit, welche überhaupt nicht mehr „berührt" werden will, weil sie jede Berührung zu tief empfindet.

Die I n s t i n k t - A u s s c h l i e s s u n g aller A b n e ig u n g, aller F e i n d s c h a f t, aller G r e n z e n und

D i s t a n z e n   i m   G e f ü h l : Folge einer extremen Leid- und Reizfähigkeit, welche jedes Widerstreben, Widerstreben-Müssen bereits als unerträgliche U n l u s t (das heisst als s c h ä d l i c h , als vom Selbsterhaltungs-Instinkte w i d e r r a t h e n) empfindet und die Seligkeit (die Lust) allein darin kennt, nicht mehr, Niemandem mehr, weder dem Übel, noch dem Bösen, Widerstand zu leisten, — die Liebe als einzige, als l e t z t e Lebens-Möglichkeit . . .

Dies sind die zwei p h y s i o l o g i s c h e n   R e a l i t ä t e n , auf denen, aus denen die Erlösungs-Lehre gewachsen ist. Ich nenne sie eine sublime Weiter-Entwicklung des Hedonismus auf durchaus morbider Grundlage. Nächstverwandt, wenn auch mit einem grossen Zuschuss von griechischer Vitalität und Nervenkraft, bleibt ihr der Epicureismus, die Erlösungs-Lehre des Heidenthums. Epicur ein t y p i s c h e r   d é c a d e n t : zuerst von mir als solcher erkannt. — Die Furcht vor Schmerz, selbst vor dem Unendlich-Kleinen im Schmerz — sie k a n n gar nicht anders enden als in einer R e l i g i o n   d e r   L i e b e . . .

31.

Ich habe meine Antwort auf das Problem vorweg gegeben. Die Voraussetzung für sie ist, dass der Typus des Erlösers uns nur in einer starken Entstellung erhalten ist. Diese Entstellung hat an sich viel Wahrscheinlichkeit: ein solcher Typus konnte aus mehreren Gründen nicht rein, nicht ganz, nicht frei von Zuthaten bleiben. Es muss sowohl das milieu, in dem sich diese fremde Gestalt bewegte, Spuren an ihm hinterlassen haben, als noch mehr die Geschichte, das S c h i c k s a l der ersten christlichen Gemeinde: aus ihm wurde, rückwirkend, der Typus mit Zügen bereichert, die erst aus dem Kriege und zu Zwecken der Propaganda verständlich werden. Jene seltsame und kranke Welt, in die uns die Evangelien einführen — eine Welt, wie aus einem russischen Romane, in der sich Auswurf der Gesellschaft, Nerven-

leiden und „kindliches" Idiotenthum ein Stelldichein zu geben
scheinen — muss unter allen Umständen den Typus v e r g r ö -
b e r t haben: die ersten Jünger in Sonderheit übersetzten ein
ganz in Symbolen und Unfasslichkeiten schwimmendes Sein erst
in die eigne Crudität, um überhaupt Etwas davon zu verstehn,
— für sie war der Typus erst nach einer Einformung in bekann-
tere Formen v o r h a n d e n . . . Der Prophet, der Messias, der
zukünftige Richter, der Morallehrer, der Wundermann, Johannes
der Täufer — ebensoviele Gelegenheiten, den Typus zu verken-
nen . . . Unterschätzen wir endlich das proprium aller grossen,
namentlich sektirerischen Verehrung nicht: sie löscht die origina-
len, oft peinlich-fremden Züge und Idiosynkrasien an dem verehrten Wesen aus — s i e s i e h t s i e s e l b s t n i c h t. Man
hätte zu bedauern, dass nicht ein Dostoiewsky in der Nähe dieses
interessantesten décadent gelebt hat, ich meine Jemand, der gerade den ergreifenden Reiz einer solchen Mischung von Subli-
mem, Krankem und Kindlichem zu empfinden wusste. Ein letzter
Gesichtspunkt: der Typus k ö n n t e, als décadence-Typus,
thatsächlich von einer eigenthümlichen Vielheit und Widersprüchlichkeit gewesen sein: eine solche Möglichkeit ist nicht völlig aus-
zuschliessen. Trotzdem räth Alles ab von ihr: gerade die Überlieferung würde für diesen Fall eine merkwürdig treue und objektive sein müssen: wovon wir Gründe haben das Gegentheil
anzunehmen. Einstweilen klafft ein Widerspruch zwischen dem
Berg- See- und Wiesen-Prediger, dessen Erscheinung wie ein
Buddha auf einem sehr wenig indischen Boden anmuthet, und
jenem Fanatiker des Angriffs, dem Theologen- und Priester-Tod-
feind, den Renan's Bosheit als „le grand maître en ironie" verherrlicht hat. Ich selber zweifle nicht daran, dass das reichliche
Maass Galle (und selbst von esprit) erst aus dem erregten Zustand
der christlichen Propaganda auf den Typus des Meisters über-
geflossen ist: man kennt ja reichlich die Unbedenklichkeit aller
Sektirer, aus ihrem Meister sich ihre A p o l o g i e zurechtzu-
machen. Als die erste Gemeinde einen richtenden, hadernden,

zürnenden, bösartig spitzfindigen Theologen nöthig hatte, g e g e n Theologen, s c h u f sie sich ihren „Gott" nach ihrem Bedürfnisse: wie sie ihm auch jene völlig unevangelischen Begriffe, die sie jetzt nicht entbehren konnte, „Wiederkunft", „jüngstes Gericht", jede Art zeitlicher Erwartung und Verheissung ohne Zögern in den Mund gab. —

32.

Ich wehre mich, nochmals gesagt, dagegen, dass man den Fanatiker in den Typus des Erlösers einträgt: das Wort impérieux, das Renan gebraucht, a n n u l l i r t allein schon den Typus. Die „gute Botschaft" ist eben, dass es keine Gegensätze mehr giebt; das Himmelreich gehört den K i n d e r n ; der Glaube, der hier laut wird, ist kein erkämpfter Glaube, — er ist da, er ist von Anfang, er ist gleichsam eine ins Geistige zurückgetretene Kindlichkeit. Der Fall der verzögerten und im Organismus unausgebildeten Pubertät als Folgeerscheinung der Degenerescenz ist wenigstens den Physiologen vertraut. — Ein solcher Glaube zürnt nicht, tadelt nicht, wehrt sich nicht: er bringt nicht „das Schwert", — er ahnt gar nicht, in wiefern er einmal trennen könnte. Er beweist sich nicht, weder durch Wunder, noch durch Lohn und Verheissung, noch gar „durch die Schrift": er selbst ist jeden Augenblick sein Wunder, sein Lohn, sein Beweis, sein „Reich Gottes". Dieser Glaube formulirt sich auch nicht — er l e b t , er wehrt sich gegen Formeln. Freilich bestimmt der Zufall der Umgebung, der Sprache, der Vorbildung einen gewissen Kreis von Begriffen: das erste Christenthum handhabt n u r jüdisch-semitische Begriffe (— das Essen und Trinken beim Abendmahl gehört dahin, jener von der Kirche, wie alles Jüdische, so schlimm missbrauchte Begriff) Aber man hüte sich darin mehr als eine Zeichenrede, eine Semiotik, eine Gelegenheit zu Gleichnissen zu sehn. Gerade, dass kein Wort wörtlich genommen wird, ist diesem Anti-Realisten die Vorbedingung, um überhaupt reden zu kön-

nen. Unter Indern würde er sich der Sankhyam-Begriffe, unter
Chinesen der des Laotse bedient haben — und keinen Unterschied dabei fühlen. — Man könnte, mit einiger Toleranz im
Ausdruck, Jesus einen „freien Geist" nennen — er macht sich aus
allem Festen nichts: das Wort tödtet, alles was fest ist,
tödtet. Der Begriff, die Erfahrung „Leben", wie er sie
allein kennt, widerstrebt bei ihm jeder Art Wort, Formel, Gesetz,
Glaube, Dogma. Er redet bloss vom Innersten: „Leben" oder
„Wahrheit" oder „Licht" ist sein Wort für das Innerste, — alles
Übrige, die ganze Realität, die ganze Natur, die Sprache selbst,
hat für ihn bloss den Werth eines Zeichens, eines Gleichnisses. —
Man darf sich an dieser Stelle durchaus nicht vergreifen, so gross
auch die Verführung ist, welche im christlichen, will sagen
kirchlichen Vorurtheil liegt: Eine solche Symbolik par excellence steht ausserhalb aller Religion, aller Cult-Begriffe, aller
Historie, aller Naturwissenschaft, aller Welt-Erfahrung, aller
Kenntnisse, aller Politik, aller Psychologie, aller Bücher, aller
Kunst — sein „Wissen" ist eben die reine Thorheit darüber, dass es Etwas dergleichen giebt. Die Cultur ist ihm
nicht einmal vom Hörensagen bekannt, er hat keinen Kampf
gegen sie nöthig, — er verneint sie nicht . . . Dasselbe gilt vom
Staat, von der ganzen bürgerlichen Ordnung und Gesellschaft,
von der Arbeit, vom Kriege — er hat nie einen Grund
gehabt, „die Welt" zu verneinen, er hat den kirchlichen Begriff
„Welt" nie geahnt . . . Das Verneinen ist eben das ihm ganz
Unmögliche. — Insgleichen fehlt die Dialektik, es fehlt die Vorstellung dafür, dass ein Glaube, eine „Wahrheit" durch Gründe
bewiesen werden könnte (— seine Beweise sind innere „Lichter", innere Lust-Gefühle und Selbstbejahungen, lauter „Beweise
der Kraft" —) Eine solche Lehre kann auch nicht widersprechen, sie begreift gar nicht, dass es andre Lehren giebt, geben
kann, sie weiss sich ein gegentheiliges Urtheilen gar nicht vor-
zustellen . . . Wo sie es antrifft, wird sie aus innerstem Mitgefühle

über „Blindheit" trauern, — denn sie sieht das „Licht" —, aber
keinen Einwand machen ...

33.

In der ganzen Psychologie des „Evangeliums" fehlt der Begriff Schuld und Strafe; insgleichen der Begriff Lohn. Die
„Sünde", jedwedes Distanz-Verhältniss zwischen Gott und
Mensch ist abgeschafft, — e b e n d a s i s t d i e „f r o h e B o t -
s c h a f t". Die Seligkeit wird nicht verheissen, sie wird nicht an
Bedingungen geknüpft: sie ist die e i n z i g e Realität — der Rest
ist Zeichen, um von ihr zu reden ...

Die F o l g e eines solchen Zustandes projicirt sich in eine
neue P r a k t i k, die eigentlich evangelische Praktik. Nicht ein
„Glaube" unterscheidet den Christen: der Christ handelt, er
unterscheidet sich durch ein a n d r e s Handeln. Dass er dem,
der böse gegen ihn ist, weder durch Wort, noch im Herzen Widerstand leistet. Dass er keinen Unterschied zwischen Fremden und
Einheimischen, zwischen Juden und Nichtjuden macht („der
Nächste" eigentlich der Glaubensgenosse, der Jude) Dass er sich
gegen Niemanden erzürnt, Niemanden geringschätzt. Dass er
sich bei Gerichtshöfen weder sehn lässt, noch in Anspruch nehmen
lässt („nicht schwören") Dass er sich unter keinen Umstände⟨n⟩,
auch nicht im Falle bewiesener Untreue des Weibes, von seinem
Weibe scheidet. — Alles im Grunde Ein Satz, Alles Folgen Eines
Instinkts —

Das Leben des Erlösers war nichts andres als d i e s e Praktik, — sein Tod war auch nichts andres ... Er hatte keine Formeln, keinen Ritus für den Verkehr mit Gott mehr nöthig —
nicht einmal das Gebet. Er hat mit der ganzen jüdischen Buss-
und Versöhnungs-Lehre abgerechnet; er weiss, wie es allein die
P r a k t i k des Lebens ist, mit der man sich „göttlich", „selig",
„evangelisch", jeder Zeit ein „Kind Gottes" fühlt. N i c h t
„Busse", n i c h t „Gebet um Vergebung" sind Wege zu Gott:

die e v a n g e l i s c h e P r a k t i k a l l e i n führt zu Gott, sie eben i s t „Gott" — Was mit dem Evangelium a b g e t h a n war, das war das Judenthum der Begriffe „Sünde", „Vergebung der Sünde", „Glaube", „Erlösung durch den Glauben" — die ganze jüdische K i r c h e n - Lehre war in der „frohen Botschaft" verneint.

Der tiefe Instinkt dafür, wie man l e b e n müsse, um sich „im Himmel" zu fühlen, um sich „ewig" zu fühlen, während man sich bei jedem andren Verhalten durchaus n i c h t „im Himmel fühlt": dies allein ist die psychologische Realität der „Erlösung". — Ein neuer Wandel, n i c h t ein neuer Glaube . . .

34.

Wenn ich irgend Etwas von diesem grossen Symbolisten verstehe, so ist es das, dass er nur i n n e r e Realitäten als Realitäten, als „Wahrheiten" nahm, — dass er den Rest, alles Natürliche, Zeitliche, Räumliche, Historische nur als Zeichen, als Gelegenheit zu Gleichnissen verstand. Der Begriff „des Menschen Sohn" ist nicht eine concrete Person, die in die Geschichte gehört, irgend etwas Einzelnes, Einmaliges, sondern eine „ewige" Thatsächlichkeit, ein von dem Zeitbegriff erlöstes psychologisches Symbol. Dasselbe gilt noch einmal, und im höchsten Sinne, von dem G o t t dieses typischen Symbolikers, vom „Reich Gottes", vom „Himmelreich", von der „Kindschaft Gottes". Nichts ist unchristlicher als die k i r c h l i c h e n C r u d i t ä t e n von einem Gott als P e r s o n , von einem „Reich Gottes", welches k o m m t , von einem „Himmelreich" j e n s e i t s , von einem „Sohne Gottes", der z w e i t e n P e r s o n der Trinität. Dies Alles ist — man vergebe mir den Ausdruck — die F a u s t auf dem Auge — oh auf was für einem Auge! des Evangeliums; ein w e l t h i s t o - r i s c h e r C y n i s m u s in der Verhöhnung des Symbols . . . Aber es liegt ja auf der Hand, was mit den Zeichen „Vater" und „Sohn" angerührt wird — nicht auf jeder Hand, ich gebe es zu:

mit dem Wort „Sohn" ist der E i n t r i t t in das Gesammt-Ver-
klärungs-Gefühl aller Dinge (die Seligkeit) ausgedrückt, mit dem
Wort „Vater" d i e s e s G e f ü h l s e l b s t, das Ewigkeits-, das
Vollendungs-Gefühl. — Ich schäme mich daran zu erinnern, was
die Kirche aus diesem Symbolismus gemacht hat: hat sie nicht
eine Amphitryon-Geschichte an die Schwelle des christlichen
„Glaubens" gesetzt? Und ein Dogma von der „unbefleckten Emp-
fängniss" noch obendrein? ... A b e r d a m i t h a t s i e d i e
E m p f ä n g n i s s b e f l e c k t — —

Das „Himmelreich" ist ein Zustand des Herzens — nicht
Etwas, das „über der Erde" oder „nach dem Tode" kommt. Der
ganze Begriff des natürlichen Todes f e h l t im Evangelium: der
Tod ist keine Brücke, kein Übergang, er fehlt, weil einer ganz
andern bloss scheinbaren, bloss zu Zeichen nützlichen Welt zuge-
hörig. Die „Todesstunde" ist k e i n christlicher Begriff — die
„Stunde", die Zeit, das physische Leben und seine Krisen sind
gar nicht vorhanden für den Lehrer der „frohen Botschaft" ...
Das „Reich Gottes" ist nichts, das man erwartet; es hat kein
Gestern und kein Übermorgen, es kommt nicht in „tausend Jahren" — es ist eine Erfahrung an einem Herzen; es ist überall da,
es ist nirgends da ...

35.

Dieser „frohe Botschafter" starb wie er lebte, wie er l e h r t e
— n i c h t um „die Menschen zu erlösen", sondern um zu zeigen,
wie man zu leben hat. Die P r a k t i k ist es, welche er der
Menschheit hinterliess: sein Verhalten vor den Richtern, vor den
Häschern, vor den Anklägern und aller Art Verleumdung und
Hohn, — sein Verhalten am K r e u z. Er widersteht nicht, er
vertheidigt nicht sein Recht, er thut keinen Schritt, der das
Äusserste von ihm abwehrt, mehr noch, e r f o r d e r t e s h e r -
a u s ... Und er bittet, er leidet, er liebt m i t denen, i n denen,
die ihm Böses thun ... Die Worte zum S c h ä c h e r am Kreuz
enthalten das ganze Evangelium. „Das ist wahrlich ein g ö t t -

l i c h e r Mensch gewesen, ein „Kind Gottes" sagt der Schächer. „Wenn du dies fühlst — anwortet der Erlöser — s o b i s t d u i m P a r a d i e s e , so bist auch du ein Kind Gottes ..." N i c h t sich wehren, n i c h t zürnen, n i c h t verantwortlich-machen ... Sondern auch nicht dem Bösen widerstehen, — ihn l i e b e n ...

36.

— Erst wir, wir f r e i g e w o r d e n e n Geister, haben die Voraussetzung dafür, Etwas zu verstehn, das neunzehn Jahrhunderte missverstanden haben, — jene Instinkt und Leidenschaft gewordene Rechtschaffenheit, welche der „heiligen Lüge" noch mehr als jeder andren Lüge den Krieg macht ... Man war unsäglich entfernt von unsrer liebevollen und vorsichtigen Neutralität, von jener Zucht des Geistes, mit der allein das Errathen so fremder, so zarter Dinge ermöglicht wird: man wollte jeder Zeit, mit einer unverschämten Selbstsucht, nur s e i n e n Vortheil darin, man hat aus dem Gegensatz zum Evangelium die K i r c h e aufgebaut ...

Wer nach Zeichen dafür suchte, dass hinter dem grossen Welten-Spiel eine ironische Göttlichkeit die Finger handhabe, er fände keinen kleinen Anhalt in dem u n g e h e u r e n F r a g e - z e i c h e n , das Christenthum heisst. Dass die Menschheit vor dem Gegensatz dessen auf den Knien liegt, was der Ursprung, der Sinn, das R e c h t des Evangeliums war, dass sie in dem Begriff „Kirche" gerade das heilig gesprochen hat, was der „frohe Botschafter" als u n t e r sich, als h i n t e r sich empfand — man sucht vergebens nach einer grösseren Form w e l t h i s t o r i - s c h e r I r o n i e — —

37.

— Unser Zeitalter ist stolz auf seinen historischen Sinn: wie hat es sich den Unsinn glaublich machen können, dass an dem

Anfange des Christenthums die grobe Wunderthäter- und Erlöser-Fabel steht, — und dass alles Spirituale und Symbolische erst eine spätere Entwicklung ist? Umgekehrt: die Geschichte des Christenthums — und zwar vom Tode am Kreuze an — ist die Geschichte des schrittweise immer gröberen Missverstehns eines ursprünglichen Symbolismus. Mit jeder Ausbreitung des Christenthums über noch breitere, noch rohere Massen, denen die Voraussetzungen immer mehr abgiengen, aus denen es geboren ist, wurde es nöthiger, das Christenthum zu vulgarisiren, zu barbarisiren, — es hat Lehren und Riten aller unterirdischen Culte des imperium Romanum, es hat den Unsinn aller Arten kranker Vernunft in sich eingeschluckt. Das Schicksal des Christenthums liegt in der Nothwendigkeit, dass sein Glaube selbst so krank, so niedrig und vulgär werden musste, als die Bedürfnisse krank, niedrig und vulgär waren, die mit ihm befriedigt werden sollten. Als Kirche summirt sich endlich die kranke Barbarei selbst zur Macht, — die Kirche diese Todfeindschaftsform zu jeder Rechtschaffenheit, zu jeder Höhe der Seele, zu jeder Zucht des Geistes, zu jeder freimüthigen und gütigen Menschlichkeit. — Die christlichen — die vornehmen Werthe: erst wir, wir freigewordnen Geister, haben diesen grössten Werth-Gegensatz, den es giebt, wiederhergestellt! — —

38.

— Ich unterdrücke an dieser Stelle einen Seufzer nicht. Es giebt Tage, wo mich ein Gefühl heimsucht, schwärzer als die schwärzeste Melancholie — die Menschen-Verachtung. Und damit ich keinen Zweifel darüber lasse, was ich verachte, wen ich verachte: der Mensch von heute ist es, der Mensch, mit dem ich verhängnissvoll gleichzeitig bin. Der Mensch von heute — ich ersticke an seinem unreinen Athem ... Gegen das Vergangne bin ich, gleich allen Erkennenden, von einer grossen Toleranz, das heiss g r o s s m ü t h i g e n Selbstbezwingung: ich gehe durch die Irrenhaus-Welt ganzer Jahrtausende, heisse sie nun „Christenthum", „christlicher Glaube", „christliche Kirche" mit einer düsteren Vorsicht hindurch, — ich hüte mich, die Menschheit für ihre Geisteskrankheiten verantwortlich zu machen. Aber mein Gefühl schlägt um, bricht heraus, sobald ich in die neuere Zeit, in u n s r e Zeit eintrete. Unsre Zeit ist w i s s e n d … Was ehemals bloss krank war, heute ward es unanständig, — es ist unanständig, heute Christ zu sein. U n d h i e r b e g i n n t m e i n E k e l. — Ich sehe mich um: es ist kein Wort von dem mehr übrig geblieben, was ehemals „Wahrheit" hiess, wir halten es nicht einmal mehr aus, wenn ein Priester das Wort „Wahrheit" auch nur in den Mund nimmt. Selbst bei dem bescheidensten Anspruch auf Rechtschaffenheit m u s s man heute wissen, dass ein Theologe, ein Priester, ein Papst mit jedem Satz, den er spricht, nicht nur irrt, sondern l ü g t, — dass es ihm nicht mehr freisteht, aus „Unschuld", aus „Unwissenheit" zu lügen. Auch der Priester weiss, so gut es Jedermann weiss, dass es keinen „Gott" mehr giebt, keinen „Sünder", keinen „Erlöser", — dass „freier Wille", „sittliche Weltordnung" L ü g e n sind: — der Ernst, die tiefe Selbstüberwindung des Geistes e r l a u b t Niemandem mehr, hierüber n i c h t zu wissen … A l l e Begriffe der Kirche sind erkannt als das was sie sind, als die bösartigste Falschmünzerei, die es giebt, zum Zweck, die Natur, die Natur-Werthe zu e n t w e r t h e n; der Priester selbst ist erkannt als das, was er ist, als die gefährlichste Art Parasit, als die eigentliche Giftspinne des Lebens … Wir wissen, unser G e w i s s e n weiss es heute —, w a s überhaupt jene unheimlichen Erfindungen der Priester und der Kirche werth sind, w o z u s i e d i e n t e n, mit denen jener Zustand von Selbstschändung der Menschheit erreicht worden ist, der Ekel vor ihrem Anblick machen kann — die Begriffe „Jenseits", „jüngstes Gericht", „Unsterblichkeit der Seele", die „Seele" selbst; es sind Folter-Instrumente, es sind Systeme von Grausamkeiten, vermöge deren der Priester Herr wurde, Herr blieb … Jedermann weiss das: und trotzdem bleibt Alles beim Alten. Wohin kam das letzte Gefühl von Anstand, von Achtung vor sich selbst, wenn unsere Staatsmänner sogar, eine sonst sehr unbefangne Art Menschen und Antichristen der That durch und durch, sich heute noch Christen nennen und zum Abendmahl gehn? ... Ein junger Fürst, an der Spitze seiner Regimente⟨r⟩, prachtvoll als Ausdruck der Selbstsucht und Selbstüberhebung seines Volks, — aber, ohne jede Scham, sich als Christen bekennend! ... Wen verneint denn das Christenthum? was heisst es „Welt"? Dass man Soldat, dass man Richter, dass man Patriot ist; dass man sich wehrt; dass man auf seine Ehre hält; dass man seinen Vortheil will; dass man stolz ist ... Jede Praktik jedes Augenblicks, jeder Instinkt, jede zur That werdende Werthschätzung ist heute antichristlich: was für eine Missgeburt von Falschheit muss der moderne Mensch sein, dass er sich trotzdem nicht schämt, Christ noch zu heissen! — — —

39.

— Ich kehre zurück, ich erzähle die echte Geschichte des Christenthums. — Das Wort schon „Christenthum" ist ein Missverständniss —, im Grunde gab es nur Einen Christen, und der starb am Kreuz. Das „Evangelium" starb am Kreuz. Was von diesem Augenblick an „Evangelium" heisst, war bereits der Gegensatz dessen, was er gelebt: eine „schlimme Botschaft", ein Dysangelium. Es ist falsch bis zum Unsinn, wenn man in einem „Glauben", etwa im Glauben an die Erlösung durch Christus das Abzeichen des Christen sieht: bloss die christliche Praktik, ein Leben so wie der, der am Kreuze starb, es lebte, ist christlich ... Heute noch ist ein solches Leben möglich, für gewisse Menschen sogar nothwendig: das echte, das ursprüngliche Christenthum wird zu allen Zeiten möglich sein ... Nicht ein Glauben, sondern ein Thun, ein Vieles-nicht-thun vor Allem, ein andres Sein ... Bewusstseins-Zu-

stände, irgend ein Glauben, ein Für-wahr-halten zum Beispiel —
jeder Psycholog weiss das — sind ja vollkommen gleichgültig
und fünften Ranges gegen den Werth der Instinkte: strenger geredet, der ganze Begriff geistiger Ursächlichkeit ist falsch. Das
Christ-sein, die Christlichkeit auf ein Für-wahr-halten, auf eine
blosse Bewusstseins-Phänomenalität reduziren heisst die Christlichkeit negiren. In der That gab es gar keine Christen. Der „Christ“, das, was seit zwei Jahrtausenden Christ
heisst, ist bloss ein psychologisches Selbst-Missverständniss. Genauer zugesehn, herrschten in ihm, trotz allem „Glauben“, bloss
die Instinkte — und was für Instinkte! — Der „Glaube“
war zu allen Zeiten, beispielsweise bei Luther, nur ein Mantel,
ein Vorwand, ein Vorhang, hinter dem die Instinkte ihr
Spiel spielten —, eine kluge Blindheit über die Herrschaft
gewisser Instinkte ... Der „Glaube“ — ich nannte ihn schon
die eigentliche christliche Klugheit, — man sprach immer
vom „Glauben“, man that immer nur vom Instinkte ... In der
Vorstellungs-Welt des Christen kommt Nichts vor, was die
Wirklichkeit auch nur anrührte: dagegen erkannten wir im Instinkt-Hass gegen jede Wirklichkeit das treibende, das einzig
treibende Element in der Wurzel des Christenthums. Was folgt
daraus? Dass auch in psychologicis hier der Irrthum radikal, das
heisst wesen-bestimmend, das heisst Substanz ist. Ein Begriff hier weg, eine einzige Realität an dessen Stelle — und das
ganze Christenthum rollt in's Nichts! — Aus der Höhe gesehn,
bleibt diese fremdartigste aller Thatsachen, eine durch Irrthümer
nicht nur bedingte, sondern nur in schädlichen, nur in leben-
und herzvergiftenden Irrthümern erfinderische und selbst geniale
Religion ein Schauspiel für Götter, — für jene Gottheiten, welche zugleich Philosophen sind, und denen ich zum Beispiel
bei jenen berühmten Zwiegesprächen auf Naxos begegnet bin. Im
Augenblick, wo der Ekel von ihnen weicht (— und von uns!),
werden sie dankbar für das Schauspiel des Christen: das erbärmliche kleine Gestirn, das Erde heisst, verdient vielleicht allein um

d i e s e s curiosen Falls willen einen göttlichen Blick, eine göttliche Antheilnahme ... Unterschätzen wir nämlich den Christen
nicht: der Christ, falsch b i s z u r U n s c h u l d , ist weit über
dem Affen, — in Hinsicht auf Christen wird eine bekannte Her-
kunfts-Theorie zur blossen Artigkeit ...

40.

— Das Verhängniss des Evangeliums entschied sich mit dem
Tode, — es hieng am „Kreuz" ... Erst der Tod, dieser unerwartete schmähliche Tod, erst das Kreuz, das im Allgemeinen bloss
für die canaille aufgespart blieb, — erst diese schauerlichste Paradoxie brachte die Jünger vor das eigentliche Räthsel: „w e r w a r
d a s ? w a s w a r d a s ?" — Das erschütterte und im Tiefsten
beleidigte Gefühl, der Argwohn, es möchte ein solcher Tod die
W i d e r l e g u n g ihrer Sache sein, das schreckliche Fragezeichen
„warum gerade so?" — dieser Zustand begreift sich nur zu gut.
Hier m u s s t e Alles nothwendig sein, Sinn, Vernunft, höchste
Vernunft haben; die Liebe eines Jünger⟨s⟩ kennt keinen Zufall.
Erst jetzt trat die Kluft auseinander: „w e r hat ihn getödtet?
w e r war sein natürlicher Feind?" — diese Frage sp⟨r⟩ang wie
ein Blitz hervor. Antwort: das h e r r s c h e n d e Judenthum,
sein oberster Stand. Man empfand sich von diesem Augenblick im
Aufruhr g e g e n die Ordnung, man verstand hinterdrein Jesus
als i m A u f r u h r g e g e n d i e O r d n u n g . Bis dahin
f e h l t e dieser kriegerische, dieser neinsagende, neinthuende Zug
in seinem Bilde; mehr noch, er war dessen Widerspruch. Offenbar
hat die kleine Gemeinde gerade die Hauptsache n i c h t verstanden, das Vorbildliche in dieser Art zu sterben, die Freiheit,
die Überlegenheit ü b e r jedes Gefühl von ressentiment: — ein
Zeichen dafür, wie wenig überhaupt sie von ihm verstand! An
sich konnte Jesus mit seinem Tode nichts wollen als öffentlich
die stärkste Probe, den B e w e i s seiner Lehre zu geben ... Aber
seine Jünger waren ferne davon, diesen Tod zu v e r z e i h e n , —

was evangelisch im höchsten Sinne gewesen wäre; oder gar sich
zu einem gleichen Tode in sanfter und lieblicher Ruhe des Herzens anzubieten ... Gerade das am meisten unevangelische
Gefühl, die R a c h e , kam wieder obenauf. Unmöglich konnte
die Sache mit diesem Tode zu Ende sein: man brauchte „Vergeltung", „Gericht" (— und doch was kann noch unevangelischer
sein als „Vergeltung", „Strafe", „Gericht-halten"!) Noch einmal
kam die populäre Erwartung eines Messias in den Vordergrund;
ein historischer Augenblick wurde in's Auge gefasst: das „Reich
Gottes" kommt zum Gericht über seine Feinde ... Aber damit ist
Alles missverstanden: das „Reich Gottes" als Schlussakt, als Verheissung! Das Evangelium war doch gerade das Dasein, das Er-
fülltsein, die W i r k l i c h k e i t dieses „Reichs" gewesen. Gerade ein solcher Tod w a r eben dieses „Reich Gottes" ... Jetzt
erst trug man die ganze Verachtung und Bitterkeit gegen Pharisäer und Theologen in den Typus des Meisters ein, —
man m a c h t e damit aus ihm einen Pharisäer und Theologen! Andrerseits hielt die wildgewordne Verehrung dieser
ganz aus den Fugen gerathenen Seelen jene evangelische Gleich-
berechtigung von Jedermann zum Kind Gottes, die Jesus gelehrt
hatte, nicht mehr aus: ihre Rache war, auf eine ausschweifende
Weise Jesus e m p o r z u h e b e n , von sich abzulösen: ganz
so, wie ehedem die Juden aus Rache an ihren Feinden ihren Gott
von sich losgetrennt und in die Höhe gehoben haben. Der Eine
Gott und der Eine Sohn Gottes: Beides Erzeugnisse des ressentiment...

41.

— Und von nun an tauchte ein absurdes Problem auf „wie
k o n n t e Gott das zulassen!" Darauf fand die gestörte Vernunft
der kleinen Gemeinschaft eine geradezu schrecklich absurde Antwort: Gott gab seinen Sohn zur Vergebung der Sünden, als
O p f e r. Wie war es mit Einem Male zu Ende mit dem Evange-

lium! Das S c h u l d o p f e r und zwar in seiner widerlichsten, barbarischsten Form, das Opfer des U n s c h u l d i g e n für die Sünden der Schuldigen! Welches schauderhafte Heidenthum! — Jesus hatte ja den Begriff „Schuld" selbst abgeschafft, — er hat jede Kluft zwischen Gott und Mensch geleugnet, er l e b t e diese Einheit vom Gott als Mensch als s e i n e „frohe Botschaft"... Und n i c h t als Vorrecht! — Von nun an tritt schrittweise in den Typus des Erlösers hinein: die Lehre vom Gericht und von der Wiederkunft, die Lehre vom Tod als einem Opfertode, die Lehre von der A u f e r s t e h u n g, mit der der ganze Begriff „Seligkeit", die ganze und einzige Realität des Evangeliums, eskamotirt ist — zu Gunsten eines Zustandes n a c h dem Tode! ... Paulus hat diese Auffassung, diese U n z u c h t von Auffassung mit jener rabbinerhaften Frechheit, die ihn in allen Stücken auszeichnet, dahin logisirt: „w e n n Christus nicht auferstanden ist von den Todten, so ist unser Glaube eitel". — Und mit Einem Male wurde aus dem Evangelium die verächtlichste aller unerfüllbaren Versprechungen, die u n v e r - s c h ä m t e Lehre von der Personal-Unsterblichkeit ... Paulus selbst lehrte sie noch als L o h n! ...

42.

Man sieht, w a s mit dem Tode am Kreuz zu Ende war: ein neuer, ein durchaus ursprünglicher Ansatz zu einer buddhistischen Friedensbewegung, zu einem thatsächlichen, n i c h t bloss verheissenen G l ü c k a u f E r d e n. Denn dies bleibt — ich hob es schon hervor — der Grundunterschied zwischen den beiden décadence-Religionen: der Buddhismus verspricht nicht, sondern hält, das Christenthum verspricht Alles, aber h ä l t N i c h t s. — Der „frohen Botschaft" folgte auf dem Fuss die a l l e r s c h l i m m s t e: die des Paulus. In Paulus verkörpert sich der Gegensatz-Typus zum „frohen Botschafter", das Genie im Hass, in der Vision des Hasses, in der unerbittlichen Logik

des Hasses. W a s hat dieser Dysangelist Alles dem Hasse zum
Opfer gebracht! Vor allem den Erlöser: er schlug ihn an s e i n
Kreuz. Das Leben, das Beispiel, die Lehre, der Tod, der Sinn
und das Recht des ganzen Evangeliums — Nichts war mehr vorhanden, als dieser Falschmünzer aus Hass begriff, was allein er
brauchen konnte. N i c h t die Realität, n i c h t die historische
Wahrheit! . . . Und noch einmal verübte der Priester-Instinkt
des Juden das gleiche grosse Verbrechen an der Historie, — er
strich das Gestern, das Vorgestern des Christenthums einfach
durch, er e r f a n d s i c h e i n e G e s c h i c h t e d e s e r s t e n
C h r i s t e n t h u m s. Mehr noch: er fälschte die Geschichte Israels
nochmals um, um als Vorgeschichte für s e i n e That zu erscheinen: alle Propheten haben von s e i n e m „Erlöser" geredet . . .
Die Kirche fälschte später sogar die Geschichte der Menschheit
zur Vorgeschichte des Christenthums . . . Der Typus des Erlösers,
die Lehre, die Praktik, der Tod, der Sinn des Todes, selbst das
Nachher des Todes — Nichts blieb unangetastet, Nichts blieb
auch nur ähnlich der Wirklichkeit. Paulus verlegte einfach das
Schwergewicht jenes ganzen Daseins h i n t e r dies Dasein, —
in die L ü g e vom „wiederauferstandenen" Jesus. Er konnte im
Grunde das Leben des Erlösers überhaupt nicht brauchen, —
er hatte den Tod am Kreuz nöthig u n d etwas mehr noch . . .
Einen Paulus, der seine Heimath an dem Hauptsitz der stoischen
Aufklärung hatte, für ehrlich halten, wenn er sich aus einer
Hallucination den B e w e i s vom N o c h - Leben des Erlösers
zurecht macht, oder auch nur seiner Erzählung, d a s s er diese
Hallucination gehabt hat, Glauben schenken, wäre eine wahre
niaiserie seitens eines Psychologen: Paulus wollte den Zweck,
f o l g l i c h wollte er auch die Mittel . . . Was er selbst nicht
glaubte, die Idioten, unter die er s e i n e Lehre warf, glaubten
es. — S e i n Bedürfniss war die M a c h t; mit Paulus wollte
nochmals der Priester zur Macht, — er konnte nur Begriffe, Lehren, Symbole brauchen, mit denen man Massen tyrannisirt,
Heerden bildet. — W a s allein entlehnte später Muhamed dem

Christenthum? Die Erfindung des Paulus, sein Mittel zur Priester-Tyrannei, zur Heerden-Bildung den Unsterblichkeits-Glauben — das heisst die Lehre vom „Gericht" ...

43.

Wenn man das Schwergewicht des Lebens n i c h t in's Leben, sondern in's „Jenseits" verlegt — i n's N i c h t s —, so hat man dem Leben überhaupt das Schwergewicht genommen. Die grosse Lüge von der Personal-Unsterblichkeit zerstört jede Vernunft, jede Natur im Instinkte, — Alles, was wohlthätig, was lebenfördernd, was zukunftverbürgend in den Instinkten ist, erregt nunmehr Misstrauen. So zu leben, dass es keinen S i n n mehr hat, zu leben, d a s wird jetzt zum „Sinn" des Lebens ... Wozu Gemeinsinn, wozu Dankbarkeit noch für Herkunft und Vorfahren, wozu mitarbeiten, zutrauen, irgend ein Gesammt-Wohl fördern und im Auge haben? ... Ebensoviele „Versuchungen", ebensoviele Ablenkungen vom „rechten Weg" — „E i n s ist noth" .. Dass Jeder als „unsterbliche Seele" mit Jedem gleichen Rang hat, dass in der Gesammtheit aller Wesen das „Heil" j e d e s Einzelnen eine ewige Wichtigkeit in Anspruch nehmen darf, dass kleine Mucker und Dreiviertels-Verrückte sich einbilden dürfen, dass um ihretwillen die Gesetze der Natur beständig d u r c h b r o c h e n werden — eine solche Steigerung jeder Art Selbstsucht ins Unendliche, ins U n v e r s c h ä m t e kann man nicht mit genug Verachtung brandmarken. Und doch verdankt das Christenthum d i e s e r erbarmungswürdigen Schmeichelei vor der Personal-Eitelkeit seinen S i e g, — gerade alles Missrathene, Aufständisch-Gesinnte, Schlechtweggekommene, den ganzen Auswurf und Abhub der Menschheit hat es damit zu sich überredet. Das „Heil der Seele" — auf deutsch: „die Welt dreht sich um m i c h" ... Das Gift der Lehre „g l e i c h e Rechte für Alle" — das Christenthum hat es am grundsätzlichsten ausgesät; das Christenthum hat jedem Ehr-

furchts- und Distanz-Gefühl zwischen Mensch und Mensch, das
heisst der Voraussetzung zu jeder Erhöhung, zu jedem
Wachsthum der Cultur einen Todkrieg aus den heimlichsten
Winkeln schlechter Instinkte gemacht, — es hat aus dem Ressentiment der Massen sich seine Hauptwaffe geschmiedet gegen
uns, gegen alles Vornehme, Frohe, Hochherzige auf Erden,
gegen unser Glück auf Erden . . . Die „Unsterblichkeit" jedem
Petrus und Paulus zugestanden war bisher das grösste, das bösartigste Attentat auf die vornehme Menschlichkeit. — Und
unterschätzen wir das Verhängniss nicht, das vom Christenthum
aus sich bis in die Politik eingeschlichen hat! Niemand hat heute
mehr den Muth zu Sonderrechten, zu Herrschafts-Rechten, zu
einem Ehrfurchts-Gefühl vor sich und seines Gleichen, — zu
einem Pathos der Distanz . . . Unsre Politik ist krank
an diesem Mangel an Muth! — Der Aristokratismus der Gesinnung wurde durch die Seelen-Gleichheits-Lüge am unterirdisch-
sten untergraben; und wenn der Glaube an das „Vorrecht der
Meisten" Revolutionen macht und machen wird, das
Christenthum ist es, man zweifle nicht daran, christliche
Werthurtheile sind es, welche jede Revolution bloss in Blut und
Verbrechen übersetzt! Das Christenthum ist ein Aufstand alles
Am-Boden-Kriechenden gegen das, was Höhe hat: das Evan-
gelium der „Niedrigen" macht niedrig . . .

44.

— Die Evangelien sind unschätzbar als Zeugniss für die bereits
unaufhaltsame Corruption innerhalb der ersten Gemeinde.
Was Paulus später mit dem Logiker-Cynismus eines Rabbiners
zu Ende führte, war trotzdem bloss der Verfalls-Prozess, der mit
dem Tode des Erlösers begann. — Diese Evangelien kann man
nicht behutsam genug lesen; sie haben ihre Schwierigkeiten hinter
jedem Wort. Ich bekenne, man wird es mir zu Gute halten, dass
sie ebendamit für einen Psychologen ein Vergnügen ersten Ranges

sind, — als Gegensatz aller naiven Verderbniss, als das Raffinement par excellence, als Künstlerschaft in der psychologischen Verderbniss. Die Evangelien stehn für sich. Die Bibel überhaupt verträgt keinen Vergleich. Man ist unter Juden: erster Gesichtspunkt, um hier nicht völlig den Faden zu verlieren. Die hier geradezu Genie werdende Selbstverstellung ins „Heilige", unter Büchern und Menschen nie annähernd sonst erreicht, diese Wort- und Gebärden-Falschmünzerei als Kunst ist nicht der Zufall irgend welcher Einzel-Begabung, irgend welcher Ausnahme-Natur. Hierzu gehört Rasse. Im Christenthum, als der Kunst, heilig zu lügen, kommt das ganze Judenthum, eine mehrhundertjährige jüdische allerernsthafteste Vorübung und Technik zur letzten Meisterschaft. Der Christ, diese ultima ratio der Lüge, ist der Jude noch einmal — drei Mal selbst . . . — Der grundsätzliche Wille, nur Begriffe, Symbole, Attitüden anzuwenden, welche aus der Praxis des Priesters bewiesen sind, die Instinkt-Ablehnung jeder andren Praxis, jeder andren Art Werth- und Nützlichkeits-Perspektive — das ist nicht nur Tradition, das ist Erbschaft: nur als Erbschaft wirkt es wie Natur. Die ganze Menschheit, die besten Köpfe der besten Zeiten sogar — (Einen ausgenommen, der vielleicht bloss ein Unmensch ist —) hat sich täuschen lassen. Man hat das Evangelium als Buch der Unschuld gelesen . . . : kein kleiner Fingerzeig dafür, mit welcher Meisterschaft hier geschauspielert worden ist. — Freilich: würden wir sie sehen, auch nur im Vorübergehn, alle diese wunderlichen Mucker und Kunst-Heiligen, so wäre es am Ende, — und genau deshalb, weil ich keine Worte lese ohne Gebärden zu sehn, mache ich mit ihnen ein Ende . . . Ich halte eine gewisse Art, die Augen aufzuschlagen, an ihnen nicht aus. — Zum Glück sind Bücher für die Allermeisten bloss Litteratur — — Man muss sich nicht irreführen lassen: „richtet nicht!" sagen sie, aber sie schicken Alles in die Hölle, was ihnen im Wege steht. Indem sie Gott richten lassen, richten sie selber; indem sie Gott verherrlichen,

verherrlichen sie sich selber; indem sie die Tugenden f o r d e r n ,
deren sie gerade fähig sind — mehr noch, die sie nöthig haben,
um überhaupt oben zu bleiben —, geben sie sich den grossen
Anschein eines Ringens um die Tugend, eines Kampfes um die
Herrschaft der Tugend. „Wir leben, wir sterben, wir opfern uns
f ü r   d a s   G u t e" (— die „Wahrheit", „das Licht", das „Reich
Gottes"): in Wahrheit thun sie, was sie nicht lassen können.
Indem sie nach Art von Duckmäusern sich durchdrücken, im
Winkel sitzen, im Schatten schattenhaft dahinleben, machen sie
sich eine P f l i c h t daraus: als Pflicht erscheint ihr Leben als De-
muth, als Demuth ist es ein Beweis mehr für Frömmigkeit ...
Ah diese demüthige, keusche, barmherzige Art von Verlogenheit!
„Für uns soll die Tugend selbst Zeugniss ablegen" ... Man lese
die Evangelien als Bücher der Verführung mit M o r a l : die
Moral wird von diesen kleinen Leuten mit Beschlag belegt, —
sie wissen, was es auf sich hat mit der Moral! Die Menschheit
wird am besten g e n a s f ü h r t mit der Moral! — Die Realität ist,
dass hier der bewussteste A u s e r w ä h l t e n - D ü n k e l die
Bescheidenheit spielt: man hat s i c h , die „Gemeinde", die
„Guten und Gerechten" ein für alle Mal auf die Eine Seite gestellt, auf die „der Wahrheit" — und den Rest, „die Welt", auf
die andre ... D a s war die verhängnissvollste Art Grössenwahn,
die bisher auf Erden dagewesen ist: kleine Missgeburten von
Muckern und Lügnern fiengen an, die Begriffe „Gott" „Wahrheit" „Licht" „Geist" „Liebe" „Weisheit" „Leben" für sich in
Anspruch zu nehmen, gleichsam als Synonyma von sich, um damit
die „Welt" gegen sich abzugrenzen, kleine Superlativ-Juden, reif
für jede Art Irrenhaus, drehten die Werthe überhaupt nach
s i c h um, wie als ob erst der Christ der Sinn, das Salz, das Maass,
auch das l e t z t e   G e r i c h t vom ganzen Rest wäre ... Das
ganze Verhängniss wurde dadurch allein ermöglicht, dass schon
eine verwandte, rassenverwandte Art von Grössenwahn in der
Welt war, der j ü d i s c h e : sobald einmal die Kluft zwischen
Juden und Juden-Christen sich aufriss, blieb letzteren gar keine

Wahl, als dieselben Prozeduren der Selbsterhaltung, die der jüdische Instinkt anrieth, g e g e n die Juden selber anzuwenden, während die Juden sie bisher bloss gegen alles N i c h t - Jüdische angewendet hatten. Der Christ ist nur ein Jude „freieren" Bekenntnisses. —

45.

— Ich gebe ein Paar Proben von dem, was sich diese kleinen Leute in den Kopf gesetzt, was sie ihrem Meister i n d e n M u n d g e l e g t h a b e n : lauter Bekenntnisse „schöner Seelen". —

„Und welche euch nicht aufnehmen und hören, da geht von dannen hinaus und schüttelt den Staub ab von euren Füssen, zu einem Zeugniss über sie. Ich sage euch: Wahrlich, es wird Sodom und Gomorrha am jüngsten Gerichte erträglicher ergehn, denn solcher Stadt" (Marc. 6, 11) — Wie e v a n g e l i s c h ! . . .

„Und wer der Kleinen Einen ärgert, die an mich glauben, dem wäre es besser, dass ihm ein Mühlstein an seinen Hals gehängt würde und er in das Meer geworfen würde" (Marc. 9, 42) — Wie e v a n g e l i s c h ! . . .

„Ärgert dich dein Auge, so wirf es von dir. Es ist dir besser, dass du einäugig in das Reich Gottes gehest, denn dass du zwei Augen habest und werdest in das höllische Feuer geworfen; da ihr Wurm nicht stirbt und ihr Feuer nicht erlischt" (Marc. 9, 47) — Es ist nicht gerade das Auge gemeint . . .

„Wahrlich, ich sage euch, es stehen Etliche hier, die werden den Tod nicht schmecken, bis dass sie sehen das Reich Gottes in Kraft kommen" (Marc. 9, 1). — G u t g e l o g e n , Löwe . . .

„Wer mir will nachfolgen, der verleugne sich selbst und nehme sein Kreuz auf sich und folge mir nach. D e n n . . ." (A n m e r k u n g e i n e s P s y c h o l o g e n . Die christliche Moral wird durch ihre D e n n 's widerlegt: ihre „Gründe" widerlegen, — so ist es christlich) Marc. 8, 34. —

„Richtet nicht, a u f d a s s ihr nicht gerichtet werdet. Mit

welcherlei Mass ihr messet, wird **euch** gemessen werden."
(Matth. 7, 1) — Welcher Begriff von Gerechtigkeit, von einem
„gerechten" Richter! . . .

„Denn so ihr liebet, die euch lieben, **was werdet ihr
für Lohn haben**? Thun nicht dasselbe auch die Zöllner?
Und so ihr nur zu euren Brüdern freundlich thut, **was thut
ihr Sonderliches**? Thun nicht die Zöllner auch also?
(Matth. 5, 46) — Princip der „christlichen Liebe": sie will zuletzt
gut **bezahlt** sein . . .

„Denn so **ihr** den Menschen ihre Fehler nicht vergebet, wird
euch euer Vater im Himmel auch nicht vergeben" (Matth. 6, 15)
— Sehr compromittirend für den genannten „Vater" . . .

„Trachtet am ersten nach dem Reiche Gottes und nach seiner
Gerechtigkeit, so wird euch solches Alles zufallen" (⟨Matth.
6, 33⟩). Solches Alles: nämlich Nahrung, Kleidung, die ganze
Nothdurft des Lebens. Ein **Irrthum**, bescheiden ausgedrückt
. . . Gleich darauf erscheint Gott als Schneider, wenigstens in ge-
wissen Fällen . . .

„Freuet euch alsdann und hüpfet: **denn** siehe, euer Lohn
ist gross im Himmel. Desgleichen thaten ihre Väter den Propheten auch" (⟨Luc. 6, 23⟩) **Unverschämtes** Gesindel! Es ver-
gleicht sich bereits mit den Propheten . . .

„Wisset ihr nicht, dass ihr Gottes Tempel seid und der Geist
Gottes in euch wohnet? So Jemand den Tempel Gottes verderbet,
den wird Gott verderben: denn der Tempel Gottes
ist heilig, **der seid ihr**" (Paul. 1 Cor. 3,16) — Dergleichen
kann man nicht genug verachten . . .

„Wisset ihr nicht, dass die Heiligen die Welt richten werden?
So denn nun die Welt soll von **euch** gerichtet ⟨werden⟩: seid ihr
denn nicht gut genug, geringere Sachen zu richten?" (Paul. 1 Cor.
6, 2) Leider nicht bloss die Rede eines Irrenhäuslers . . . Dieser
fürchterliche Betrüger fährt wörtlich fort: „Wisset
ihr nicht, dass **wir** über die Engel richten werden? Wie viel mehr
über die zeitlichen Güter!" . . .

„Hat nicht Gott die Weisheit dieser Welt zur Thorheit gemacht? Denn dieweil die Welt durch ihre Weisheit Gott in seiner
Weisheit nicht erkannte, gefiel es Gott wohl, durch thörichte Predigt selig zu machen die, so daran glauben. Nicht viel Weise nach
dem Fleische, nicht viel Gewaltige, nicht viel Edle sind berufen.
Sondern was thöricht ist vor der Welt, d a s h a t G o t t e r -
w ä h l e t, dass er die Weisen zu Schanden mache; und was
schwach ist vor der Welt, das hat Gott erwählet, dass er zu
Schanden mache, was stark ist. Und das Unedle vor der Welt
und das Verachtete hat Gott erwählet, und das da Nichts ist, dass
er zu Nichte mache, was Etwas ist. Auf dass sich vor ihm kein
Fleisch rühme" (Paul. 1 Cor. 1, 20 ff) — Um diese Stelle, ein
Zeugniss allerersten Ranges für die Psychologie jeder Tschandala-
Moral, z u v e r s t e h n, lese man die erste Abhandlung meiner
G e n e a l o g i e d e r M o r a l : in ihr wurde zum ersten Mal
der Gegensatz einer v o r n e h m e n und einer aus Ressentiment
und ohnmächtiger Rache gebornen Tschandala-Moral an's Licht
gestellt. Paulus war der grösste aller Apostel der Rache . . .

46.

— W a s f o l g t d a r a u s ? Dass man gut thut, Handschuhe
anzuziehn, wenn man das neue Testament liest. Die Nähe von
so viel Unreinlichkeit zwingt beinahe dazu. Wir würden uns
„erste Christen" so wenig wie polnische Juden zum Umgang
wählen: nicht dass man gegen sie auch nur einen Einwand nöthig
hätte . . . Sie riechen beide nicht gut. — Ich habe vergebens
im neuen Testamente auch nur nach Einem sympathischen Zuge
ausgespäht; Nichts ist darin, was frei, gütig, offenherzig, rechtschaffen wäre. Die Menschlichkeit hat hier noch nicht ihren ersten
Anfang gemacht, — die Instinkte der R e i n l i c h k e i t fehlen . . . Es giebt nur s c h l e c h t e Instinkte im neuen Testament,
es giebt keinen Muth selbst zu diesen schlechten Instinkten. Alles
ist Feigheit, Alles ist Augen-Schliessen und Selbstbetrug darin.

Jedes Buch wird reinlich, wenn man eben das neue Testament gelesen hat: ich las, um ein Beispiel zu geben, mit Entzücken unmittelbar nach Paulus jenen anmuthigsten, übermüthigsten Spöt-
ter Petronius, von dem man sagen könnte, was Domenico Boc-
caccio über Cesare Borgia an den Herzog von Parma schrieb:
„è tutto festo" — unsterblich gesund, unsterblich heiter und
wohlgerathen . . . Diese kleinen Mucker verrechnen sich nämlich
in der Hauptsache. Sie greifen an, aber Alles, was von ihnen
angegriffen wird, ist damit a u s g e z e i c h n e t. Wen ein „erster
Christ" angreift, den besudelt er n i c h t . . . Umgekehrt: es ist
eine Ehre, „erste Christen" gegen sich zu haben. Man liest das
neue Testament nicht ohne eine Vorliebe für das, was darin
misshandelt wird, — nicht zu reden von der „Weisheit dieser
Welt", welche ein frecher Windmacher „durch thörichte Predigt"
umsonst zu Schanden zu machen sucht . . . Aber selbst die Pharisäer und Schriftgelehrten haben ihren Vortheil von einer solchen
Gegnerschaft: sie müssen schon etwas werth gewesen sein, um auf
eine so unanständige Weise gehasst zu werden. Heuchelei — das
wäre ein Vorwurf, den „erste Christen" machen d ü r f t e n ! —
Zuletzt waren es die P r i v i l e g i r t e n : dies genügt, der
Tschandala-Hass braucht keine Gründe mehr. Der „erste Christ"
— ich fürchte, auch der „letzte Christ", d e n i c h v i e l l e i c h t
n o c h e r l e b e n w e r d e — ist Rebell gegen alles Privilegirte
aus unterstem Instinkte, — er lebt, er kämpft immer für
„g l e i c h e Rechte" . . . Genauer zugesehn, hat er keine Wahl.
Will man, für seine Person, ein „Auserwählter Gottes" sein —
oder ein „Tempel Gottes", oder ein „Richter der Engel" —, so
ist jedes a n d r e Princip der Auswahl, zum Beispiel nach Rechtschaffenheit, nach Geist, nach Männlichkeit und Stolz, nach
Schönheit und Freiheit des Herzens, einfach „Welt", — d a s
B ö s e a n s i c h . . . Moral: jedes Wort im Munde eines „ersten
Christen" ist eine Lüge, jede Handlung, die er thut, eine Instinkt-
Falschheit, — alle seine Werthe, alle seine Ziele sind schädlich,
aber w e n er hasst, w a s er hasst, d a s h a t W e r t h . . . Der

Christ, der Priester-Christ in Sonderheit, ist ein K r i t e r i u m
f ü r W e r t h e — — Habe ich noch zu sagen, dass im ganzen
neuen Testament bloss eine e i n z i g e Figur vorkommt, die man
ehren muss? Pilatus, der römische Statthalter. Einen Judenhandel
e r n s t zu nehmen — dazu überredet er sich nicht. Ein Jude
mehr oder weniger — was liegt daran? . . . Der vornehme Hohn
eines Römers, vor dem ein unverschämter Missbrauch mit dem
Wort „Wahrheit" getrieben wird, hat das neue Testament mit
dem einzigen Wort bereichert, d a s W e r t h h a t, — das seine
Kritik, seine V e r n i c h t u n g selbst ist: „was ist Wahrheit!" . . .

47.

— Das ist es nicht, was u n s abscheidet, dass wir keinen Gott
wiederfinden, weder in der Geschichte, noch in der Natur, noch
hinter der Natur, — sondern dass wir, was als Gott verehrt
wurde, nicht als „göttlich", sondern als erbarmungswürdig, als
absurd, als schädlich empfinden, nicht nur als Irrthum, sondern als
V e r b r e c h e n a m L e b e n . . . Wir leugnen Gott als Gott . . .
Wenn man uns diesen Gott der Christen b e w i e s e, wir würden
ihn noch weniger zu glauben wissen. — In Formel: deus, qualem
Paulus creavit, dei negatio. — Eine Religion, wie das Christenthum, die sich an keinem Punkte mit der Wirklichkeit berührt,
die sofort dahinfällt, sobald die Wirklichkeit auch nur an Einem
Punkte zu Rechte kommt, muss billiger Weise der „Weisheit der
Welt", will sagen d e r W i s s e n s c h a f t, todtfeind sein, — sie
wird alle Mittel gut heissen, mit denen die Zucht des Geistes,
die Lauterkeit und Strenge in Gewissenssachen des Geistes, die
vornehme Kühle und Freiheit des Geistes vergiftet, verleumdet,
v e r r u f e n gemacht werden kann. Der „Glaube" als Imperativ
ist das V e t o gegen die Wissenschaft, — in praxi die Lüge um
jeden Preis . . . Paulus b e g r i f f, dass die Lüge — dass „der
Glaube" noth that; die Kirche begriff später wieder Paulus. —
Jener „Gott", den Paulus sich erfand, ein Gott, der „die Weis-

heit der **Welt**" (im engern Sinn die beiden grossen Gegnerinnen alles Aberglaubens, Philologie und Medizin) „zu Schanden macht", ist in Wahrheit nur der resolute E n t s c h l u s s des Paulus selbst dazu: „Gott" seinen eignen Willen zu nennen, thora, das ist urjüdisch. Paulus w i l l „die Weisheit der Welt" zu Schanden machen: seine Feinde sind die g u t e n Philologen und Ärzte alexandrinischer Schulung —, ihnen macht er den Krieg. In der That, man ist nicht Philolog und Arzt, ohne nicht zugleich auch A n t i c h r i s t zu sein. Als Philolog schaut man nämlich h i n t e r die „heiligen Bücher", als Arzt h i n t e r die physiologische Verkommenheit des typischen Christen. Der Arzt sagt „unheilbar", der Philolog „Schwindel" . . .

48.

— Hat man eigentlich die berühmte Geschichte verstanden, die am Anfang der Bibel steht, — von der Höllenangst Gottes vor der W i s s e n s c h a f t ? . . . Man hat sie nicht verstanden. Dies Priester-Buch par excellence beginnt, wie billig, mit der grossen inneren Schwierigkeit des Priesters: e r hat nur Eine grosse Gefahr, f o l g l i c h hat „Gott" nur Eine grosse Gefahr. —

Der alte Gott, ganz „Geist", ganz Hohe⟨r⟩priester, ganz Vollkommenheit, lustwandelt in seinem Garten: nur dass er sich langweilt. Gegen die Langeweile kämpfen Götter selbst vergebens. Was thut er? Er erfindet den Menschen, — der Mensch ist unterhaltend . . . Aber siehe da, auch der Mensch langweilt sich. Das Erbarmen Gottes mit der einzigen Noth, die alle Paradiese an sich haben, kennt keine Grenzen: er schuf alsbald noch andre Thiere. E r s t e r Fehlgriff Gottes: der Mensch fand die Thiere nicht unterhaltend, — er herrschte über sie, er wollte nicht einmal „Thier" sein. — Folglich schuf Gott das Weib. Und in der That, mit der Langeweile hatte es nun ein Ende, — aber auch mit Anderem noch! Das Weib war der z w e i t e Fehlgriff Gottes. — „Das Weib ist seinem Wesen nach Schlange, Heva" — das weiss

jeder Priester; „vom Weib kommt j e d e s Unheil in der Welt"
— das weiss ebenfalls jeder Priester. „F o l g l i c h kommt von
ihm auch die W i s s e n s c h a f t" . . . Erst durch das Weib lernte
der Mensch vom Baume der Erkenntniss kosten. — Was war geschehn? Den alten Gott ergriff eine Höllenangst. Der Mensch
selbst war sein g r ö s s t e r Fehlgriff geworden, er hatte sich
einen Rivalen geschaffen, die Wissenschaft macht g o t t g l e i c h,
— es ist mit Priestern und Göttern zu Ende, wenn der Mensch
wissenschaftlich wird! — M o r a l : die Wissenschaft ist das Verbotene an sich, — sie allein ist verboten. Die Wissenschaft ist die
e r s t e Sünde, der Keim aller Sünde, die E r b sünde. D i e s
a l l e i n i s t M o r a l. — „Du sollst n i c h t erkennen": —
der Rest folgt daraus. — Die Höllenangst Gottes verhinderte ihn
nicht, klug zu sein. Wie w e h r t man sich gegen die Wissenschaft?
das wurde für lange sein Hauptproblem. Antwort: fort mit
dem Menschen aus dem Paradiese! Das Glück, der Müssiggang
bringt auf Gedanken, — alle Gedanken sind schlechte Gedanken . . . Der Mensch s o l l nicht denken. — Und der „Priester
an sich" erfindet die Noth, den Tod, die Lebensgefahr der
Schwangerschaft, jede Art von Elend, Alter, Mühsal, die
K r a n k h e i t vor Allem, — lauter Mittel im Kampfe mit der
Wissenschaft! Die Noth e r l a u b t dem Menschen nicht, zu
denken . . . Und trotzdem! entsetzlich! Das Werk der Erkenntniss
thürmt sich auf, himmelstürmend, götter-andämmernd, — was
thun! — Der alte Gott erfindet den K r i e g , er trennt die Völker, er macht, dass die Menschen sich gegenseitig vernichten (—
die Priester haben immer den Krieg nöthig gehabt . . .) Der
Krieg — unter Anderem ein grosser Störenfried der Wissenschaft!
— Unglaublich! Die Erkenntniss, die E m a n c i p a t i o n v o m
P r i e s t e r , nimmt selbst trotz Kriegen zu. — Und ein letzter
Entschluss kommt dem alten Gott: „der Mensch ward wissenschaftlich, — e s h i l f t N i c h t s , m a n m u s s i h n e r-
s ä u f e n !" . . .

49.

— Man hat mich verstanden. Der Anfang der Bibel enthält die g a n z e Psychologie des Priesters. — Der Priester kennt nur Eine grosse Gefahr: das ist die Wissenschaft — der gesunde Begriff von Ursache und Wirkung. Aber die Wissenschaft gedeiht im Ganzen nur unter glücklichen Verhältnissen, — man muss Zeit, man muss Geist ü b e r f l ü s s i g haben, um zu „erkennen“ … „F o l g l i c h muss man den Menschen unglücklich machen“, — dies war zu jeder Zeit die Logik des Priesters. — Man erräth bereits, w a s, dieser Logik gemäss, damit erst in die Welt gekommen ist: — die „S ü n d e“ … Der Schuld- und Strafbegriff, die ganze „sittliche Weltordnung“ ist erfunden g e g e n die Wissenschaft, — g e g e n die Ablösung des Menschen vom Priester … Der Mensch soll n i c h t hinaus, er soll in sich hinein sehn; er soll n i c h t klug und vorsichtig, als Lernender, i n die Dinge sehn, er soll überhaupt gar nicht sehn: er soll l e i d e n … Und er soll so leiden, dass er jeder Zeit den Priester nöthig hat. — Weg mit den Ärzten! M a n h a t e i n e n H e i l a n d n ö t h i g. — Der Schuld- und Strafbegriff, eingerechnet die Lehre von der „Gnade“, von der „Erlösung“, von der „Vergebung“ — L ü g e n durch und durch und ohne jede psychologische Realität — sind erfunden, um den U r s a c h e n - S i n n des Menschen zu zerstören: sie sind das Attentat gegen den Begriff Ursache und Wirkung! — Und n i c h t ein Attentat mit der Faust, mit dem Messer, mit der Ehrlichkeit in Hass und Liebe! Sondern aus den feigsten, listigsten, niedrigsten Instinkten heraus! Ein P r i e s t e r - Attentat! Ein P a r a s i t e n - Attentat! Ein Vampyrismus bleicher unterirdischer Blutsauger! … Wenn die natürlichen Folgen einer That nicht mehr „natürlich“ sind, sondern durch Begriffs-Gespenster des Aberglaubens, durch „Gott“, durch „Geister“, durch „Seelen“ bewirkt gedacht werden, als bloss „moralische“ Consequenzen, als Lohn, Strafe, Wink, Erziehungsmittel, so ist die Voraussetzung zur Erkenntniss zerstört, — s o h a t m a n d a s g r ö s s t e V e r b r e c h e n a n d e r M e n s c h h e i t

begangen. — Die Sünde, nochmals gesagt, diese Selbstschändungs-Form des Menschen par excellence, ist erfunden, um Wissenschaft, um Cultur, um jede Erhöhung und Vornehmheit des
Menschen unmöglich zu machen; der Priester herrscht durch
die Erfindung der Sünde. —

50.

— Ich erlasse mir an dieser Stelle eine Psychologie des „Glaubens", der „Gläubigen" nicht, zum Nutzen, wie billig, gerade der
„Gläubigen". Wenn es heute noch an solchen nicht fehlt, die es
nicht wissen, inwiefern es unanständig ist, „gläubig" zu
sein — oder ein Abzeichen von décadence, von gebrochnem
Willen zum Leben —, morgen schon werden sie es wissen. Meine
Stimme erreicht auch die Harthörigen. — Es scheint, wenn anders
ich mich nicht verhört habe, dass es unter Christen eine Art Criterium der Wahrheit giebt, das man „den Beweis der Kraft" nennt.
„Der Glaube macht selig: also ist er wahr." — Man dürfte
hier zunächst einwenden, dass gerade das Seligmachen nicht bewiesen, sondern nur versprochen ist: die Seligkeit an die
Bedingung des „Glaubens" geknüpft, — man soll selig werden,
weil man glaubt ... Aber dass thatsächlich eintritt, was der
Priester dem Gläubigen für das jeder Controle unzugängliche
„Jenseits" verspricht, womit bewiese sich das? — Der angebliche „Beweis der Kraft" ist also im Grunde wieder nur ein
Glaube daran, dass die Wirkung nicht ausbleibt, welche man sich
vom Glauben verspricht. In Formel: „ich glaube, dass der Glaube
selig macht; — folglich ist er wahr." — Aber damit sind wir
schon am Ende. Dies „folglich" wäre das absurdum selbst als
Criterium der Wahrheit. — Setzen wir aber, mit einiger Nachgiebigkeit, dass das Seligmachen durch den Glauben bewiesen sei
— nicht nur gewünscht, nicht nur durch den etwas verdächtigen Mund eines Priesters versprochen: wäre Seligkeit, —
technischer geredet, Lust jemals ein Beweis der Wahrheit?

So wenig, dass es beinahe den Gegenbeweis, jedenfalls den höchsten Argwohn gegen „Wahrheit" abgiebt, wenn Lustempfindun-
gen über die Frage „was ist wahr" mitreden. Der Beweis der
„Lust" ist ein Beweis f ü r „Lust", — nichts mehr; woher um Alles
in der Welt stünde es fest, dass gerade w a h r e Urtheile mehr
Vergnügen machten als falsche, und, gemäss einer prästabilirten
Harmonie, angenehme Gefühle mit Nothwendigkeit hinter sich
drein zögen? — Die Erfahrung aller strengen, aller tief gearteten
Geister lehrt d a s U m g e k e h r t e. Man hat jeden Schritt
breit Wahrheit sich abringen müssen, man hat fast Alles dagegen
preisgeben müssen, woran sonst das Herz, woran unsre Liebe,
unser Vertrauen zum Leben hängt. Es bedarf Grösse der Seele
dazu: der Dienst der Wahrheit ist der härteste Dienst. — Was
heisst denn r e c h t s c h a f f e n sein in geistigen Dingen? Dass
man streng gegen sein Herz ist, dass man die „schönen Gefühle"
verachtet, dass man sich aus jedem Ja und Nein ein Gewissen
macht! — — — Der Glaube macht selig: f o l g l i c h lügt er...

51.

Dass der Glaube unter Umständen selig macht, dass Seligkeit
aus einer fixen Idee noch nicht eine w a h r e Idee macht, dass
der Glaube keine Berge versetzt, wohl aber Berge h i n s e t z t,
wo es keine giebt: ein flüchtiger Gang durch ein I r r e n h a u s
klärt zur Genüge darüber auf. N i c h t freilich einen Priester:
denn der leugnet aus Instinkt, dass Krankheit Krankheit, dass
Irrenhaus Irrenhaus ist. Das Christenthum hat die Krankheit
n ö t h i g, ungefähr wie das Griechenthum einen Überschuss
von Gesundheit nöthig hat, — krank - m a c h e n ist die eigentliche Hinterabsicht des ganzen Heilsprozeduren-System's der
Kirche. Und die Kirche selbst — ist sie nicht das katholische
Irrenhaus als letztes Ideal? — Die Erde überhaupt als Irrenhaus?
— Der religiöse Mensch, wie ihn die Kirche w i l l, ist ein typischer décadent; der Zeitpunkt, wo eine religiöse Krisis über ein

Volk Herr wird, ist jedes Mal durch Nerven-Epidemien gekennzeichnet; die „innere Welt" des religiösen Menschen sieht der
„inneren Welt" der Überreizten und Erschöpften zum Verwechseln ähnlich; die „höchsten" Zustände, welche das Christenthum
als Werth aller Werthe über der Menschheit aufgehängt hat, sind
epileptoide Formen, — die Kirche hat nur Verrückte o d e r grosse
Betrüger in majorem dei honorem heilig gesprochen … Ich habe
mir einmal erlaubt, den ganzen christlichen Buss- und Erlösungs-
training (den man heute am besten in England studirt) als eine
methodisch erzeugte f o l i e c i r c u l a i r e zu bezeichnen, wie
billig, auf einem bereits dazu vorbereiteten, das heisst gründlich
morbiden Boden. Es steht Niemandem frei, Christ zu werden:
man wird nicht zum Christenthum „bekehrt", — man muss krank
genug dazu sein … Wir Anderen, die wir den M u t h zur Gesundheit u n d auch zur Verachtung haben, wie dürfen w i r eine
Religion verachten, die den Leib missverstehn lehrte! die den See-
len-Aberglauben nicht loswerden will! die aus der unzureichenden
Ernährung ein „Verdienst" macht! die in der Gesundheit eine
Art Feind, Teufel, Versuchung bekämpft! die sich einredete, man
könne eine „vollkommne Seele" in einem Cadaver von Leib her-
umtragen, und dazu nöthig hatte, einen neuen Begriff der „Vollkommenheit" sich zurecht zu machen, ein bleiches, krankhaftes,
idiotisch-schwärmerisches Wesen, die sogenannte „Heiligkeit", —
Heiligkeit, selbst bloss eine Symptomen-Reihe des verarmten,
entnervten, unheilbar verdorbenen Leibes! … Die christliche
Bewegung, als eine europäische Bewegung, ist von vornherein
eine Gesammt-Bewegung der Ausschuss- und Abfalls-Elemente
aller Art: — diese will mit dem Christenthum zur Macht. Sie
drückt n i c h t den Niedergang einer Rasse aus, sie ist eine Ag-
gregat-Bildung sich zusammendrängender und sich suchender
Décadence-Formen von Überall. Es ist n i c h t , wie man
glaubt, die Corruption des Alterthums selbst, des v o r n e h -
m e n Alterthums, was das Christenthum ermöglichte: man kann
dem gelehrten Idiotismus, der auch heute noch so Etwas aufrecht

erhält, nicht hart genug widersprechen. In der Zeit, wo die kranken, verdorbenen Tschandala-Schichten im ganzen imperium sich christianisirten, war gerade der Gegentypus, die Vornehmheit, in ihrer schönsten und reifsten Gestalt vorhanden. Die grosse Zahl wurde Herr; der Demokratismus der christlichen Instinkte siegte... Das Christenthum war nicht „national“, nicht rassebedingt, — es wendete sich an jede Art von Enterbten des Lebens, es hatte seine Verbündeten überall. Das Christenthum hat die rancune der Kranken auf dem Grunde, den Instinkt gegen die Gesunden, gegen die Gesundheit gerichtet. Alles Wohlgerathene, Stolze, Übermüthige, die Schönheit vor Allem thut ihm in Ohren und Augen weh. Nochmals erinnre ich an das unschätzbare Wort des Paulus. „Was schwach ist vor der Welt, was thöricht ist vor der Welt, das Unedle und Verachtete vor der Welt hat Gott erwählet“: das war die Formel, in hoc signo siegte die décadence. — Gott am Kreuze — versteht man immer noch die furchtbare Hintergedanklichkeit dieses Symbols nicht? — Alles, was leidet, Alles, was am Kreuze hängt, ist göttlich... Wir Alle hängen am Kreuze, folglich sind wir göttlich... Wir allein sind göttlich... Das Christenthum war ein Sieg, eine vornehmere Gesinnung gieng an ihm zu Grunde, — das Christenthum war bisher das grösste Unglück der Menschheit. — —

52.

Das Christenthum steht auch im Gegensatz zu aller geistigen Wohlgerathenheit, — es kann nur die kranke Vernunft als christliche Vernunft brauchen, es nimmt die Partei alles Idiotischen, es spricht den Fluch aus gegen den „Geist“, gegen die superbia des gesunden Geistes. Weil die Krankheit zum Wesen des Christenthums gehört, muss auch der typisch christliche Zustand, „der Glaube“, eine Krankheitsform sein, müssen alle geraden, rechtschaffnen, wissenschaftlichen Wege zur Erkenntniss von der Kirche als v e r b o t e n e Wege abgelehnt werden. Der Zweifel bereits ist eine Sünde... Der vollkommne Mangel an psychologischer Reinlichkeit beim Priester — im Blick sich verrathend — ist eine F o l g e erscheinung der décadence, — man hat die hysterischen Frauenzimmer, andrerseits rhachitisch angelegte Kinder darauf hin zu beobachten, wie regelmässig Falschheit aus Instinkt, Lust zu lügen, um zu lügen, Unfähigkeit zu geraden Blicken und Schritten der Ausdruck von décadence ist. „Glaube" heisst Nicht-wissen- w o l l e n , was wahr ist. Der Pietist, der Priester beiderlei Geschlechts, ist falsch, w e i l er krank ist: sein Instinkt v e r l a n g t , dass die Wahrheit an keinem Punkt zu Rechte kommt. „Was krank macht, ist g u t ; was aus der Fülle, aus dem Überfluss, aus der Macht kommt, ist b ö s e " : so empfindet der Gläubige. Die U n f r e i h e i t z u r L ü g e — daran errathe ich jeden vorherbestimmten Theologen. — Ein andres Abzeichen des Theologen ist sein U n v e r m ö g e n z u r P h i l o l o g i e. Unter Philologie soll hier, in einem sehr allgemeinen Sinne, die Kunst, gut zu lesen, verstanden werden, — Thatsachen ablesen können, o h n e sie durch Interpretation zu fälschen, o h n e im Verlangen nach Verständniss die Vorsicht, die Geduld, die Feinheit zu verlieren. Philologie als E p h e x i s in der Interpretation: handle es sich nun um Bücher, um Zeitungs-Neuigkeiten, um Schicksale oder Wetter-Thatsachen, — nicht zu reden vom „Heil der Seele" ... Die Art, wie ein Theolog, gleichgültig ob in Berlin oder in Rom, ein „Schriftwort" auslegt oder ein Erlebniss, einen Sieg des vaterländischen Heers zum Beispiel unter der höheren Beleuchtung der Psalmen Davids, ist immer dergestalt k ü h n , dass ein Philolog dabei an allen Wänden emporläuft. Und was soll er gar anfangen, wenn Pietisten und andre Kühe aus dem Schwabenlande den armseligen Alltag und Stubenrauch ihres Daseins mit dem „Finger Gottes" zu einem Wunder von „Gnade", von „Vorsehung", von „Heilserfahrungen" zurechtmachen! Der bescheidenste Aufwand von Geist, um nicht zu sagen von A n s t a n d , müsste diese

Interpreten doch dazu bringen, sich des vollkommen Kindischen
und Unwürdigen eines solchen Missbrauchs der göttlichen Finger-
fertigkeit zu überführen. Mit einem noch so kleinen Maasse von
Frömmigkeit im Leibe sollte uns ein Gott, der zur rechten Zeit
vom Schnupfen kurirt oder der uns in einem Augenblick in die
Kutsche steigen heisst, wo gerade ein grosser Regen losbricht, ein
so absurder Gott sein, dass man ihn abschaffen müsste, selbst
wenn er existirte. Ein Gott als Dienstbote, als Briefträger, als
Kalendermann, — im Grunde ein Wort für die dümmste Art
aller Zufälle... Die „göttliche Vorsehung", wie sie heute noch
ungefähr jeder dritte Mensch im „gebildeten Deutschland"
glaubt, wäre ein Einwand gegen Gott, wie er stärker gar nicht
gedacht werden könnte. Und in jedem Fall ist er ein Einwand
gegen Deutsche!...

53.

— Dass M ä r t y r e r Etwas für die Wahrheit einer Sache
beweisen, ist so wenig wahr, dass ich leugnen möchte, es habe je
ein Märtyrer überhaupt Etwas mit der Wahrheit zu thun gehabt.
In dem Tone, mit dem ein Märtyrer sein Für-wahr-halten der
Welt an den Kopf wirft, drückt sich bereits ein so niedriger Grad
intellektueller Rechtschaffenheit, eine solche S t u m p f h e i t
für die Frage Wahrheit aus, dass man einen Märtyrer nie zu
widerlegen braucht. Die Wahrheit ist Nichts, was Einer hätte
und ein Andrer nicht hätte: so können höchstens Bauern oder
Bauern-Apostel nach Art Luther's über die Wahrheit denken.
Man darf sicher sein, dass je nach dem Grade der Gewissenhaf-
tigkeit in Dingen des Geistes die Bescheidenheit, die B e s c h e i -
d u n g in diesem Punkte immer grösser wird. In fünf Sachen
w i s s e n , und mit zarter Hand es ablehnen, s o n s t zu wissen... „Wahrheit", wie das Wort jeder Prophet, jeder Sektirer,
jeder Freigeist, jeder Socialist, jeder Kirchenmann versteht, ist
ein vollkommner Beweis dafür, dass auch noch nicht einmal der
Anfang mit jener Zucht des Geistes und Selbstüberwindung ge-

macht ist, die zum Finden irgend einer kleinen, noch so kleinen
Wahrheit noth thut. — Die Märtyrer-Tode, anbei gesagt, sind
ein grosses Unglück in der Geschichte gewesen: sie v e r f ü h r -
t e n ... Der Schluss aller Idioten, Weib und Volk eingerechnet,
dass es mit einer Sache, für die Jemand in den Tod geht (oder die
gar, wie das erste Christenthum, todsüchtige Epidemien erzeugt)
Etwas auf sich hat, — dieser Schluss ist der Prüfung, dem Geist
der Prüfung und Vorsicht unsäglich zum Hemmschuh geworden.
Die Märtyrer s c h a d e t e n der Wahrheit... Auch heute noch
bedarf es nur einer Crudität der Verfolgung, um einer an sich
noch so gleichgültigen Sektirerei einen e h r e n h a f t e n Namen zu schaffen. — Wie? ändert es am Werthe einer Sache Etwas,
dass Jemand für sie sein Leben lässt? — Ein Irrthum, der ehren-
haft wird, ist ein Irrthum, der einen Verführungsreiz mehr besitzt: glaubt ihr, dass wir euch Anlass geben würden, ihr Herrn
Theologen, für eure Lüge die Märtyrer zu machen? — Man
widerlegt eine Sache, indem man sie achtungsvoll auf's Eis legt,
— ebenso widerlegt man auch Theologen... Gerade das war
die welthistorische Dummheit aller Verfolger, dass sie der geg-
nerischen Sache den Anschein des Ehrenhaften gaben, — dass sie
ihr die Fascination des Martyriums zum Geschenk machten...
Das Weib liegt heute noch auf den Knien vor einem Irrthum,
weil man ihm gesagt hat, dass Jemand dafür am Kreuze starb.
I s t d e n n d a s K r e u z e i n A r g u m e n t ? — — Aber
über alle diese Dinge hat Einer allein das Wort gesagt, das man
seit Jahrtausenden nöthig gehabt hätte, — Z a r a t h u s t r a.

Blutzeichen schrieben sie auf den Weg, den sie giengen, und
ihre Thorheit lehrte, dass man mit Blut Wahrheit beweise.

Aber Blut ist der schlechteste Zeuge der Wahrheit; Blut vergiftet die reinste Lehre noch zu Wahn und Hass der Herzen.

Und wenn Einer durch's Feuer gienge für seine Lehre, — was
beweist dies! Mehr ist's wahrlich, dass aus eignem Brande die
eigne Lehre kommt.

54.

Man lasse sich nicht irreführen: grosse Geister sind Skeptiker. Zarathustra ist ein Skeptiker. Die Stärke, die F r e i h e i t aus der Kraft und Überkraft des Geistes b e w e i s t sich durch Skepsis. Menschen der Überzeugung kommen für alles Grundsätzliche von Werth und Unwerth gar nicht in Betracht. Überzeugungen sind Gefängnisse. Das sieht nicht weit genug, das sieht nicht u n t e r sich: aber um über Werth und Unwerth mitreden zu dürfen, muss man fünfhundert Überzeugungen u n t e r sich sehn, — h i n t e r sich sehn... Ein Geist, der Grosses will, der auch die Mittel dazu will, ist mit Nothwendigkeit Skeptiker. Die Freiheit von jeder Art Überzeugungen g e h ö r t zur Stärke, das Frei-Blicken-k ö n n e n... Die grosse Leidenschaft, der Grund und die Macht seines Seins, noch aufgeklärter, noch despotischer als er selbst es ist, nimmt seinen ganzen Intellekt in Dienst; sie macht unbedenklich; sie giebt ihm Muth sogar zu unheiligen Mitteln; sie g ö n n t ihm unter Umständen Überzeugungen. Die Überzeugung als M i t t e l : Vieles erreicht man nur mittelst einer Überzeugung. Die grosse Leidenschaft braucht, verbraucht Überzeugungen, sie unterwirft sich ihnen nicht, — sie weiss sich souverain. — Umgekehrt: das Bedürfniss nach Glauben, nach irgend etwas Unbedingtem von Ja und Nein, der Carlylismus, wenn man mir dies Wort nachsehn will, ist ein Bedürfniss der S c h w ä c h e . Der Mensch des Glaubens, der „Gläubige" jeder Art ist nothwendig ein abhängiger Mensch, — ein Solcher, der s i c h nicht als Zweck, der von sich aus überhaupt nicht Zwecke ansetzen kann. Der „Gläubige" gehört s i c h nicht, er kann nur Mittel sein, er muss v e r b r a u c h t werden, er hat Jemand nöthig, der ihn verbraucht. Sein Instinkt giebt einer Moral der Entselbstung die höchste Ehre: zu ihr überredet ihn Alles, seine Klugheit, seine Erfahrung, seine Eitelkeit. Jede Art Glaube ist selbst ein Ausdruck von Entselbstung, von Selbst-Entfremdung... Erwägt man, wie nothwendig den Allermeisten ein Regulativ ist, das sie von aussen her bindet und festmacht, wie der

Zwang, in einem höheren Sinn die S k l a v e r e i , die einzige
und letzte Bedingung ist, unter der der willensschwächere Mensch,
zumal das Weib, gedeiht: so versteht man auch die Überzeugung,
den „Glauben". Der Mensch der Überzeugung hat in ihr sein
Rückgrat. Viele Dinge n i c h t sehn, in keinem Punkte unbefangen sein, Partei sein durch und durch, eine strenge und nothwendige Optik in allen Werthen haben — das allein bedingt es,
dass eine solche Art Mensch überhaupt besteht. Aber damit ist sie
der Gegensatz, der A n t a g o n i s t des Wahrhaftigen, — der
Wahrheit . . . Dem Gläubigen steht es nicht frei, für die Frage
„wahr" und „unwahr" überhaupt ein Gewissen zu haben: rechtschaffen sein an d i e s e r Stelle wäre sofort sein Untergang. Die
pathologische Bedingtheit seiner Optik macht aus dem Überzeug-
ten den Fanatiker — Savonarola, Luther, Rousseau, Robespierre,
Saint-Simon — den Gegensatz-Typus des starken, des f r e i -
gewordnen Geistes. Aber die grosse Attitüde dieser k r a n k e n
Geister, dieser Epileptiker des Begriffs, wirkt auf die grosse
Masse, — die Fanatiker sind pittoresk, die Menschheit sieht Gebärden lieber als dass sie G r ü n d e hört . . .

55.

— Einen Schritt weiter in der Psychologie der Überzeugung,
des „Glaubens". Es ist schon lange von mir zur Erwägung an-
heimgegeben worden, ob nicht die Überzeugungen gefährlichere
Feinde der Wahrheit sind als die Lügen (Menschliches, Allzumenschliches S. ⟨331⟩) Dies Mal möchte ich die entscheidende
Frage thun: besteht zwischen Lüge und Überzeugung überhaupt
ein Gegensatz? — Alle Welt glaubt es; aber was glaubt nicht alle
Welt! — Eine jede Überzeugung hat ihre Geschichte, ihre Vorformen, ihre Tentativen und Fehlgriffe: sie w i r d Überzeugung, nachdem sie es lange n i c h t ist, nachdem sie es noch länger k a u m ist. Wie? könnte unter diesen Embryonal-Formen
der Überzeugung nicht auch die Lüge sein? — Mitunter bedarf es

bloss eines Personen-Wechsels: im Sohn wird Überzeugung, was
im Vater noch Lüge war. — Ich nenne Lüge Etwas n i c h t
sehn wollen, das man sieht, Etwas nicht s o sehn wollen, wie
man es sieht: ob die Lüge vor Zeugen oder ohne Zeugen statt
hat, kommt nicht in Betracht. Die gewöhnlichste Lüge ist die, mit
der man sich selbst belügt; das Belügen Andrer ist relativ der Ausnahmefall. — Nun ist dies N i c h t-sehn-wollen, was man sieht,
dies Nicht- s o -sehn-wollen, wie man es sieht, beinahe die erste
Bedingung für Alle, die P a r t e i sind in irgend welchem Sinne:
der Parteimensch wird mit Nothwendigkeit Lügner. Die deutsche Geschichtsschreibung zum Beispiel ist überzeugt, dass Rom
der Despotismus war, dass die Germanen den Geist der Freiheit
in die Welt gebracht haben: welcher Unterschied ist zwischen dieser Überzeugung und einer Lüge? Darf man sich noch darüber
wundern, wenn, aus Instinkt, alle Parteien, auch die deutschen
Historiker, die grossen Worte der Moral im Munde haben, —
dass die Moral beinahe dadurch f o r t b e s t e h t, dass der
Parteimensch jeder Art jeden Augenblick sie nöthig hat? — „Dies
ist u n s r e Überzeugung: wir bekennen sie vor aller Welt, wir
leben und sterben für sie, — Respekt vor Allem, was Überzeugungen hat!“ — dergleichen habe ich sogar aus dem Mund von
Antisemiten gehört. Im Gegentheil, meine Herrn! Ein Antisemit
wird dadurch durchaus nicht anständiger, dass er aus Grundsatz
lügt... Die Priester, die in solchen Dingen feiner sind und den
Einwand sehr gut verstehn, der im Begriff einer Überzeugung,
das heisst einer grundsätzlichen, w e i l zweckdienlichen Verlogenheit liegt, haben von den Juden her die Klugheit überkom-
men, an dieser Stelle den Begriff „Gott“, „Wille Gottes“, „Offenbarung Gottes“ einzuschieben. Auch Kant, mit seinem kategorischen Imperativ, war auf dem gleichen Wege: seine Vernunft
wurde hierin p r a k t i s c h. — Es giebt Fragen, wo über Wahrheit und Unwahrheit dem Menschen die Entscheidung n i c h t
zusteht; alle obersten Fragen, alle obersten Werth-Probleme sind
jenseits der menschlichen Vernunft... Die Grenzen der Ver-

nunft begreifen — d a s erst ist wahrhaft Philosophie … Wozu
gab Gott dem Menschen die Offenbarung? Würde Gott etwas
Überflüssiges gethan haben? Der Mensch k a n n von sich nicht
selber wissen, was gut und böse ist, darum lehrte ihn Gott seinen
Willen … Moral: der Priester lügt n i c h t, — die Frage
„wahr" oder „unwahr" in solchen Dingen, von denen Priester
reden, erlaubt gar nicht zu lügen. Denn um zu lügen, müsste
man entscheiden können, w a s hier wahr ist. Aber das k a n n
eben der Mensch nicht; der Priester ist damit nur das Mundstück
Gottes. — Ein solcher Priester-Syllogismus ist durchaus nicht
bloss jüdisch und christlich: das Recht zur Lüge und die K l u g -
h e i t der „Offenbarung" gehört dem Typus Priester an, den
décadence-Priestern so gut als den Heidenthums-Priestern
(— Heiden sind Alle, die zum Leben Ja sagen, denen „Gott" das
Wort für das grosse Ja zu allen Dingen ist) — Das „Gesetz", der
„Wille Gottes", das „heilige Buch", die „Inspiration" — Alles
nur Worte für die Bedingungen, u n t e r denen der Priester zur
Macht kommt, m i t denen er seine Macht aufrecht erhält, —
diese Begriffe finden sich auf dem Grunde aller Priester-Organi-
sationen, aller priesterlichen oder philosophisch-priesterlichen
Herrschafts-Gebilde. Die „heilige Lüge" — dem Confucius, dem
Gesetzbuch des Manu, dem Muhamed, der christlichen Kirche
gemeinsam: sie fehlt nicht bei Plato. „Die Wahrheit ist da":
dies bedeutet, wo nur es laut wird, d e r P r i e s t e r l ü g t …

56

— Zuletzt kommt es darauf an, zu welchem Z w e c k ge-
logen wird. Dass im Christenthum die „heiligen" Zwecke fehlen,
ist m e i n Einwand gegen seine Mittel. Nur s c h l e c h t e
Zwecke: Vergiftung, Verleumdung, Verneinung des Lebens, die
Verachtung des Leibes, die Herabwürdigung und Selbstschändung
des Menschen durch den Begriff Sünde, — f o l g l i c h sind auch
seine Mittel schlecht. — Ich lese mit einem entgegengesetzten

Gefühle das Gesetzbuch des M a n u , ein unvergleichlich geisti-
ges und überlegenes Werk, das mit der Bibel auch nur in Einem
Athem nennen eine Sünde wider den G e i s t wäre. Man er-
räth es sofort: es hat eine wirkliche Philosophie hinter sich, i n
sich, nicht bloss ein übelriechendes Judain von Rabbinismus und
Aberglauben, — es giebt selbst dem verwöhntesten Psychologen
Etwas zu beissen. N i c h t die Hauptsache zu vergessen, der
Grundunterschied von jeder Art von Bibel: die v o r n e h m e n
Stände, die Philosophen und die Krieger, halten mit ihm ihre
Hand über der Menge; vornehme Werthe überall, ein Vollkommenheits-Gefühl, ein Jasagen zum Leben, ein triumphirendes
Wohlgefühl an sich und am Leben, — die S o n n e liegt auf dem
ganzen Buch. — Alle die Dinge, an denen das Christenthum seine
unergründliche Gemeinheit auslässt, die Zeugung zum Beispiel,
das Weib, die Ehe, werden hier ernst, mit Ehrfurcht, mit Liebe
und Zutrauen behandelt. Wie kann man eigentlich ein Buch in
die Hände von Kindern und Frauen legen, das jenes niederträch-
tige Wort enthält: „um der Hurerei willen habe ein Jeglicher sein
eignes Weib und eine Jegliche ihren eignen Mann: es ist besser
freien denn Brunst leiden“? Und d a r f man Christ sein, so
lange mit dem Begriff der i m m a c u l a t a conceptio die Entstehung des Menschen verchristlicht, das heisst b e s c h m u t z t
ist?… Ich kenne kein Buch, wo dem Weibe so viele zarte und
gütige Dinge gesagt würden, wie im Gesetzbuch des Manu; diese
alten Graubärte und Heiligen haben eine Art, gegen Frauen artig
zu sein, die vielleicht nicht übertroffen ist. „Der Mund einer Frau
— heisst es einmal — der Busen eines Mädchens, das Gebet eines
Kindes, der Rauch des Opfers sind immer rein“. Eine andre
Stelle: „es giebt gar nichts Reineres als das Licht der Sonne, den
Schatten einer Kuh, die Luft, das Wasser, das Feuer und den
Athem eines Mädchens.“ Eine letzte Stelle — vielleicht auch eine
heilige Lüge —: „alle Öffnungen des Leibes oberhalb des Nabels
sind rein, alle unterhalb sind unrein. Nur beim Mädchen ist der
ganze Körper rein.“

57.

Man ertappt die Unheiligkeit der christlichen Mittel
in flagranti, wenn man den christlichen Zweck einmal an dem Zweck des Manu-Gesetzbuchs misst, — wenn man
diesen grössten Zweck-Gegensatz unter starkes Licht bringt. Es
bleibt dem Kritiker des Christenthums nicht erspart, das Christenthum verächtlich zu machen. — Ein solches Gesetzbuch wie das des Manu entsteht, wie jedes gute Gesetzbuch: es
resümirt die Erfahrung, Klugheit und Experimental-Moral von
langen Jahrhunderten, es schliesst ab, es schafft Nichts mehr. Die
Voraussetzung zu einer Codification seiner Art ist die Einsicht,
dass die Mittel, einer langsam und kostspielig erworbenen
Wahrheit Autorität zu schaffen, grundverschieden von denen
sind, mit denen man sie beweisen würde. Ein Gesetzbuch erzählt
niemals den Nutzen, die Gründe, die Casuistik in der Vorgeschichte eines Gesetzes: eben damit würde es den imperativi-
schen Ton einbüssen, das „Du sollst“, die Voraussetzung dafür,
dass gehorcht wird. Das Problem liegt genau hierin. — An einem
gewissen Punkte der Entwicklung eines Volks erklärt die um-
sichtigste, das heisst zurück- und hinausblickendste Schicht desselben, die Erfahrung, nach der gelebt werden soll — das heisst
kann —, für abgeschlossen. Ihr Ziel geht dahin, die Ernte möglichst reich und vollständig von den Zeiten des Experiments und
der schlimmen Erfahrung heimzubringen. Was folglich vor
allem jetzt zu verhüten ist, das ist das Noch-Fort-Experimen-
tiren, die Fortdauer des flüssigen Zustands der Werthe, das Prüfen, Wählen, Kritik-Üben der Werthe in infinitum. Dem stellt
man eine doppelte Mauer entgegen: einmal die Offenbarung, das ist die Behauptung, die Vernunft jener Gesetze sei
nicht menschlicher Herkunft, nicht langsam und unter
Fehlgriffen gesucht und gefunden, sondern, als göttlichen Ursprungs, ganz, vollkommen, ohne Geschichte, ein Geschenk, ein
Wunder, bloss mitgetheilt... Sodann die Tradition, das
ist die Behauptung, dass das Gesetz bereits seit uralten Zeiten

bestanden habe, dass es pietätlos, ein Verbrechen an den Vorfahren sei, es in Zweifel zu ziehn. Die Autorität des Gesetzes
begründet sich mit den Thesen: Gott g a b es, die Vorfahren
l e b t e n es. — Die höhere Vernunft einer solchen Prozedur
liegt in der Absicht, das Bewusstsein Schritt für Schritt von dem
als richtig erkannten (das heisst durch eine ungeheure und scharf
durchgesiebte Erfahrung b e w i e s e n e n) Leben zurückzudrängen: so dass der vollkommne Automatismus des Instinkts
erreicht wird, — diese Voraussetzung zu jeder Art Meisterschaft,
zu jeder Art Vollkommenheit in der Kunst des Lebens. Ein Gesetzbuch nach Art des Manu aufstellen heisst einem Volke fürderhin zugestehn, Meister zu werden, vollkommen zu werden, —
die höchste Kunst des Lebens zu ambitioniren. D a z u m u s s
e s u n b e w u s s t g e m a c h t w e r d e n : dies der Zweck
jeder heiligen Lüge. — Die O r d n u n g d e r K a s t e n , das
oberste, das dominirende Gesetz, ist nur die Sanktion einer
N a t u r - O r d n u n g , Natur-Gesetzlichkeit ersten Ranges, über
die keine Willkür, keine „moderne Idee“ Gewalt hat. Es treten
in jeder gesunden Gesellschaft, sich gegenseitig bedingend, drei
physiologisch verschieden-gravitirende Typen auseinander, von
denen jeder seine eigne Hygiene, sein eignes Reich von Arbeit,
seine eigne Art Vollkommenheits-Gefühl und Meisterschaft hat.
Die Natur, n i c h t Manu, trennt die vorwiegend Geistigen, die
vorwiegend Muskel- und Temperaments-Starken und die weder
im Einen, noch im Andern ausgezeichneten Dritten, die Mittelmässigen, von einander ab, — die letzteren als die grosse Zahl,
die ersteren als die Auswahl. Die oberste Kaste — ich nenne sie
d i e W e n i g s t e n — hat als die vollkommne auch die Vorrechte der Wenigsten: dazu gehört es, das Glück, die Schönheit,
die Güte auf Erden darzustellen. Nur die geistigsten Menschen
haben die Erlaubniss zur Schönheit, z u m Schönen: nur bei
ihnen ist Güte nicht Schwäche. Pulchrum est paucorum hominum:
das Gute ist ein Vorrecht. Nichts kann ihnen dagegen weniger
zugestanden werden, als hässliche Manieren oder ein pessimisti-

scher Blick, ein Auge, das v e r h ä s s l i c h t —, oder gar eine
Entrüstung über den Gesammt-Aspekt der Dinge. Die Entrüstung ist das Vorrecht der Tschandala; der Pessimismus desgleichen. „D i e W e l t i s t v o l l k o m m e n — so redet der
Instinkt der Geistigsten, der Jasagende Instinkt: die Unvoll-
kommenheit, das U n t e r -uns jeder Art, die Distanz, das Pathos der Distanz, der Tschandala selbst gehört noch zu dieser
Vollkommenheit." Die geistigsten Menschen, als die S t ä r k-
s t e n , finden ihr Glück, worin Andre ihren Untergang finden
würden: im Labyrinth, in der Härte gegen sich und Andre, im
Versuch; ihre Lust ist die Selbstbezwingung: der Asketismus wird
bei ihnen Natur, Bedürfniss, Instinkt. Die schwere Aufgabe gilt
ihnen als Vorrecht, mit Lasten zu spielen, die Andre erdrücken,
eine E r h o l u n g ... Erkenntniss — eine Form des Asketismus. — Sie sind die ehrwürdigste Art Mensch: das schliesst nicht
aus, dass sie die heiterste, die liebenswürdigste sind. Sie herrschen,
nicht, weil sie wollen, sondern weil sie s i n d , es steht ihnen
nicht frei, die Zweiten zu sein. — Die Z w e i t e n : das sind die
Wächter des Rechts, die Pfleger der Ordnung und der Sicherheit,
das sind die vornehmen Krieger, das ist der K ö n i g vor Allem
als die höchste Formel von Krieger, Richter und Aufrechterhal-
ter des Gesetzes. Die Zweiten sind die Exekutive der Geistigsten,
das Nächste, was zu ihnen gehört, das, was ihnen alles G r o b e
in der Arbeit des Herrschens abnimmt — ihr Gefolge, ihre rechte
Hand, ihre beste Schülerschaft. — In dem Allem, nochmals gesagt, ist Nichts von Willkür, Nichts „gemacht"; was a n d e r s ist,
ist gemacht, — die Natur ist dann zu Schanden gemacht... Die
Ordnung der Kasten, die R a n g o r d n u n g , formulirt nur
das oberste Gesetz des Lebens selbst, die Abscheidung der drei
Typen ist nöthig zur Erhaltung der Gesellschaft, zur Ermöglichung höherer und höchster Typen, — die U n g l e i c h h e i t
der Rechte ist erst die Bedingung dafür, dass es überhaupt Rechte
giebt. — Ein Recht ist ein Vorrecht. In seiner Art Sein hat Jeder
auch sein Vorrecht. Unterschätzen wir die Vorrechte der M i t-

telmässigen nicht. Das Leben nach der Höhe zu wird immer härter, — die Kälte nimmt zu, die Verantwortlichkeit nimmt zu. Eine hohe Cultur ist eine Pyramide: sie kann nur auf einem breiten Boden stehn, sie hat zuallererst eine stark und gesund consolidirte Mittelmässigkeit zur Voraussetzung. Das Handwerk, der Handel, der Ackerbau, die Wissenschaft, der grösste Theil der Kunst, der ganze Inbegriff der Berufsthätigkeit mit Einem Wort, verträgt sich durchaus nur mit einem Mittelmaass im Können und Begehren: dergleichen wäre deplacirt unter Ausnahmen, der dazu gehörige Instinkt widerspräche sowohl dem Aristokratismus als dem Anarchismus. Dass man ein öffentlicher Nutzen ist, ein Rad, eine Funktion, dazu giebt es eine Naturbestimmung: nicht die Gesellschaft, die Art Glück, deren die Allermeisten bloss fähig sind, macht aus ihnen intelligente Maschinen. Für den Mittelmässigen ist mittelmässig sein ein Glück; die Meisterschaft in Einem, die Spezialität ein natürlicher Instinkt. Es würde eines tieferen Geistes vollkommen unwürdig sein, in der Mittelmässigkeit an sich schon einen Einwand zu sehn. Sie ist selbst die erste Nothwendigkeit dafür, dass es Ausnahmen geben darf: eine hohe Cultur ist durch sie bedingt. Wenn der Ausnahme-Mensch gerade die Mittelmässigen mit zarteren Fingern handhabt, als sich und seines Gleichen, so ist dies nicht bloss Höflichkeit des Herzens, — es ist einfach seine Pflicht... Wen hasse ich unter dem Gesindel von Heute am besten? Das Socialisten-Gesindel, die Tschandala-Apostel, die den Instinkt, die Lust, das Genügsamkeits-Gefühl des Arbeiters mit seinem kleinen Sein untergraben, — die ihn neidisch machen, die ihn Rache lehren... Das Unrecht liegt niemals in ungleichen Rechten, es liegt im Anspruch auf „gleiche" Rechte... Was ist schlecht? Aber ich sagte es schon: Alles, was aus Schwäche, aus Neid, aus Rache stammt. — Der Anarchist und der Christ sind Einer Herkunft...

58.

In der That, es macht einen Unterschied, zu welchem Zweck
man lügt: ob man damit erhält oder z e r s t ö r t. Man darf
zwischen C h r i s t und A n a r c h i s t eine vollkommne Glei-
chung aufstellen: ihr Zweck, ihr Instinkt geht nur auf Zerstörung. Den Beweis für diesen Satz hat man aus der Geschichte
nur abzulesen: sie enthält ihn in entsetzlicher Deutlichkeit. Lernten wir eben eine religiöse Gesetzgebung kennen, deren Zweck
war, die oberste Bedingung dafür, dass das Leben g e d e i h t,
eine grosse Organisation der Gesellschaft zu „verewigen", das
Christenthum hat seine Mission darin gefunden, mit eben einer
solchen Organisation, w e i l i n i h r d a s L e b e n g e d i e h,
ein Ende zu machen. Dort sollte der Vernunft-Ertrag von langen
Zeiten des Experiments und der Unsicherheit zum fernsten Nutzen angelegt und die Ernte so gross, so reichlich, so vollständig
wie möglich heimgebracht werden: hier wurde, umgekehrt, über
Nacht die Ernte v e r g i f t e t... Das, was aere perennius da-
stand, das i m p e r i u m R o m a n u m, die grossartigste Or-
ganisations-Form unter schwierigen Bedingungen, die bisher erreicht worden ist, im Vergleich zu der alles Vorher, alles Nachher Stückwerk, Stümperei, Dilettantismus ist, — jene heiligen
Anarchisten haben sich eine „Frömmigkeit" daraus gemacht, „die
Welt", d a s h e i s s t das imperium Romanum zu zerstören, bis
kein Stein auf dem andren blieb, — bis selbst Germanen und
andre Rüpel darüber Herr werden konnten... Der Christ und
der Anarchist: beide décadents, beide unfähig, anders als auf-
lösend, vergiftend, verkümmernd, b l u t a u s s a u g e n d zu
wirken, beide der Instinkt des T o d h a s s e s gegen Alles, was
steht, was gross dasteht, was Dauer hat, was dem Leben Zukunft verspricht... Das Christenthum war der Vampyr des imperium Romanum, — es hat die ungeheure That der Römer, den
Boden für eine grosse Cultur zu gewinnen, d i e Z e i t h a t,
über Nacht ungethan gemacht. — Versteht man es immer noch
nicht? Das imperium Romanum, das wir kennen, das uns die

Geschichte der römischen Provinz immer besser kennen lehrt, dies bewunderungswürdigste Kunstwerk des grossen Stils, war ein Anfang, sein Bau war berechnet, sich mit Jahrtausenden zu b e - w e i s e n , — es ist bis heute nie so gebaut, nie auch nur geträumt worden, in gleichem Maasse sub specie aeterni zu bauen! — Diese Organisation war fest genug, schlechte Kaiser auszuhalten: der Zufall von Personen darf nichts in solchen Dingen zu thun haben, — e r s t e s Princip aller grossen Architektur. Aber sie war nicht fest genug gegen die c o r r u p t e s t e Art Corruption, gegen den C h r i s t e n ... Dies heimliche Gewürm, das sich in Nacht, Nebel und Zweideutigkeit an alle Einzelnen heranschlich und jedem Einzelnen den Ernst für w a h r e Dinge, den Instinkt überhaupt für R e a l i t ä t e n aussog, diese feige, femininische und zuckersüsse Bande hat Schritt für Schritt die „Seelen" diesem ungeheuren Bau entfremdet, — jene werthvollen, jene männlich-vornehmen Naturen, die in der Sache Rom's ihre eigne Sache, ihren eignen Ernst, ihren eignen S t o l z empfanden. Die Mucker-Schleicherei, die Conventikel-Heimlichkeit, düstere Begriffe, wie Hölle, wie Opfer des Unschuldigen, wie unio mystica im Bluttrinken, vor Allem das langsam aufgeschürte Feuer der Rache, der Tschandala-Rache — d a s wurde Herr über Rom, dieselbe Art von Religion, der schon in ihrer Präexistenz-Form Epicur den Krieg gemacht hatte. Man lese Lucrez, um zu begreifen, w a s Epicur bekämpft hat, n i c h t das Heidenthum, sondern „das Christenthum", will sagen die Verderbniss der Seelen durch den Schuld-, durch den Straf- und Unsterblichkeits-Begriff. — Er bekämpfte die u n t e r i r d i - s c h e n Culte, das ganze latente Christenthum, — die Unsterblichkeit zu leugnen war damals schon eine wirkliche E r l ö s u n g . — Und Epicur hätte gesiegt, jeder achtbare Geist im römischen Reich war Epicureer: d a e r s c h i e n P a u l u s ... Paulus, der Fleisch-, der Genie-gewordne Tschandala-Hass gegen Rom, gegen „die Welt", der Jude, der e w i g e Jude par excellence ... Was er errieth, das war, wie man mit Hülfe der kleinen sektirer-

ischen Christen-Bewegung abseits des Judenthums einen „Welt-
brand" entzünden könne, wie man mit dem Symbol „Gott am
Kreuze" alles Unten-Liegende, alles Heimlich-Aufrührerische,
die ganze Erbschaft anarchistischer Umtriebe im Reich, zu einer
ungeheuren Macht aufsummiren könne. „Das Heil kommt von
den Juden". — Das Christenthum als Formel, um die unterirdischen Culte aller Art, die des Osiris, der grossen Mutter, des
Mithras zum Beispiel, zu überbieten — u n d zu summiren: in
dieser Einsicht besteht das Genie des Paulus. Sein Instinkt war
darin so sicher, dass er die Vorstellungen, mit denen jene Tschan-
dala-Religionen fascinirten, mit schonungsloser Gewaltthätigkeit
an der Wahrheit dem „Heilande" seiner Erfindung in den Mund
legte, und nicht nur in den Mund — dass er aus ihm Etwas
m a c h t e , was auch ein Mithras-Priester verstehn konnte...
Dies war sein Augenblick von Damaskus: er begriff, dass er den
Unsterblichkeits-Glauben n ö t h i g hatte, um „die Welt" zu
entwerthen, dass der Begriff „Hölle" über Rom noch Herr wird,
— dass man mit dem „Jenseits" d a s L e b e n t ö d t e t ...
Nihilist und Christ: das reimt sich, das reimt sich nicht bloss ...

59.

Die ganze Arbeit der antiken Welt u m s o n s t : ich habe
kein Wort dafür, das mein Gefühl über etwas so Ungeheures
ausdrückt. — Und in Anbetracht, dass ihre Arbeit eine Vorarbeit
war, dass eben erst der Unterbau zu einer Arbeit von Jahrtausenden mit granitnem Selbstbewusstsein gelegt war, der ganze
S i n n der antiken Welt umsonst! ... Wozu Griechen? wozu Römer? — Alle Voraussetzungen zu einer gelehrten Cultur, alle
wissenschaftlichen M e t h o d e n waren bereits da, man hatte
die grosse, die unvergleichliche Kunst, gut zu lesen, bereits fest-
gestellt — diese Voraussetzung zur Tradition der Cultur, zur
Einheit der Wissenschaft; die Naturwissenschaft, im Bunde mit
Mathematik und Mechanik, war auf dem allerbesten Wege, —

der Thatsachen-Sinn, der letzte und werthvollste aller
Sinne, hatte seine Schulen, seine bereits Jahrhunderte alte Tradition! Versteht man das? Alles Wesentliche war gefunden,
um an die Arbeit gehn zu können: — die Methoden, man muss
es zehnmal sagen, sind das Wesentliche, auch das Schwierigste,
auch das, was am längsten die Gewohnheiten und Faulheiten
gegen sich hat. Was wir heute, mit unsäglicher Selbstbezwingung
— denn wir haben Alle die schlechten Instinkte, die christlichen,
irgendwie noch im Leibe —, uns zurückerobert haben, den freien
Blick vor der Realität, die vorsichtige Hand, die Geduld und den
Ernst im Kleinsten, die ganze Rechtschaffenheit der
Erkenntniss — sie war bereits da! vor mehr als zwei Jahrtausenden bereits! Und, dazu gerechnet, der gute, der feine Takt und
Geschmack! Nicht als Gehirn-Dressur! Nicht als „deutsche" Bildung mit Rüpel-Manieren! Sondern als Leib, als Gebärde, als Instinkt, — als Realität mit Einem Wort... Alles
umsonst! Über Nacht bloss noch eine Erinnerung! — Griechen! Römer! Die Vornehmheit des Instinkts, der Geschmack, die
methodische Forschung, das Genie der Organisation und Verwal-
tung, der Glaube, der Wille zur Menschen-Zukunft, das
grosse Ja zu allen Dingen als imperium Romanum sichtbar, für
alle Sinne sichtbar, der grosse Stil nicht mehr bloss Kunst, sondern Realität, Wahrheit, Leben geworden... — Und nicht
durch ein Natur-Ereigniss über Nacht verschüttet! Nicht durch
Germanen und andre Schwerfüssler niedergetreten! Sondern von
listigen, heimlichen, unsichtbaren, blutarmen Vampyrn zu
Schanden gemacht! Nicht besiegt, — nur ausgesogen!... Die ver-
steckte Rachsucht, der kleine Neid Herr geworden! Alles Erbärmliche, An-sich-Leidende, Von-schlechten-Gefühlen-Heimge-
suchte, die ganze Ghetto-Welt der Seele mit Einem Male
obenauf! — — Man lese nur irgend einen christlichen Agita-
tor, den heiligen Augustin zum Beispiel, um zu begreifen, um zu
riechen, was für unsaubere Gesellen damit obenauf gekommen sind. Man würde sich ganz und gar betrügen, wenn man

irgend welchen Mangel an Verstand bei den Führern der christlichen Bewegung voraussetzte: — oh sie sind klug, klug bis zur Heiligkeit, diese Herrn Kirchenväter! Was ihnen abgeht, ist etwas ganz Anderes. Die Natur hat sie vernachlässigt, — sie vergass, ihnen eine bescheidene Mitgift von achtbaren, von anständigen, von r e i n l i c h e n Instinkten mitzugeben... Unter uns, es sind nicht einmal Männer... Wenn der Islam das Christenthum verachtet, so hat er tausend Mal Recht dazu: der Islam hat Männer zur Voraussetzung...

60.

Das Christenthum hat uns um die Ernte der antiken Cultur gebracht, es hat uns später wieder um die Ernte der I s l a m - Cultur gebracht. Die wunderbare maurische Cultur-Welt Spaniens, u n s im Grunde verwandter, zu Sinn und Geschmack redender als Rom und Griechenland, wurde n i e d e r g e t r e - t e n — ich sage nicht von was für Füssen — warum? weil sie vornehmen, weil sie Männer-Instinkten ihre Entstehung verdankte, weil sie zum Leben Ja sagte auch noch mit den seltnen und raffinirten Kostbarkeiten des maurischen Lebens!... Die Kreuzritter bekämpften später Etwas, vor dem sich in den Staub zu legen ihnen besser angestanden hätte, — eine Cultur, gegen die sich selbst unser neunzehntes Jahrhundert sehr arm, sehr „spät" vorkommen dürfte. — Freilich, sie wollten Beute machen: der Orient war reich... Man sei doch unbefangen! Kreuzzüge — die höhere Seeräuberei, weiter nichts! — Der deutsche Adel, Wikinger-Adel im Grunde, war damit in seinem Elemente: die Kirche wusste nur zu gut, womit man deutschen Adel h a t ... Der deutsche Adel, immer die „Schweizer" der Kirche, immer im Dienste aller schlechten Instinkte der Kirche, — aber g u t b e - z a h l t ... Dass die Kirche gerade mit Hülfe deutscher Schwerter, deutschen Blutes und Muthes ihren Todfeindschafts-Krieg gegen alles Vornehme auf Erden durchgeführt hat! Es giebt an dieser

Stelle eine Menge schmerzlicher Fragen. Der deutsche Adel f e h l t beinahe in der Geschichte der höheren Cultur: man erräth den Grund... Christenthum, Alkohol — die beiden g r o s s e n Mittel der Corruption... An sich sollte es ja keine Wahl geben, Angesichts von Islam und Christenthum, so wenig als Angesichts eines Arabers und eines Juden. Die Entscheidung ist gegeben, es steht Niemandem frei, hier noch zu wählen. Entweder i s t man ein Tschandala oder man ist es n i c h t ... „Krieg mit Rom auf's Messer! Friede, Freundschaft mit dem Islam": so empfand, so t h a t jener grosse Freigeist, das Genie unter den deutschen Kaisern, Friedrich der Zweite. Wie? muss ein Deutscher erst Genie, erst Freigeist sein, um a n s t ä n d i g zu empfinden? — Ich begreife nicht, wie ein Deutscher je c h r i s t l i c h empfinden konnte ...

61.

Hier thut es Noth, eine für Deutsche noch hundert Mal peinlichere Erinnerung zu berühren. Die Deutschen haben Europa um die letzte grosse Cultur-Ernte gebracht, die es für Europa heimzubringen gab, — um die der R e n a i s s a n c e. Versteht man endlich, w i l l man verstehn, w a s die Renaissance war? Die U m w e r t h u n g d e r c h r i s t l i c h e n W e r t h e, der Versuch, mit allen Mitteln, mit allen Instinkten, mit allem Genie unternommen, die G e g e n - W e r t h e, die v o r n e h m e n Werthe zum Sieg zu bringen... Es gab bisher nur d i e s e n grossen Krieg, es gab bisher keine entscheidendere Fragestellung als die der Renaissance, — m e i n e Frage ist ihre Frage —: es gab auch nie eine grundsätzlichere, eine geradere, eine strenger in ganzer Front und auf das Centrum los geführte Form des A n g r i f f s! An der entscheidenden Stelle, im Sitz des Christenthums selbst angreifen, hier die v o r n e h m e n Werthe auf den Thron bringen, will sagen in die Instinkte, in die untersten Bedürfnisse und Begierden der daselbst Sitzenden h i n e i n -

bringen... Ich sehe eine M ö g l i c h k e i t vor mir von einem
vollkommen überirdischen Zauber und Farbenreiz: — es scheint
mir, dass sie in allen Schaudern raffinirter Schönheit erglänzt,
dass eine Kunst in ihr am Werke ist, so göttlich, so teufelsmässig-
göttlich, dass man Jahrtausende umsonst nach einer zweiten solchen Möglichkeit durchsucht; ich sehe ein Schauspiel, so sinnreich,
so wunderbar paradox zugleich, dass alle Gottheiten des Olymps
einen Anlass zu einem unsterblichen Gelächter gehabt hätten —
C e s a r e B o r g i a a l s P a p s t... Versteht man mich?...
Wohlan, d a s wäre der Sieg gewesen, nach dem i c h heute
allein verlange —: damit war das Christenthum a b g e -
s c h a f f t ! — Was geschah? Ein deutscher Mönch, Luther, kam
nach Rom. Dieser Mönch, mit allen rachsüchtigen Instinkten eines
verunglückten Priesters im Leibe, empörte sich in Rom g e g e n
die Renaissance... Statt mit tiefster Dankbarkeit das Ungeheure
zu verstehn, das geschehn war, die Überwindung des Christenthums an seinem S i t z —, verstand sein Hass aus diesem Schauspiel nur seine Nahrung zu ziehn. Ein religiöser Mensch denkt
nur an sich. — Luther sah die V e r d e r b n i s s des Papstthums,
während gerade das Gegentheil mit Händen zu greifen war: die
alte Verderbniss, das peccatum originale, das Christenthum sass
n i c h t mehr auf dem Stuhl des Papstes! Sondern das Leben!
Sondern der Triumph des Lebens! Sondern das grosse Ja zu allen
hohen, schönen, verwegenen Dingen!... Und Luther s t e l l t e
d i e K i r c h e w i e d e r h e r : er griff sie an... Die Renaissance — ein Ereigniss ohne Sinn, ein grosses U m s o n s t ! —
Ah diese Deutschen, was sie uns schon gekostet haben! Umsonst
— das war immer das W e r k der Deutschen. — Die Reformation; Leibniz; Kant und die sogenannte deutsche Philosophie; die
Freiheits-Kriege; das Reich — jedes Mal ein Umsonst für Etwas, das bereits da war, für etwas U n w i e d e r b r i n g -
l i c h e s... Es sind m e i n e Feinde, ich bekenne es, diese Deutschen: ich verachte in ihnen jede Art von Begriffs- und Werth-
Unsauberkeit, von F e i g h e i t vor jedem rechtschaffnen Ja

und Nein. Sie haben, seit einem Jahrtausend beinahe, Alles ver-
filzt und verwirrt, woran sie mit ihren Fingern rührten, sie haben
alle Halbheiten — Drei-Achtelsheiten! — auf dem Gewissen, an
denen Europa krank ist, — sie haben auch die unsauberste Art
Christenthum, die es giebt, die unheilbarste, die unwiderleg-
barste, den Protestantismus auf dem Gewissen... Wenn man
nicht fertig wird mit dem Christenthum, die D e u t s c h e n
werden daran schuld sein...

62.

— Hiermit bin ich am Schluss und spreche mein Urtheil. Ich
v e r u r t h e i l e das Christenthum, ich erhebe gegen die christliche Kirche die furchtbarste aller Anklagen, die je ein Ankläger
in den Mund genommen hat. Sie ist mir die höchste aller denk-
baren Corruptionen, sie hat den Willen zur letzten auch nur möglichen Corruption gehabt. Die christliche Kirche liess Nichts mit
ihrer Verderbniss unberührt, sie hat aus jedem Werth einen Unwerth, aus jeder Wahrheit eine Lüge, aus jeder Rechtschaffenheit
eine Seelen-Niedertracht gemacht. Man wage es noch, mir von
ihren „humanitären" Segnungen zu reden! Irgend einen Nothstand a b s c h a f f e n gieng wider ihre tiefste Nützlichkeit, —
sie lebte von Nothständen, sie s c h u f Nothstände, um s i c h
zu verewigen... Der Wurm der Sünde zum Beispiel: mit diesem
Nothstande hat erst die Kirche die Menschheit bereichert! —
Die „Gleichheit der Seelen vor Gott", diese Falschheit, dieser
V o r w a n d für die rancunes aller Niedriggesinnten, dieser
Sprengstoff von Begriff, der endlich Revolution, moderne Idee
und Niedergangs-Princip der ganzen Gesellschafts-Ordnung ge-
worden ist — ist c h r i s t l i c h e r Dynamit... „Humanitäre"
Segnungen des Christenthums! Aus der humanitas einen Selbst-
Widerspruch, eine Kunst der Selbstschändung, einen Willen zur
Lüge um jeden Preis, einen Widerwillen, eine Verachtung aller
guten und rechtschaffnen Instinkte herauszuzüchten! — Das wä-

ren mir Segnungen des Christenthums! — Der Parasitismus als einzige Praxis der Kirche; mit ihrem Bleichsuchts-, ihrem „Heiligkeits"-Ideale jedes Blut, jede Liebe, jede Hoffnung zum Leben austrinkend; das Jenseits als Wille zur Verneinung jeder Realität; das Kreuz als Erkennungszeichen für die unterirdischste Verschwörung, die es je gegeben hat, — gegen Gesundheit, Schönheit, Wohlgerathenheit, Tapferkeit, Geist, Güte der Seele, gegen das Leben selbst...

Diese ewige Anklage des Christenthums will ich an alle Wände schreiben, wo es nur Wände giebt, — ich habe Buchstaben, um auch Blinde sehend zu machen... Ich heisse das Christenthum den Einen grossen Fluch, die Eine grosse innerlichste Verdorbenheit, den Einen grossen Instinkt der Rache, dem kein Mittel giftig, heimlich, unterirdisch, klein genug ist, — ich heisse es den Einen unsterblichen Schandfleck der Menschheit...

Und man rechnet die Zeit nach dem dies nefastus, mit dem dies Verhängniss anhob, — nach dem ersten Tag des Christenthums! — Warum nicht lieber nach seinem letzten? — Nach Heute? — Umwerthung aller Werthe!...

Gesetz wider das Christenthum.

Gegeben am Tage des Heils, am ersten Tage des Jahres Eins (— am
30. September 1888 der falschen Zeitrechnung)

**Todkrieg gegen das Laster: das Laster
ist das Christenthum**

Erster Satz. — Lasterhaft ist jede Art Widernatur. Die lasterhaf-
teste Art Mensch ist der Priester: er **lehrt** die Widernatur. Gegen den
Priester hat man nicht Gründe, man hat das Zuchthaus.

Zweiter Satz. — Jede Theilnahme an einem Gottesdienste ist ein
Attentat auf die öffentliche Sittlichkeit. Man soll härter gegen Protestanten
als gegen Katholiken sein, härter gegen liberale Protestanten als gegen
strenggläubige. Das Verbrecherische im Christ-sein nimmt in dem Maasse zu,
als man sich der Wissenschaft nähert. Der Verbrecher der Verbrecher ist folglich der **Philosoph.**

Dritter Satz. — Die fluchwürdige Stätte, auf der das Christenthum
seine Basilisken-Eier gebrütet hat, soll dem Erdboden gleich gemacht werden
und als **veruchte** Stelle der Erde der Schrecken aller Nachwelt sein.
Man soll giftige Schlangen auf ihr züchten.

Vierter Satz. — Die Predigt der Keuschheit ist eine öffentliche
Aufreizung zur Widernatur. Jede Verachtung des geschlechtlichen Lebens,
jede Verunreinigung desselben durch den Begriff „unrein" ist die eigentliche
Sünde wider den heiligen Geist des Lebens.

Fünfter Satz. — Mit einem Priester an Einem Tisch essen stößt
aus: man excommunicirt sich damit aus der rechtschaffnen Gesellschaft. Der
Priester ist **unser** Tschandala, — man soll ihn verfehmen, aushungern, in
jede Art Wüste treiben.

Sechster Satz. — Man soll die „heilige" Geschichte mit dem
Namen nennen, den sie verdient, als **verfluchte** Geschichte; man soll
die Worte „Gott", „Heiland", „Erlöser", „Heiliger" zu Schimpfworten, zu
Verbrecher-Abzeichen benutzen.

Siebenter Satz. — Der Rest folgt daraus.

Der Antichrist

Ecce homo.
Wie man wird, was man ist.

Vorwort.

1.

In Voraussicht, dass ich über Kurzem mit der schwersten Forderung an die Menschheit herantreten muss, die je an sie gestellt wurde, scheint es mir unerlässlich, zu sagen, w e r i c h b i n. Im Grunde dürfte man's wissen: denn ich habe mich nicht „unbezeugt gelassen". Das Missverhältniss aber zwischen der Grösse meiner Aufgabe und der K l e i n h e i t meiner Zeitgenossen ist darin zum Ausdruck gekommen, dass man mich weder gehört, noch auch nur gesehn hat. Ich lebe auf meinen eignen Credit hin, es ist vielleicht bloss ein Vorurtheil, daß ich lebe?... Ich brauche nur irgend einen „Gebildeten" zu sprechen, der im Sommer ins Oberengadin kommt, um mich zu überzeugen, dass ich n i c h t lebe... Unter diesen Umständen giebt es eine Pflicht, gegen die im Grunde meine Gewohnheit, noch mehr der Stolz meiner Instinkte revoltirt, nämlich zu sagen: H ö r t m i c h! d e n n i c h b i n d e r u n d d e r. V e r w e c h s e l t m i c h v o r A l l e m n i c h t!

2.

Ich bin zum Beispiel durchaus kein Popanz, kein Moral-Ungeheuer, — ich bin sogar eine Gegensatz-Natur zu der Art Mensch, die man bisher als tugendhaft verehrt hat. Unter uns,

es scheint mir, dass gerade Das zu meinem Stolz gehört. Ich bin
ein Jünger des Philosophen Dionysos, ich zöge vor, eher noch
ein Satyr zu sein als ein Heiliger. Aber man lese nur diese
Schrift. Vielleicht gelang es mir, vielleicht hatte diese Schrift gar
keinen andren Sinn, als diesen Gegensatz in einer heitren und
menschenfreundlichen Weise zum Ausdruck zu bringen. Das
Letzte, was i c h versprechen würde, wäre, die Menschheit zu
„verbessern“. Von mir werden keine neuen Götzen aufgerichtet;
die alten mögen lernen, was es mit thönernen Beinen auf sich
hat. G ö t z e n (mein Wort für „Ideale“) u m w e r f e n —
das gehört schon eher zu meinem Handwerk. Man hat die Realität in dem Grade um ihren Werth, ihren Sinn, ihre Wahrhaftigkeit gebracht, als man eine ideale Welt e r l o g ... Die „wahre
Welt“ und die „scheinbare Welt“ — auf deutsch: die e r l o g n e
Welt und die Realität ... Die L ü g e des Ideals war bisher der
Fluch über der Realität, die Menschheit selbst ist durch sie bis
in ihre untersten Instinkte hinein verlogen und falsch geworden
— bis zur Anbetung der u m g e k e h r t e n Werthe, als die
sind, mit denen ihr erst das Gedeihen, die Zukunft, das hohe
R e c h t auf Zukunft verbürgt wäre.

3.

— Wer die Luft meiner Schriften zu athmen weiss, weiss,
dass es eine Luft der Höhe ist, eine s t a r k e Luft. Man muss
für sie geschaffen sein, sonst ist die Gefahr keine kleine, sich in
ihr zu erkälten. Das Eis ist nahe, die Einsamkeit ist ungeheuer
— aber wie ruhig alle Dinge im Lichte liegen! wie frei man athmet! wie Viel man u n t e r sich fühlt! — Philosophie, wie ich
sie bisher verstanden und gelebt habe, ist das freiwillige Leben
in Eis und Hochgebirge — das Aufsuchen alles Fremden und
Fragwürdigen im Dasein, alles dessen, was durch die Moral bisher in Bann gethan war. Aus einer langen Erfahrung, welche
eine solche Wanderung i m V e r b o t e n e n gab, lernte ich die

Ursachen, aus denen bisher moralisirt und idealisirt wurde, sehr
anders ansehn als es erwünscht sein mag: die v e r b o r g e n e
Geschichte der Philosophen, die Psychologie ihrer grossen Namen
kam für mich an's Licht. — Wie viel Wahrheit e r t r ä g t, wie
viel Wahrheit w a g t ein Geist? das wurde für mich immer
mehr der eigentliche Werthmesser. Irrthum (— der Glaube an's
Ideal —) ist nicht Blindheit, Irrthum ist F e i g h e i t... Jede
Errungenschaft, jeder Schritt vorwärts in der Erkenntniss
f o l g t aus dem Muth, aus der Härte gegen sich, aus der Sauber-
keit gegen sich ... Ich widerlege die Ideale nicht, ich ziehe bloss
Handschuhe vor ihnen an ... Nitimur in v e t i t u m : in diesem
Zeichen siegt einmal meine Philosophie, denn man verbot bisher grundsätzlich immer nur die Wahrheit. —

4.

— Innerhalb meiner Schriften steht für sich mein Z a r a -
t h u s t r a. Ich habe mit ihm der Menschheit das grösste Geschenk gemacht, das ihr bisher gemacht worden ist. Dies Buch,
mit einer Stimme über Jahrtausende hinweg, ist nicht nur das
höchste Buch, das es giebt, das eigentliche Höhenluft-Buch — die
ganze Thatsache Mensch liegt in ungeheurer Ferne u n t e r
ihm —, es ist auch das t i e f s t e, das aus dem innersten Reichthum der Wahrheit heraus geborene, ein unerschöpflicher Brunnen, in den kein Eimer hinabsteigt, ohne mit Gold und Güte ge-
füllt heraufzukommen. Hier redet kein „Prophet", keiner jener
schauerlichen Zwitter von Krankheit und Willen zur Macht, die
man Religionsstifter nennt. Man muss vor Allem den Ton, der
aus diesem Munde kommt, diesen halkyonischen Ton richtig
h ö r e n, um dem Sinn seiner Weisheit nicht erbarmungswürdig
Unrecht zu thun. „Die stillsten Worte sind es, welche den Sturm
bringen, Gedanken, die mit Taubenfüssen kommen, lenken die
Welt —"

Die Feigen fallen von den Bäumen, sie sind gut und süss: und indem sie fallen, reisst ihnen die rothe Haut. Ein Nordwind bin ich reifen Feigen.

Also, gleich Feigen, fallen euch diese Lehren zu, meine Freunde: nun trinkt ihren Saft und ihr süsses Fleisch! Herbst ist es umher und reiner Himmel und Nachmittag —

Hier redet kein Fanatiker, hier wird nicht „gepredigt", hier wird nicht Glauben verlangt: aus einer unendlichen Lichtfülle und Glückstiefe fällt Tropfen für Tropfen, Wort für Wort, — eine zärtliche Langsamkeit ist das tempo dieser Reden. Dergleichen gelangt nur zu den Auserwähltesten; es ist ein Vorrecht ohne Gleichen hier Hörer zu sein; es steht Niemandem frei, für Zarathustra Ohren zu haben... Ist Zarathustra mit Alledem nicht ein Verführer?... Aber was sagt er doch selbst, als er zum ersten Male wieder in seine Einsamkeit zurückkehrt? Genau das Gegentheil von dem, was irgend ein „Weiser", „Heiliger", „Welt-Erlöser" und andrer décadent in einem solchen Falle sagen würde... Er redet nicht nur anders, er ist auch anders...

Allein gehe ich nun, meine Jünger! Auch ihr geht nun davon und allein! So will ich es.

Geht fort von mir und wehrt euch gegen Zarathustra! Und besser noch: schämt euch seiner! Vielleicht betrog er euch.

Der Mensch der Erkenntniss muss nicht nur seine Feinde lieben, er muss auch seine Freunde hassen können.

Man vergilt einem Lehrer schlecht, wenn man immer nur der Schüler bleibt. Und warum wollt ihr nicht an meinem Kranze rupfen?

Ihr verehrt mich: aber wie, wenn eure Verehrung eines Tages umfällt? Hütet euch, dass euch nicht eine Bildsäule erschlage!

Ihr sagt, ihr glaubt an Zarathustra? Aber was liegt

an Zarathustra! Ihr seid meine Gläubigen, aber was liegt
an allen Gläubigen!

Ihr hattet euch noch nicht gesucht: da fandet ihr mich.
So thun alle Gläubigen; darum ist es so wenig mit allem
Glauben.

Nun heisse ich euch, mich verlieren und euch finden;
und erst, wenn ihr mich Alle verleugnet
habt, will ich euch wiederkehren...

Friedrich Nietzsche.

An diesem vollkommnen Tage, wo Alles reift und nicht nur
die Traube braun wird, fiel mir eben ein Sonnenblick auf mein
Leben: ich sah rückwärts, ich sah hinaus, ich sah nie so viel und
so gute Dinge auf einmal. Nicht umsonst begrub ich heute mein
vierundvierzigstes Jahr, ich d u r f t e es begraben, — was in
ihm Leben war, ist gerettet, ist unsterblich. Die U m w e r t h u n g
a l l e r W e r t h e, die D i o n y s o s - D i t h y r a m b e n und,
zur Erholung, die G ö t z e n - D ä m m e r u n g — Alles Ge-
schenke dieses Jahrs, sogar seines letzten Vierteljahrs! W i e
s o l l t e i c h n i c h t m e i n e m g a n z e n L e b e n d a n k b a r
s e i n ? Und so erzähle ich mir mein Leben.

Warum ich so weise bin.

I.

Das Glück meines Daseins, seine Einzigkeit vielleicht, liegt in seinem Verhängniss: ich bin, um es in Räthselform auszudrücken, als mein Vater bereits gestorben, als meine Mutter lebe ich noch und werde alt. Diese doppelte Herkunft, gleichsam aus der obersten und der untersten Sprosse an der Leiter des Lebens, décadent zugleich und A n f a n g — dies, wenn irgend Etwas, erklärt jene Neutralität, jene Freiheit von Partei im Verhältniss zum Gesammtprobleme des Lebens, die mich vielleicht auszeichnet. Ich habe für die Zeichen von Aufgang und Niedergang eine feinere Witterung als je ein Mensch gehabt hat, ich bin der Lehrer par excellence hierfür, — ich kenne Beides, ich bin Beides. — Mein Vater starb mit sechsunddreissig Jahren: er war zart, liebenswürdig und morbid, wie ein nur zum Vorübergehn bestimmtes Wesen, — eher eine gütige Erinnerung an das Leben, als das Leben selbst. Im gleichen Jahre, wo sein Leben abwärts gieng, gieng auch das meine abwärts: im sechsunddreissigsten Lebensjahre kam ich auf den niedrigsten Punkt meiner Vitalität, — ich lebte noch, doch ohne drei Schritt weit vor mich zu sehn. Damals — es war 1879 — legte ich meine Basler Professur nieder, lebte den Sommer über wie ein Schatten in St. Moritz und den nächsten Winter, den sonnenärmsten meines Lebens, a l s Schatten in Naumburg. Dies war mein Minimum: „Der Wanderer und sein Schatten“ entstand währenddem. Unzweifelhaft, ich verstand mich damals auf Schatten … Im Winter darauf, meinem ersten Genueser Winter, brachte jene Versüssung und Vergeistigung, die mit einer extremen Armuth an Blut und Muskel beinahe bedingt ist, die „Morgenröthe" hervor. Die vollkommne Helle und Heiterkeit, selbst Exuberanz des Geistes, welche das genannte Werk wiederspiegelt, verträgt sich bei mir nicht nur mit der tiefsten physiologischen Schwäche, sondern sogar mit einem Excess von Schmerzgefühl. Mitten in Martern, die ein ununterbrochner dreitägiger Gehirn-Schmerz sammt mühseligem Schleimerbrechen mit sich bringt, — besass ich eine Dialektiker-Klarheit par excellence und dachte Dinge sehr kaltblütig durch, zu denen ich in gesünderen Verhältnissen nicht Kletterer, nicht raffinirt, nicht k a l t genug bin. Meine Leser wissen vielleicht, in wie fern ich Dialektik als Décadence-Symptom betrachte, zum Beispiel im allerberühmtesten Fall: im Fall des Sokrates. — Alle krankhaften Störungen des Intellekts, selbst jene Halbbetäubung, die das Fieber im Gefolge hat, sind mir bis heute gänzlich fremde Dinge geblieben, über deren Natur und Häufigkeit ich mich erst auf gelehrtem Wege zu unterrichten hatte. Mein Blut läuft langsam. Niemand hat je an mir Fieber constatiren können. Ein Arzt, der mich länger als Nervenkranken behandelte, sagte schliesslich: „nein! an Ihren Nerven liegt's nicht, ich selber bin nur nervös." Schlechterdings unnachweisbar irgend eine lokale Entartung; kein organisch bedingtes Magenleiden, wie sehr auch immer, als Folge der Gesammterschöpfung, die tiefste Schwäche des gastrischen Systems. Auch das Augenleiden, dem Blindwerden zeitweilig sich gefährlich annähernd, nur Folge, nicht ursächlich: so dass mit jeder Zunahme an Lebenskraft auch die Sehkraft wieder zugenommen hat. — Eine lange, allzulange Reihe von Jahren bedeutet bei mir Genesung, — sie bedeutet leider auch zugleich Rückfall, Verfall, Periodik einer Art décadence. Brauche ich, nach alledem, zu sagen, dass ich in Fragen der décadence e r f a h r e n bin? Ich habe sie vorwärts und rückwärts buchstabirt. Selbst jene Filigran-Kunst des Greifens und Begreifens überhaupt, jene

Finger für nuances, jene Psychologie des „Um-die-Ecke-sehns"
und was sonst mir eignet, ward damals erst erlernt, ist das eigentliche Geschenk jener Zeit, in der Alles sich bei mir verfeinerte,
die Beobachtung selbst wie alle Organe der Beobachtung. Von
der Kranken-Optik aus nach gesünderen Begriffen und
Werthen, und wiederum umgekehrt aus der Fülle und Selbst-
gewissheit des reichen Lebens hinuntersehn in die heimliche
Arbeit des Décadence-Instinkts — das war meine längste
Übung, meine eigentliche Erfahrung, wenn irgend worin wurde
ich darin Meister. Ich habe es jetzt in der Hand, ich habe die
Hand dafür, Perspektiven umzustellen: erster
Grund, weshalb für mich allein vielleicht eine „Umwerthung der
Werthe" überhaupt möglich ist. —

2.

Abgerechnet nämlich, dass ich ein décadent bin, bin ich auch
dessen Gegensatz. Mein Beweis dafür ist, unter Anderem, dass
ich instinktiv gegen die schlimmen Zustände immer die rechten Mittel wählte: während der décadent an sich immer die
ihm nachtheiligen Mittel wählt. Als summa summarum war ich
gesund, als Winkel, als Specialität war ich décadent. Jene Energie zur absoluten Vereinsamung und Herauslösung aus gewohn-
ten Verhältnissen, der Zwang gegen mich, mich nicht mehr be-
sorgen, bedienen, beärzteln zu lassen — das verräth die
unbedingte Instinkt-Gewissheit darüber, was damals vor Allem noth that. Ich nahm mich selbst in die Hand, ich machte mich
selbst wieder gesund: die Bedingung dazu — jeder Physiologe
wird das zugeben — ist, dass man im Grunde gesund
ist. Ein typisch morbides Wesen kann nicht gesund werden,
noch weniger sich selbst gesund machen; für einen typisch Gesunden kann umgekehrt Kranksein sogar ein energisches Stimulans zum Leben, zum Mehr-leben sein. So in der That erscheint mir jetzt jene lange Krankheits-Zeit: ich entdeckte

das Leben gleichsam neu, mich selber eingerechnet, ich schmeckte alle guten und selbst kleinen Dinge, wie sie Andre nicht leicht schmecken könnten, — ich machte aus meinem Willen zur Gesundheit, zum L e b e n, meine Philosophie... Denn man gebe Acht darauf: die Jahre meiner niedrigsten Vitalität waren es, wo ich a u f h ö r t e, Pessimist zu sein: der Instinkt der Selbst-Wiederherstellung v e r b o t mir eine Philosophie der Armuth und Entmuthigung... Und woran erkennt man im Grunde die W o h l g e r a t h e n h e i t! Dass ein wohlgerathner Mensch unsern Sinnen wohlthut: dass er aus einem Holze geschnitzt ist, das hart, zart und wohlriechend zugleich ist. Ihm schmeckt nur, was ihm zuträglich ist; sein Gefallen, seine Lust hört auf, wo das Maass des Zuträglichen überschritten wird. Er erräth Heilmittel gegen Schädigungen, er nützt schlimme Zufälle zu seinem Vortheil aus; was ihn nicht umbringt, macht ihn stärker. Er sammelt instinktiv aus Allem, was er sieht, hört, erlebt, s e i n e Summe: er ist ein auswählendes Princip, er lässt Viel durchfallen. Er ist immer in s e i n e r Gesellschaft, ob er mit Büchern, Menschen oder Landschaften verkehrt: er ehrt, indem er w ä h l t, indem er z u l ä s s t, indem er v e r t r a u t. Er reagirt auf alle Art Reize langsam, mit jener Langsamkeit, die eine lange Vorsicht und ein gewollter Stolz ihm angezüchtet haben, — er prüft den Reiz, der herankommt, er ist fern davon, ihm entgegenzugehn. Er glaubt weder an „Unglück", noch an „Schuld": er wird fertig, mit sich, mit Anderen, er weiss zu v e r g e s s e n, — er ist stark genug, dass ihm Alles zum Besten gereichen m u s s. — Wohlan, ich bin das G e g e n s t ü c k eines décadent: denn ich beschrieb eben m i c h.

3.

Ich betrachte es als ein grosses Vorrecht, einen solchen Vater gehabt zu haben: die Bauern, vor denen er predigte — denn er war, nachdem er einige Jahre am Altenburger Hofe gelebt hatte,

die letzten Jahre Prediger — sagten, so müsse wohl ein Engel
aussehn. — Und hiermit berühre ich die Frage der Rasse. Ich
bin ein polnischer Edelmann pur sang, dem auch nicht ein Tropfen schlechtes Blut beigemischt ist, am wenigsten deutsches. Wenn
ich den tiefsten Gegensatz zu mir suche, die unausrechenbare
Gemeinheit der Instinkte, so finde ich immer meine Mutter und
Schwester, — mit solcher canaille mich verwandt zu glauben
wäre eine Lästerung auf meine Göttlichkeit. Die Behandlung, die
ich von Seiten meiner Mutter und Schwester erfahre, bis auf
diesen Augenblick, flösst mir ein unsägliches Grauen ein: hier
arbeitet eine vollkommene Höllenmaschine, mit unfehlbarer Sicherheit über den Augenblick, wo man mich blutig verwunden
kann — in meinen höchsten Augenblicken, … denn da fehlt
jede Kraft, sich gegen giftiges Gewürm zu wehren… Die physiologische Contiguität ermöglicht eine solche disharmonia prae-
stabilita… Aber ich bekenne, dass der tiefste Einwand gegen
die „ewige Wiederkunft", mein eigentlich a b g r ü n d l i c h e r
Gedanke, immer Mutter und Schwester sind. — Aber auch als
Pole bin ich ein ungeheurer Atavismus. Man würde Jahrhunderte
zurückzugehn haben, um diese vornehmste Rasse, die es auf
Erden gab, in dem Masse instinktrein zu finden, wie ich sie dar-
stelle. Ich habe gegen Alles, was heute noblesse heisst, ein sou-
veraines Gefühl von Distinktion, — ich würde dem jungen deutschen Kaiser nicht die Ehre zugestehn, mein Kutscher zu sein. Es
giebt einen einzigen Fall, wo ich meines Gleichen anerkenne —
ich bekenne es mit tiefer Dankbarkeit. Frau Cosima Wagner ist
bei Weitem die vornehmste Natur; und, damit ich kein Wort zu
wenig sage, sage ich, dass Richard Wagner der mir bei Weitem
verwandteste Mann war… Der Rest ist Schweigen… Alle
herrschenden Begriffe über Verwandtschafts-Grade sind ein physiologischer Widersinn, der nicht überboten werden kann. Der
Papst treibt heute noch Handel mit diesem Widersinn. Man ist
a m   w e n i g s t e n mit seinen Eltern verwandt: es wäre das
äusserste Zeichen von Gemeinheit, seinen Eltern verwandt zu

sein. Die höheren Naturen haben ihren Ursprung unendlich weiter zurück, auf sie hin hat am längsten gesammelt, gespart, gehäuft werden müssen. Die g r o s s e n Individuen sind die ältesten: ich verstehe es nicht, aber Julius Cäsar könnte mein Vater sein — o d e r Alexander, dieser leibhafte Dionysos ... In diesem Augenblick, wo ich dies schreibe, bringt die Post mir einen Dionysos-Kopf ...

4.

Ich habe nie die Kunst verstanden, gegen mich einzunehmen — auch das verdanke ich meinem unvergleichlichen Vater — und selbst noch, wenn es mir von grossem Werthe schien. Ich bin sogar, wie sehr immer das unchristlich scheinen mag, nicht einmal gegen mich eingenommen. Man mag mein Leben hin- und herwenden, man wird darin, jenen Einen Fall abgerechnet, keine Spuren davon entdecken, dass Jemand bösen Willen gegen mich gehabt hätte, — vielleicht aber etwas zu viel Spuren von g u t e m Willen ... Meine Erfahrungen selbst mit Solchen, an denen Jedermann schlechte Erfahrungen macht, sprechen ohne Ausnahme zu deren Gunsten; ich zähme jeden Bär, ich mache die Hanswürste noch sittsam. In den sieben Jahren, wo ich an der obersten Klasse des Basler Pädagogiums Griechisch lehrte, habe ich keinen Anlass gehabt, eine Strafe zu verhängen; die Faulsten waren bei mir fleissig. Dem Zufall bin ich immer gewachsen; ich muss unvorbereitet sein, um meiner Herr zu sein. Das Instrument, es sei, welches es wolle, es sei so verstimmt, wie nur das Instrument „Mensch" verstimmt werden kann — ich müsste krank sein, wenn es mir nicht gelingen sollte, ihm etwas Anhörbares abzugewinnen. Und wie oft habe ich das von den „Instrumenten" selber gehört, dass sie sich noch nie s o gehört hätten ... Am schönsten vielleicht von jenem unverzeihlich jung gestorbenen Heinrich von Stein, der einmal, nach sorgsam eingeholter Erlaubniss, auf drei Tage in Sils-Maria erschien, Jedermann erklärend, dass er n i c h t wegen des Engadins komme. Dieser ausgezeichnete Mensch, der mit der ganzen ungestümen Einfalt eines preussischen Junkers in den Wagner'schen Sumpf hineingewatet war (— und ausserdem noch in den Dühring'schen!) war diese drei Tage wie umgewandelt durch einen Sturmwind der Freiheit, gleich Einem, der plötzlich in s e i n e Höhe gehoben wird und Flügel bekommt. Ich sagte ihm immer, das mache die gute Luft hier oben, so gehe es Jedem, man sei nicht umsonst 6000 Fuss über Bayreuth, — aber er wollte mir's nicht glauben ... Wenn trotzdem an mir manche kleine und grosse Missethat verübt worden ist, so war nicht „der Wille", am wenigsten der b ö s e Wille Grund davon: eher schon hätte ich mich — ich deutete es eben an — über den guten Willen zu beklagen, der keinen kleinen Unfug in meinem Leben angerichtet hat. Meine Erfahrungen geben mir ein Anrecht auf Misstrauen überhaupt hinsichtlich der sogenannten „selbstlosen" Triebe, der gesammten zu Rath und That bereiten „Nächstenliebe". Sie gilt mir an sich als Schwäche, als Einzelfall der Widerstands-Unfähigkeit gegen Reize, — das M i t l e i d e n heisst nur bei décadents eine Tugend. Ich werfe den Mitleidigen vor, dass ihnen die Scham, die Ehrfurcht, das Zartgefühl vor Distanzen leicht abhanden kommt, dass Mitleiden im Handumdrehn nach Pöbel riecht und schlechten Manieren zum Verwechseln ähnlich sieht, — dass mitleidige Hände unter Umständen geradezu zerstörerisch in ein grosses Schicksal, in eine Vereinsamung unter Wunden, in ein V o r r e c h t auf schwere Schuld hineingreifen können. Die Überwindung des Mitleids rechne ich unter die v o r n e h m e n Tugenden: ich habe als „Versuchung Zarathustra's" einen Fall gedichtet, wo ein grosser Nothschrei an ihn kommt, wo das Mitleiden wie eine letzte Sünde ihn überfallen, ihn von s i c h abspenstig machen will. Hier Herr bleiben, hier die H ö h e seiner Aufgabe rein halten von den viel niedrigeren und kurzsichtigeren Antrieben, welche in den sogenannten selbstlosen Handlungen thätig sind, das ist

die Probe, die letzte Probe vielleicht, die ein Zarathustra ab-
zulegen hat — sein eigentlicher B e w e i s von Kraft . . .

5.

Auch noch in einem anderen Punkte bin ich bloss mein Vater
noch einmal und gleichsam sein Fortleben nach einem allzufrühen
Tode. Gleich Jedem, der nie unter seines Gleichen lebte und dem
der Begriff „Vergeltung" so unzugänglich ist wie etwa der Begriff
„gleiche Rechte", verbiete ich mir in Fällen, wo eine kleine oder
s e h r g r o s s e Thorheit an mir begangen wird, jede Gegen-
maassregel, jede Schutzmaassregel, — wie billig, auch jede Ver-
theidigung, jede „Rechtfertigung". Meine Art Vergeltung besteht
darin, der Dummheit so schnell wie möglich eine Klugheit nach-
zuschicken: so holt man sie vielleicht noch ein. Im Gleichniss geredet: ich schicke einen Topf mit Confitüren, um eine s a u e r e
Geschichte loszuwerden . . . Man hat nur Etwas an mir schlimm
zu machen, ich „vergelte" es, dessen sei man sicher: ich finde über
Kurzem eine Gelegenheit, dem „Missethäter" meinen Dank auszudrücken (mitunter sogar für die Missethat) — oder ihn um
Etwas zu b i t t e n, was verbindlicher sein kann als Etwas
geben . . . Auch scheint es mir, dass das gröbste Wort, der gröbste
Brief noch gutartiger, noch honnetter sind als Schweigen. Solchen,
die schweigen, fehlt es fast immer an Feinheit und Höflichkeit
des Herzens; Schweigen ist ein Einwand, Hinunterschlucken
macht nothwendig einen schlechten Charakter, — es verdirbt
selbst den Magen. Alle Schweiger sind dyspeptisch. — Man sieht,
ich möchte die Grobheit nicht unterschätzt wissen, sie ist bei weitem die h u m a n s t e Form des Widerspruchs und, inmitten der
modernen Verzärtelung, eine unsrer ersten Tugenden. — Wenn
man reich genug dazu ist, ist es selbst ein Glück, Unrecht zu
haben. Ein Gott, der auf die Erde käme, dürfte gar nichts Andres
t h u n als Unrecht, — nicht die Strafe, sondern die S c h u l d
auf sich zu nehmen wäre erst göttlich.

6.

Die Freiheit vom Ressentiment, die Aufklärung über das
Ressentiment — wer weiss, wie sehr ich zuletzt auch darin meiner
langen Krankheit zu Dank verpflichtet bin! Das Problem ist
nicht gerade einfach: man muss es aus der Kraft heraus und aus
der Schwäche heraus erlebt haben. Wenn irgend Etwas überhaupt
gegen Kranksein, gegen Schwachsein geltend gemacht werden
muss, so ist es, dass in ihm der eigentliche Heilinstinkt, das ist der
Wehr- und Waffen-Instinkt im Menschen mürbe
wird. Man weiss von Nichts loszukommen, man weiss mit Nichts
fertig zu werden, man weiss Nichts zurückzustossen, — Alles
verletzt. Mensch und Ding kommen zudringlich nahe, die Erlebnisse treffen zu tief, die Erinnerung ist eine eiternde Wunde.
Kranksein ist eine Art Ressentiment selbst. — Hiergegen hat
der Kranke nur Ein grosses Heilmittel — ich nenne es den russischen Fatalismus, jenen Fatalismus ohne Revolte, mit
dem sich ein russischer Soldat, dem der Feldzug zu hart wird, zuletzt in den Schnee legt. Nichts überhaupt mehr annehmen, an
sich nehmen, in sich hineinnehmen, — überhaupt nicht mehr
reagiren... Die grosse Vernunft dieses Fatalismus, der nicht
immer nur der Muth zum Tode ist, als lebenerhaltend unter den
lebensgefährlichsten Umständen, ist die Herabsetzung des Stoffwechsels, dessen Verlangsamung, eine Art Wille zum Winter-
schlaf. Ein paar Schritte weiter in dieser Logik, und man hat
den Fakir, der wochenlang in einem Grabe schläft... Weil man
zu schnell sich verbrauchen würde, wenn man überhaupt rea-
girte, reagirt man gar nicht mehr: dies ist die Logik. Und mit
Nichts brennt man rascher ab, als mit den Ressentiments-Affek-
ten. Der Ärger, die krankhafte Verletzlichkeit, die Ohnmacht
zur Rache, die Lust, der Durst nach der Rache, das Giftmischen
in jedem Sinne — das ist für Erschöpfte sicherlich die nachtheilig-
ste Art zu reagiren: ein rapider Verbrauch von Nervenkraft, eine
krankhafte Steigerung schädlicher Ausleerungen, zum Beispiel
der Galle in den Magen, ist damit bedingt. Das Ressentiment ist

das Verbotene a n s i c h für den Kranken — s e i n Böses:
leider auch sein natürlichster Hang. — Das begriff jener tiefe
Physiolog Buddha. Seine „Religion", die man besser als eine
H y g i e n e bezeichnen dürfte, um sie nicht mit so erbarmungswürdigen Dingen wie das Christenthum ist, zu vermischen,
machte ihre Wirkung abhängig von dem Sieg über das Ressentiment: die Seele d a v o n frei machen — erster Schritt zur Genesung. „Nicht durch Feindschaft kommt Feindschaft zu Ende,
durch Freundschaft kommt Feindschaft zu Ende": das steht am
Anfang der Lehre Buddha's — so redet n i c h t die Moral, so
redet die Physiologie. — Das Ressentiment, aus der Schwäche geboren, Niemandem schädlicher als dem Schwachen selbst, — im
andern Falle, wo eine reiche Natur die Voraussetzung ist, ein
ü b e r f l ü s s i g e s Gefühl, ein Gefühl, über das Herr zu bleiben beinahe der Beweis des Reichthums ist. Wer den Ernst kennt,
mit dem meine Philosophie den Kampf mit den Rach- und Nach-
gefühlen bis in die Lehre vom „freien Willen" hinein aufgenommen hat — der Kampf mit dem Christenthum ist nur ein Einzelfall daraus — wird verstehn, weshalb ich mein persönliches Verhalten, meine I n s t i n k t - S i c h e r h e i t in der Praxis hier
gerade an's Licht stelle. In den Zeiten der décadence v e r b o t
ich sie mir als schädlich; sobald das Leben wieder reich und stolz
genug dazu war, verbot ich sie mir als u n t e r mir. Jener „rus-
sische Fatalismus", von dem ich sprach, trat darin bei mir hervor,
dass ich beinahe unerträgliche Lagen, Orte, Wohnungen, Gesell-
schaften, nachdem sie einmal, durch Zufall, gegeben waren, Jahre
lang zäh festhielt, — es war besser, als sie ändern, als sie ver-
änderbar zu f ü h l e n, — als sich gegen sie aufzulehnen...
Mich in diesem Fatalismus stören, mich gewaltsam aufwecken
nahm ich damals tödtlich übel: — in Wahrheit war es auch jedes
Mal tödtlich gefährlich. — Sich selbst wie ein Fatum nehmen,
nicht sich „anders" wollen — das ist in solchen Zuständen die
g r o s s e V e r n u n f t selbst.

7.

Ein ander Ding ist der Krieg. Ich bin meiner Art nach kriegerisch. Angreifen gehört zu meinen Instinkten. Feind sein
k ö n n e n , Feind sein — das setzt vielleicht eine starke Natur
voraus, jedenfalls ist es bedingt in jeder starken Natur. Sie
braucht Widerstände, folglich s u c h t sie Widerstand: das a g -
g r e s s i v e Pathos gehört ebenso nothwendig zur Stärke als
das Rach- und Nachgefühl zur Schwäche. Das Weib zum Beispiel
ist rachsüchtig: das ist in seiner Schwäche bedingt, so gut wie
seine Reizbarkeit für fremde Noth. — Die Stärke des Angrei-
fenden hat in der Gegnerschaft, die er nöthig hat, eine Art
M a a s s ; jedes Wachsthum verräth sich im Aufsuchen eines ge-
waltigeren Gegners — oder Problems: denn ein Philosoph, der
kriegerisch ist, fordert auch Probleme zum Zweikampf heraus.
Die Aufgabe ist n i c h t , überhaupt über Widerstände Herr zu
werden, sondern über solche, an denen man seine ganze Kraft,
Geschmeidigkeit und Waffen-Meisterschaft einzusetzen hat, —
über g l e i c h e Gegner... Gleichheit vor dem Feinde — erste
Voraussetzung zu einem r e c h t s c h a f f n e n Duell. W o man
verachtet, k a n n man nicht Krieg führen; wo man befiehlt, wo
man Etwas u n t e r sich sieht, h a t man nicht Krieg zu führen.
— Meine Kriegs-Praxis ist in vier Sätze zu fassen. Erstens: ich
greife nur Sachen an, die siegreich sind, — ich warte unter Umständen, bis sie siegreich sind. Zweitens: ich greife nur Sachen
an, wo ich keine Bundesgenossen finden würde, wo ich allein
stehe, — wo ich mich allein compromittire... Ich habe nie einen
Schritt öffentlich gethan, der nicht compromittirte: das ist m e i n
Kriterium des rechten Handelns. Drittens: ich greife nie Personen an, — ich bediene mich der Person nur wie eines starken
Vergrösserungsglases, mit dem man einen allgemeinen, aber
schleichenden, aber wenig greifbaren Nothstand sichtbar machen
kann. So griff ich David Strauss an, genauer den E r f o l g eines
altersschwachen Buchs bei der deutschen „Bildung", — ich er-
tappte diese Bildung dabei auf der That... So griff ich Wagnern

an, genauer die Falschheit, die Instinkt-Halbschlächtigkeit unsrer
„Cultur", welche die Raffinirten mit den Reichen, die Späten mit
den Grossen verwechselt. Viertens: ich greife nur Dinge an, wo
jedwede Personen-Differenz ausgeschlossen ist, wo jeder Hinter-
grund schlimmer Erfahrungen fehlt. Im Gegentheil, angreifen ist
bei mir ein Beweis des Wohlwollens, unter Umständen der Dankbarkeit. Ich ehre, ich zeichne aus damit, dass ich meinen Namen
mit dem einer Sache, einer Person verbinde: für oder wider —
das gilt mir darin gleich. Wenn ich dem Christenthum den Krieg
mache, so steht dies mir zu, weil ich von dieser Seite aus keine
Fatalitäten und Hemmungen erlebt habe, — die ernstesten Christen sind mir immer gewogen gewesen. Ich selber, ein Gegner des
Christenthums de rigueur, bin ferne davon, es dem Einzelnen
nachzutragen, was das Verhängniss von Jahrtausenden ist. —

8.

Darf ich noch einen letzten Zug meiner Natur anzudeuten
wagen, der mir im Umgang mit Menschen keine kleine Schwierigkeit macht? Mir eignet eine vollkommen unheimliche Reizbarkeit des Reinlichkeits-Instinkts, so dass ich die Nähe oder — was
sage ich? — das Innerlichste, die „Eingeweide" jeder Seele physiologisch wahrnehme — r i e c h e... Ich habe an dieser Reizbarkeit psychologische Fühlhörner, mit denen ich jedes Geheim-
niss betaste und in die Hand bekomme: der viele v e r b o r -
g e n e Schmutz auf dem Grunde mancher Natur, vielleicht in
schlechtem Blut bedingt, aber durch Erziehung übertüncht, wird
mir fast bei der ersten Berührung schon bewusst. Wenn ich recht
beobachtet habe, empfinden solche meiner Reinlichkeit unzuträg-
liche Naturen die Vorsicht meines Ekels auch ihrerseits: sie werden damit nicht wohlriechender... So wie ich mich immer ge-
wöhnt habe — eine extreme Lauterkeit gegen mich ist meine Da-
seins-Voraussetzung, ich komme um unter unreinen Bedingungen —, schwimme und bade und plätschere ich gleichsam bestän-

dig im Wasser, in irgend einem vollkommen durchsichtigen und
glänzenden Elemente. Das macht mir aus dem Verkehr mit Menschen keine kleine Gedulds-Probe; meine Humanität besteht
n i c h t darin, mitzufühlen, wie der Mensch ist, sondern es
a u s z u h a l t e n , dass ich ihn mitfühle... Meine Humanität
ist eine beständige Selbstüberwindung. — Aber ich habe E i n -
s a m k e i t nöthig, will sagen, Genesung, Rückkehr zu mir, den
Athem einer freien leichten spielenden Luft... Mein ganzer Zarathustra ist ein Dithyrambus auf die Einsamkeit, oder, wenn
man mich verstanden hat, auf die R e i n h e i t ... Zum Glück
nicht auf die r e i n e T h o r h e i t . — Wer Augen für Farben
hat, wird ihn diamanten nennen. — Der E k e l am Menschen,
am „Gesindel" war immer meine grösste Gefahr... Will man
die Worte hören, in denen Zarathustra von der E r l ö s u n g
vom Ekel redet?

        Was geschah mir doch? Wie erlöste ich mich vom Ekel?
Wer verjüngte mein Auge? Wie erflog ich die Höhe, wo kein
Gesindel mehr am Brunnen sitzt?

        Schuf mein Ekel selber mir Flügel und quellenahnende
Kräfte? Wahrlich, in's Höchste musste ich fliegen, dass ich den
Born der Lust wiederfände! —

        Oh ich fand ihn, meine Brüder! Hier im Höchsten quillt
mir der Born der Lust! Und es giebt ein Leben, an dem kein
Gesindel mittrinkt!

        Fast zu heftig strömst du mir, Quell der Lust! Und oft
leerst du den Becher wieder, dadurch, dass du ihn füllen willst.

        Und noch muss ich lernen, bescheidener dir zu nahen: all-
zuheftig strömt dir noch mein Herz entgegen:

        — mein Herz, auf dem mein Sommer brennt, der kurze,
heisse, schwermüthige, überselige: wie verlangt mein Sommer-
Herz nach deiner Kühle!

        Vorbei die zögernde Trübsal meines Frühlings! Vorüber
die Schneeflocken meiner Bosheit im Juni! Sommer wurde ich
ganz und Sommer-Mittag, —

— ein Sommer im Höchsten mit kalten Quellen und seliger Stille: oh kommt, meine Freunde, dass die Stille noch seliger werde!

Denn dies ist u n s r e Höhe und unsre Heimat: zu hoch und steil wohnen wir hier allen Unreinen und ihrem Durste.

Werft nur eure reinen Augen in den Born meiner Lust, ihr Freunde! Wie sollte er darob trübe werden? Entgegenlachen soll er euch mit s e i n e r Reinheit.

Auf dem Baume Zukunft bauen wir unser Nest; Adler sollen uns Einsamen Speise bringen in ihren Schnäbeln!

Wahrlich, keine Speise, an der Unsaubere mitessen dürften! Feuer würden sie zu fressen wähnen und sich die Mäuler verbrennen.

Wahrlich, keine Heimstätten halten wir hier bereit für Unsaubere! Eishöhle würde ihren Leibern unser Glück heissen und ihren Geistern!

Und wie starke Winde wollen wir über ihnen leben. Nachbarn den Adlern, Nachbarn dem Schnee, Nachbarn der Sonne: also leben starke Winde.

Und einem Winde gleich will ich einst noch zwischen sie blasen und mit meinem Geiste ihrem Geiste den Athem nehmen: so will es meine Zukunft.

Wahrlich, ein starker Wind ist Zarathustra allen Niederungen: und solchen Rath räth er seinen Feinden und Allem, was spuckt und speit: hütet euch, g e g e n den Wind zu speien! ...

Warum ich so klug bin.

I.

— Warum ich Einiges m e h r weiss? Warum ich überhaupt so klug bin? Ich habe nie über Fragen nachgedacht, die keine sind, — ich habe mich nicht verschwendet. — Eigentliche r e l i - g i ö s e Schwierigkeiten zum Beispiel kenne ich nicht aus Erfahrung. Es ist mir gänzlich entgangen, in wiefern ich „sündhaft" sein sollte. Insgleichen fehlt mir ein zuverlässiges Kriterium dafür, was ein Gewissensbiss ist: nach dem, was man darüber h ö r t, scheint mir ein Gewissensbiss nichts Achtbares... Ich möchte nicht eine Handlung h i n t e r d r e i n in Stich lassen, ich würde vorziehn, den schlimmen Ausgang, die F o l g e n grundsätzlich aus der Werthfrage wegzulassen. Man verliert beim schlimmen Ausgang gar zu leicht den r i c h t i g e n Blick für Das, was man that: ein Gewissensbiss scheint mir eine Art „b ö s e r Blick". Etwas, das fehlschlägt, um so mehr bei sich in Ehren halten, w e i l es fehlschlug — das gehört eher schon zu meiner Moral. — „Gott", „Unsterblichkeit der Seele", „Erlösung", „Jenseits" lauter Begriffe, denen ich keine Aufmerksamkeit, auch keine Zeit geschenkt habe, selbst als Kind nicht, — ich war vielleicht nie kindlich genug dazu? — Ich kenne den Atheismus durchaus nicht als Ergebniss, noch weniger als Ereigniss: er versteht sich bei mir aus Instinkt. Ich bin zu neugierig, zu f r a g w ü r d i g, zu übermüthig, um mir eine faustgrobe Antwort gefallen zu lassen. Gott ist eine faustgrobe Antwort, eine Undelicatesse gegen uns Denker —, im Grunde sogar bloss ein faustgrobes V e r b o t an uns: ihr sollt nicht denken!... Ganz anders interessirt mich eine Frage, an der mehr das „Heil der Menschheit" hängt, als an irgend einer Theologen-Curiosität: die Frage der E r n ä h r u n g. Man kann sie sich, zum Handgebrauch, so formuliren: „wie hast gerade d u dich zu ernähren, um zu deinem Maximum von Kraft, von Virtù im Renaissance-Stile, von moralinfreier Tugend zu kommen?" — Meine Erfahrungen sind hier so schlimm als möglich; ich bin erstaunt, diese Frage so spät gehört, aus diesen Erfahrungen so spät „Vernunft" gelernt zu haben. Nur die vollkommne Nichtswürdigkeit unsrer deutschen Bildung — ihr „Idealismus" — erklärt mir einigermaassen, weshalb ich gerade hier rückständig bis zur Heiligkeit war. Diese „Bildung", welche von vornherein die R e a l i t ä t e n aus den Augen verlieren lehrt, um durchaus problematischen, sogenannten „idealen" Zielen nachzujagen, zum Beispiel der „klassischen Bildung": — als ob es nicht von vornherein verurtheilt wäre, „klassisch" und „deutsch" in Einen Begriff zu einigen! Mehr noch, es wirkt erheiternd, — man denke sich einmal einen „klassisch gebildeten" Leipziger! — In der That, ich habe bis zu meinen reifsten Jahren immer nur s c h l e c h t gegessen, — moralisch ausgedrückt „unpersönlich", „selbstlos", „altruistisch", zum Heil der Köche und andrer Mitchristen. Ich verneinte zum Beispiel durch Leipziger Küche, gleichzeitig mit meinem ersten Studium Schopenhauer's (1865), sehr ernsthaft meinen „Willen zum Leben". Sich zum Zweck unzureichender Ernährung auch noch den Magen verderben — dies Problem schien mir die genannte Küche zum Verwundern glücklich zu lösen. (Man sagt, 1866 habe darin eine Wendung hervorgebracht —.) Aber die deutsche Küche überhaupt — was hat sie nicht Alles auf dem Gewissen! Die Suppe v o r der Mahlzeit (noch in Venetianischen Kochbüchern des 16. Jahrhunderts alla tedesca genannt); die ausgekochten Fleische, die fett und mehlig

gemachten Gemüse; die Entartung der Mehlspeise zum Brief-
beschwerer! Rechnet man gar noch die geradezu viehischen Nach-
guss-Bedürfnisse der alten, durchaus nicht bloss a l t e n Deutschen dazu, so versteht man auch die Herkunft des d e u t -
s c h e n G e i s t e s — aus betrübten Eingeweiden... Der
deutsche Geist ist eine Indigestion, er wird mit Nichts fertig. —
Aber auch die e n g l i s c h e Diät, die, im Vergleich mit der
deutschen, selbst der französischen, eine Art „Rückkehr zur Natur", nämlich zum Canibalismus ist, geht meinem eignen Instinkt
tief zuwider; es scheint mir, dass sie dem Geist s c h w e r e
Füsse giebt — Engländerinnen-Füsse... Die beste Küche ist die
P i e m o n t ' s. — Alkoholika sind mir nachtheilig; ein Glas
Wein oder Bier des Tags reicht vollkommen aus, mir aus dem
Leben ein „Jammerthal" zu machen, — in München leben meine
Antipoden. Gesetzt, dass ich dies ein wenig spät begriff, e r -
l e b t habe ich's eigentlich von Kindesbeinen an. Als Knabe
glaubte ich, Weintrinken sei wie Tabakrauchen anfangs nur eine
Vanitas junger Männer, später eine schlechte Gewöhnung. Vielleicht, dass an diesem h e r b e n Urtheil auch der Naumburger
Wein mit schuld ist. Zu glauben, dass der Wein e r h e i t e r t,
dazu müsste ich Christ sein, will sagen glauben, was gerade für
mich eine Absurdität ist. Seltsam genug, bei dieser extremen Ver-
stimmbarkeit durch kleine, stark verdünnte Dosen Alkohol,
werde ich beinahe zum Seemann, wenn es sich um s t a r k e
Dosen handelt. Schon als Knabe hatte ich hierin meine Tapferkeit. Eine lange lateinische Abhandlung in Einer Nachtwache
niederzuschreiben und auch noch abzuschreiben, mit dem Ehrgeiz
in der Feder, es meinem Vorbilde Sallust in Strenge und Ge-
drängtheit nachzuthun und einigen Grog von schwerstem Kali-
ber über mein Latein zu giessen, dies stand schon, als ich Schüler
der ehrwürdigen Schulpforta war, durchaus nicht im Widerspruch
zu meiner Physiologie, noch vielleicht auch zu der des Sallust —
wie sehr auch immer zur ehrwürdigen Schulpforta... Später,
gegen die Mitte des Lebens hin, entschied ich mich freilich immer

strenger g e g e n jedwedes „geistige" Getränk: ich, ein Gegner des Vegetarierthums aus Erfahrung, ganz wie Richard Wagner, der mich bekehrt hat, weiss nicht ernsthaft genug die unbedingte Enthaltung von Alcoholicis allen g e i s t i g e r e n Naturen an-
zurathen. W a s s e r thut's... Ich ziehe Orte vor, wo man überall Gelegenheit hat, aus fliessenden Brunnen zu schöpfen (Nizza, Turin, Sils); ein kleines Glas läuft mir nach wie ein Hund. In vino v e r i t a s : es scheint, dass ich auch hier wieder über den Begriff „Wahrheit" mit aller Welt uneins bin: — bei mir schwebt
der Geist über dem W a s s e r ... Ein paar Fingerzeige noch aus meiner Moral. Eine starke Mahlzeit ist leichter zu verdauen als eine zu kleine. Dass der Magen als Ganzes in Thätigkeit tritt, erste Voraussetzung einer guten Verdauung. Man muss die Grösse seines Magens k e n n e n . Aus gleichem Grunde sind jene
langwierigen Mahlzeiten zu widerrathen, die ich unterbrochne Opferfeste nenne, die an der table d'hôte. — Keine Zwischen-mahlzeiten, keinen Café: Café verdüstert. T h e e nur morgens zuträglich. Wenig, aber energisch; Thee sehr nachtheilig und den ganzen Tag ankränkelnd, wenn er nur um einen Grad zu
schwach ist. Jeder hat hier sein Maass, oft zwischen den engsten und delikatesten Grenzen. In einem sehr agaçanten Klima ist Thee als Anfang unräthlich: man soll eine Stunde vorher eine Tasse dicken entölten Cacao's den Anfang machen lassen. — So wenig als möglich s i t z e n ; keinem Gedanken Glauben schenken, der nicht im Freien geboren ist und bei freier Bewegung, — in dem nicht auch die Muskeln ein Fest feiern. Alle Vorurtheile kommen aus den Eingeweiden. — Das Sitzfleisch — ich sagte es schon einmal — die eigentliche S ü n d e wider den heiligen Geist. —

2.

Mit der Frage der Ernährung ist nächstverwandt die Frage nach O r t und K l i m a . Es steht Niemandem frei, überall zu leben; und wer grosse Aufgaben zu lösen hat, die seine ganze Kraft herausfordern, hat hier sogar eine sehr enge Wahl. Der klimatische Einfluss auf den S t o f f w e c h s e l , seine Hemmung, seine Beschleunigung, geht so weit, dass ein Fehlgriff in Ort und Klima Jemanden nicht nur seiner Aufgabe entfremden, sondern ihm dieselbe überhaupt vorenthalten kann: er bekommt sie nie zu Gesicht. Der animalische vigor ist nie gross genug bei ihm geworden, dass jene in's Geistigste überströmende Freiheit erreicht wird, wo Jemand erkennt: d a s k a n n i c h a l l e i n … Eine zur schlechten Gewohnheit gewordne noch so kleine Eingeweide-Trägheit genügt vollständig, um aus einem Genie etwas Mittelmässiges, etwas „Deutsches“ zu machen; das deutsche Klima allein ist ausreichend, um starke und selbst heroisch angelegte Eingeweide zu entmuthigen. Das tempo des Stoffwechsels steht in einem genauen Verhältniss zur Beweglichkeit oder Lahmheit der F ü s s e des Geistes; der „Geist“ selbst ist ja nur eine Art dieses Stoffwechsels. Man stelle sich die Orte zusammen, wo es geistreiche Menschen giebt und gab, wo Witz, Raffinement, Bosheit zum Glück gehörten, wo das Genie fast nothwendig sich heimisch machte: sie haben alle eine ausgezeichnet trockne Luft. Paris, die Provence, Florenz, Jerusalem, Athen — diese Namen beweisen Etwas: das Genie ist b e d i n g t durch trockne Luft, durch reinen Himmel, — das heisst durch rapiden Stoffwechsel, durch die Möglichkeit, grosse, selbst ungeheure Mengen Kraft sich immer wieder zuzuführen. Ich habe einen Fall vor Augen, wo ein bedeutend und frei angelegter Geist bloss durch Mangel an Instinkt-Feinheit im Klimatischen eng, verkrochen, Specialist und Sauertopf wurde. Und ich selber hätte zuletzt dieser Fall werden können, gesetzt, dass mich nicht die Krankheit zur Vernunft, zum Nachdenken über die Vernunft in der Realität gezwungen hätte. Jetzt, wo ich die Wirkungen klimatischen und meteorologischen Ursprungs aus langer Übung an mir als an einem sehr feinen und zuverlässigen Instrumente ablese und bei einer kurzen Reise schon, etwa von Turin nach Mailand, den Wechsel in den Graden der Luftfeuchtigkeit physiologisch bei mir nach-rechne, denke ich mit Schrecken an die u n h e i m l i c h e Thatsache, dass mein Leben bis auf die letzten 10 Jahre, die lebensgefährlichen Jahre, immer sich nur in falschen und mir geradezu v e r b o t e n e n Orten abgespielt hat. Naumburg, Schulpforta, Thüringen überhaupt, Leipzig, Basel — ebenso viele Unglücks-Orte für meine Physiologie. Wenn ich überhaupt von meiner ganzen Kindheit und Jugend keine willkommne Erinnerung habe, so wäre es eine Thorheit, hier sogenannte „moralische" Ursachen geltend zu machen, — etwa den unbestreitbaren Mangel an z u r e i c h e n d e r Gesellschaft: denn dieser Mangel besteht heute wie er immer bestand, ohne dass er mich hinderte, heiter und tapfer zu sein. Sondern die Unwissenheit in physiologicis — der verfluchte „Idealismus" — ist das eigentliche Verhängniss in meinem Leben, das Überflüssige und Dumme darin, Etwas, aus dem nichts Gutes gewachsen, für das es keine Ausgleichung, keine Gegenrechnung giebt. Aus den Folgen dieses „Idealismus" erkläre ich mir alle Fehlgriffe, alle grossen Instinkt-Abirrungen und „Bescheidenheiten" abseits der A u f g a b e meines Lebens, zum Beispiel, dass ich Philologe wurde — warum zum Mindesten nicht Arzt oder sonst irgend etwas Augen-Aufschliessendes? In meiner Basler Zeit war meine ganze geistige Diät, die Tages-Eintheilung eingerechnet, ein vollkommen sinnloser Missbrauch ausserordentlicher Kräfte, ohne eine irgendwie den Verbrauch deckende Zufuhr von Kräften, ohne ein Nachdenken selbst über Verbrauch und Ersatz. Es fehlte jede feinere Selbstigkeit, jede O b h u t eines gebieterischen Instinkts, es war ein Sich-gleich-setzen mit Irgendwem, eine „Selbstlosigkeit", ein Vergessen seiner Distanz, — Etwas, das ich mir nie verzeihe. Als ich fast am Ende war, dadurch d a s s ich fast am Ende war, wurde ich nachdenklich über diese Grund-Unvernunft meines Lebens — den „Idealismus". Die K r a n k h e i t brachte mich erst zur Vernunft. —

3.

Die Wahl in der Ernährung; die Wahl von Klima und Ort;
— das Dritte, worin man um keinen Preis einen Fehlgriff thun
darf, ist die Wahl seiner Art Erholung. Auch hier sind
je nach dem Grade, in dem ein Geist sui generis ist, die Grenzen
des ihm Erlaubten, das heisst Nützlichen, eng und enger.
In meinem Fall gehört alles Lesen zu meinen Erholungen:
folglich zu dem, was mich von mir losmacht, was mich in fremden Wissenschaften und Seelen spazieren gehn lässt, — was ich
nicht mehr ernst nehme. Lesen erholt mich eben von meinem
Ernste. In tief arbeitsamen Zeiten sieht man keine Bücher bei
mir: ich würde mich hüten, Jemanden in meiner Nähe reden oder
gar denken zu lassen. Und das hiesse ja lesen... Hat man eigentlich beobachtet, dass in jener tiefen Spannung, zu der die Schwangerschaft den Geist und im Grunde den ganzen Organismus verurtheilt, der Zufall, jede Art Reiz von aussen her zu vehement
wirkt, zu tief „einschlägt"? Man muss dem Zufall, dem Reiz von
aussen her so viel als möglich aus dem Wege gehn; eine Art
Selbst-Vermauerung gehört zu den ersten Instinkt-Klugheiten
der geistigen Schwangerschaft. Werde ich es erlauben, dass ein
fremder Gedanke heimlich über die Mauer steigt? — Und
das hiesse ja lesen... Auf die Zeiten der Arbeit und Fruchtbar-
keit folgt die Zeit der Erholung: heran mit euch, ihr angenehmen, ihr geistreichen, ihr gescheuten Bücher! — Werden es
deutsche Bücher sein?... Ich muss ein Halbjahr zurückrechnen,
dass ich mich mit einem Buch in der Hand ertappe. Was war es
doch? — Eine ausgezeichnete Studie von Victor Brochard, les
Sceptiques Grecs, in der auch meine Laertiana gut benutzt sind.
Die Skeptiker, der einzige ehrenwerthe Typus unter dem
so zwei- bis fünfdeutigen Volk der Philosophen!... Sonst nehme
ich meine Zuflucht fast immer zu denselben Büchern, einer kleinen
Zahl im Grunde, den gerade für mich bewiesenen Büchern.
Es liegt vielleicht nicht in meiner Art, Viel und Vielerlei zu
lesen: ein Lesezimmer macht mich krank. Es liegt auch nicht in

meiner Art, Viel oder Vielerlei zu lieben. Vorsicht, selbst Feindseligkeit gegen neue Bücher gehört eher schon zu meinem Instinkte, als „Toleranz", „largeur du cœur" und andre „Nächstenliebe" ... Im Grunde ist es eine kleine Anzahl älterer Franzosen zu denen ich immer wieder zurückkehre: ich glaube nur
an französische Bildung und halte Alles, was sich sonst in Europa
„Bildung" nennt, für Missverständniss, nicht zu reden von der
deutschen Bildung... Die wenigen Fälle hoher Bildung, die ich
in Deutschland vorfand, waren alle französischer Herkunft, vor
Allem Frau Cosima Wagner, bei weitem die erste Stimme in
Fragen des Geschmacks, die ich gehört habe... Dass ich Pascal
nicht lese, sondern l i e b e , als das lehrreichste Opfer des Christenthums, langsam hingemordet, erst leiblich, dann psychologisch,
die ganze Logik dieser schauderhaftesten Form unmenschlicher
Grausamkeit; dass ich Etwas von Montaigne's Muthwillen im
Geiste, wer weiss? vielleicht auch im Leibe habe; dass mein Ar-
tisten-Geschmack die Namen Molière, Corneille und Racine
nicht ohne Ingrimm gegen ein wüstes Genie wie Shakespeare in
Schutz nimmt: das schliesst zuletzt nicht aus, dass mir nicht auch
die allerletzten Franzosen eine charmante Gesellschaft wären. Ich
sehe durchaus nicht ab, in welchem Jahrhundert der Geschichte
man so neugierige und zugleich so delikate Psychologen zusam-
menfischen könnte, wie im jetzigen Paris: ich nenne versuchs-
weise — denn ihre Zahl ist gar nicht klein — die Herrn Paul
Bourget, Pierre Loti, Gyp, Meilhac, Anatole France, Jules Le-
maître, oder um Einen von der starken Rasse hervorzuheben,
einen echten Lateiner, dem ich besonders zugethan bin, Guy de
Maupassant. Ich ziehe d i e s e Generation, unter uns gesagt,
sogar ihren grossen Lehrern vor, die allesammt durch deutsche
Philosophie verdorben sind: Herr Taine zum Beispiel durch
Hegel, dem er das Missverständniss grosser Menschen und Zeiten
verdankt. So weit Deutschland reicht, v e r d i r b t es die Cultur. Der Krieg erst hat den Geist in Frankreich „erlöst"...
Stendhal, einer der schönsten Zufälle meines Lebens — denn

Alles, was in ihm Epoche macht, hat der Zufall, niemals eine
Empfehlung mir zugetrieben — ist ganz unschätzbar mit seinem
vorwegnehmenden Psychologen-Auge, mit seinem Thatsachen-
Griff, der an die Nähe des grössten Thatsächlichen erinnert (ex
ungue Napoleonem —); endlich nicht am Wenigsten als e h r -
l i c h e r Atheist, eine in Frankreich spärliche und fast kaum
auffindbare species, — Prosper Mérimée in Ehren … Vielleicht
bin ich selbst auf Stendhal neidisch? Er hat mir den besten Athe-
isten-Witz weggenommen, den gerade ich hätte machen können:
„die einzige Entschuldigung Gottes ist, dass er nicht existirt" …
Ich selbst habe irgendwo gesagt: was war der grösste Einwand
gegen das Dasein bisher? G o t t …

4.

Den höchsten Begriff vom Lyriker hat mir H e i n r i c h
H e i n e gegeben. Ich suche umsonst in allen Reichen der Jahrtausende nach einer gleich süssen und leidenschaftlichen Musik.
Er besass jene göttliche Bosheit, ohne die ich mir das Vollkommne
nicht zu denken vermag, — ich schätze den Werth von Menschen,
von Rassen darnach ab, wie nothwendig sie den Gott nicht abgetrennt vom Satyr zu verstehen wissen. — Und wie er das
Deutsche handhabt! Man wird einmal sagen, dass Heine und ich
bei weitem die ersten Artisten der deutschen Sprache gewesen
sind — in einer unausrechenbaren Entfernung von Allem, was
blosse Deutsche mit ihr gemacht haben. — Mit B y r o n s Manfred muss ich tief verwandt sein: ich fand alle diese Abgründe in
mir, — mit dreizehn Jahren war ich für dies Werk reif. Ich habe
kein Wort, bloss einen Blick für die, welche in Gegenwart des
Manfred das Wort Faust auszusprechen wagen. Die Deutschen
sind u n f ä h i g jedes Begriffs von Grösse: Beweis Schumann.
Ich habe eigens, aus Ingrimm gegen diesen süsslichen Sachsen,
eine Gegenouvertüre zum Manfred componirt, von der Hans von
Bülow sagte, dergleichen habe er nie auf Notenpapier gesehn:

das sei Nothzucht an der Euterpe. — Wenn ich meine höchste
Formel für S h a k e s p e a r e suche, so finde ich immer nur die,
dass er den Typus Cäsar concipirt hat. Dergleichen erräth man
nicht, — man ist es oder man ist es nicht. Der grosse Dichter
schöpft n u r aus seiner Realität — bis zu dem Grade, dass er
hinterdrein sein Werk nicht mehr aushält... Wenn ich einen
Blick in meinen Zarathustra geworfen habe, gehe ich eine halbe
Stunde im Zimmer auf und ab, unfähig, über einen unerträglichen Krampf von Schluchzen Herr zu werden. — Ich kenne
keine herzzerreissendere Lektüre als Shakespeare: was muss ein
Mensch gelitten haben, um dergestalt es nöthig zu haben, Hanswurst zu sein! — V e r s t e h t man den Hamlet? Nicht der
Zweifel, die G e w i s s h e i t ist das, was wahnsinnig macht...
Aber dazu muss man tief, Abgrund, Philosoph sein, um so zu
fühlen... Wir f ü r c h t e n uns Alle vor der Wahrheit... Und,
dass ich es bekenne: ich bin dessen instinktiv sicher und gewiss,
dass Lord Bacon der Urheber, der Selbstthierquäler dieser unheimlichsten Art Litteratur ist: was geht m i c h das erbarmungswürdige Geschwätz amerikanischer Wirr- und Flachköpfe an?
Aber die Kraft zur mächtigsten Realität der Vision ist nicht nur
verträglich mit der mächtigsten Kraft zur That, zum Ungeheuren
der That, zum Verbrechen — s i e s e t z t s i e s e l b s t v o r -
a u s... Wir wissen lange nicht genug von Lord Bacon, dem
ersten Realisten in jedem grossen Sinn des Wortes, um zu wissen,
w a s er Alles gethan, w a s er gewollt, w a s er mit sich erlebt
hat... Und zum Teufel, mein⟨e⟩ Herrn Kritiker! Gesetzt, ich
hätte meinen Zarathustra auf einen fremden Namen getauft,
zum Beispiel auf den von Richard Wagner, der Scharfsinn von
zwei Jahrtausenden hätte nicht ausgereicht, zu errathen, dass der
Verfasser von „Menschliches, Allzumenschliches" der Visionär
des Zarathustra ist...

5.

Hier, wo ich von den Erholungen meines Lebens rede, habe ich ein Wort nöthig, um meine Dankbarkeit für das aus- zudrücken, was mich in ihm bei weitem am Tiefsten und Herz- lichsten erholt hat. Dies ist ohne allen Zweifel der intimere Ver- kehr mit Richard Wagner gewesen. Ich lasse den Rest meiner menschlichen Beziehungen billig; ich möchte um keinen Preis die Tage von Tribschen aus meinem Leben weggeben, Tage des Ver- trauens, der Heiterkeit, der sublimen Zufälle — der t i e f e n Augenblicke... Ich weiss nicht, was Andre mit Wagner erlebt haben: über unsern Himmel ist nie eine Wolke hinweggegangen. — Und hiermit komme ich nochmals auf Frankreich zurück, — ich habe keine Gründe, ich habe bloss einen verachtenden Mund- winkel gegen Wagnerianer et hoc genus omne übrig, welche Wagner damit zu ehren glauben, dass sie ihn s i c h ähnlich finden... So wie ich bin, in meinen tiefsten Instinkten Allem, was deutsch ist, fremd, so dass schon die Nähe eines Deutschen meine Verdauung verzögert, war die erste Berührung mit Wagner auch das erste Aufathmen in meinem Leben: ich emp- fand, ich verehrte ihn als A u s l a n d , als Gegensatz, als leib- haften Protest gegen alle „deutschen Tugenden" — Wir, die wir in der Sumpfluft der Fünfziger Jahre Kinder gewesen sind, sind mit Nothwendigkeit Pessimisten für den Begriff „deutsch"; wir können gar nichts Anderes sein als Revolutionäre, — wir werden keinen Zustand der Dinge zugeben, wo d e r M u c k e r oben- auf ist. Es ist mir vollkommen gleichgültig, ob er heute in andren Farben spielt, ob er sich in Scharlach kleidet und Husaren-Uni- formen anzieht... Wohlan! Wagner war ein Revolutionär — er lief vor den Deutschen davon... Als A r t i s t hat man keine Heimat in Europa ausser in Paris; die délicatesse in allen fünf Kunstsinnen, die Wagner's Kunst voraussetzt, die Finger für nuances, die psychologische Morbidität, findet sich nur in Paris. Man hat nirgendswo sonst diese Leidenschaft in Fragen der Form, diesen Ernst in der mise en scène — es ist der Pariser

Ernst par excellence. Man hat in Deutschland gar keinen Begriff von der ungeheuren Ambition, die in der Seele eines Pariser Künstlers lebt. Der Deutsche ist gutmüthig — Wagner war durchaus nicht gutmüthig... Aber ich habe schon zur Genüge ausgesprochen (in „Jenseits von Gut und Böse" S. 256 f.), wohin Wagner gehört, in wem er seine Nächstverwandten hat: es ist die französische Spät-Romantik, jene hochfliegende und hoch empor-reissende Art von Künstlern wie Delacroix, wie Berlioz, mit einem fond von Krankheit, von Unheilbarkeit im Wesen, lauter Fanatiker des A u s d r u c k s , Virtuosen durch und durch... Wer war der erste i n t e l l i g e n t e Anhänger Wagner's über-haupt? Charles Baudelaire, derselbe, der zuerst Delacroix ver-stand, jener typische décadent, in dem sich ein ganzes Geschlecht von Artisten wiedererkannt hat — er war vielleicht auch der letzte... Was ich Wagnern nie vergeben habe? Dass er zu den Deutschen c o n d e s c e n d i r t e , — dass er reichsdeutsch wurde... Soweit Deutschland reicht, v e r d i r b t es die Cultur. —

6.

Alles erwogen, hätte ich meine Jugend nicht ausgehalten ohne Wagnerische Musik. Denn ich war v e r u r t h e i l t zu Deut-schen. Wenn man von einem unerträglichen Druck loskommen will, so hat man Haschisch nöthig. Wohlan, ich hatte Wagner nöthig. Wagner ist das Gegengift gegen alles Deutsche par excel-lence, — Gift, ich bestreite es nicht... Von dem Augenblick an, wo es einen Klavierauszug des Tristan gab — mein Compliment, Herr von Bülow! —, war ich Wagnerianer. Die älteren Werke Wagner's sah ich unter mir — noch zu gemein, zu „deutsch"... Aber ich suche heute noch nach einem Werke von gleich gefähr-licher Fascination, von einer gleich schauerlichen und süssen Un-endlichkeit, wie der Tristan ist, — ich suche in allen Künsten ver-gebens. Alle Fremdheiten Lionardo da Vinci's entzaubern sich

beim ersten Tone des Tristan. Dies Werk ist durchaus das non
plus ultra Wagner's; er erholte sich von ihm mit den Meistersingern und dem Ring. Gesünder werden — das ist ein R ü c k -
s c h r i t t bei einer Natur wie Wagner... Ich nehme es als
Glück ersten Rangs, zur rechten Zeit gelebt und gerade unter
Deutschen gelebt zu haben, um r e i f für dies Werk zu sein: so
weit geht bei mir die Neugierde des Psychologen. Die Welt ist
arm für den, der niemals krank genug für diese „Wollust der
Hölle" gewesen ist: es ist erlaubt, es ist fast geboten, hier eine
Mystiker-Formel anzuwenden. — Ich denke, ich kenne besser als
irgend Jemand das Ungeheure, das Wagner vermag, die fünfzig
Welten fremder Entzückungen, zu denen Niemand ausser ihm
Flügel hatte; und so wie ich bin, stark genug, um mir auch das
Fragwürdigste und Gefährlichste noch zum Vortheil zu wenden
und damit stärker zu werden, nenne ich Wagner den grossen
Wohlthäter meines Lebens. Das, worin wir verwandt sind, dass
wir tiefer gelitten haben, auch an einander, als Menschen dieses
Jahrhunderts zu leiden vermöchten, wird unsre Namen ewig
wieder zusammenbringen; und so gewiss Wagner unter Deutschen bloss ein Missverständniss ist, so gewiss bin ich's und werde
es immer sein. — Zwei Jahrhunderte psychologische und artistische Diciplin z u e r s t , meine Herrn Germanen!... Aber
das holt man nicht nach. —

7.

— Ich sage noch ein Wort für die ausgesuchtesten Ohren: was
i c h eigentlich von der Musik will. Dass sie heiter und tief ist,
wie ein Nachmittag im Oktober. Dass sie eigen, ausgelassen,
zärtlich, ein kleines süsses Weib von Niedertracht und Anmuth
ist... Ich werde nie zulassen, dass ein Deutscher wissen
k ö n n e , was Musik ist. Was man deutsche Musiker nennt, die
grössten voran, sind A u s l ä n d e r , Slaven, Croaten, Italiäner,
Niederländer — oder Juden; im andren Falle Deutsche der star-

ken Rasse, a u s g e s t o r b e n e Deutsche, wie Heinrich Schütz, Bach und Händel. Ich selbst bin immer noch Pole genug, um gegen Chopin den Rest der Musik hinzugeben: ich nehme, aus drei Gründen, Wagner's Siegfried-Idyll aus, vielleicht auch Liszt, der die vornehmen Orchester-Accente vor allen Musikern voraus hat; zuletzt noch Alles, was jenseits der Alpen gewachsen ist — d i e s s e i t s ... Ich würde Rossini nicht zu missen wissen, noch weniger m e i n e n Süden in der Musik, die Musik meines Venediger maëstro Pietro Gasti. Und wenn ich jenseits der Alpen sage, sage ich eigentlich nur Venedig. Wenn ich ein andres Wort für Musik suche, so finde ich immer nur das Wort Venedig. Ich weiss keinen Unterschied zwischen Thränen und Musik zu machen, ich weiss das Glück, den S ü d e n nicht ohne Schauder von Furchtsamkeit zu denken.

An der Brücke stand
jüngst ich in brauner Nacht.
Fernher kam Gesang:
goldener Tropfen quoll's
über die zitternde Fläche weg.
Gondeln, Lichter, Musik —
trunken schwamm's in die Dämmrung hinaus ...

Meine Seele, ein Saitenspiel,
sang sich, unsichtbar berührt,
heimlich ein Gondellied dazu,
zitternd vor bunter Seligkeit.
— Hörte Jemand ihr zu? ...

8.

In Alledem — in der Wahl von Nahrung, von Ort und Klima, von Erholung — gebietet ein Instinkt der Selbsterhaltung, der sich als Instinkt der S e l b s t v e r t h e i d i g u n g am un-

zweideutigsten ausspricht. Vieles nicht sehn, nicht hören, nicht an
sich herankommen lassen — erste Klugheit, erster Beweis dafür,
dass man kein Zufall, sondern eine Necessität ist. Das gangbare
Wort für diesen Selbstvertheidigungs-Instinkt ist G e s c h m a c k.
Sein Imperativ befiehlt nicht nur Nein zu sagen, wo das Ja eine
„Selbstlosigkeit" sein würde, sondern auch s o   w e n i g   a l s
m ö g l i c h   N e i n zu sagen. Sich trennen, sich abscheiden von
dem, wo immer und immer wieder das Nein nöthig werden
würde. Die Vernunft darin ist, dass Defensiv-Ausgaben, selbst
noch so kleine, zur Regel, zur Gewohnheit werdend, eine ausser-
ordentliche und vollkommen überflüssige Verarmung bedingen.
Unsre g r o s s e n Ausgaben sind die häufigsten kleinen. Das
Abwehren, das Nicht-heran-kommen-lassen ist eine Ausgabe —
man täusche sich hierüber nicht —, eine zu negativen Zwecken
v e r s c h w e n d e t e Kraft. Man kann, bloss in der beständigen Noth der Abwehr, schwach genug werden, um sich nicht
mehr wehren zu können. — Gesetzt, ich trete aus meinem Haus
heraus und fände, statt des stillen und aristokratischen Turin, die
deutsche Kleinstadt: mein Instinkt würde sich zu sperren haben,
um Alles das zurückzudrängen, was aus dieser plattgedrückten
und feigen Welt auf ihn eindringt. Oder ich fände die deutsche
Grossstadt, dies gebaute Laster, wo nichts wächst, wo jedwedes
Ding, Gutes und Schlimmes, eingeschleppt ist. Müsste ich nicht
darüber zum I g e l werden? — Aber Stacheln zu haben ist eine
Vergeudung, ein doppelter Luxus sogar, wenn es freisteht, keine
Stacheln zu haben, sondern o f f n e Hände...

Eine andre Klugheit und Selbstvertheidigung besteht darin,
dass man s o   s e l t e n   a l s   m ö g l i c h   r e a g i r t und dass
man sich Lagen und Bedingungen entzieht, wo man verurtheilt
wäre, seine „Freiheit", seine Initiative gleichsam auszuhängen
und ein blosses Reagens zu werden. Ich nehme als Gleichniss den
Verkehr mit Büchern. Der Gelehrte, der im Grunde nur noch
Bücher „wälzt" — der Philologe mit mässigem Ansatz des Tags
ungefähr 200 — verliert zuletzt ganz und gar das Vermögen,

von sich aus zu denken. Wälzt er nicht, so denkt er nicht. Er
a n t w o r t e t auf einen Reiz (— einen gelesenen Gedanken),
wenn er denkt, — er reagirt zuletzt bloss noch. Der Gelehrte
giebt seine ganze Kraft im Ja und Neinsagen, in der Kritik von
bereits Gedachtem ab, — er selber denkt nicht mehr... Der Instinkt der Selbstvertheidigung ist bei ihm mürbe geworden; im
andren Falle würde er sich gegen Bücher wehren. Der Gelehrte
— ein décadent. — Das habe ich mit Augen gesehn: begabte,
reich und frei angelegte Naturen schon in den dreissiger Jahren
„zu Schanden gelesen", bloss noch Streichhölzer, die man reiben
muss, damit sie Funken — „Gedanken" geben. — Frühmorgens
beim Anbruch des Tags, in aller Frische, in der Morgenröthe seiner Kraft, ein B u c h lesen — das nenne ich lasterhaft! — —

9.

An dieser Stelle ist nicht mehr zu umgehn die eigentliche
Antwort auf die Frage, w i e m a n w i r d, w a s m a n i s t,
zu geben. Und damit berühre ich das Meisterstück in der Kunst
der Selbsterhaltung — der S e l b s t s u c h t ... Angenom-
men nämlich, dass die Aufgabe, die Bestimmung, das S c h i c k -
s a l der Aufgabe über ein durchschnittliches Maass bedeutend
hinausliegt, so würde keine Gefahr grösser als sich selbst m i t
dieser Aufgabe zu Gesicht zu bekommen. Dass man wird, was
man ist, setzt voraus, dass man nicht im Entferntesten ahnt,
w a s man ist. Aus diesem Gesichtspunkte haben selbst die
F e h l g r i f f e des Lebens ihren eignen Sinn und Werth, die
zeitweiligen Nebenwege und Abwege, die Verzögerungen, die
„Bescheidenheiten", der Ernst, auf Aufgaben verschwendet, die
jenseits d e r Aufgabe liegen. Darin kann eine grosse Klugheit,
sogar die oberste Klugheit zum Ausdruck ⟨kommen⟩: wo nosce te
ipsum das Recept zum Untergang wäre, wird Sich-Vergessen,
Sich-M i s s v e r s t e h n, Sich-Verkleinern, -Verengern, -Ver-
·mittelmässigen zur Vernunft selber. Moralisch ausgedrückt:

Nächstenliebe, Leben für Andere und Anderes k a n n die Schutzmassregel zur Erhaltung der härtesten Selbstigkeit sein. Dies ist der Ausnahmefall, in welchem ich, gegen meine Regel und Überzeugung, die Partei der „selbstlosen" Triebe nehme: sie arbeiten hier im Dienste der S e l b s t s u c h t, S e l b s t - z u c h t. — Man muss die ganze Oberfläche des Bewusstseins — Bewusstsein i s t eine Oberfläche — rein erhalten von irgend einem der grossen Imperative. Vorsicht selbst vor jedem grossen Worte, jeder grossen Attitüde! Lauter Gefahren, dass der In- stinkt zu früh „sich versteht" — — Inzwischen wächst und wächst die organisirende, die zur Herrschaft berufne „Idee" in der Tiefe, — sie beginnt zu befehlen, sie leitet langsam aus Nebenwegen und Abwegen z u r ü c k, sie bereitet e i n z e l n e Qualitäten und Tüchtigkeiten vor, die einmal als Mittel zum Ganzen sich unentbehrlich erweisen werden, — sie bildet der Reihe nach alle d i e n e n d e n Vermögen aus, bevor sie irgend Etwas von der dominirenden Aufgabe, von „Ziel", „Zweck", „Sinn" verlauten lässt. — Nach dieser Seite hin betrachtet ist mein Leben einfach wundervoll. Zur Aufgabe einer U m w e r - t h u n g d e r W e r t h e waren vielleicht mehr Vermögen nö- thig, als je in einem Einzelnen bei einander gewohnt haben, vor Allem auch Gegensätze von Vermögen, ohne dass diese sich stö- ren, zerstören durften. Rangordnung der Vermögen; Distanz; die Kunst zu trennen, ohne zu verfeinden; Nichts vermischen, Nichts „versöhnen"; eine ungeheure Vielheit, die trotzdem das Gegenstück des Chaos ist — dies war die Vorbedingung, die lange geheime Arbeit und Künstlerschaft meines Instinkts. Seine h ö h e r e O b h u t zeigte sich in dem Maasse stark, dass ich in keinem Falle auch nur geahnt habe, was in mir wächst, — dass alle meine Fähigkeiten plötzlich, reif, in ihrer letzten Voll- kommenheit eines Tags h e r v o r s p r a n g e n. Es fehlt in meiner Erinnerung, dass ich mich je bemüht hätte, — es ist kein Zug von R i n g e n in meinem Leben nachweisbar, ich bin der Gegensatz einer heroischen Natur. Etwas „wollen", nach Etwas

„streben", einen „Zweck", einen „Wunsch" im Auge haben —
das kenne ich Alles nicht aus Erfahrung. Noch in diesem Augenblick sehe ich auf meine Zukunft — eine w e i t e Zukunft! —
wie auf ein glattes Meer hinaus: kein Verlangen kräuselt sich
auf ihm. Ich will nicht im Geringsten, dass Etwas anders wird
als es ist; ich selber will nicht anders werden. Aber so habe
ich immer gelebt. Ich habe keinen Wunsch gehabt. Jemand, der
nach seinem vierundvierzigsten Jahre sagen kann, dass er sich
nie um E h r e n, um W e i b e r, um G e l d bemüht hat! —
Nicht dass sie mir gefehlt hätten ... So war ich zum Beispiel
eines Tags Universitätsprofessor, — ich hatte nie im Entferntesten an dergleichen gedacht, denn ich war kaum 24 Jahr alt.
So war ich zwei Jahr früher eines Tags Philolog: in dem Sinne,
dass meine e r s t e philologische Arbeit, mein Anfang in jedem
Sinne, von meinem Lehrer Ritschl für sein „Rheinisches Mu-
seum" zum Druck verlangt wurde (R i t s c h l — ich sage
es mit Verehrung — der einzige geniale Gelehrte, den ich bis
heute zu Gesicht bekommen habe. Er besass jene angenehme
Verdorbenheit, die uns Thüringer auszeichnet und mit der sogar
ein Deutscher sympathisch wird: — wir ziehn selbst, um zur
Wahrheit zu gelangen, noch die Schleichwege vor. Ich möchte mit
diesen Worten meinen näheren Landsmann, den k l u g e n Leo-
pold von Ranke, durchaus nicht unterschätzt haben ...)

10.

An dieser Stelle thut eine grosse Besinnung Noth. Man wird
mich fragen, warum ich eigentlich alle diese kleinen und
nach herkömmlichem Urtheil gleichgültigen Dinge erzählt
habe; ich schade mir selbst damit, um so mehr, wenn ich
grosse Aufgaben zu vertreten bestimmt sei. Antwort: diese kleinen Dinge — Ernährung, Ort, Clima, Erholung, die ganze Casuistik der Selbstsucht — sind über alle Begriffe hinaus wichtiger
als Alles, was man bisher wichtig nahm. Hier gerade muss man
anfangen, u m z u l e r n e n. Das, was die Menschheit bisher

ernsthaft erwogen hat, sind nicht einmal Realitäten, blosse Einbildungen, strenger geredet, L ü g e n aus den schlechten Instinkten kranker, im tiefsten Sinne schädlicher Naturen heraus
— alle die Begriffe „Gott", „Seele", „Tugend", „Sünde", „Jenseits", „Wahrheit", „ewiges Leben" ... Aber man hat die Grösse
der menschlichen Natur, ihre „Göttlichkeit" in ihnen gesucht...
Alle Fragen der Politik, der Gesellschafts-Ordnung, der Erziehung sind dadurch bis in Grund und Boden gefälscht, dass man
die schädlichsten Menschen für grosse Menschen nahm, — dass
man die „kleinen" Dinge, will sagen die Grundangelegenheiten
des Lebens selber verachten lehrte... Unsre jetzige Cultur ist
im höchsten Grade zweideutig... Der deutsche Kaiser mit dem
Papst paktirend, als ob nicht der Papst der Repräsentant der
Todfeindschaft gegen das Leben wäre! ... Das, was heute gebaut wird, steht in drei Jahren nicht mehr. — Wenn ich mich
darnach messe, was ich k a n n , nicht davon zu reden, was hinter mir drein kommt, ein Umsturz, ein Aufbau ohne Gleichen,
so habe ich mehr als irgend ein Sterblicher den Anspruch auf das
Wort Grösse. Vergleiche ich mich nun mit den Menschen, die
man bisher als e r s t e Menschen ehrte, so ist der Unterschied
handgreiflich. Ich rechne diese angeblich „Ersten" nicht einmal
zu den Menschen überhaupt, — sie sind für mich Ausschuss der
Menschheit, Ausgeburten von Krankheit und rachsüchtigen Instinkten: sie sind lauter unheilvolle, im Grunde unheilbare Un-
menschen, die am Leben Rache nehmen... Ich will dazu der
Gegensatz sein: mein Vorrecht ist, die höchste Feinheit für alle
Zeichen gesunder Instinkte zu haben. Es fehlt jeder krankhafte
Zug an mir; ich bin selbst in Zeiten schwerer Krankheit nicht
krankhaft geworden; umsonst, dass man in meinem Wesen einen
Zug von Fanatismus sucht. Man wird mir aus keinem Augenblick meines Lebens irgend eine anmaassliche oder pathetische
Haltung nachweisen können. Das Pathos der Attitüde gehört
n i c h t zur Grösse; wer Attitüden überhaupt nöthig hat, ist
f a l s c h ... Vorsicht vor allen pittoresken Menschen! — Das

Leben ist mir leicht geworden, am leichtesten, wenn es das Schwerste von mir verlangte. Wer mich in den siebzig Tagen dieses Herbstes gesehn hat, wo ich, ohne Unterbrechung, lauter Sachen ersten Ranges gemacht habe die kein Mensch mir nachmacht — oder vormacht, mit einer Verantwortlichkeit für alle Jahrtausende nach mir, wird keinen Zug von Spannung an mir wahrgenommen haben, um so mehr eine überströmende Frische und Heiterkeit. Ich ass nie mit angenehmeren Gefühlen, ich schlief nie besser. — Ich kenne keine andre Art, mit grossen Aufgaben zu verkehren als das S p i e l : dies ist, als Anzeichen der Grösse, eine wesentliche Voraussetzung. Der geringste Zwang, die düstre Miene, irgend ein harter Ton im Halse sind alles Einwände gegen einen Menschen, um wie viel mehr gegen sein Werk!... Man darf keine Nerven haben... Auch an der Einsamkeit l e i d e n ist ein Einwand, — ich habe immer nur an der „Vielsamkeit" gelitten... In einer absurd frühen Zeit, mit sieben Jahren, wusste ich bereits, dass mich nie ein menschliches Wort erreichen würde: hat man mich je darüber betrübt gesehn? — Ich habe heute noch die gleiche Leutseligkeit gegen Jedermann, ich bin selbst voller Auszeichnung für die Niedrigsten: in dem Allen ist nicht ein Gran von Hochmuth, von geheimer Verachtung. W e n ich verachte, der e r r ä t h , dass er von mir verachtet wird: ich empöre durch mein blosses Dasein Alles, was schlechtes Blut im Leibe hat... Meine Formel für die Grösse am Menschen ist a m o r f a t i : dass man Nichts anders haben will, vorwärts nicht, rückwärts nicht, in alle Ewigkeit nicht. Das Nothwendige nicht bloss ertragen, noch weniger verhehlen — aller Idealismus ist Verlogenheit vor dem Nothwendigen —, sondern es l i e b e n ...

Warum ich so gute Bücher schreibe.

1.

Das Eine bin ich, das Andre sind meine Schriften. — Hier werde, bevor ich von ihnen selber rede, die Frage nach dem Verstanden- oder N i c h t -verstanden-werden dieser Schriften berührt. Ich thue es so nachlässig, als es sich irgendwie schickt: denn diese Frage ist durchaus noch nicht an der Zeit. Ich selber bin noch nicht an der Zeit, Einige werden posthum geboren. — Irgend wann wird man Institutionen nöthig haben, in denen man lebt und lehrt, wie ich leben und lehren verstehe; vielleicht selbst, dass man dann auch eigene Lehrstühle zur Interpretation des Zarathustra errichtet. Aber es wäre ein vollkommner Widerspruch zu mir, wenn ich heute bereits Ohren u n d H ä n d e für m e i n e Wahrheiten erwartete: dass man heute nicht hört, dass man heute nicht von mir zu nehmen weiss, ist nicht nur begreiflich, es scheint mir selbst das Rechte. Ich will nicht verwechselt werden, — dazu gehört, dass ich mich selber nicht verwechsele. — Nochmals gesagt, es ist wenig in meinem Leben nachweisbar von „bösem Willen“; auch von litterarischem „bösen Willen“ wüsste ich kaum einen Fall zu erzählen. Dagegen zu viel von r e i n e r Thorheit... Es scheint mir eine der seltensten Auszeichnungen, die Jemand sich erweisen kann, wenn er ein Buch von mir in die Hand nimmt, — ich nehme selbst an, er zieht dazu die Schuhe aus, — nicht von Stiefeln zu reden... Als sich einmal der Doktor Heinrich von Stein ehrlich darüber beklagte, kein Wort aus meinem Zarathustra zu verstehn, sagte ich ihm, das sei in Ordnung: sechs Sätze daraus verstanden, das heisst: e r l e b t haben, hebe auf eine höhere Stufe der Sterblichen hinauf als „moderne" Menschen erreichen könnten. Wie k ö n n t e ich, mit d i e s e m Gefühle der Distanz, auch nur wünschen, von den „Modernen", die ich kenne —, gelesen zu werden! — Mein Triumph ist gerade der umgekehrte, als der Schopenhauer's war, — ich sage „n o n legor, n o n legar". — Nicht, dass ich das Vergnügen unterschätzen möchte, das mir mehrmals die U n s c h u l d im Neinsagen zu meinen Schriften gemacht hat. Noch in diesem Sommer, zu einer Zeit, wo ich vielleicht mit meiner schwerwiegenden, zu schwer wiegenden Litteratur den ganzen Rest von Litteratur aus dem Gleichgewicht zu bringen vermöchte, gab mir ein Professor der Berliner Universität wohlwollend zu verstehn, ich sollte mich doch einer andren Form bedienen: so Etwas lese Niemand. — Zuletzt war es nicht Deutschland, sondern die Schweiz, die die zwei extremen Fälle geliefert hat. Ein Aufsatz des Dr. V. Widmann im „Bund", über „Jenseits von Gut und Böse", unter dem Titel „Nietzsche's gefährliches Buch", und ein Gesammt-Bericht über meine Bücher überhaupt seitens des Herrn Karl Spitteler, gleichfalls im Bund, sind ein Maximum in meinem Leben — ich hüte mich zu sagen wovon... Letzterer behandelte zum Beispiel meinen Zarathustra als „höhere Stilübung", mit dem Wunsche, ich möchte später doch auch für Inhalt sorgen; Dr. Widmann drückte mir seine Achtung vor dem Muth aus, mit dem ich mich um Abschaffung aller anständigen Gefühle bemühe. — Durch eine kleine Tücke von Zufall war hier jeder Satz, mit einer Folgerichtigkeit, die ich bewundert habe, eine auf den Kopf gestellte Wahrheit: man hatte im Grunde Nichts zu thun, als alle „Werthe umzuwerthen", um, auf eine sogar bemerkenswerthe Weise, über mich den Nagel auf den Kopf zu treffen — statt meinen Kopf mit einem Nagel zu treffen... Um so mehr versuche ich eine Erklärung. — Zuletzt kann Nie-

mand aus den Dingen, die Bücher eingerechnet, mehr heraus-
hören, als er bereits weiss. Wofür man vom Erlebnisse her keinen Zugang hat, dafür hat man kein Ohr. Denken wir uns nun
einen äussersten Fall, dass ein Buch von lauter Erlebnissen redet, die gänzlich ausserhalb der Möglichkeit einer häufigen oder
auch nur seltneren Erfahrung liegen, — dass es die e r s t e
Sprache für eine neue Reihe von Erfahrungen ist. In diesem
Falle wird einfach Nichts gehört, mit der akustischen Täuschung,
dass wo Nichts gehört wird, a u c h   N i c h t s   d a   i s t ... Dies
ist zuletzt meine durchschnittliche Erfahrung und, wenn man
will, die O r i g i n a l i t ä t meiner Erfahrung. Wer Etwas von
mir verstanden zu haben glaubte, hat sich Etwas aus mir zurecht gemacht, nach seinem Bilde, — nicht selten einen Gegensatz von mir, zum Beispiel einen „Idealisten“; wer Nichts von
mir verstanden hatte, leugnete, dass ich überhaupt in Betracht
käme. — Das Wort „Ü b e r m e n s c h“ zur Bezeichnung eines
Typus höchster Wohlgerathenheit, im Gegensatz zu „modernen“ Menschen, zu „guten“ Menschen, zu Christen und andren
Nihilisten — ein Wort, das im Munde eines Zarathustra, des
V e r n i c h t e r s der Moral, ein sehr nachdenkliches Wort wird,
ist fast überall mit voller Unschuld im Sinn derjenigen Werthe
verstanden worden, deren Gegensatz in der Figur Zarathustra's
zur Erscheinung gebracht worden ist, will sagen als „idealisti-
scher“ Typus einer höheren Art Mensch, halb „Heiliger“, halb
„Genie“ ... Andres gelehrtes Hornvieh hat mich seinethalben
des Darwinismus verdächtigt; selbst der von mir so boshaft
abgelehnte „Heroen-Cultus“ jenes grossen Falschmünzers wider
Wissen und Willen, Carlyle's, ist darin wiedererkannt worden.
Wem ich ins Ohr flüsterte, er solle sich eher noch nach einem
Cesare Borgia als nach einem Parsifal umsehn, der traute seinen
Ohren nicht. — Dass ich gegen Besprechungen meiner Bücher, in
Sonderheit durch Zeitungen, ohne jedwede Neugierde bin, wird
man mir verzeihn müssen. Meine Freunde, meine Verleger wis-
sen das und sprechen mir nicht von dergleichen. In einem beson-

dren Falle bekam ich einmal Alles zu Gesicht, was über ein einzelnes Buch — es war „Jenseits von Gut und Böse" — gesündigt worden ist; ich hätte einen artigen Bericht darüber abzustatten. Sollte man es glauben, dass die Nationalzeitung — eine preussische Zeitung, für meine ausländischen Leser bemerkt, ich selbst lese, mit Verlaub, nur das Journal des Débats — allen Ernstes das Buch als ein „Zeichen der Zeit" zu verstehn wusste, als die echte rechte J u n k e r - P h i l o s o p h i e, zu der es der Kreuzzeitung nur an Muth gebreche?...

2.

Dies war für Deutsche gesagt: denn überall sonst habe ich Leser — lauter a u s g e s u c h t e Intelligenzen, bewährte, in hohen Stellungen und Pflichten erzogene Charaktere; ich habe sogar wirkliche Genies unter meinen Lesern. In Wien, in St. Petersburg, in Stockholm, in Kopenhagen, in Paris und New-York — überall bin ich entdeckt: ich bin es n i c h t in Europa's Flachland Deutschland... Und, dass ich es bekenne, ich freue mich noch mehr über meine Nicht-Leser, solche, die weder meinen Namen, noch das Wort Philosophie je gehört haben; aber wohin ich komme, hier in Turin zum Beispiel, erheitert und vergütigt sich bei meinem Anblick jedes Gesicht. Was mir bisher am meisten geschmeichelt hat, das ist, dass alte Hökerinnen nicht Ruhe haben, bevor sie mir nicht das Süsseste aus ihren Trauben zusammengesucht haben. S o w e i t muss man Philosoph sein... Man nennt nicht umsonst die Polen die Franzosen unter den Slaven. Eine charmante Russin wird sich nicht einen Augenblick darüber vergreifen, wohin ich gehöre. Es gelingt mir nicht, feierlich zu werden, ich bringe es höchstens bis zur Verlegenheit... Deutsch denken, deutsch fühlen — ich kann Alles, aber d a s geht über meine Kräfte... Mein alter Lehrer Ritschl behauptete sogar, ich concipirte selbst noch meine philologischen Abhandlungen wie ein Pariser romancier — absurd spannend. In Paris

selbst ist man erstaunt über „toutes mes audaces et finesses" —
der Ausdruck ist von Monsieur Taine —; ich fürchte, bis in die
höchsten Formen des Dithyrambus findet man bei mir von jenem Salze beigemischt, das niemals dumm — „deutsch" — wird,
esprit . . . Ich kann nicht anders. Gott helfe mir! Amen. — Wir
wissen Alle, Einige wissen es sogar aus Erfahrung, was ein Lang-
ohr ist. Wohlan, ich wage zu behaupten, dass ich die kleinsten
Ohren habe. Dies interessirt gar nicht wenig die Weiblein —,
es scheint mir, sie fühlen sich besser von mir verstanden? . . . Ich
bin der A n t i e s e l par excellence und damit ein welthisto-
risches Unthier, — ich bin, auf griechisch, und nicht nur auf
griechisch, der A n t i c h r i s t . . .

3.

Ich kenne einigermassen meine Vorrechte als Schriftsteller;
in einzelnen Fällen ist es mir auch bezeugt, wie sehr die Gewöhnung an meine Schriften den Geschmack „verdirbt". Man
hält einfach andre Bücher nicht mehr aus, am wenigsten philosophische. Es ist eine Auszeichnung ohne Gleichen, in diese vornehme und delikate Welt einzutreten, — man darf dazu durchaus kein Deutscher sein; es ist zuletzt eine Auszeichnung, die man
sich verdient haben muss. Wer mir aber durch H ö h e des Wol-
lens verwandt ist, erlebt dabei wahre Ekstasen des Lernens:
denn ich komme aus Höhen, die kein Vogel je erflog, ich kenne
Abgründe, in die noch kein Fuss sich verirrt hat. Man hat mir
gesagt, es sei nicht möglich, ein Buch von mir aus der Hand zu
legen, — ich störte selbst die Nachtruhe . . . Es giebt durchaus
keine stolzere und zugleich raffinirtere Art von Büchern: —
sie erreichen hier und da das Höchste, was auf Erden erreicht
werden kann, den Cynismus; man muss sie sich ebenso mit den
zartesten Fingern wie mit den tapfersten Fäusten erobern. Jede
Gebrechlichkeit der Seele schliesst aus davon, ein für alle Male,
selbst jede Dyspepsie: man muss keine Nerven haben, man muss

einen fröhlichen Unterleib haben. Nicht nur die Armut, die Winkel-Luft einer Seele schliesst davon aus, noch viel mehr das Feige, das Unsaubere, das Heimlich-Rachsüchtige in den Eingeweiden: ein Wort von mir treibt alle schlechten Instinkte ins Gesicht. Ich habe an meinen Bekannten mehrere Versuchsthiere, an denen ich mir die verschiedene, sehr lehrreich verschiedene Reaktion auf meine Schriften zu Gemüthe führe. Wer nichts mit ihrem Inhalte zu thun haben will, meine sogenannten Freunde zum Beispiel, wird dabei „unpersönlich": man wünscht mir Glück, wieder „so weit" zu sein, — auch ergäbe sich ein Fortschritt in einer grösseren Heiterkeit des Tons... Die vollkommen lasterhaften „Geister", die „schönen Seelen", die in Grund und Boden Verlognen, wissen schlechterdings nicht, was sie mit diesen Büchern anfangen sollen, — folglich sehn sie dieselben u n t e r sich, die schöne Folgerichtigkeit aller „schönen Seelen". Das Hornvieh unter meinen Bekannten, blosse Deutsche, mit Verlaub, giebt zu verstehn, man sei nicht immer meiner Meinung, aber doch mitunter, zum Beispiel ... Ich habe dies selbst über den Zarathustra gehört... Insgleichen ist jeder „Femininismus" im Menschen, auch im Manne, ein Thorschluss für mich: man wird niemals in dies Labyrinth verwegener Erkenntnisse eintreten. Man muss sich selbst nie geschont haben, man muss die H ä r t e in seinen Gewohnheiten haben, um unter lauter harten Wahrheiten wohlgemuth und heiter zu sein. Wenn ich mir das Bild eines vollkommnen Lesers ausdenke, so wird immer ein Unthier von Muth und Neugierde daraus, ausserdem noch etwas Biegsames, Listiges, Vorsichtiges, ein geborner Abenteurer und Entdecker. Zuletzt: ich wüsste es nicht besser zu sagen, zu wem ich im Grunde allein rede, als es Zarathustra gesagt hat: w e m allein will er sein Räthsel erzählen?

  Euch, den kühnen Suchern, Versuchern, und wer je
  sich mit listigen Segeln auf furchtbare Meere einschiffte, —
  euch, den Räthsel-Trunkenen, den Zwielicht-Frohen,
  deren Seele mit Flöten zu jedem Irrschlunde gelockt wird:

— denn nicht wollt ihr mit feiger Hand einem Faden nachtasten; und wo ihr e r r a t h e n könnt, da hasst ihr es, zu e r s c h l i e s s e n ...

4.

Ich sage zugleich noch ein allgemeines Wort über meine K u n s t   d e s   S t i l s. Einen Zustand, eine innere Spannung von Pathos durch Zeichen, eingerechnet das tempo dieser Zeichen, m i t z u t h e i l e n — das ist der Sinn jedes Stils; und in Anbetracht, dass die Vielheit innerer Zustände bei mir ausserordentlich ist, giebt es bei mir viele Möglichkeiten des Stils — die vielfachste Kunst des Stils überhaupt, über die je ein Mensch verfügt hat. G u t ist jeder Stil, der einen inneren Zustand wirklich mittheilt, der sich über die Zeichen, über das tempo der Zeichen, über die G e b ä r d e n — alle Gesetze der Periode sind Kunst der Gebärde — nicht vergreift. Mein Instinkt ist hier unfehlbar. — Guter Stil a n   s i c h — eine r e i n e   T h o r h e i t, blosser „Idealismus“, etwa, wie das „Schöne a n   s i c h“, wie das „Gute a n   s i c h“, wie das „Ding a n   s i c h“... Immer noch vorausgesetzt, dass es Ohren giebt — dass es Solche giebt, die eines gleichen Pathos fähig und würdig sind, dass die nicht fehlen, denen man sich mittheilen d a r f. — Mein Zarathustra zum Beispiel sucht einstweilen noch nach Solchen — ach! er wird noch lange zu suchen haben! — Man muss dessen w e r t h sein, ihn zu hören... Und bis dahin wird es Niemanden geben, der die K u n s t, die hier verschwendet worden ist, begreift: es hat nie Jemand mehr von neuen, von unerhörten, von wirklich erst dazu geschaffnen Kunstmitteln zu verschwenden gehabt. Dass dergleichen gerade in deutscher Sprache möglich war, blieb zu beweisen: ich selbst hätte es vorher am härtesten abgelehnt. Man weiss vor mir nicht, was man mit der deutschen Sprache kann, — was man überhaupt mit der Sprache kann. — Die Kunst des g r o s s e n Rhythmus, der g r o s s e

S t i l der Periodik zum Ausdruck eines ungeheuren Auf und
Nieder von sublimer, von übermenschlicher, Leidenschaft ist erst
von mir entdeckt; mit einem Dithyrambus wie dem letzten des
d r i t t e n Zarathustra, „die sieben Siegel" überschrieben, flog
ich tausend Meilen über das hinaus, was bisher Poesie hiess.

5.

— Dass aus meinen Schriften ein P s y c h o l o g e redet,
der nicht seines Gleichen hat, das ist vielleicht die erste Einsicht,
zu der ein guter Leser gelangt — ein Leser, wie ich ihn ver-
diene, der mich liest, wie gute alte Philologen ihren Horaz la-
sen. Die Sätze, über die im Grunde alle Welt einig ist, gar nicht
zu reden von den Allerwelts-Philosophen, den Moralisten und
andren Hohltöpfen, Kohlköpfen — erscheinen bei mir als
Naivetäten des Fehlgriffs: zum Beispiel jener Glaube, dass „unegoistisch" und „egoistisch" Gegensätze sind, während das ego
selbst bloss ein „höherer Schwindel", ein „Ideal" ist... Es giebt
w e d e r egoistische, n o c h unegoistische Handlungen: beide
Begriffe sind psychologischer Widersinn. Oder der Satz „der
Mensch strebt nach Glück"... Oder der Satz „das Glück ist der
Lohn der Tugend"... Oder der Satz „Lust und Unlust sind
Gegensätze"... Die Circe der Menschheit, die Moral, hat alle
psychologica in Grund und Boden gefälscht — v e r m o r a l i -
s i r t — bis zu jenem schauderhaften Unsinn, dass die Liebe
etwas „Unegoistisches" sein soll... Man muss fest auf s i c h
sitzen, man muss tapfer auf seinen beiden Beinen stehn, sonst
k a n n man gar nicht lieben. Das wissen zuletzt die Weiblein
nur zu gut: sie machen sich den Teufel was aus selbstlosen, aus
bloss objektiven Männern... Darf ich anbei die Vermuthung
wagen, dass ich die Weiblein k e n n e ? Das gehört zu meiner
dionysischen Mitgift. Wer weiss? vielleicht bin ich der erste Psycholog des Ewig-Weiblichen. Sie lieben mich Alle — eine alte
Geschichte: die v e r u n g l ü c k t e n Weiblein abgerechnet, die

„Emancipirten", denen das Zeug zu Kindern abgeht. — Zum
Glück bin ich nicht Willens mich zerreissen zu lassen: das vollkommne Weib zerreisst, wenn es liebt... Ich kenne diese lie-
benswürdigen Mänaden... Ah, was für ein gefährliches,
schleichendes, unterirdisches kleines Raubthier! Und so angenehm
dabei!... Ein kleines Weib, das seiner Rache nachrennt, würde
das Schicksal selbst über den Haufen rennen. — Das Weib ist
unsäglich viel böser als der Mann, auch klüger; Güte am Weibe
ist schon eine Form der Entartung... Bei allen sogenannten „schönen Seelen" giebt es einen physiologischen Übelstand
auf dem Grunde, — ich sage nicht Alles, ich würde sonst medi-
cynisch werden. Der Kampf um gleiche Rechte ist sogar
ein Symptom von Krankheit: jeder Arzt weiss das. — Das
Weib, je mehr Weib es ist, wehrt sich ja mit Händen und Füssen gegen Rechte überhaupt: der Naturzustand, der ewige
Krieg zwischen den Geschlechtern giebt ihm ja bei weitem
den ersten Rang. — Hat man Ohren für meine Definition der
Liebe gehabt? es ist die einzige, die eines Philosophen würdig
ist. Liebe — in ihren Mitteln der Krieg, in ihrem Grunde der
Todhass der Geschlechter. — Hat man meine Antwort auf die
Frage gehört, wie man ein Weib kurirt — „erlöst"? Man
macht ihm ein Kind. Das Weib hat Kinder nöthig, der Mann ist
immer nur Mittel: also sprach Zarathustra. — „Emancipation des Weibes" — das ist der Instinkthass des missrathenen, das heisst gebäruntüchtigen Weibes gegen das wohlgerathene, — der Kampf gegen den „Mann" ist immer nur Mittel, Vorwand, Taktik. Sie wollen, indem sie sich hinauf-
heben, als „Weib an sich", als „höheres Weib", als „Idealistin"
von Weib, das allgemeine Rang-Niveau des Weibes herunterbringen; kein sichereres Mittel dazu als Gymnasial-Bil-
dung, Hosen und politische Stimmvieh-Rechte. Im Grunde sind
die Emancipirten die Anarchisten in der Welt des „Ewig-
Weiblichen", die Schlechtweggekommenen, deren unterster Instinkt Rache ist... Eine ganze Gattung des bösartigsten „Idea-

lismus" — der übrigens auch bei Männern vorkommt, zum Beispiel bei Henrik Ibsen, dieser typischen alten Jungfrau — hat
als Ziel das gute Gewissen, die Natur in der Geschlechtsliebe
zu vergiften... Und damit ich über meine in diesem Betracht ebenso honnette als strenge Gesinnung keinen Zweifel
lasse, will ich noch einen Satz aus meinem Moral-Codex gegen
das Laster mittheilen: mit dem Wort Laster bekämpfe ich
jede Art Widernatur oder wenn man schöne Worte liebt,
Idealismus. Der Satz heisst: „die Predigt der Keuschheit ist eine
öffentliche Aufreizung zur Widernatur. Jede Verachtung des
geschlechtlichen Lebens, jede Verunreinigung desselben durch den
Begriff „unrein" ist das Verbrechen selbst am Leben, — ist die
eigentliche Sünde wider den heiligen Geist des Lebens." —

<h2 style="text-align:center">6.</h2>

Um einen Begriff von mir als Psychologen zu geben, nehme
ich ein curioses Stück Psychologie, das in „Jenseits von Gut und
Böse" vorkommt, — ich verbiete übrigens jede Muthmassung
darüber, wen ich an dieser Stelle beschreibe. „Das Genie des
Herzens, wie es jener grosse Verborgene hat, der Versucher-Gott
und geborne Rattenfänger der Gewissen, dessen Stimme bis in
die Unterwelt jeder Seele hinabzusteigen weiss, welcher nicht ein
Wort sagt, nicht einen Blick blickt, in dem nicht eine Rücksicht
und Falte der Lockung läge, zu dessen Meisterschaft es gehört,
dass er zu scheinen versteht — und nicht das, was er ist, sondern
was denen, die ihm folgen, ein Zwang mehr ist, um sich
immer näher an ihn zu drängen, um ihm immer innerlicher und
gründlicher zu folgen... Das Genie des Herzens, das alles Laute
und Selbstgefällige verstummen macht und horchen lehrt, das
die rauhen Seelen glättet und ihnen ein neues Verlangen zu kosten giebt, — still zu liegen, wie ein Spiegel, dass sich der tiefe
Himmel auf ihnen spiegele... Das Genie des Herzens, das die
tölpische und überrasche Hand zögern und zierlicher greifen

lehrt; das den verborgenen und vergessenen Schatz, den Tropfen
Güte und süsser Geistigkeit unter trübem dickem Eise erräth und
eine Wünschelruthe für jedes Korn Goldes ist, welches lange im
Kerker vielen Schlammes und Sandes begraben lag ... Das Genie des Herzens, von dessen Berührung Jeder reicher fortgeht,
nicht begnadet und überrascht, nicht wie von fremdem Gute be-
glückt und bedrückt, sondern reicher an sich selber, sich neuer als
zuvor, aufgebrochen, von einem Thauwinde angeweht und ausgehorcht, unsicherer vielleicht, zärtlicher zerbrechlicher zerbro-
chener, aber voll Hoffnungen, die noch keinen Namen haben,
voll neuen Willens und Strömens, voll neuen Unwillens und
Zurückströmens ...“

Die Geburt der Tragödie.

I.

Um gegen die „Geburt der Tragödie" (1872) gerecht zu sein, wird man Einiges vergessen müssen. Sie hat mit dem g e w i r k t und selbst fascinirt, was an ihr verfehlt war — mit ihrer Nutz- anwendung auf die W a g n e r e i, als ob dieselbe ein A u f - g a n g s -Symptom sei. Diese Schrift war eben damit im Leben Wagner's ein Ereigniss: von da an gab es erst grosse Hoffnungen bei dem Namen Wagner. Noch heute erinnert man mich daran, unter Umständen mitten aus dem Parsifal heraus: wie i c h es eigentlich auf dem Gewissen habe, dass eine so hohe Meinung über den C u l t u r - W e r t h dieser Bewegung obenauf gekom- men sei. — Ich fand die Schrift mehrmals citirt als „die W i e d e r geburt der Tragödie aus dem Geiste der Musik": man hat nur Ohren für eine neue Formel der Kunst, der Absicht, der A u f g a b e W a g n e r ' s gehabt, — darüber wurde überhört, was die Schrift im Grunde Werthvolles barg. „Grie- chenthum und Pessimismus": das wäre ein unzweideutigerer Titel gewesen: nämlich als erste Belehrung darüber, wie die Grie- chen fertig wurden mit dem Pessimismus, — womit sie ihn ü b e r w a n d e n... Die Tragödie gerade ist der Beweis dafür, dass die Griechen k e i n e Pessimisten waren: Schopenhauer vergriff sich hier, wie er sich in Allem vergriffen hat. — Mit einiger Neutralität in die Hand genommen, sieht die „Geburt der Tragödie" sehr unzeitgemäss aus: man würde sich nicht träu-

men lassen, dass sie unter den Donnern der Schlacht bei Wörth
b e g o n n e n wurde. Ich habe diese Probleme vor den Mauern
von Metz, in kalten September-Nächten, mitten im Dienste der
Krankenpflege, durchgedacht; man könnte eher schon glauben,
dass die Schrift fünfzig Jahre älter sei. Sie ist politisch indifferent, — „undeutsch", wird man heute sagen — sie riecht anstössig Hegelisch, sie ist nur in einigen Formeln mit dem Leichen-
bitter-parfum Schopenhauer's behaftet. Eine „Idee" — der
Gegensatz dionysisch und apollinisch — ins Metaphysische übersetzt; die Geschichte selbst als die Entwicklung dieser „Idee";
in der Tragödie der Gegensatz zur Einheit aufgehoben; unter
dieser Optik Dinge, die noch nie einander ins Gesicht gesehn
hatten, plötzlich gegenüber gestellt, aus einander beleuchtet und
b e g r i f f e n ... Die Oper zum Beispiel und die Revolution ...
Die zwei entscheidenden N e u e r u n g e n des Buchs sind einmal das Verständniss des d i o n y s i s c h e n Phänomens bei
den Griechen: es giebt dessen erste Psychologie, es sieht in ihm
die Eine Wurzel der ganzen griechischen Kunst. Das Andre
ist das Verständniss des Sokratismus: Sokrates als Werkzeug der
griechischen Auflösung, als typischer décadent zum ersten Male
erkannt. „Vernünftigkeit" g e g e n Instinkt. Die „Vernünftigkeit" um jeden Preis als gefährliche, als leben-untergrabende Gewalt! — Tiefes feindseliges Schweigen über das Christenthum
im ganzen Buche. Es ist weder apollinisch, noch dionysisch; es
n e g i r t alle ä s t h e t i s c h e n Werthe — die einzigen
Werthe, die die „Geburt der Tragödie" anerkennt: es ist im tiefsten Sinne nihilistisch, während im dionysischen Symbol die
äusserste Grenze der B e j a h u n g erreicht ist. Einmal wird auf
die christlichen Priester wie auf eine „tückische Art von Zwer-
gen", von „Unterirdischen" angespielt ...

2.

Dieser Anfang ist über alle Maassen merkwürdig. Ich hatte
zu meiner innersten Erfahrung das einzige Gleichniss und Seiten-
stück, das die Geschichte hat, e n t d e c k t , — ich hatte ebendamit das wundervolle Phänomen des Dionysischen als der Erste
begriffen. Insgleichen war damit, dass ich Sokrates als décadent erkannte, ein völlig unzweideutiger Beweis dafür gegeben,
wie wenig die Sicherheit meines psychologischen Griffs von Seiten irgend einer Moral-Idiosynkrasie Gefahr laufen werde: —
die Moral selbst als décadence-Symptom ist eine Neuerung,
eine Einzigkeit ersten Rangs in der Geschichte der Erkenntniss.
Wie hoch war ich mit Beidem über das erbärmliche Flachkopf-
Geschwätz von Optimismus contra Pessimismus hinweggesprun-
gen! — Ich sah zuerst den eigentlichen Gegensatz: — den e n t -
a r t e n d e n Instinkt, der sich gegen das Leben mit unterirdischer Rachsucht wendet (— Christenthum, die Philosophie
Schopenhauers, in gewissem Sinne schon die Philosophie Platos, der ganze Idealismus als typische Formen) und eine aus der
Fülle, der Überfülle geborene Formel der h ö c h s t e n B e -
j a h u n g , ein Jasagen ohne Vorbehalt, zum Leiden selbst, zur
Schuld selbst, zu allem Fragwürdigen und Fremden des Daseins
selbst... Dieses letzte, freudigste, überschwänglich-übermüthig-
ste Ja zum Leben ist nicht nur die höchste Einsicht, es ist auch
die t i e f s t e , die von Wahrheit und Wissenschaft am strengsten bestätigte und aufrecht erhaltene. Es ist Nichts, was ist, ab-
zurechnen, es ist Nichts entbehrlich — die von den Christen und
andren Nihilisten abgelehnten Seiten des Daseins sind sogar von
unendlich höherer Ordnung in der Rangordnung der Werthe als
das, was der Décadence-Instinkt gutheissen, g u t h e i s s e n
durfte. Dies zu begreifen, dazu gehört M u t h und, als dessen
Bedingung, ein Überschuss von K r a f t : denn genau so weit
als der Muth sich vorwärts wagen d a r f , genau nach dem
Maass von Kraft nähert man sich der Wahrheit. Die Erkenntniss, das Jasagen zur Realität ist für den Starken eine eben-

solche Nothwendigkeit als für den Schwachen, unter der Inspiration der Schwäche, die Feigheit und F l u c h t vor der Realität — das „Ideal"... Es steht ihnen nicht frei, zu erkennen:
die décadents haben die Lüge n ö t h i g, sie ist eine ihrer Er-
haltungs-Bedingungen. — Wer das Wort „Dionysisch" nicht nur
begreift, sondern s i c h in dem Wort „dionysisch" begreift,
hat keine Widerlegung Platos oder des Christenthums oder
Schopenhauers nöthig — e r r i e c h t d i e V e r w e s u n g...

3.

In wiefern ich ebendamit den Begriff „tragisch", die endliche
Erkenntniss darüber, was die Psychologie der Tragödie ist, gefunden hatte, habe ich zuletzt noch in der G ö t z e n - D ä m -
m e r u n g Seite 139 zum Ausdruck gebracht. „Das Jasagen zum
Leben selbst noch in seinen fremdesten und härtesten Problemen;
der Wille zum Leben im O p f e r seiner höchsten Typen der
eignen Unerschöpflichkeit frohwerdend — d a s nannte ich
dionysisch, das verstand ich als Brücke zur Psychologie des t r a -
g i s c h e n Dichters. N i c h t um von Schrecken und Mitleiden loszukommen, nicht um sich von einem gefährlichen Affekt durch eine vehemente Entladung zu reinigen — so miss-
verstand es Aristoteles: sondern um, über Schrecken und Mitleiden hinaus, die ewige Lust des Werdens s e l b s t z u s e i n,
jene Lust, die auch noch die L u s t a m V e r n i c h t e n in
sich schliesst..." In diesem Sinne habe ich das Recht, mich selber
als den ersten t r a g i s c h e n P h i l o s o p h e n zu verstehn —
das heisst den äussersten Gegensatz und Antipoden eines pessi-
mistischen Philosophen. Vor mir giebt es diese Umsetzung des
Dionysischen in ein philosophisches Pathos nicht: es fehlt die
t r a g i s c h e W e i s h e i t, — ich habe vergebens nach Anzeichen davon selbst bei den g r o s s e n Griechen der Philosophie, denen der zwei Jahrhunderte v o r Sokrates, gesucht.
Ein Zweifel blieb mir zurück bei H e r a k l i t, in dessen Nähe

überhaupt mir wärmer, mir wohler zu Muthe wird als irgendwo
sonst. Die Bejahung des Vergehens und Vernichtens,
das Entscheidende in einer dionysischen Philosophie, das Jasagen zu Gegensatz und Krieg, das Werden, mit radikaler
Ablehnung auch selbst des Begriffs „Sein" — darin muss ich unter allen Umständen das mir Verwandteste anerkennen, was
bisher gedacht worden ist. Die Lehre von der „ewigen Wiederkunft", das heisst vom unbedingten und unendlich wiederholten
Kreislauf aller Dinge — diese Lehre Zarathustra's könnte
zuletzt auch schon von Heraklit gelehrt worden sein. Zum Mindesten hat die Stoa, die fast alle ihre grundsätzlichen Vorstellungen von Heraklit geerbt hat, Spuren davon. —

4.

Aus dieser Schrift redet eine ungeheure Hoffnung. Zuletzt
fehlt mir jeder Grund, die Hoffnung auf eine dionysische Zukunft der Musik zurückzunehmen. Werfen wir einen Blick ein
Jahrhundert voraus, setzen wir den Fall, dass mein Attentat auf
zwei Jahrtausende Widernatur und Menschenschändung gelingt.
Jene neue Partei des Lebens, welche die grösste aller Aufgaben,
die Höherzüchtung der Menschheit in die Hände nimmt, eingerechnet die schonungslose Vernichtung alles Entartenden und
Parasitischen, wird jenes Zuviel von Leben auf Erden
wieder möglich machen, aus dem auch der dionysische Zustand
wieder erwachsen muss. Ich verspreche ein tragisches Zeitalter: die höchste Kunst im Jasagen zum Leben, die Tragödie,
wird wiedergeboren werden, wenn die Menschheit das Bewusstsein der härtesten, aber nothwendigsten Kriege hinter sich hat,
ohne daran zu leiden... Ein Psychologe dürfte noch
hinzufügen, dass was ich in jungen Jahren bei Wagnerischer
Musik gehört habe, Nichts überhaupt mit Wagner zu thun hat;
dass wenn ich die dionysische Musik beschrieb, ich das beschrieb,
was ich gehört hatte, — dass ich instinktiv Alles in den neuen

Geist übersetzen und transfiguriren musste, den ich in mir trug. Der Beweis dafür, so stark als nur ein Beweis sein kann, ist meine Schrift „Wagner in Bayreuth": an allen psychologisch entscheidenden Stellen ist nur von mir die Rede, — man darf rücksichtslos meinen Namen oder das Wort „Zarathustra" hinstellen, wo der Text das Wort Wagner giebt. Das ganze Bild des dithyrambischen Künstlers ist das Bild des präexistenten Dichters des Zarathustra, mit abgründlicher Tiefe hingezeichnet und ohne einen Augenblick die Wagnersche Realität auch nur zu berühren. Wagner selbst hatte einen Begriff davon; er erkannte sich in der Schrift nicht wieder. — Insgleichen hatte sich „der Gedanke von Bayreuth" in Etwas verwandelt, das den Kennern meines Zarathustra kein Räthsel-Begriff sein wird: in jenen grossen Mittag, wo sich die Auserwähltesten zur grössten aller Aufgaben weihen — wer weiss? die Vision eines Festes, das ich noch erleben werde... Das Pathos der ersten Seiten ist welthistorisch; der Blick, von dem auf der siebenten Seite die Rede ist, ist der eigentliche Zarathustra-Blick; Wagner, Bayreuth, die ganze kleine deutsche Erbärmlichkeit ist eine Wolke, in der eine unendliche fata morgana der Zukunft sich spiegelt. Selbst psychologisch sind alle entscheidenden Züge meiner eignen Natur in die Wagners eingetragen — das Nebeneinander der lichtesten und verhängnissvollsten Kräfte, der Wille zur Macht, wie ihn nie ein Mensch besessen hat, die rücksichtslose Tapferkeit im Geistigen, die unbegrenzte Kraft zu lernen, ohne dass der Wille zur That damit erdrückt würde. Es ist Alles an dieser Schrift vorherverkündend: die Nähe der Wiederkunft des griechischen Geistes, die Nothwendigkeit von Gegen-Alexandern, welche den gordischen Knoten der griechischen Cultur wieder binden, nachdem er gelöst war... Man höre den welthistorischen Accent, mit dem auf Seite 30 der Begriff „tragische Gesinnung" eingeführt wird: es sind lauter welthistorische Accente in dieser Schrift. Dies ist die fremdartigste „Objektivität", die es geben kann: die absolute Gewiss-

heit darüber, was ich b i n , projicirte sich auf irgend eine zu-
fällige Realität, — die Wahrheit über mich redete aus einer
schauervollen Tiefe. Auf Seite 71 wird der S t i l des Zarathustra mit einschneidender Sicherheit beschrieben und vorweggenommen; und niemals wird man einen grossartigeren Ausdruck
für das E r e i g n i s s Zarathustra, den Akt einer ungeheuren
Reinigung und Weihung der Menschheit, finden, als er in den
Seiten 43—46 gefunden ist. —

Die Unzeitgemässen.

I.

Die vier U n z e i t g e m ä s s e n sind durchaus kriegerisch.
Sie beweisen, dass ich kein „Hans der Träumer" war, dass es mir
Vergnügen macht, den Degen zu ziehn, — vielleicht auch, dass
ich das Handgelenk gefährlich frei habe. Der e r s t e Angriff
(1873) galt der deutschen Bildung, auf die ich damals schon mit
schonungsloser Verachtung hinabblickte. Ohne Sinn, ohne Substanz, ohne Ziel: eine blosse „öffentliche Meinung". Kein bös-
artigeres Missverständniss als zu glauben, der grosse Waffen-Er-
folg der Deutschen beweise irgend Etwas zu Gunsten dieser Bildung — oder gar i h r e n Sieg über Frankreich... Die z w e i t e
Unzeitgemässe (1874) bringt das Gefährliche, das Leben-An-
nagende und -Vergiftende in unsrer Art des Wissenschafts-Betriebs an's Licht —: das Leben k r a n k an diesem entmenschten
Räderwerk und Mechanismus, an der „U n persönlichkeit" des
Arbeiters, an der falschen Ökonomie der „Theilung der Arbeit".
Der Z w e c k geht verloren, die Cultur: — das Mittel, der
moderne Wissenschafts-Betrieb, b a r b a r i s i r t... In dieser
Abhandlung wurde der „historische Sinn", auf den dies Jahrhundert stolz ist, zum ersten Mal als Krankheit erkannt, als
typisches Zeichen des Verfalls. — In der d r i t t e n und v i e r -
t e n Unzeitgemässen werden, als Fingerzeige zu einem h ö h e -
r e n Begriff der Cultur, zur Wiederherstellung des Begriffs
„Cultur", zwei Bilder der härtesten S e l b s t s u c h t, S e l b s t -

z u c h t dagegen aufgestellt, unzeitgemässe Typen par excellence, voll souverainer Verachtung gegen Alles, was um sie herum
„Reich“, „Bildung“, „Christenthum“, „Bismarck“, „Erfolg“
hiess, — Schopenhauer und Wagner o d e r , mit Einem Wort,
Nietzsche…

2.

Von diesen vier Attentaten hatte das erste einen ausserordent-
lichen Erfolg. Der Lärm, den es hervorrief, war in jedem Sinne
prachtvoll. Ich hatte einer siegreichen Nation an ihre wunde
Stelle gerührt, — dass ihr Sieg n i c h t ein Cultur-Ereigniss sei,
sondern vielleicht, vielleicht etwas ganz Anderes… Die Antwort kam von allen Seiten und durchaus nicht bloss von den
alten Freunden David Straussens, den ich als Typus eines deutschen Bildungsphilisters und satisfait, kurz als Verfasser seines
Bierbank-Evangeliums vom „alten und neuen Glauben“ lächerlich gemacht hatte (— das Wort Bildungsphilister ist von meiner
Schrift her in der Sprache übrig geblieben). Diese alten Freunde,
denen ich als Würtembergern und Schwaben einen tiefen Stich
versetzt hatte, als ich ihr Wunderthier, ihren Strauss komisch
fand, antworteten so bieder und grob, als ich's irgendwie wünschen konnte; die preussischen Entgegnungen waren klüger, —
sie hatten mehr „Berliner Blau“ in sich. Das Unanständigste lei-
stete ein Leipziger Blatt, die berüchtigten „Grenzboten“; ich
hatte Mühe, die entrüsteten Basler von Schritten abzuhalten. Unbedingt für mich entschieden sich nur einige alte Herrn, aus gemischten und zum Theil unausfindlichen Gründen. Darunter
Ewald in Göttingen, der zu verstehn gab, mein Attentat sei für
Strauss tödtlich abgelaufen. Insgleichen der alte Hegelianer
Bruno Bauer, an dem ich von da an einen meiner aufmerksamsten
Leser gehabt habe. Er liebte es, in seinen letzten Jahren, auf mich
zu verweisen, zum Beispiel Herrn von Treitschke, dem preussischen Historiographen, einen Wink zu geben, bei wem er sich

Auskunft über den ihm verloren gegangnen Begriff „Cultur"
holen könne. Das Nachdenklichste, auch das Längste über die
Schrift und ihren Autor wurde von einem alten Schüler des Philosophen von Baader gesagt, einem Professor Hoffmann in
Würzburg. Er sah aus der Schrift eine grosse Bestimmung für
mich voraus, — eine Art Krisis und höchste Entscheidung im
Problem des Atheismus herbeizuführen, als dessen instinktivsten
und rücksichtslosesten Typus er mich errieth. Der Atheismus war
das, was mich zu Schopenhauer führte. — Bei weitem am besten
gehört, am bittersten empfunden wurde eine ausserordentlich
starke und tapfere Fürsprache des sonst so milden Karl Hillebrand, dieses letzten h u m a n e n Deutschen, der die Feder zu
führen wusste. Man las seinen Aufsatz in der „Augsburger Zeitung"; man kann ihn heute, in einer etwas vorsichtigeren Form,
in seinen gesammelten Schriften lesen. Hier war die Schrift als
Ereigniss, Wendepunkt, erste Selbstbesinnung, allerbestes Zeichen dargestellt, als eine wirkliche W i e d e r k e h r des deutschen Ernstes und der deutschen Leidenschaft in geistigen Dingen.
Hillebrand war voll hoher Auszeichnung für die Form der
Schrift, für ihren reifen Geschmack, für ihren vollkommnen Takt
in der Unterscheidung von Person und Sache: er zeichnete sie als
die beste polemische Schrift aus, die deutsch geschrieben sei, — in
der gerade für Deutsche so gefährlichen, so widerrathbaren Kunst
der Polemik. Unbedingt jasagend, mich sogar in dem verschär-
fend, was ich über die Sprach-Verlumpung in Deutschland zu
sagen gewagt hatte (— heute spielen sie die Puristen und können
keinen Satz mehr bauen —), in gleicher Verachtung gegen die
„ersten Schriftsteller" dieser Nation, endete er damit, seine Bewunderung für meinen M u t h auszudrücken — jenen „höchsten Muth, der gerade die Lieblinge eines Volks auf die Anklage-
bank bringt"... Die Nachwirkung dieser Schrift ist geradezu
unschätzbar in meinem Leben. Niemand hat bisher mit mir Händel gesucht. Man schweigt, man behandelt mich in Deutschland
mit einer düstern Vorsicht: ich habe seit Jahren von einer unbe-

dingten Redefreiheit Gebrauch gemacht, zu der Niemand heute, am wenigsten im „Reich", die H a n d frei genug hat. Mein Paradies ist „unter dem Schatten meines Schwertes"... Im Grunde hatte ich eine Maxime Stendhals prakticirt: er räth an, seinen Eintritt in die Gesellschaft mit einem D u e l l zu machen. Und wie ich mir meinen Gegner gewählt hatte! den ersten deutschen Freigeist!... In der That, eine ganz n e u e Art Freigeisterei kam damit zum ersten Ausdruck: bis heute ist mir Nichts fremder und unverwandter als die ganze europäische und amerikanische Species von „libres penseurs". Mit ihnen als mit unverbesserlichen Flachköpfen und Hanswürsten der „modernen Ideen" befinde ich mich sogar in einem tieferen Zwiespalt als mit Irgendwem von ihren Gegnern. Sie wollen auch, auf ihre Art, die Menschheit „verbessern", nach ihrem Bilde, sie würden gegen das, was ich bin, was ich w i l l , einen unversöhnlichen Krieg machen, gesetzt dass sie es verstünden, — sie glauben allesammt noch ans „Ideal"...Ich bin der erste I m m o r a l i s t —

3.

Dass die mit den Namen Schopenhauer und Wagner abgezeichneten Unzeitgemässen sonderlich zum Verständniss oder auch nur zur psychologischen Fragestellung beider Fälle dienen könnten, möchte ich nicht behaupten, Einzelnes, wie billig, ausgenommen. So wird zum Beispiel mit tiefer Instinkt-Sicherheit bereits hier das Elementarische in der Natur Wagners als eine Schauspieler-Begabung bezeichnet, die in seinen Mitteln und Absichten nur ihre Folgerungen zieht. Im Grunde wollte ich mit diesen Schriften Etwas ganz Andres als Psychologie treiben: — ein Problem der Erziehung ohne Gleichen, ein neuer Begriff der S e l b s t - Z u c h t ,   S e l b s t - V e r t h e i d i g u n g bis zur Härte, ein Weg zur Grösse und zu welthistorischen Aufgaben verlangte nach seinem ersten Ausdruck. Ins Grosse gerechnet nahm ich zwei berühmte und ganz und ⟨gar⟩ noch unfest-

gestellte Typen beim Schopf, wie man eine Gelegenheit beim
Schopf nimmt, um Etwas auszusprechen, um ein Paar Formeln,
Zeichen, Sprachmittel mehr in der Hand zu haben. Dies ist zuletzt, mit vollkommen unheimlicher Sagacität, auf S. 93 der dritten Unzeitgemässen auch angedeutet. Dergestalt hat sich Plato
des Sokrates bedient, als einer Semiotik für Plato. — Jetzt, wo
ich aus einiger Ferne auf jene Zustände zurückblicke, deren Zeugniss diese Schriften sind, möchte ich nicht verleugnen, dass sie im
Grunde bloss von mir reden. Die Schrift „Wagner in Bayreuth“
ist eine Vision meiner Zukunft; dagegen ist in „Schopenhauer als
Erzieher“ meine innerste Geschichte, mein W e r d e n eingeschrieben. Vor Allem mein G e l ö b n i s s ! . . . W a s ich heute
bin, w o ich heute bin — in einer Höhe, wo ich nicht mehr mit
Worten, sondern mit Blitzen rede —, oh wie fern davon war ich
damals noch! — Aber ich s a h das Land, — ich betrog mich
nicht einen Augenblick über Weg, Meer, Gefahr — u n d Erfolg! Die grosse Ruhe im Versprechen, dies glückliche Hinaus-
schaun in eine Zukunft, welche nicht nur eine Verheissung bleiben
soll! — Hier ist jedes Wort erlebt, tief, innerlich; es fehlt nicht
am Schmerzlichsten, es sind Worte darin, die geradezu blutrünstig
sind. Aber ein Wind der g r o s s e n Freiheit bläst über Alles
weg; die Wunde selbst wirkt n i c h t als Einwand. — Wie ich
den Philosophen verstehe, als einen furchtbaren Explosionsstoff,
vor dem Alles in Gefahr ist, wie ich meinen Begriff „Philosoph“
meilenweit abtrenne von einem Begriff, der sogar noch einen
Kant in sich schliesst, nicht zu reden von den akademischen
„Wiederkäuern“ und andren Professoren der Philosophie: darüber giebt diese Schrift eine unschätzbare Belehrung, zugegeben
selbst, dass hier im Grunde nicht „Schopenhauer als Erzieher“,
sondern sein G e g e n s a t z , „Nietzsche als Erzieher“, zu
Worte kommt. — In Anbetracht, dass damals mein Handwerk
das eines Gelehrten war, und, vielleicht auch, dass ich mein
Handwerk v e r s t a n d , ist ein herbes Stück Psychologie des
Gelehrten nicht ohne Bedeutung, das in dieser Schrift plötzlich

zum Vorschein kommt: es drückt das Distanz-Gefühl aus, die tiefe Sicherheit darüber, was bei mir Aufgabe, was bloss Mittel, Zwischenakt und Nebenwerk sein kann. Es ist meine Klugheit, Vieles und vielerorts gewesen zu sein, um Eins werden zu können, — um zu Einem kommen zu können. Ich musste eine Zeit lang auch Gelehrter sein. —

Menschliches, Allzumenschliches.

Mit zwei Fortsetzungen.

1.

„Menschliches, Allzumenschliches" ist das Denkmal einer
Krisis. Es heisst sich ein Buch für f r e i e Geister: fast jeder Satz
darin drückt einen Sieg aus — ich habe mich mit demselben vom
U n z u g e h ö r i g e n in meiner Natur freigemacht. Unzuge-
hörig ist mir der Idealismus: der Titel sagt „wo i h r ideale Dinge
seht, sehe i c h — Menschliches, ach nur Allzumenschliches!" …
Ich kenne den Menschen b e s s e r … In keinem andren Sinne
will das Wort „freier Geist" hier verstanden werden: ein
f r e i g e w o r d n e r Geist, der von sich selber wieder Besitz
ergriffen hat. Der Ton, der Stimmklang hat sich völlig verändert:
man wird das Buch klug, kühl, unter Umständen hart und spöttisch finden. Eine gewisse Geistigkeit v o r n e h m e n Geschmacks scheint sich beständig gegen eine leidenschaftlichere
Strömung auf dem Grunde obenauf zu halten. In diesem Zusammenhang hat es Sinn, dass es eigentlich die hundertjährige
Todesfeier V o l t a i r e ' s ist, womit sich die Herausgabe des
Buchs schon für das Jahr 1878 gleichsam entschuldigt. Denn Voltaire ist, im Gegensatz zu allem, was nach ihm schrieb, vor allem
ein grandseigneur des Geistes: genau das, was ich auch bin. —
Der Name Voltaire auf einer Schrift von mir — das war wirklich
ein Fortschritt — z u m i r … Sieht man genauer zu, so entdeckt man einen unbarmherzigen Geist, der alle Schlupfwinkel
kennt, wo das Ideal heimisch ist, — wo es seine Burgverliesse

und gleichsam seine letzte Sicherheit hat. Eine Fackel in den Händen, die durchaus kein „fackelndes" Licht giebt, mit einer schnei-
denden Helle wird in diese U n t e r w e l t des Ideals hinein-
geleuchtet. Es ist der Krieg, aber der Krieg ohne Pulver und
Dampf, ohne kriegerische Attitüden, ohne Pathos und verrenkte
Gliedmaassen — dies Alles selbst wäre noch „Idealismus". Ein
Irrthum nach dem andern wird gelassen aufs Eis gelegt, das Ideal
wird nicht widerlegt — e s   e r f r i e r t ... Hier zum Beispiel
erfriert „das Genie"; eine E c k e weiter erfriert „der Heilige";
unter einem dicken Eiszapfen erfriert „der Held"; am Schluss
erfriert „der Glaube", die sogenannte „Überzeugung", auch das
„Mitleiden" kühlt sich bedeutend ab — fast überall erfriert „das
Ding an sich" ...

2.

Die Anfänge dieses Buchs gehören mitten in die Wochen der
ersten Bayreuther Festspiele hinein; eine tiefe Fremdheit gegen
Alles, was mich dort umgab, ist eine seiner Voraussetzungen. Wer
einen Begriff davon hat, was für Visionen mir schon damals über
den Weg gelaufen waren, kann errathen, wie mir zu Muthe war,
als ich eines Tags in Bayreuth aufwachte. Ganz als ob ich
träumte ... Wo war ich doch? Ich erkannte Nichts wieder, ich
erkannte kaum Wagner wieder. Umsonst blätterte ich in meinen
Erinnerungen. Tribschen — eine ferne Insel der Glückseligen:
kein Schatten von Ähnlichkeit. Die unvergleichlichen Tage der
Grundsteinlegung, die kleine z u g e h ö r i g e Gesellschaft, die
sie feierte und der man nicht erst Finger für zarte Dinge zu wünschen hatte: kein Schatten von Ähnlichkeit. W a s   w a r   g e -
s c h e h n ? — Man hatte Wagner ins Deutsche übersetzt! Der
Wagnerianer war Herr über Wagner geworden! — Die d e u t -
s c h e Kunst! der d e u t s c h e Meister! das d e u t s c h e Bier!
... Wir Andern, die wir nur zu gut wissen, zu was für raffinirten
Artisten, zu welchem Cosmopolitismus des Geschmacks Wagners

Kunst allein redet, waren ausser uns, Wagnern mit deutschen
„Tugenden" behängt wiederzufinden. — Ich denke, ich kenne
den Wagnerianer, ich habe drei Generationen „erlebt", vom seli-
gen Brendel an, der Wagner mit Hegel verwechselte, bis zu den
„Idealisten" der Bayreuther Blätter, die Wagner mit sich selbst
verwechseln, — ich habe alle Art Bekenntnisse „schöner Seelen"
über Wagner gehört. Ein Königreich für Ein gescheidtes Wort! —
In Wahrheit, eine haarsträubende Gesellschaft! Nohl, Pohl,
K o h l mit Grazie in infinitum! Keine Missgeburt fehlt darunter,
nicht einmal der Antisemit. — Der arme Wagner! Wohin war er
gerathen! — Wäre er doch wenigstens unter die Säue gefahren!
Aber unter Deutsche!... Zuletzt sollte man, zur Belehrung der
Nachwelt, einen echten Bayreuther ausstopfen, besser noch in
Spiritus setzen, denn an Spiritus fehlt es —, mit der Unterschrift:
so sah der „Geist" aus, auf den hin man das „Reich" gründete...
Genug, ich reiste mitten drin für ein paar Wochen ab, sehr plötzlich, trotzdem dass eine charmante Pariserin mich zu trösten
suchte; ich entschuldigte mich bei Wagner bloss mit einem fatali-
stischen Telegramm. In einem tief in Wäldern verborgnen Ort
des Böhmerwalds, Klingenbrunn, trug ich meine Melancholie und
Deutschen-Verachtung wie eine Krankheit mit mir herum —
u n d schrieb von Zeit zu Zeit, unter dem Gesammttitel „die
Pflugschar", einen Satz in mein Taschenbuch, lauter h a r t e
Psychologica, die sich vielleicht in „Menschliches, Allzumenschliches" noch wiederfinden lassen.

3.

Was sich damals bei mir entschied, war nicht etwa ein Bruch
mit Wagner — ich empfand eine Gesammt-Abirrung meines Instinkts, von der der einzelne Fehlgriff, heisse er nun Wagner oder
Basler Professur, bloss ein Zeichen war. Eine U n g e d u l d mit
mir überfiel mich; ich sah ein, dass es die höchste Zeit war, mich
auf m i c h zurückzubesinnen. Mit Einem Male war mir auf

eine schreckliche Weise klar, wie viel Zeit bereits verschwendet
sei, — wie nutzlos, wie willkürlich sich meine ganze Philologen-
Existenz an meiner Aufgabe ausnehme. Ich schämte mich dieser
f a l s c h e n Bescheidenheit... Zehn Jahre hinter mir, wo ganz
eigentlich die E r n ä h r u n g des Geistes bei mir stillgestanden
hatte, wo ich nichts Brauchbares hinzugelernt hatte, wo ich un-
sinnig Viel über einem Krimskrams verstaubter Gelehrsamkeit
vergessen hatte. Antike Metriker mit Akribie und schlechten
Augen durchkriechen — dahin war es mit mir gekommen! — Ich
sah mit Erbarmen mich ganz mager, ganz abgehungert: die R e -
a l i t ä t e n fehlten geradezu innerhalb meines Wissens und die
„Idealitäten" taugten den Teufel was! — Ein geradezu brennen-
der Durst ergriff mich: von da an habe ich in der That nichts
mehr getrieben als Physiologie, Medizin und Naturwissenschaf-
ten, — selbst zu eigentlichen historischen Studien bin ich erst wieder zurückgekehrt, als die A u f g a b e mich gebieterisch dazu
zwang. Damals errieth ich auch zuerst den Zusammenhang zwischen einer instinktwidrig gewählten Thätigkeit, einem sogenannten „Beruf", zu dem man a m l e t z t e n berufen ist —
und jenem Bedürfniss nach einer B e t ä u b u n g des Öde- und
Hungergefühls durch eine narkotische Kunst, — zum Beispiel
durch die Wagnerische Kunst. Bei einem vorsichtigeren Umblick
habe ich entdeckt, dass für eine grosse Anzahl junger Männer der
gleiche Nothstand besteht: Eine Widernatur e r z w i n g t
förmlich eine zweite. In Deutschland, im „Reich", um unzweideutig zu reden, sind nur zu Viele verurtheilt, sich unzeitig zu
entscheiden und dann, unter einer unabwerfbar gewordnen Last,
h i n z u s i e c h e n... Diese verlangen nach Wagner als nach
einem O p i a t , — sie vergessen sich, sie werden sich einen
Augenblick los... Was sage ich! f ü n f b i s s e c h s S t u n -
d e n ! —

4.

Damals entschied sich mein Instinkt unerbittlich gegen ein
noch längeres Nachgeben, Mitgehn, Mich-selbst-verwechseln.
Jede Art Leben, die ungünstigsten Bedingungen, Krankheit, Armut — Alles schien mir jener unwürdigen „Selbstlosigkeit" vor-
ziehenswerth, in die ich zuerst aus Unwissenheit, aus Jugend
gerathen war, in der ich später aus Trägheit, aus sogenanntem
„Pflichtgefühl" hängen geblieben war. — Hier kam mir, auf eine
Weise, die ich nicht genug bewundern kann, und gerade zur rechten Zeit jene schlimme Erbschaft von Seiten meines Vaters
her zu Hülfe, — im Grunde eine Vorbestimmung zu einem frühen Tode. Die Krankheit löste mich langsam heraus:
sie ersparte mir jeden Bruch, jeden gewaltthätigen und anstössi-
gen Schritt. Ich habe kein Wohlwollen damals eingebüsst und
viel noch hinzugewonnen. Die Krankheit gab mir insgleichen ein
Recht zu einer vollkommnen Umkehr aller meiner Gewohnheiten; sie erlaubte, sie gebot mir Vergessen; sie beschenkte mich
mit der Nöthigung zum Stillliegen, zum Müssiggang, zum
Warten und Geduldigsein... Aber das heisst ja denken!...
Meine Augen allein machten ein Ende mit aller Bücherwürmerei,
auf deutsch: Philologie: ich war vom „Buch" erlöst, ich las jahre-
lang Nichts mehr — die grösste Wohlthat, die ich mir je
erwiesen habe! — Jenes unterste Selbst, gleichsam verschüttet,
gleichsam still geworden unter einem beständigen Hören-Müs-
sen auf andre Selbste (— und das heisst ja lesen!) erwachte
langsam, schüchtern, zweifelhaft, — aber endlich redete es
wieder. Nie habe ich so viel Glück an mir gehabt, als in den
kränksten und schmerzhaftesten Zeiten meines Lebens: man hat
nur die „Morgenröthe" oder etwa den „Wanderer und seinen
Schatten" sich anzusehn, um zu begreifen, was diese „Rückkehr
zu mir" war: eine höchste Art von Genesung selbst!...
Die andre folgte bloss daraus. —

5.

Menschliches, Allzumenschliches, dies Denkmal einer rigorösen Selbstzucht, mit der ich bei mir allem eingeschleppten „höheren Schwindel", „Idealismus", „schönen Gefühl" und andren Weiblichkeiten ein jähes Ende bereitete, wurde in allen Hauptsachen in Sorrent niedergeschrieben; es bekam seinen Schluss, seine endgültige Form in einem Basler Winter, unter ungleich ungünstigeren Verhältnissen als denen in Sorrent. Im Grunde hat Herr Peter Gast, damals an der Basler Universität studirend und mir sehr zugethan, das Buch auf dem Gewissen. Ich diktirte, den Kopf verbunden und schmerzhaft, er schrieb ab, er corrigirte auch, — er war im Grunde der eigentliche Schriftsteller, während ich bloss der Autor war. Als das Buch endlich fertig mir zu Händen kam — zur tiefen Verwunderung eines Schwerkranken —, sandte ich, unter Anderem, auch nach Bayreuth zwei Exemplare. Durch ein Wunder von Sinn im Zufall kam gleichzeitig bei mir ein schönes Exemplar des Parsifal-Textes an, mit Wagners Widmung an mich „seinem theuren Freunde Friedrich Nietzsche, Richard Wagner, Kirchenrath". — Diese Kreuzung der zwei Bücher — mir war's, als ob ich einen ominösen Ton dabei hörte. Klang es nicht, als ob sich Degen kreuzten?... Jedenfalls empfanden wir es beide so: denn wir schwiegen beide. — Um diese Zeit erschienen die ersten Bayreuther Blätter: ich begriff, wozu es höchste Zeit gewesen war. — Unglaublich! Wagner war fromm geworden...

6.

Wie ich damals (1876) über mich dachte, mit welcher ungeheuren Sicherheit ich meine Aufgabe und das Welthistorische an ihr in der Hand hielt, davon legt das ganze Buch, vor Allem aber eine sehr ausdrückliche Stelle Zeugniss ab: nur dass ich, mit der bei mir instinktiven Arglist, auch hier wieder das Wörtchen „ich" umgieng und dies Mal nicht Schopenhauer oder Wagner, sondern

einen meiner Freunde, den ausgezeichneten Dr. Paul Rée, mit
einer welthistorischen Glorie überstrahlte — zum Glück ein viel
zu feines Thier, als dass... A n d r e waren weniger fein: ich
habe die Hoffnungslosen unter meinen Lesern, zum Beispiel den
typischen deutschen Professor, immer daran erkannt, dass sie, auf
diese Stelle hin, das ganze Buch als höheren Réealismus verstehn
zu müssen glaubten... In Wahrheit enthielt es den Widerspruch
gegen fünf, sechs Sätze meines Freundes: man möge darüber die
Vorrede zur Genealogie der Moral nachlesen. — Die Stelle lautet:
welches ist doch der Hauptsatz, zu dem einer der kühnsten und
kältesten Denker, der Verfasser des Buchs „über den Ursprung
der moralischen Empfindungen" (lisez: Nietzsche, der erste I m -
m o r a l i s t) vermöge seiner ein- und durchschneidenden Ana-
lysen des menschlichen Handelns gelangt ist? „Der moralische
Mensch steht der intelligiblen Welt nicht näher als der physische
— d e n n es giebt keine intelligible Welt..." Dieser Satz, hart
und schneidig geworden unter dem Hammerschlag der historischen Erkenntniss (lisez: U m w e r t h u n g a l l e r W e r t h e)
kann vielleicht einmal, in irgend welcher Zukunft — 1890! — als
die Axt dienen, welche dem „metaphysischen Bedürfniss" der
Menschheit an die Wurzel gelegt wird, — ob mehr zum Segen
oder zum Fluche der Menschheit, wer wüsste das zu sagen? Aber
jedenfalls als ein Satz der erheblichsten Folgen, fruchtbar und
furchtbar zugleich und mit jenem D o p p e l b l i c k in die Welt
sehend, welchen alle grossen Erkenntnisse haben ...

Morgenröthe.

Gedanken über die Moral als Vorurtheil.

1.

Mit diesem Buche beginnt mein Feldzug gegen die M o r a l.
Nicht dass es den geringsten Pulvergeruch an sich hätte: — man
wird ganz andre und viel lieblichere Gerüche an ihm wahrnehmen, gesetzt, dass man einige Feinheit in den Nüstern hat. Weder
grosses, noch auch kleines Geschütz: ist die Wirkung des Buchs
negativ, so sind es seine Mittel um so weniger, diese Mittel, aus
denen die Wirkung wie ein Schluss, n i c h t wie ein Kanonenschuss folgt. Dass man von dem Buche Abschied nimmt mit einer
scheuen Vorsicht vor Allem, was bisher unter dem Namen Moral
zu Ehren und selbst zur Anbetung gekommen ist, steht nicht im
Widerspruch damit, dass im ganzen Buch kein negatives Wort
vorkommt, kein Angriff, keine Bosheit, — dass es vielmehr in
der Sonne liegt, rund, glücklich, einem Seegethier gleich, das zwischen Felsen sich sonnt. Zuletzt war ich's selbst, dieses Seegethier:
fast jeder Satz des Buchs ist erdacht, e r s c h l ü p f t in jenem
Felsen-Wirrwarr nahe bei Genua, wo ich allein war und noch mit
dem Meere Heimlichkeiten hatte. Noch jetzt wird mir, bei einer
zufälligen Berührung dieses Buchs, fast jeder Satz zum Zipfel,
an dem ich irgend etwas Unvergleichliches wieder aus der Tiefe
ziehe: seine ganze Haut zittert von zarten Schaudern der Erinnerung. Die Kunst, die es voraus hat, ist keine kleine darin, Dinge,
die leicht und ohne Geräusch vorbeihuschen, Augenblicke, die ich
göttliche Eidechsen nenne, ein wenig fest zu machen — nicht etwa

mit der Grausamkeit jenes jungen Griechengottes, der das arme
Eidechslein einfach anspiesste, aber immerhin doch mit etwas
Spitzem, mit der Feder... „Es giebt so viele Morgenröthen, die
noch nicht geleuchtet haben" — diese i n d i s c h e Inschrift steht
auf der Thür zu diesem Buche. Wo s u c h t sein Urheber jenen
neuen Morgen, jenes bisher noch unentdeckte zarte Roth, mit
dem wieder ein Tag — ah, eine ganze Reihe, eine ganze Welt
neuer Tage! — anhebt? In einer U m w e r t h u n g a l l e r
W e r t h e , in einem Loskommen von allen Moralwerthen, in
einem Jasagen und Vertrauen-haben zu Alledem, was bisher verboten, verachtet, verflucht worden ist. Dies j a s a g e n d e Buch
strömt sein Licht, seine Liebe, seine Zärtlichkeit auf lauter
schlimme Dinge aus, es giebt ihnen „die Seele", das gute Gewissen, das hohe Recht und V o r r e c h t auf Dasein wieder zurück. Die Moral wird nicht angegriffen, sie kommt nur nicht mehr
in Betracht... Dies Buch schliesst mit einem „Oder?", — es ist
das einzige Buch, das mit einem „Oder?" schliesst...

2.

Meine Aufgabe, einen Augenblick höchster Selbstbesinnung
der Menschheit vorzubereiten, einen g r o s s e n M i t t a g , wo
sie zurückschaut und hinausschaut, wo sie aus der Herrschaft des
Zufalls und der Priester heraustritt und die Frage des warum?,
des wozu? zum ersten Male a l s G a n z e s stellt —, diese Aufgabe folgt mit Nothwendigkeit aus der Einsicht, dass die Menschheit n i c h t von selber auf dem rechten Wege ist, dass sie durchaus n i c h t göttlich regiert wird, dass vielmehr gerade unter
ihren heiligsten Werthbegriffen der Instinkt der Verneinung, der
Verderbniss, der décadence-Instinkt verführerisch gewaltet hat.
Die Frage nach der Herkunft der moralischen Werthe ist deshalb
für mich eine Frage e r s t e n R a n g e s , weil sie die Zukunft
der Menschheit bedingt. Die Forderung, man solle g l a u b e n ,
dass Alles im Grunde in den besten Händen ist, dass ein Buch, die

Bibel, eine endgültige Beruhigung über die göttliche Lenkung und Weisheit im Geschick der Menschheit giebt, ist, zurückübersetzt in die Realität, der Wille, die Wahrheit über das erbarmungswürdige Gegentheil davon nicht aufkommen zu lassen, nämlich, dass die Menschheit bisher in den s c h l e c h t e s t e n Händen war, dass sie von den Schlechtweggekommenen, den Arglistig-Rachsüchtigen, den sogenannten „Heiligen", diesen Weltverleumdern und Menschenschändern, regiert worden ist. Das entscheidende Zeichen, an dem sich ergiebt, dass der Priester (— eingerechnet die v e r s t e c k t e n Priester, die Philosophen) nicht nur innerhalb einer bestimmten religiösen Gemeinschaft, sondern überhaupt Herr geworden ist, dass die décadence-Moral, der Wille zum Ende, als Moral a n s i c h gilt, ist der unbedingte Werth, der dem Unegoistischen und die Feindschaft, die dem Egoistischen überall zu Theil wird. Wer über diesen Punkt mit mir uneins ist, den halte ich für i n f i c i r t ... Aber alle Welt ist mit mir uneins... Für einen Physiologen lässt ein solcher Werth-Gegensatz gar keinen Zweifel. Wenn innerhalb des Organismus das geringste Organ in noch so kleinem Maasse nachlässt, seine Selbsterhaltung, seinen Kraftersatz, seinen „Egoismus" mit vollkommner Sicherheit durchzusetzen, so entartet das Ganze. Der Physiologe verlangt A u s s c h n e i d u n g des entartenden Theils, er verneint jede Solidarität mit dem Entartenden, er ist am fernsten vom Mitleiden mit ihm. Aber der Priester w i l l gerade die Entartung des Ganzen, der Menschheit: darum c o n s e r v i r t er das Entartende — um diesen Preis beherrscht er sie... Welchen Sinn haben jene Lügenbegriffe, die H ü l f s - begriffe der Moral, „Seele", „Geist", „freier Wille", „Gott", wenn nicht den, die Menschheit physiologisch zu ruiniren?... Wenn man den Ernst von der Selbsterhaltung, Kraftsteigerung des Leibes, d a s h e i s s t d e s L e b e n s ablenkt, wenn man aus der Bleichsucht ein Ideal, aus der Verachtung des Leibes „das Heil der Seele" construirt, was ist das Anderes, als ein R e c e p t zur décadence? — Der Verlust an Schwergewicht, der Wider-

stand gegen die natürlichen Instinkte, die „Selbstlosigkeit" mit
Einem Worte — das hiess bisher M o r a l … Mit der „Morgen-
röthe" nahm ich zuerst den Kampf gegen die Entselbstungs-
Moral auf. —

Die fröhliche Wissenschaft.

(„la gaya scienza“)

Die „Morgenröthe“ ist ein jasagendes Buch, tief, aber hell
und gütig. Dasselbe gilt noch einmal und im höchsten Grade von
der gaya scienza: fast in jedem Satz derselben halten sich Tiefsinn und Muthwillen zärtlich an der Hand. Ein Vers, welcher die
Dankbarkeit für den wunderbarsten Monat Januar ausdrückt,
den ich erlebt habe — das ganze Buch ist sein Geschenk — verräth zur Genüge, aus welcher Tiefe heraus hier die „Wissenschaft“
f r ö h l i c h geworden ist:

> Der du mit dem Flammenspeere
> Meiner Seele Eis zertheilt,
> Dass sie brausend nun zum Meere
> Ihrer höchsten Hoffnung eilt:
> Heller stets und stets gesunder,
> Frei im liebevollsten Muss —
> Also preist sie deine Wunder,
> Schönster Januarius!

Was hier „höchste Hoffnung“ heisst, wer kann darüber im Zweifel sein, der als Schluss des vierten Buchs die diamantene Schönheit der ersten Worte des Zarathustra aufglänzen sieht? — Oder
der die granitnen Sätze am Ende des dritten Buchs liest, mit denen
sich ein Schicksal f ü r a l l e Z e i t e n zum ersten Male in Formeln fasst? — Die L i e d e r d e s P r i n z e n V o g e l f r e i,
zum besten Theil in Sicilien gedichtet, erinnern ganz ausdrücklich
an den provençalischen Begriff der „gaya scienza“, an jene Ein-

heit von Sänger, Ritter und Freigeist, mit der sich
jene wunderbare Frühkultur der Provençalen gegen alle zweideutigen Culturen abhebt; das allerletzte Gedicht zumal, „a n
d e n M i s t r a l", ein ausgelassenes Tanzlied, in dem, mit Verlaub! über die Moral hinweggetanzt wird, ist ein vollkommner
Provençalismus. —

Also sprach Zarathustra.

Ein Buch für Alle und Keinen.

1.

Ich erzähle nunmehr die Geschichte des Zarathustra. Die Grundconception des Werks, der **Ewige-Wiederkunfts-Gedanke**, diese höchste Formel der Bejahung, die überhaupt erreicht werden kann —, gehört in den August des Jahres 1881: er ist auf ein Blatt hingeworfen, mit der Unterschrift: „6000 Fuss jenseits von Mensch und Zeit". Ich gieng an jenem Tage am See von Silvaplana durch die Wälder; bei einem mächtigen pyramidal aufgethürmten Block unweit Surlei machte ich Halt. Da kam mir dieser Gedanke. — Rechne ich von diesem Tage ein paar Monate zurück, so finde ich, als Vorzeichen, eine plötzliche und im Tiefsten entscheidende Veränderung meines Geschmacks, vor Allem in der Musik. Man darf vielleicht den ganzen Zarathustra unter die Musik rechnen; — sicherlich war eine Wiedergeburt in der Kunst zu **hören**, eine Vorausbedingung dazu. In einem kleinen Gebirgsbade unweit Vicenza, Recoaro, wo ich den Frühling des Jahrs 1881 verbrachte, entdeckte ich, zusammen mit meinem maëstro und Freunde Peter Gast, einem gleichfalls „Wiedergebornen", dass der Phönix Musik mit leichterem und leuchtenderem Gefieder, als er je gezeigt, an uns vorüberflog. Rechne ich dagegen von jenem Tage an vorwärts, bis zur plötzlichen und unter den unwahrscheinlichsten Verhältnissen eintretenden Niederkunft im Februar 1883 — die Schlusspartie, dieselbe, aus der ich im **Vorwort** ein paar Sätze ci-

tirt habe, wurde genau in der heiligen Stunde fertig gemacht, in
der Richard Wagner in Venedig starb — so ergeben sich achtzehn Monate für die Schwangerschaft. Diese Zahl gerade von
achtzehn Monaten dürfte den Gedanken nahelegen, unter
Buddhisten wenigstens, dass ich im Grunde ein Elephanten-
Weibchen bin. — In die Zwischenzeit gehört die „gaya scienza",
die hundert Anzeichen der Nähe von etwas Unvergleichlichem
hat; zuletzt giebt sie den Anfang des Zarathustra selbst noch, sie
giebt im vorletzten Stück des vierten Buchs den Grundgedanken
des Zarathustra. — Insgleichen gehört in diese Zwischenzeit jener
H y m n u s a u f d a s L e b e n (für gemischten Chor und
Orchester), dessen Partitur vor zwei Jahren bei E. W. Fritzsch
in Leipzig erschienen ist: ein vielleicht nicht unbedeutendes
Symptom für den Zustand dieses Jahres, wo das j a s a g e n d e
Pathos par excellence, von mir das tragische Pathos genannt,
im höchsten Grade mir innewohnte. Man wird ihn später einmal zu meinem Gedächtniss singen. — Der Text, ausdrücklich
bemerkt, weil ein Missverständniss darüber im Umlauf ist, ist
nicht von mir: er ist die erstaunliche Inspiration einer jungen
Russin, mit der ich damals befreundet war, des Fräulein Lou
von Salomé. Wer den letzten Worten des Gedichts überhaupt
einen Sinn zu entnehmen weiss, wird errathen, warum ich es
vorzog und bewunderte: sie haben Grösse. Der Schmerz gilt
n i c h t als Einwand gegen das Leben: „Hast du kein Glück
mehr übrig mir zu geben, wohlan! n o c h h a s t d u d e i n e
P e i n ..." Vielleicht hat auch meine Musik an dieser Stelle
Grösse. (Letzte Note der Oboe cis nicht c. Druckfehler.) —
Den darauf folgenden Winter lebte ich in jener anmuthig stillen Bucht von Rapallo unweit Genua, die sich zwischen Chia-
vari und dem Vorgebirge Porto fino einschneidet. Meine Gesundheit war nicht die beste; der Winter kalt und über die
Maassen regnerisch; ein kleines Albergo, unmittelbar am Meer
gelegen, so dass die hohe See nachts den Schlaf unmöglich
machte, bot ungefähr in Allem das Gegentheil vom Wünschens-

werthen. Trotzdem und beinahe zum Beweis meines Satzes, dass
alles Entscheidende „trotzdem" entsteht, war es dieser Winter
und diese Ungunst der Verhältnisse, unter denen mein Zarathustra entstand. — Den Vormittag stieg ich in südlicher Rich-
tung auf der herrlichen Strasse nach Zoagli hin in die Höhe, an
Pinien vorbei und weitaus das Meer überschauend; des Nachmittags, so oft es nur die Gesundheit erlaubte, umgieng ich die
ganze Bucht von Santa Margherita bis hinter nach Porto fino.
Dieser Ort und diese Landschaft ist durch die grosse Liebe, welche
der unvergessliche deutsche Kaiser Friedrich der Dritte für sie
fühlte, meinem Herzen noch näher gerückt; ich war zufällig im
Herbst 1886 wieder an dieser Küste, als er zum letzten Mal diese
kleine vergessne Welt von Glück besuchte. — Auf diesen beiden
Wegen fiel mir der ganze erste Zarathustra ein, vor Allem Zarathustra selber, als Typus: richtiger, er ü b e r f i e l   m i c h ...

2.

Um diesen Typus zu verstehn, muss man sich zuerst seine
physiologische Voraussetzung klar machen: sie ist das, was ich
die g r o s s e   G e s u n d h e i t nenne. Ich weiss diesen Begriff
nicht besser, nicht p e r s ö n l i c h e r zu erläutern, als ich es
schon gethan habe, in einem der Schlussabschnitte des fünften
Buchs der „gaya scienza". „Wir Neuen, Namenlosen, Schlecht-
verständlichen — heisst es daselbst — wir Frühgeburten einer
noch unbewiesenen Zukunft, wir bedürfen zu einem neuen
Zwecke auch eines neuen Mittels, nämlich einer neuen Gesundheit, einer stärkeren gewitzteren zäheren verwegneren lustigeren,
als alle Gesundheiten bisher waren. Wessen Seele darnach dür-
stet, den ganzen Umfang der bisherigen Werthe und Wünschbarkeiten erlebt und alle Küsten dieses idealischen „Mittel-
meers" umschifft zu haben, wer aus den Abenteuern der
eigensten Erfahrung wissen will, wie es einem Eroberer und Entdecker des Ideals zu Muthe ist, insgleichen einem Künstler,

einem Heiligen, einem Gesetzgeber, einem Weisen, einem Gelehrten, einem Frommen, einem Göttlich-Abseitigen alten Stils:
der hat dazu zu allererst Eins nöthig, die grosse Gesundheit — eine solche, welche man nicht nur hat, sondern auch
beständig noch erwirbt und erwerben muss, weil man sie immer
wieder preisgiebt, preisgeben muss... Und nun, nachdem wir
lange dergestalt unterwegs waren, wir Argonauten des Ideals,
muthiger vielleicht als klug ist und oft genug schiffbrüchig und
zu Schaden gekommen, aber, wie gesagt, gesünder als man es
uns erlauben möchte, gefährlich gesund, immer wieder gesund,
— will es uns scheinen, als ob wir, zum Lohn dafür, ein noch
unentdecktes Land vor uns haben, dessen Grenzen noch Niemand abgesehn hat, ein Jenseits aller bisherigen Länder und
Winkel des Ideals, eine Welt so überreich an Schönem, Fremdem, Fragwürdigem, Furchtbarem und Göttlichem, dass unsre
Neugierde sowohl als unser Besitzdurst ausser sich gerathen
sind — ach, dass wir nunmehr durch Nichts mehr zu ersättigen
sind!... Wie könnten wir uns, nach solchen Ausblicken und mit
einem solchen Heisshunger in Wissen und Gewissen, noch am
gegenwärtigen Menschen genügen lassen? Schlimm
genug, aber es ist unvermeidlich, dass wir seinen würdigsten
Zielen und Hoffnungen nun mit einem übel aufrecht erhaltenen
Ernste zusehn und vielleicht nicht einmal mehr zusehn... Ein
andres Ideal läuft vor uns her, ein wunderliches, versucherisches,
gefahrenreiches Ideal, zu dem wir Niemanden überreden möchten, weil wir Niemandem so leicht das Recht darauf zugestehn: das Ideal eines Geistes, der naiv, das heisst ungewollt
und aus überströmender Fülle und Mächtigkeit mit Allem spielt,
was bisher heilig, gut, unberührbar, göttlich hiess; für den das
Höchste, woran das Volk billigerweise sein Werthmaass hat, bereits so viel wie Gefahr, Verfall, Erniedrigung oder, mindestens,
wie Erholung, Blindheit, zeitweiliges Selbstvergessen bedeuten
würde; das Ideal eines menschlich-übermenschlichen Wohlseins
und Wohlwollens, welches oft genug unmenschlich er-

scheinen wird, zum Beispiel, wenn es sich neben den ganzen bisherigen Erdenernst, neben alle bisherige Feierlichkeit in Gebärde, Wort, Klang, Blick, Moral und Aufgabe wie deren leibhafteste unfreiwillige Parodie hinstellt — und mit dem, trotzalledem, vielleicht d e r g r o s s e E r n s t erst anhebt, das eigentliche Fragezeichen erst gesetzt wird, das Schicksal der Seele sich wendet, der Zeiger rückt, die Tragödie b e g i n n t..."

3.

— Hat Jemand, Ende des neunzehnten Jahrhunderts, einen deutlichen Begriff davon, was Dichter starker Zeitalter I n s p i r a t i o n nannten? Im andren Falle will ich's beschreiben. — Mit dem geringsten Rest von Aberglauben in sich würde man in der That die Vorstellung, bloss Incarnation, bloss Mundstück, bloss medium übermächtiger Gewalten zu sein, kaum abzuweisen wissen. Der Begriff Offenbarung, in dem Sinn, dass plötzlich, mit unsäglicher Sicherheit und Feinheit, Etwas s i c h t b a r, hörbar wird, Etwas, das Einen im Tiefsten erschüttert und umwirft, beschreibt einfach den Thatbestand. Man hört, man sucht nicht; man nimmt, man fragt nicht, wer da giebt; wie ein Blitz leuchtet ein Gedanke auf, mit Nothwendigkeit, in der Form ohne Zögern, — ich habe nie eine Wahl gehabt. Eine Entzükkung, deren ungeheure Spannung sich mitunter in einen Thränenstrom auslöst, bei der der Schritt unwillkürlich bald stürmt, bald langsam wird; ein vollkommnes Ausser-sich-sein mit dem distinktesten Bewusstsein einer Unzahl feiner Schauder und Überrieselungen bis in die Fusszehen; eine Glückstiefe, in der das Schmerzlichste und Düsterste nicht als Gegensatz wirkt, sondern als bedingt, als herausgefordert, sondern als eine n o t h w e n d i g e Farbe innerhalb eines solchen Lichtüberflusses; ein Instinkt rhythmischer Verhältnisse, der weite Räume von Formen überspannt — die Länge, das Bedürfniss nach einem w e i t g e s p a n n t e n Rhythmus ist beinahe das Maass für die

Gewalt der Inspiration, eine Art Ausgleich gegen deren Druck und Spannung... Alles geschieht im höchsten Grade unfreiwillig, aber wie in einem Sturme von Freiheits-Gefühl, von Unbedingtsein, von Macht, von Göttlichkeit... Die Unfreiwilligkeit des Bildes, des Gleichnisses ist das Merkwürdigste; man hat keinen Begriff mehr, was Bild, was Gleichniss ist, Alles bietet sich als der nächste, der richtigste, der einfachste Ausdruck. Es scheint wirklich, um an ein Wort Zarathustra's zu erinnern, als ob die Dinge selber herankämen und sich zum Gleichnisse anböten (— „hier kommen alle Dinge liebkosend zu deiner Rede und schmeicheln dir: denn sie wollen auf deinem Rücken reiten. Auf jedem Gleichniss reitest du hier zu jeder Wahrheit. Hier springen dir alles Seins Worte und Wort-Schreine auf; alles Sein will hier Wort werden, alles Werden will von dir reden lernen —"). Dies ist m e i n e Erfahrung von Inspiration; ich zweifle nicht, dass man Jahrtausende zurückgehn muss, um Jemanden zu finden, der mir sagen darf „es ist auch die meine". —

4.

Ich lag ein Paar Wochen hinterdrein in Genua krank. Dann folgte ein schwermüthiger Frühling in Rom, wo ich das Leben hinnahm — es war nicht leicht. Im Grunde verdross mich dieser für den Dichter des Zarathustra unanständigste Ort der Erde, den ich nicht freiwillig gewählt hatte, über die Maassen; ich versuchte loszukommen, — ich wollte nach A q u i l a , dem Gegenbegriff von Rom, aus Feindschaft gegen Rom gegründet, wie ich einen Ort dereinst gründen werde, die Erinnerung an einen Atheisten und Kirchenfeind comme il faut, an einen meiner Nächstverwandten, den grossen Hohenstaufen-Kaiser Friedrich den Zweiten. Aber es war ein Verhängniss bei dem Allen: ich musste wieder zurück. Zuletzt gab ich mich mit der piazza Barberini zufrieden, nachdem mich meine Mühe um eine a n t i c h r i s t l i c h e Gegend müde gemacht hatte. Ich fürchte, ich

habe einmal, um schlechten Gerüchen möglichst aus dem Wege
zu gehn, im palazzo del Quirinale selbst nachgefragt, ob man
nicht ein stilles Zimmer für einen Philosophen habe. — Auf
einer loggia hoch über der genannten piazza, von der aus man
Rom übersieht und tief unten die fontana rauschen hört, wurde
jenes einsamste Lied gedichtet, das je gedichtet worden ist, das
N a c h t l i e d; um diese Zeit gieng immer eine Melodie von
unsäglicher Schwermuth um mich herum, deren Refrain ich in
den Worten wiederfand „todt vor Unsterblichkeit..." Im
Sommer, heimgekehrt zur heiligen Stelle, wo der erste Blitz des
Zarathustra-Gedankens mir geleuchtet hatte, fand ich den zweiten Zarathustra. Zehn Tage genügten; ich habe in keinem Falle,
weder beim ersten, noch beim dritten und letzten mehr gebraucht. Im Winter darauf, unter dem halkyonischen Himmel
Nizza's, der damals zum ersten Male in mein Leben hinein-
glänzte, fand ich den dritten Zarathustra — und war fertig.
Kaum ein Jahr, für's Ganze gerechnet. Viele verborgne Flecke
und Höhen aus der Landschaft Nizza's sind mir durch unvergessliche Augenblicke geweiht; jene entscheidende Partie, welche
den Titel „von alten und neuen Tafeln" trägt, wurde im be-
schwerlichsten Aufsteigen von der Station zu dem wunderbaren
maurischen Felsenneste Eza gedichtet, — die Muskel-Behend-
heit war bei mir immer am grössten, wenn die schöpferische
Kraft am reichsten floss. Der L e i b ist begeistert: lassen wir die
„Seele" aus dem Spiele... Man hat mich oft tanzen sehn
können; ich konnte damals, ohne einen Begriff von Ermüdung,
sieben, acht Stunden auf Bergen unterwegs sein. Ich schlief gut,
ich lachte viel —, ich war von einer vollkomm⟨n⟩en Rüstigkeit
und Geduld.

5.

Abgesehn von diesen Zehn-Tage-Werken waren die Jahre
während und vor Allem n a c h dem Zarathustra ein Noth-

stand ohne Gleichen. Man büsst es theuer, unsterblich zu sein:
man stirbt dafür mehrere Male bei Lebzeiten. — Es giebt Etwas,
das ich die rancune des Grossen nenne: alles Grosse, ein Werk,
eine That, wendet sich, einmal vollbracht, unverzüglich g e g e n
den, der sie that. Ebendamit, dass er sie that, ist er nunmehr
s c h w a c h , — er hält seine That nicht mehr aus, er sieht ihr
nicht mehr in's Gesicht. Etwas h i n t e r sich zu haben, das man
nie wollen durfte, Etwas, worin der Knoten im Schicksal der
Menschheit eingeknüpft ist — und es nunmehr a u f sich
haben!... Es zerdrückt beinahe... Die rancune des Grossen!
— Ein Andres ist die schauerliche Stille, die man um sich hört.
Die Einsamkeit hat sieben Häute; es geht Nichts mehr hindurch.
Man kommt zu Menschen, man begrüsst Freunde: neue Öde,
kein Blick grüsst mehr. Im besten Falle eine Art Revolte. Eine
solche Revolte erfuhr ich, in sehr verschiednem Grade, aber fast
von Jedermann, der mir nahe stand; es scheint, dass Nichts tiefer beleidigt als plötzlich eine Distanz merken zu lassen, — die
v o r n e h m e n Naturen, die nicht zu leben wissen, ohne zu
verehren, sind selten. — Ein Drittes ist die absurde Reizbarkeit
der Haut gegen kleine Stiche, eine Art Hülflosigkeit vor allem
Kleinen. Diese scheint mir in der ungeheuren Verschwendung
aller Defensiv-Kräfte bedingt, die jede s c h ö p f e r i s c h e
That, jede That aus dem Eigensten, Innersten, Untersten heraus
zur Voraussetzung hat. Die k l e i n e n Defensiv-Vermögen
sind damit gleichsam ausgehängt; es fliesst ihnen keine Kraft
mehr zu. — Ich wage noch anzudeuten, dass man schlechter ver-
daut, ungern sich bewegt, den Frostgefühlen, auch dem Misstrauen allzu offen steht, — dem Misstrauen, das in vielen Fällen bloss ein ätiologischer Fehlgriff ist. In einem solchen Zustande empfand ich einmal die Nähe einer Kuhheerde, durch
Wiederkehr milderer, menschenfreundlicherer Gedanken, noch
bevor ich sie sah: d a s hat Wärme in sich...

6.

Dieses Werk steht durchaus für sich. Lassen wir die Dichter bei Seite: es ist vielleicht überhaupt nie Etwas aus einem gleichen Überfluss von Kraft heraus gethan worden. Mein Begriff „dionysisch" wurde hier höchste That; an ihr gemessen erscheint der ganze Rest von menschlichem Thun als arm und bedingt. Dass ein Goethe, ein Shakespeare nicht einen Augenblick in dieser ungeheuren Leidenschaft und Höhe zu athmen wissen würde, dass Dante, gegen Zarathustra gehalten, bloss ein Gläubiger ist und nicht Einer, der die Wahrheit erst schafft, ein weltregierender Geist, ein Schicksal —, dass die Dichter des Veda Priester sind und nicht einmal würdig, die Schuhsohlen eines Zarathustra zu lösen, das ist Alles das Wenigste und giebt keinen Begriff von der Distanz, von der azurnen Einsamkeit, in der dies Werk lebt. Zarathustra hat ein ewiges Recht zu sagen: „ich schliesse Kreise um mich und heilige Grenzen; immer Wenigere steigen mit mir auf immer höhere Berge, — ich baue ein Gebirge aus immer heiligeren Bergen." Man rechne den Geist und die Güte aller grossen Seelen in Eins: alle zusammen wären nicht im Stande, Eine Rede Zarathustras hervorzubringen. Die Leiter ist ungeheuer, auf der er auf und nieder steigt; er hat weiter gesehn, weiter gewollt, weiter gekonnt, als irgend ein Mensch. Er widerspricht mit jedem Wort, dieser jasagendste aller Geister; in ihm sind alle Gegensätze zu einer neuen Einheit gebunden. Die höchsten und die untersten Kräfte der menschlichen Natur, das Süsseste, Leichtfertigste und Furchtbarste strömt aus Einem Born mit unsterblicher Sicherheit hervor. Man weiss bis dahin nicht, was Höhe, was Tiefe ist; man weiss noch weniger, was Wahrheit ist. Es ist kein Augenblick in dieser Offenbarung der Wahrheit, der schon vorweggenommen, von Einem der Grössten errathen worden wäre. Es giebt keine Weisheit, keine Seelen-Erforschung, keine Kunst zu reden vor Zarathustra; das Nächste, das Alltäglichste redet hier von unerhörten Dingen. Die Sentenz von

Leidenschaft zitternd; die Beredsamkeit Musik geworden; Blitze
vorausgeschleudert nach bisher unerrathenen Zukünften. Die
mächtigste Kraft zum Gleichniss, die bisher da war, ist arm und
Spielerei gegen diese Rückkehr der Sprache zur Natur der Bild-
lichkeit. — Und wie Zarathustra herabsteigt und zu Jedem das
Gütigste sagt! Wie er selbst seine Widersacher, die Priester, mit
zarten Händen anfasst und mit ihnen an ihnen leidet! — Hier
ist in jedem Augenblick der Mensch überwunden, der Begriff
„Übermensch" ward hier höchste Realität, — in einer unendlichen Ferne liegt alles das, was bisher gross am Menschen hiess,
u n t e r ihm. Das Halkyonische, die leichten Füsse, die All-
gegenwart von Bosheit und Übermuth und was sonst Alles typisch ist für den Typus Zarathustra ist nie geträumt worden als
wesentlich zur Grösse. Zarathustra fühlt sich gerade in diesem
Umfang an Raum, in dieser Zugänglichkeit zum Entgegengesetzten als die h ö c h s t e A r t a l l e s S e i e n d e n ; und
wenn man hört, wie er diese definirt, so wird man darauf ver-
zichten, nach seinem Gleichniss zu suchen.

> — die Seele, welche die längste Leiter hat und am
> tiefsten hinunter kann,
>
> die umfänglichste Seele, welche am weitesten in sich
> laufen und irren und schweifen kann,
>
> die nothwendigste, welche sich mit Lust in den Zufall
> stürzt,
>
> die seiende Seele, welche ins Werden, die habende,
> welche ins Wollen und Verlangen w i l l —
>
> die sich selber fliehende, welche sich selber in wei-
> testen Kreisen einholt,
>
> die weiseste Seele, welcher die Narrheit am süssesten
> zuredet,
>
> die sich selber liebendste, in der alle Dinge ihr Strö-
> men und Wiederströmen und Ebbe und Fluth haben — —

A b e r d a s i s t d e r B e g r i f f d e s D i o n y s o s s e l b s t.
— Eben dahin führt eine andre Erwägung. Das psychologische

Problem im Typus des Zarathustra ist, wie der, welcher in einem unerhörten Grade Nein sagt, Nein t h u t, zu Allem, wozu man bisher Ja sagte, trotzdem der Gegensatz eines neinsagenden Geistes sein kann; wie der das Schwerste von Schicksal, ein Verhängniss von Aufgabe tragende Geist trotzdem der leichteste und jenseitigste sein kann — Zarathustra ist ein Tänzer —; wie der, welcher die härteste, die furchtbarste Einsicht in die Realität hat, welcher den „abgründlichsten Gedanken" gedacht hat, trotzdem darin keinen Einwand gegen das Dasein, selbst nicht gegen dessen ewige Wiederkunft findet, — vielmehr einen Grund noch hinzu, das ewige Ja zu allen Dingen s e l b s t z u s e i n, „das ungeheure unbegrenzte Ja- und Amen-sagen"... „In alle Abgründe trage ich noch mein segnendes Jasagen"... A b e r d a s i s t d e r B e g r i f f d e s D i o n y s o s n o c h e i n m a l.

7.

— Welche Sprache wird ein solcher Geist reden, wenn er mit sich allein redet? Die Sprache des D i t h y r a m b u s. Ich bin der Erfinder des Dithyrambus. Man höre, wie Zarathustra v o r S o n n e n a u f g a n g (III, 18) mit sich redet: ein solches smaragdenes Glück, eine solche göttliche Zärtlichkeit hatte noch keine Zunge vor mir. Auch die tiefste Schwermuth eines solchen Dionysos wird noch Dithyrambus; ich nehme, zum Zeichen, das N a c h t l i e d, die unsterbliche Klage, durch die Überfülle von Licht und Macht, durch seine S o n n e n -Natur, verurtheilt zu sein, nicht zu lieben.

Nacht ist es: nun reden lauter alle springenden Brunnen. Und auch meine Seele ist ein springender Brunnen.

Nacht ist es: nun erst erwachen alle Lieder der Liebenden. Und auch meine Seele ist das Lied eines Liebenden.

Ein Ungestilltes, Unstillbares ist in mir, das will laut werden. Eine Begierde nach Liebe ist in mir, die redet selber die Sprache der Liebe.

Licht bin ich: ach dass ich Nacht wäre! Aber dies ist meine Einsamkeit, dass ich von Licht umgürtet bin.

Ach, dass ich dunkel wäre und nächtig! Wie wollte ich an den Brüsten des Lichts saugen!

Und euch selber wollte ich noch segnen, ihr kleinen Funkelsterne und Leuchtwürmer droben! — und selig sein ob eurer Licht-Geschenke.

Aber ich lebe in meinem eignen Lichte, ich trinke die Flammen in mich zurück, die aus mir brechen.

Ich kenne das Glück des Nehmenden nicht; und oft träumte mir davon, dass Stehlen noch seliger sein müsse als Nehmen.

Das ist meine Armuth, dass meine Hand niemals ausruht vom Schenken; das ist mein Neid, dass ich wartende Augen sehe und die erhellten Nächte der Sehnsucht.

Oh Unseligkeit aller Schenkenden! Oh Verfinsterung meiner Sonne! Oh Begierde nach Begehren! Oh Heisshunger in der Sättigung!

Sie nehmen von mir: aber rühre ich noch an ihre Seele? Eine Kluft ist zwischen Nehmen und Geben; und die kleinste Kluft ist am letzten zu überbrücken.

Ein Hunger wächst aus meiner Schönheit: wehethun möchte ich denen, welchen ich leuchte, berauben möchte ich meine Beschenkten, — also hungere ich nach Bosheit.

Die Hand zurückziehend, wenn sich schon ihr die Hand entgegenstreckt; dem Wasserfall gleich, der noch im Sturze zögert: also hungere ich nach Bosheit.

Solche Rache sinnt meine Fülle aus, solche Tücke quillt aus meiner Einsamkeit.

Mein Glück im Schenken erstarb im Schenken, meine Tugend wurde ihrer selber müde an ihrem Überflusse!

Wer immer schenkt, dessen Gefahr ist, dass er die Scham verliere; wer immer austheilt, dessen Hand und Herz hat Schwielen vor lauter Austheilen.

Mein Auge quillt nicht mehr über vor der Scham der Bittenden; meine Hand wurde zu hart für das Zittern gefüllter Hände.

Wohin kam die Thräne meinem Auge und der Flaum meinem Herzen? Oh Einsamkeit aller Schenkenden! Oh Schweigsamkeit aller Leuchtenden!

Viel Sonnen kreisen im öden Raume: zu Allem, was dunkel ist, reden sie mit ihrem Lichte — mir schweigen sie.

Oh dies ist die Feindschaft des Lichts gegen Leuchtendes: erbarmungslos wandelt es seine Bahnen.

Unbillig gegen Leuchtendes im tiefsten Herzen, kalt gegen Sonnen — also wandelt jede Sonne.

Einem Sturme gleich wandeln die Sonnen ihre Bahnen, ihrem unerbittlichen Willen folgen sie, das ist ihre Kälte.

Oh ihr erst seid es, ihr Dunklen, ihr Nächtigen, die ihr Wärme schafft aus Leuchtendem! Oh ihr erst trinkt euch Milch und Labsal aus des Lichtes Eutern!

Ach, Eis ist um mich, meine Hand verbrennt sich an Eisigem! Ach, Durst ist in mir, der schmachtet nach eurem Durste.

Nacht ist es: ach dass ich Licht sein muss! Und Durst nach Nächtigem! Und Einsamkeit!

Nacht ist es: nun bricht wie ein Born aus mir mein Verlangen, — nach Rede verlangt mich.

Nacht ist es: nun reden lauter alle springenden Brunnen. Und auch meine Seele ist ein springender Brunnen.

Nacht ist es: nun erwachen alle Lieder der Liebenden. Und auch meine Seele ist das Lied eines Liebenden. —

8.

Dergleichen ist nie gedichtet, nie gefühlt, nie g e l i t t e n
worden: so leidet ein Gott, ein Dionysos. Die Antwort auf einen
solchen Dithyrambus der Sonnen-Vereinsamung im Lichte wäre
Ariadne... Wer weiss ausser mir, was Ariadne ist!... Von
allen solchen Räthseln hatte Niemand bisher die Lösung, ich
zweifle, dass je Jemand auch hier nur Räthsel sah. — Zarathustra bestimmt einmal, mit Strenge, seine Aufgabe — es ist
auch die meine —, dass man sich über den S i n n nicht vergreifen kann: er ist j a s a g e n d bis zur Rechtfertigung, bis zur
Erlösung auch alles Vergangenen.

> Ich wandle unter Menschen als unter Bruchstücken
> der Zukunft: jener Zukunft, die ich schaue.

> Und das ist all mein Dichten und Trachten, dass ich
> in Eins dichte und zusammentrage, was Bruchstück ist
> und Räthsel und grauser Zufall.

> Und wie ertrüge ich es Mensch zu sein, wenn der
> Mensch nicht auch Dichter und Räthselrather und Erlöser
> des Zufalls wäre?

> D i e V e r g a n g n e n z u e r l ö s e n und alles „Es
> war" umzuschaffen in ein „So wollte ich es!" — das hiesse
> mir erst Erlösung.

An einer andren Stelle bestimmt er so streng als möglich,
was für ihn allein „der Mensch" sein kann — k e i n Gegen-
stand der Liebe oder gar des Mitleidens — auch über den g r o s -
s e n E k e l am Menschen ist Zarathustra Herr geworden: der
Mensch ist ihm eine Unform, ein Stoff, ein hässlicher Stein, der
des Bildners bedarf.

> Nicht-mehr-w o l l e n und Nicht-mehr-s c h ä t z e n
> und Nicht-mehr-s c h a f f e n : oh dass diese grosse
> Müdigkeit mir stets ferne bleibe!

> Auch im Erkennen fühle ich nur meines Willens
> Zeuge- und Werdelust; und wenn Unschuld in meiner

Erkenntniss ist, so geschieht dies, weil Wille zur Zeugung in ihr ist.

Hinweg von Gott und Göttern lockte mich dieser Wille: was wäre denn zu schaffen, wenn Götter — da wären?

Aber zum Menschen treibt er mich stets von Neuem, mein inbrünstiger Schaffens-Wille; so treibt's den Hammer hin zum Steine.

Ach, ihr Menschen, im Steine schläft mir ein Bild, das Bild der Bilder! Ach, dass es im härtesten, hässlichsten Steine schlafen muss!

Nun wüthet mein Hammer grausam gegen sein Gefängniss. Vom Steine stäuben Stücke: was schiert mich das!

Vollenden will ich's, denn ein Schatten kam zu mir, — aller Dinge Stillstes und Leichtestes kam einst zu mir!

Des Übermenschen Schönheit kam zu mir als Schatten: was gehen mich noch — die Götter an! ...

Ich hebe einen letzten Gesichtspunkt hervor: der unterstrichne Vers giebt den Anlass hierzu. Für eine dionysische Aufgabe gehört die Härte des Hammers, die Lust selbst am Vernichten in entscheidender Weise zu den Vorbedingungen. Der Imperativ „werdet hart!", die unterste Gewissheit darüber, dass alle Schaffenden hart sind, ist das eigentliche Abzeichen einer dionysischen Natur. —

Jenseits von Gut und Böse.

Vorspiel
einer Philosophie der Zukunft.

1.

Die Aufgabe für die nunmehr folgenden Jahre war so streng als möglich vorgezeichnet. Nachdem der jasagende Theil meiner Aufgabe gelöst war, kam die neinsagende, neinthuende Hälfte derselben an die Reihe: die Umwerthung der bisherigen Werthe selbst, der grosse Krieg, — die Heraufbeschwörung eines Tags der Entscheidung. Hier ist eingerechnet der langsame Umblick nach Verwandten, nach Solchen, die aus der Stärke heraus zum Vernichten mir die Hand bieten würden. — Von da an sind alle meine Schriften Angelhaken: vielleicht verstehe ich mich so gut als Jemand auf Angeln?... Wenn Nichts sich fieng, so liegt die Schuld nicht an mir. Die Fische fehlten...

2.

Dies Buch (1886) ist in allem Wesentlichen eine Kritik der Modernität, die modernen Wissenschaften, die modernen Künste, selbst die moderne Politik nicht ausgeschlossen, nebst Fingerzeigen zu einem Gegensatz-Typus, der so wenig modern als möglich ist, einem vornehmen, einem jasagenden Typus. Im letzteren Sinne ist das Buch eine Schule des gentilhomme, der Begriff geistiger und radikaler genommen als er je genommen worden ist. Man muss Muth im

Leibe haben, ihn auch nur auszuhalten, man muss das Fürchten nicht gelernt haben … Alle die Dinge, worauf das Zeitalter stolz ist, werden als Widerspruch zu diesem Typus empfunden, als schlechte Manieren beinahe, die berühmte „Objektivität" zum Beispiel, das „Mitgefühl mit allem Leidenden", der „historische Sinn" mit seiner Unterwürfigkeit vor fremdem Geschmack, mit seinem Auf-dem-Bauch-liegen vor petits faits, die „Wissenschaftlichkeit". — Erwägt man, dass das Buch n a c h dem Zarathustra folgt, so erräth man vielleicht auch das diätetische régime, dem es eine Entstehung verdankt. Das Auge, verwöhnt durch eine ungeheure Nöthigung f e r n zu sehn — Zarathustra ist weitsichtiger noch als der Czar —, wird hier gezwungen, das Nächste, die Zeit, das U m - u n s scharf zu fassen. Man wird in allen Stücken, vor Allem auch in der Form, eine gleiche w i l l k ü r l i c h e Abkehr von den Instinkten finden, aus denen ein Zarathustra möglich wurde. Das Raffinement in Form, in Absicht, in der Kunst des S c h w e i g e n s, ist im Vordergrunde, die Psychologie wird mit eingeständlicher Härte und Grausamkeit gehandhabt, — das Buch entbehrt jedes gutmüthigen Worts… Alles das erholt: wer erräth zuletzt, w e l c h e Art Erholung eine solche Verschwendung von Güte, wie der Zarathustra ist, nöthig macht?… Theologisch geredet — man höre zu, denn ich rede selten als Theologe — war es Gott selber, der sich als Schlange am Ende seines Tagewerks unter den Baum der Erkenntniss legte: er erholte sich so davon, Gott zu sein… Er hatte Alles zu schön gemacht… Der Teufel ist bloss der Müssiggang Gottes an jedem siebenten Tage…

Genealogie der Moral.

Eine Streitschrift.

Die drei Abhandlungen, aus denen diese Genealogie besteht, sind vielleicht in Hinsicht auf Ausdruck, Absicht und Kunst der Überraschung, das Unheimlichste, was bisher geschrieben worden ist. Dionysos ist, man weiss es, auch der Gott der Finsterniss. — Jedes Mal ein Anfang, der irre führen s o l l, kühl, wissenschaftlich, ironisch selbst, absichtlich Vordergrund, absichtlich hinhaltend. Allmählich mehr Unruhe; vereinzeltes Wetterleuchten; sehr unangenehme Wahrheiten aus der Ferne her mit dumpfem Gebrumm laut werdend, — bis endlich ein tempo feroce erreicht ist, wo Alles mit ungeheurer Spannung vorwärts treibt. Am Schluss jedes Mal, unter vollkommen schauerlichen Detonationen, eine n e u e Wahrheit zwischen dicken Wolken sichtbar. — Die Wahrheit der e r s t e n Abhandlung ist die Psychologie des Christenthums: die Geburt des Christenthums aus dem Geiste des Ressentiment, n i c h t, wie wohl geglaubt wird, aus dem „Geiste", — eine Gegenbewegung ihrem Wesen nach, der grosse Aufstand gegen die Herrschaft v o r n e h m e r Werthe. Die z w e i t e Abhandlung giebt die Psychologie des G e w i s s e n s: dasselbe ist n i c h t, wie wohl geglaubt wird, „die Stimme Gottes im Menschen", — es ist der Instinkt der Grausamkeit, der sich rückwärts wendet, nachdem er nicht mehr nach aussen hin sich entladen kann. Die Grausamkeit als einer der ältesten und unwegdenkbarsten Cultur-Untergründe hier zum ersten Male ans Licht gebracht. Die d r i t t e Ab-

handlung giebt die Antwort auf die Frage, woher die ungeheure M a c h t des asketischen Ideals, des Priester-Ideals,
stammt, obwohl dasselbe das s c h ä d l i c h e Ideal par excellence, ein Wille zum Ende, ein décadence-Ideal ist. Antwort:
5 n i c h t, weil Gott hinter den Priestern thätig ist, was wohl
geglaubt wird, sondern faute de mieux, — weil es das einzige
Ideal bisher war, weil es keinen Concurrenten hatte. „Denn der
Mensch will lieber noch das Nichts wollen als n i c h t
wollen"... Vor allem fehlte ein G e g e n - I d e a l — b i s
10 a u f Z a r a t h u s t r a. — Man hat mich verstanden. Drei entscheidende Vorarbeiten eines Psychologen für eine Umwerthung
aller Werthe. — Dies Buch enthält die erste Psychologie des
Priesters.

Götzen-Dämmerung.

Wie man mit dem Hammer philosophirt.

1.

Diese Schrift von noch nicht 150 Seiten, heiter und verhängnissvoll im Ton, ein Dämon, welcher lacht —, das Werk von so wenig Tagen, dass ich Anstand nehme, ihre Zahl zu nennen, ist unter Büchern überhaupt die Ausnahme: es giebt nichts Substanzenreicheres, Unabhängigeres, Umwerfenderes, — Böseres. Will man sich kurz einen Begriff davon geben, wie vor mir Alles auf dem Kopfe stand, so mache man den Anfang mit dieser Schrift. Das, was G ö t z e auf dem Titelblatt heisst, ist ganz einfach das, was bisher Wahrheit genannt wurde. G ö t z e n - D ä m m e r u n g — auf deutsch: es geht zu Ende mit der alten Wahrheit...

2.

Es giebt keine Realität, keine „Idealität", die in dieser Schrift nicht berührt würde (— berührt: was für ein vorsichtiger Euphemismus!...) Nicht bloss die e w i g e n Götzen, auch die allerjüngsten, folglich altersschwächsten. Die „modernen Ideen" zum Beispiel. Ein grosser Wind bläst zwischen den Bäumen, und überall fallen Früchte nieder — Wahrheiten. Es ist die Verschwendung eines allzureichen Herbstes darin: man stolpert über Wahrheiten, man tritt selbst einige todt, — es sind ihrer zu viele...

Was man aber in die Hände bekommt, das ist nichts Fragwürdiges mehr, das sind Entscheidungen. Ich erst habe den Maassstab
für „Wahrheiten" in der Hand, ich k a n n erst entscheiden. Wie
als ob in mir ein z w e i t e s B e w u s s t s e i n gewachsen wäre,
wie als ob sich in mir „der Wille" ein Licht angezündet hätte
über die s c h i e f e Bahn, auf der er bisher abwärts lief... Die
s c h i e f e Bahn — man nannte sie den Weg zur „Wahrheit"...
Es ist zu Ende mit allem „dunklen Drang", der g u t e Mensch
gerade war sich am wenigsten des rechten Wegs bewusst... Und
allen Ernstes, Niemand wusste vor mir den rechten Weg, den
Weg a u f w ä r t s : erst von mir an giebt es wieder Hoffnungen, Aufgaben, vorzuschreibende Wege der Cultur — i c h b i n
d e r e n f r o h e r B o t s c h a f t e r ... Eben damit bin ich auch
ein Schicksal. — —

3.

Unmittelbar nach Beendigung des eben genannten Werks und
ohne auch nur einen Tag zu verlieren, griff ich die ungeheure
Aufgabe der U m w e r t h u n g an, in einem souverainen Gefühl von Stolz, dem Nichts gleichkommt, jeden Augenblick meiner Unsterblichkeit gewiss und Zeichen für Zeichen mit der
Sicherheit eines Schicksals in eherne Tafeln grabend. Das Vorwort entstand am 3. September 1888: als ich Morgens, nach dieser Niederschrift, ins Freie trat, fand ich den schönsten Tag vor
mir, den das Oberengadin mir je gezeigt hat — durchsichtig,
glühend in den Farben, alle Gegensätze, alle Mitten zwischen Eis
und Süden in sich schliessend. — Erst am 20. September verliess
ich Sils-Maria, durch Überschwemmungen zurückgehalten, zuletzt bei weitem der einzige Gast dieses wunderbaren Orts, dem
meine Dankbarkeit das Geschenk eines unsterblichen Namens
machen will. Nach einer Reise mit Zwischenfällen, sogar mit
einer Lebensgefahr im überschwemmten Como, das ich erst tief
in der Nacht erreichte, kam ich am Nachmittag des 21. in Turin

an, meinem b e w i e s e n e n Ort, meiner Residenz von nun an.
Ich nahm die gleiche Wohnung wieder, die ich im Frühjahr inne-
gehabt hatte, via Carlo Alberto 6, III, gegenüber dem mächtigen
palazzo Carignano, in dem Vittore Emanuele geboren ist, mit
dem Blick auf die piazza Carlo Alberto und drüber hinaus auf's
Hügelland. Ohne Zögern und ohne mich einen Augenblick abziehn zu lassen, gieng ich wieder an die Arbeit: es war nur das
letzte Viertel des Werks noch abzuthun. Am 30. September grosser Sieg; Beendigung der Umwerthung; Müssiggang eines Gottes
am Po entlang. Am gleichen Tage schrieb ich noch das V o r -
w o r t zur „Götzen-Dämmerung", deren Druckbogen zu cor-
rigiren meine Erholung im September gewesen war. — Ich habe
nie einen solchen Herbst erlebt, auch nie Etwas der Art auf Erden
für möglich gehalten, — ein Claude Lorrain ins Unendliche gedacht, jeder Tag von gleicher unbändiger Vollkommenheit. —

Der Fall Wagner.

Ein Musikanten-Problem.

I.

Um dieser Schrift gerecht zu werden, muss man am Schicksal
der Musik wie an einer offnen Wunde leiden. — W o r a n ich
leide, wenn ich am Schicksal der Musik leide? Daran, dass die
Musik um ihren weltverklärenden, jasagenden Charakter gebracht worden ist, — dass sie décadence-Musik und nicht mehr
die Flöte des Dionysos ist... Gesetzt aber, dass man dergestalt
die Sache der Musik wie seine e i g e n e Sache, wie seine
e i g e n e Leidensgeschichte fühlt, so wird man diese Schrift voller Rücksichten und über die Maassen mild finden. In solchen
Fällen heiter sein und sich gutmüthig mit verspotten — ridendo
dicere severum, wo das verum dicere jede Härte rechtfertigen
würde — ist die Humanität selbst. Wer zweifelt eigentlich daran,
dass ich, als der alte Artillerist, der ich bin, es in der Hand habe,
gegen Wagner mein s c h w e r e s Geschütz aufzufahren? — Ich
hielt alles Entscheidende in dieser Sache bei mir zurück, — ich
habe Wagner geliebt. — Zuletzt liegt ein Angriff auf einen feineren „Unbekannten", den nicht leicht ein Anderer erräth, im
Sinn und Wege meiner Aufgabe — oh ich habe noch ganz andre
„Unbekannte" aufzudecken als einen Cagliostro der Musik —
noch mehr freilich ein Angriff auf die in geistigen Dingen immer
träger und instinktärmer, immer e h r l i c h e r werdende deutsche Nation, die mit einem beneidenswerthen Appetit fortfährt,
sich von Gegensätzen zu nähren und „den Glauben" so gut wie

die Wissenschaftlichkeit, die „christliche Liebe" so gut wie den
Antisemitismus, den Willen zur Macht (zum „Reich") so gut wie
das évangile des humbles ohne Verdauungsbeschwerden hin-
unterschluckt ... Dieser Mangel an Partei zwischen Gegensätzen!
diese stomachische Neutralität und „Selbstlosigkeit"! Dieser ge-
rechte Sinn des deutschen G a u m e n s , der Allem gleiche
Rechte giebt, — der Alles schmackhaft findet ... Ohne allen
Zweifel, die Deutschen sind Idealisten ... Als ich das letzte Mal
Deutschland besuchte, fand ich den deutschen Geschmack bemüht,
Wagnern und dem Trompeter von Säckingen gleiche Rechte zu-
zugestehn; ich selber war e i g e n h ä n d i g Zeuge, wie man in
Leipzig, zu Ehren eines der echtesten und deutschesten Musiker,
im alten Sinne des Wortes deutsch, keines blossen Reichsdeut-
schen, des Meister H e i n r i c h S c h ü t z einen Liszt-Verein
gründete, mit dem Zweck der Pflege und Verbreitung l i s t i g e r
Kirchenmusik ... Ohne allen Zweifel, die Deutschen sind Idealisten ...

2.

Aber hier soll mich Nichts hindern, grob zu werden und den
Deutschen ein paar harte Wahrheiten zu sagen: w e r t h u t e s
s o n s t ? — Ich rede von ihrer Unzucht in historicis. Nicht nur,
dass den deutschen Historikern der g r o s s e B l i c k für den
Gang, für die Werthe der Cultur gänzlich abhanden gekommen
ist, dass sie allesammt Hanswürste der Politik (oder der
Kirche —) sind: dieser grosse Blick ist selbst von ihnen i n A c h t
g e t h a n . Man muss vorerst „deutsch" sein, „Rasse" sein, dann
kann man über alle Werthe und Unwerthe in historicis entscheiden — man setzt sie fest ... „Deutsch" ist ein Argument,
„Deutschland, Deutschland über Alles" ein Princip, die Germanen sind die „sittliche Weltordnung" in der Geschichte; im
Verhältniss zum imperium romanum die Träger der Freiheit, im
Verhältniss zum achtzehnten Jahrhundert die Wiederhersteller
der Moral, des „kategorischen Imperativs" ... Es giebt eine

reichsdeutsche Geschichtsschreibung, es giebt, fürchte ich, selbst
eine antisemitische, — es giebt eine H o f -Geschichtsschreibung
und Herr von Treitschke schämt sich nicht... Jüngst machte ein
Idioten-Urtheil in historicis, ein Satz des zum Glück verblichenen
ästhetischen Schwaben Vischer, die Runde durch die deutschen
Zeitungen als eine „Wahrheit", zu der jeder Deutsche J a
s a g e n m ü s s e : „Die Renaissance u n d die Reformation,
Beide zusammen machen erst ein Ganzes — die aesthetische Wiedergeburt u n d die sittliche Wiedergeburt." — Bei solchen Sätzen geht es mit meiner Geduld zu Ende, und ich spüre Lust, ich
fühle es selbst als Pflicht, den Deutschen einmal zu sagen, w a s
sie Alles schon auf dem Gewissen haben. A l l e g r o s s e n
C u l t u r - V e r b r e c h e n v o n v i e r J a h r h u n d e r t e n
h a b e n s i e a u f d e m G e w i s s e n !... Und immer aus
dem gleichen Grunde, aus ihrer innerlichsten F e i g h e i t vor
der Realität, die auch die Feigheit vor der Wahrheit ist, aus ihrer
bei ihnen Instinkt gewordnen Unwahrhaftigkeit, aus „Idealismus"... Die Deutschen haben Europa um die Ernte, um den
Sinn der letzten g r o s s e n Zeit, der Renaissance-Zeit, gebracht, in einem Augenblicke, wo eine höhere Ordnung der
Werthe, wo die vornehmen, die zum Leben jasagenden, die Zu-
kunft-verbürgenden Werthe am Sitz der entgegengesetzten, der
N i e d e r g a n g s - W e r t h e zum Sieg gelangt waren —
u n d b i s i n d i e I n s t i n k t e d e r d o r t S i t z e n d e n
h i n e i n ! Luther, dies Verhängniss von Mönch, hat die Kirche,
und, was tausend Mal schlimmer ist, das Christenthum wiederhergestellt, im Augenblick, w o e s u n t e r l a g ... Das Christenthum, diese Religion gewordne V e r n e i n u n g d e s
W i l l e n s z u m L e b e n !... Luther, ein unmöglicher Mönch,
der, aus Gründen seiner „Unmöglichkeit", die Kirche angriff und
sie — folglich! — wiederherstellte... Die Katholiken hätten
Gründe, Lutherfeste zu feiern, Lutherspiele zu dichten... Luther
— und die „sittliche Wiedergeburt"! Zum Teufel mit aller Psychologie! — Ohne Zweifel, die Deutschen sind Idealisten. — Die

Deutschen haben zwei Mal, als eben mit ungeheurer Tapferkeit
und Selbstüberwindung eine rechtschaffne, eine unzweideutige,
eine vollkommen wissenschaftliche Denkweise erreicht war,
Schleichwege zum alten „Ideal", Versöhnungen zwischen Wahrheit und „Ideal", im Grunde Formeln für ein Recht auf Ablehnung der Wissenschaft, für ein Recht auf L ü g e zu finden
gewusst. Leibniz und Kant — diese zwei grössten Hemmschuhe
der intellektuellen Rechtschaffenheit Europa's! — Die Deutschen haben endlich, als auf der Brücke zwischen zwei déca-
dence-Jahrhunderten eine force majeure von Genie und Wille
sichtbar wurde, stark genug, aus Europa eine Einheit, eine politische u n d w i r t s c h a f t l i c h e Einheit, zum Zweck der
Erdregierung zu schaffen, mit ihren „Freiheits-Kriegen" Europa
um den Sinn, um das Wunder von Sinn in der Existenz Napoleon's gebracht, — sie haben damit Alles, was kam, was heute
da ist, auf dem Gewissen, diese c u l t u r w i d r i g s t e Krankheit und Unvernunft, die es giebt, den Nationalismus, diese
n é v r o s e   n a t i o n a l e , an der Europa krank ist, diese Ver-
ewigung der Kleinstaaterei Europa's, der k l e i n e n Politik: sie
haben Europa selbst um seinen Sinn, um seine V e r n u n f t —
sie haben es in eine Sackgasse gebracht. — Weiss Jemand ausser
mir einen W e g aus dieser Sackgasse? ... Eine Aufgabe gross genug, die Völker wieder zu b i n d e n ? ...

3.

— Und zuletzt, warum sollte ich meinem Verdacht nicht
Worte geben? Die Deutschen werden auch in meinem Falle wie-
der Alles versuchen, um aus einem ungeheuren Schicksal eine
Maus zu gebären. Sie haben sich bis jetzt an mir compromittirt,
ich zweifle, dass sie es in Zukunft besser machen. — Ah was es
mich verlangt, hier ein s c h l e c h t e r Prophet zu sein! ...
Meine natürlichen Leser und Hörer sind jetzt schon Russen,
Skandinavier und Franzosen, — werden sie es immer mehr sein?

— Die Deutschen sind in die Geschichte der Erkenntniss mit
lauter zweideutigen Namen eingeschrieben, sie haben immer nur
„unbewusste" Falschmünzer hervorgebracht (— Fichte, Schelling, Schopenhauer, Hegel, Schleiermacher gebührt dies Wort so
gut wie Kant und Leibniz, es sind Alles blosse Schleiermacher —):
sie sollen nie die Ehre haben, dass der erste r e c h t s c h a f f n e
Geist in der Geschichte des Geistes, der Geist, in dem die Wahrheit zu Gericht kommt über die Falschmünzerei von vier Jahrtausenden, mit dem deutschen Geiste in Eins gerechnet wird. Der
„deutsche Geist" ist m e i n e schlechte Luft: ich athme schwer
in der Nähe dieser Instinkt gewordnen Unsauberkeit in psychologicis, die jedes Wort, jede Miene eines Deutschen verräth. Sie
haben nie ein siebzehntes Jahrhundert harter Selbstprüfung
durchgemacht wie die Franzosen, ein La Rochefoucauld, ein
Descartes sind hundert Mal in Rechtschaffenheit den ersten Deutschen überlegen, — sie haben bis heute keinen Psychologen gehabt. Aber Psychologie ist beinahe der Maassstab der R e i n -
l i c h k e i t oder U n r e i n l i c h k e i t einer Rasse ... Und
wenn man nicht einmal reinlich ist, wie sollte man T i e f e haben? Man kommt beim Deutschen, beinahe wie beim Weibe, niemals auf den Grund, e r h a t k e i n e n : das ist Alles. Aber
damit ist man noch nicht einmal flach. — Das, was in Deutschland „tief" heisst, ist genau diese Instinkt-Unsauberkeit gegen
sich, von der ich eben rede: man w i l l über sich nicht im Klaren
sein. Dürfte ich das Wort „deutsch" nicht als internationale
Münze für d i e s e psychologische Verkommenheit in Vorschlag
bringen? — In diesem Augenblick zum Beispiel nennt es der
deutsche Kaiser seine „christliche Pflicht", die Sklaven in Afrika
zu befreien: unter uns a n d r e n Europäern hiesse das dann
einfach „deutsch" ... Haben die Deutschen auch nur Ein Buch
hervorgebracht, das Tiefe hätte? Selbst der Begriff dafür, was tief
an einem Buch ist, geht ihnen ab. Ich habe Gelehrte kennen gelernt, die Kant für tief hielten; am preussischen Hofe, fürchte ich,
hält man Herrn von Treitschke für tief. Und wenn ich Stendhal

gelegentlich als tiefen Psychologen rühme, ist es mir mit deutschen Universitätsprofessoren begegnet, dass sie mich den Namen buchstabieren liessen …

4.

— Und warum sollte ich nicht bis ans Ende gehn? Ich liebe es, reinen Tisch zu machen. Es gehört selbst zu meinem Ehrgeiz, als Verächter der Deutschen par excellence zu gelten. Mein Misstrauen gegen den deutschen Charakter habe ich schon mit sechsundzwanzig Jahren ausgedrückt (dritte Unzeitgemässe S. 71) — die Deutschen sind für mich unmöglich. Wenn ich mir eine Art Mensch ausdenke, die allen meinen Instinkten zuwiderläuft, so wird immer ein Deutscher daraus. Das Erste, worauf hin ich mir einen Menschen „nierenprüfe“, ist, ob er ein Gefühl für Distanz im Leibe hat, ob er überall Rang, Grad, Ordnung zwischen Mensch und Mensch sieht, ob er distinguirt: damit ist man gentilhomme; in jedem andren Fall gehört man rettungslos unter den weitherzigen, ach! so gutmüthigen Begriff der canaille. Aber die Deutschen sind canaille — ach! sie sind so gutmüthig … Man erniedrigt sich durch den Verkehr mit Deutschen: der Deutsche stellt gleich … Rechne ich meinen Verkehr mit einigen Künstlern, vor Allem mit Richard Wagner ab, so habe ich keine gute Stunde mit Deutschen verlebt … Gesetzt, dass der tiefste Geist aller Jahrtausende unter Deutschen erschiene, irgend eine Retterin des Capitols würde wähnen, ihre sehr unschöne Seele käme zum Mindesten ebenso in Betracht … Ich halte diese Rasse nicht aus, mit der man immer in schlechter Gesellschaft ist, die keine Finger für nuances hat — wehe mir! ich bin eine nuance —, die keinen esprit in den Füssen hat und nicht einmal gehen kann … Die Deutschen haben zuletzt gar keine Füsse, sie haben bloss Beine … Den Deutschen geht jeder Begriff davon ab, wie gemein sie sind, aber das ist der Superlativ der Gemeinheit, — sie schämen sich nicht einmal, bloss

Deutsche zu sein… Sie reden über Alles mit, sie halten sich
selbst für entscheidend, ich fürchte, sie haben selbst über mich
entschieden… — Mein ganzes Leben ist der Beweis de rigueur
für diese Sätze. Umsonst, dass ich in ihm nach einem Zeichen von
Takt, von délicatesse gegen mich suche. Von Juden ja, noch nie
von Deutschen. Meine Art will es, dass ich gegen Jedermann mild
und wohlwollend bin — ich habe ein R e c h t dazu, keine Un-
terschiede zu machen —: dies hindert nicht, dass ich die Augen
offen habe. Ich nehme Niemanden aus, am wenigsten meine
Freunde, — ich hoffe zuletzt, dass dies meiner Humanität gegen
sie keinen Abbruch gethan hat! Es giebt fünf, sechs Dinge, aus
denen ich mir immer eine Ehrensache gemacht habe. — Trotzdem
bleibt wahr, dass ich fast jeden Brief, der mich seit Jahren erreicht, als einen Cynismus empfinde: es liegt mehr Cynismus im
Wohlwollen gegen mich als in irgend welchem Hass… Ich sage
es jedem meiner Freunde ins Gesicht, dass er es nie der Mühe für
werth genug hielt, irgend eine meiner Schriften zu s t u d i e -
r e n ; ich errathe aus den kleinsten Zeichen, dass sie nicht einmal
wissen, was drin steht. Was gar meinen Zarathustra anbetrifft,
wer von meinen Freunden hätte mehr darin gesehn als eine un-
erlaubte, zum Glück vollkommen gleichgültige Anmaassung?…
Zehn Jahre: und Niemand in Deutschland hat sich eine Gewis-
sensschuld daraus gemacht, meinen Namen gegen das absurde
Stillschweigen zu vertheidigen, unter dem er vergraben lag: ein
Ausländer, ein Däne war es, der zuerst dazu genug Feinheit des
Instinkts u n d M u t h hatte, der sich über meine angeblichen
Freunde empörte… An welcher deutschen Universität wären
heute Vorlesungen über meine Philosophie möglich, wie sie letztes Frühjahr der damit noch einmal mehr bewiesene Psycholog
Dr. Georg Brandes in Kopenhagen gehalten hat? — Ich selber
habe nie an Alledem gelitten; das N o t h w e n d i g e verletzt
mich nicht; amor fati ist meine innerste Natur. Dies schliesst aber
nicht aus, dass ich die Ironie liebe, sogar die welthistorische Ironie.
Und so habe ich, zwei Jahre ungefähr vor dem zerschmetternden

Blitzschlag der U m w e r t h u n g , der die Erde in Convulsio-
nen versetzen wird, den „Fall Wagner" in die Welt geschickt: die
Deutschen sollten sich noch einmal unsterblich an mir vergreifen
und v e r e w i g e n ! es ist gerade noch Zeit dazu! — Ist das
erreicht? — Zum Entzücken, meine Herrn Germanen! Ich mache
Ihnen mein Compliment ... Soeben schreibt mir noch, damit auch
die Freunde nicht fehlen, eine alte Freundin, sie l a c h e jetzt
über mich ... Und dies in einem Augenblicke, wo eine unsägliche
Verantwortlichkeit auf mir liegt, — wo kein Wort zu zart, kein
Blick ehrfurchtsvoll genug gegen mich sein kann. Denn ich trage
das Schicksal der Menschheit auf der Schulter. —

Warum ich ein Schicksal bin.

I.

Ich kenne mein Loos. Es wird sich einmal an meinen Namen
die Erinnerung an etwas Ungeheures anknüpfen, — an eine
Krisis, wie es keine auf Erden gab, an die tiefste Gewissens-
Collision, an eine Entscheidung heraufbeschworen g e g e n Alles,
was bis dahin geglaubt, gefordert, geheiligt worden war. Ich bin
kein Mensch, ich bin Dynamit. — Und mit Alledem ist Nichts in
mir von einem Religionsstifter — Religionen sind Pöbel-Affairen,
ich habe nöthig, mir die Hände nach der Berührung mit religiösen
Menschen zu waschen... Ich w i l l keine „Gläubigen", ich
denke, ich bin zu boshaft dazu, um an mich selbst zu glauben, ich
rede niemals zu Massen... Ich habe eine erschreckliche Angst davor, dass man mich eines Tags h e i l i g spricht: man wird errathen, weshalb ich dies Buch v o r h e r herausgebe, es soll verhüten, dass man Unfug mit mir treibt... Ich will kein Heiliger
sein, lieber noch ein Hanswurst... Vielleicht bin ich ein Hanswurst... Und trotzdem oder vielmehr n i c h t trotzdem —
denn es gab nichts Verlogneres bisher als Heilige — redet aus mir
die Wahrheit. — Aber meine Wahrheit ist f u r c h t b a r : denn
man hiess bisher die L ü g e Wahrheit. — U m w e r t h u n g
a l l e r W e r t h e : das ist meine Formel für einen Akt höchster
Selbstbesinnung der Menschheit, der in mir Fleisch und Genie
geworden ist. Mein Loos will, dass ich der erste a n s t ä n d i g e
Mensch sein muss, dass ich mich gegen die Verlogenheit von Jahr-

tausenden im Gegensatz weiss... Ich erst habe die Wahrheit
e n t d e c k t, dadurch dass ich zuerst die Lüge als Lüge empfand — r o c h... Mein Genie ist in meinen Nüstern... Ich
widerspreche, wie nie widersprochen worden ist und bin trotzdem der Gegensatz eines neinsagenden Geistes. Ich bin ein f r o -
h e r B o t s c h a f t e r, wie es keinen gab ich kenne Aufgaben
von einer Höhe, dass der Begriff dafür bisher gefehlt hat; erst
von mir an giebt es wieder Hoffnungen. Mit Alledem bin ich
nothwendig auch der Mensch des Verhängnisses. Denn wenn die
Wahrheit mit der Lüge von Jahrtausenden in Kampf tritt, werden wir Erschütterungen haben, einen Krampf von Erdbeben,
eine Versetzung von Berg und Thal, wie dergleichen nie geträumt
worden ist. Der Begriff Politik ist dann gänzlich in einen Geister-
krieg aufgegangen, alle Machtgebilde der alten Gesellschaft sind
in die Luft gesprengt — sie ruhen allesamt auf der Lüge: es wird
Kriege geben, wie es noch keine auf Erden gegeben hat. Erst von
mir an giebt es auf Erden g r o s s e P o l i t i k. —

2.

Will man eine Formel für ein solches Schicksal, d a s M e n s c h
w i r d ? — Sie steht in meinem Zarathustra.

> — und wer ein Schöpfer sein will im
> Guten und Bösen, der muss ein Vernich-
> ter erst sein und Werthe zerbrechen.
>
> Also gehört das höchste Böse zur
> höchsten Güte: diese aber ist die schöp-
> ferische.

Ich bin bei weitem der furchtbarste Mensch, den es bisher gegeben hat; dies schliesst nicht aus, dass ich der wohlthätigste sein
werde. Ich kenne die Lust am V e r n i c h t e n in einem Grade,
die meiner K r a f t zum Vernichten gemäss ist, — in Beidem
gehorche ich meiner dionysischen Natur, welche das Neinthun
nicht vom Jasagen zu trennen weiss. Ich bin der erste I m m o -
r a l i s t: damit bin ich der V e r n i c h t e r par excellence. —

3.

Man hat mich nicht gefragt, man hätte mich fragen sollen, was gerade in meinem Munde, im Munde des ersten Immoralisten, der Name Z a r a t h u s t r a bedeutet: denn was die ungeheure Einzigkeit jenes Persers in der Geschichte ausmacht, ist gerade dazu das Gegentheil. Zarathustra hat zuerst im Kampf des Guten und des Bösen das eigentliche Rad im Getriebe der Dinge gesehn, — die Übersetzung der Moral in's Metaphysische, als Kraft, Ursache, Zweck an sich, ist s e i n Werk. Aber diese Frage wäre im Grunde bereits die Antwort. Zarathustra s c h u f diesen verhängnissvollsten Irrthum, die Moral: folglich muss er auch der Erste sein, der ihn e r k e n n t. Nicht nur, dass er hier länger und mehr Erfahrung hat als sonst ein Denker — die ganze Geschichte ist ja die Experimental-Widerlegung vom Satz der sogenannten „sittlichen Weltordnung" —: das Wichtigere ist, Zarathustra ist wahrhaftiger als sonst ein Denker. Seine Lehre und sie allein hat die Wahrhaftigkeit als oberste Tugend — das heisst den Gegensatz zur F e i g h e i t des „Idealisten", der vor der Realität die Flucht ergreift, Zarathustra hat mehr Tapferkeit im Leibe als alle Denker zusammengenommen. Wahrheit reden und g u t   m i t   P f e i l e n   s c h i e s s e n, das ist die persische Tugend. — Versteht man mich? ... Die Selbstüberwindung der Moral aus Wahrhaftigkeit, die Selbstüberwindung des Moralisten in seinen Gegensatz — in   m i c h — das bedeutet in meinem Munde der Name Zarathustra.

4.

Im Grunde sind es zwei Verneinungen, die mein Wort I m - m o r a l i s t in sich schliesst. Ich verneine einmal einen Typus Mensch, der bisher als der höchste galt, die G u t e n, die W o h l w o l l e n d e n, W o h l t ä t h i g e n; ich verneine andrerseits eine Art Moral, welche als Moral an sich in Geltung und Herrschaft gekommen ist, — die décadence-Moral, handgreif-

licher geredet, die c h r i s t l i c h e Moral. Es wäre erlaubt, den
zweiten Widerspruch als den entscheidenderen anzusehn, da die
Überschätzung der Güte und des Wohlwollens, ins Grosse gerechnet, mir bereits als Folge der décadence gilt, als Schwäche-Sym-
ptom, als unverträglich mit einem aufsteigenden und jasagenden
Leben: im Jasagen ist Verneinen u n d V e r n i c h t e n Bedingung. — Ich bleibe zunächst bei der Psychologie des guten Menschen stehn. Um abzuschätzen, was ein Typus Mensch werth ist,
muss man den Preis nachrechnen, den seine Erhaltung kostet, —
muss man seine Existenzbedingungen kennen. Die Existenz-
Bedingung der Guten ist die L ü g e —: anders ausgedrückt, das
Nicht-sehn- w o l l e n um jeden Preis, wie im Grunde die Realität beschaffen ist, nämlich n i c h t der Art, um jeder Zeit wohl-
wollende Instinkte herauszufordern, noch weniger der Art, um
sich ein Eingreifen von kurzsichtigen gutmüthigen Händen jeder
Zeit gefallen zu lassen. Die N o t h s t ä n d e aller Art überhaupt als Einwand, als Etwas, das man a b s c h a f f e n muss,
betrachten, ist die niaiserie par excellence, ins Grosse gerechnet,
ein wahres Unheil in seinen Folgen, ein Schicksal von Dummheit —, beinahe so dumm, als es der Wille wäre, das schlechte
Wetter abzuschaffen — aus Mitleiden etwa mit den armen Leuten... In der grossen Ökonomie des Ganzen sind die Furchtbarkeiten der Realität (in den Affekten, in den Begierden, im Willen
zur Macht) in einem unausrechenbaren Maasse nothwendiger als
jene Form des kleinen Glücks, die sogenannte „Güte"; man muss
sogar nachsichtig sein, um der letzteren, da sie in der Instinkt-
Verlogenheit bedingt ist, überhaupt einen Platz zu gönnen. Ich
werde einen grossen Anlass haben, die über die Maassen unheimlichen Folgen des O p t i m i s m u s, dieser Ausgeburt der ho-
mines optimi, für die ganze Geschichte zu beweisen. Zarathustra,
der Erste, der begriff, dass der Optimist ebenso décadent ist wie
der Pessimist und vielleicht schädlicher, sagt: g u t e M e n -
s c h e n r e d e n n i e d i e W a h r h e i t. Falsche Küsten und Sicherheiten lehrten euch die Gu-

ten; in Lügen der Guten wart ihr geboren
und geborgen. Alles ist in den Grund hinein
verlogen und verbogen durch die Guten. Die
Welt ist zum Glück nicht auf Instinkte hin gebaut, dass gerade
bloss gutmüthiges Heerdengethier darin sein enges Glück fände;
zu fordern, dass Alles „guter Mensch", Heerdenthier, blauäugig,
wohlwollend, „schöne Seele" — oder, wie Herr Herbert Spencer
es wünscht, altruistisch werden solle, hiesse dem Dasein seinen
grossen Charakter nehmen, hiesse die Menschheit castriren
und auf eine armselige Chineserei herunterbringen. — Und
dies hat man versucht!.. Dies eben hiess man
Moral... In diesem Sinne nennt Zarathustra die Guten bald
„die letzten Menschen", bald den „Anfang vom Ende"; vor Allem empfindet er sie als die schädlichste Art
Mensch, weil sie ebenso auf Kosten der Wahrheit als
auf Kosten der Zukunft ihre Existenz durchsetzen.

Die Guten — die können nicht schaffen, die
sind immer der Anfang vom Ende —

— sie kreuzigen den, der neue Werthe auf neue
Tafeln schreibt, sie opfern sich die Zukunft, sie kreuzigen alle Menschen-Zukunft!

Die Guten — die waren immer der Anfang vom
Ende...

Und was auch für Schaden die Welt-Verleumder thun
mögen, der Schaden der Guten ist der
schädlichste Schaden.

5.

Zarathustra, der erste Psycholog der Guten, ist — folglich —
ein Freund der Bösen. Wenn eine décadence-Art Mensch zum
Rang der höchsten Art aufgestiegen ist, so konnte dies nur auf
Kosten ihrer Gegensatz-Art geschehn, der starken und lebens-
gewissen Art Mensch. Wenn das Heerdenthier im Glanze der

reinsten Tugend strahlt, so muss der Ausnahme-Mensch zum Bösen heruntergewerthet sein. Wenn die Verlogenheit um jeden
Preis das Wort „Wahrheit" für ihre Optik in Anspruch nimmt,
so muss der eigentlich Wahrhaftige unter den schlimmsten Namen wiederzufinden sein. Zarathustra lässt hier keinen Zweifel:
er sagt, die Erkenntniss der Guten, der „Besten" gerade sei es
gewesen, was ihm Grausen vor dem Menschen überhaupt gemacht habe; aus d i e s e m Widerwillen seien ihm die Flügel
gewachsen, „fortzuschweben in ferne Zukünfte", — er verbirgt
es nicht, dass s e i n Typus Mensch, ein relativ übermenschlicher
Typus, gerade im Verhältniss zu den G u t e n übermenschlich
ist, dass die Guten und Gerechten seinen Übermenschen T e u -
f e l nennen würden…

> Ihr höchsten Menschen, denen mein Auge begegnete,
> das ist mein Zweifel an euch und mein heimliches Lachen:
> ich rathe, ihr würdet meinen Übermenschen — Teufel
> heissen!
>
> So fremd seid ihr dem Grossen mit eurer Seele, dass
> euch der Übermensch f u r c h t b a r sein würde in seiner
> Güte…

An dieser Stelle und nirgends wo anders muss man den Ansatz machen, um zu begreifen, was Zarathustra w i l l : diese
Art Mensch, die er concipirt, concipirt die Realität, w i e s i e
i s t : sie ist stark genug dazu —, sie ist ihr nicht entfremdet, ent-
rückt, sie ist s i e s e l b s t , sie hat all deren Furchtbares und
Fragwürdiges auch noch in sich, d a m i t e r s t k a n n d e r
M e n s c h G r ö s s e h a b e n …

6.

— Aber ich habe auch noch in einem andren Sinne das Wort
I m m o r a l i s t zum Abzeichen, zum Ehrenzeichen für mich gewählt; ich bin stolz darauf, dies Wort zu haben, das mich gegen
die ganze Menschheit abhebt. Niemand noch hat die c h r i s t -

l i c h e Moral als u n t e r sich gefühlt: dazu gehörte eine Höhe, ein Fernblick, eine bisher ganz unerhörte psychologische Tiefe und Abgründlichkeit. Die christliche Moral war bisher die Circe aller Denker, — sie standen in ihrem Dienst. — Wer ist vor mir eingestiegen in die Höhlen, aus denen der Gifthauch dieser Art von Ideal — d e r W e l t v e r l e u m d u n g ! — emporquillt? Wer hat auch nur zu ahnen gewagt, d a s s es Höhlen sind? Wer war überhaupt vor mir unter den Philosophen P s y c h o l o g und nicht vielmehr dessen Gegensatz „höherer Schwindler", „Idealist"? Es gab vor mir noch gar keine Psychologie. — Hier der Erste zu sein kann ein Fluch sein, es ist jedenfalls ein Schicksal: d e n n m a n v e r a c h t e t a u c h a l s d e r E r s t e ... Der E k e l am Menschen ist meine Gefahr ...

7.

Hat man mich verstanden? — Was mich abgrenzt, was mich bei Seite stellt gegen den ganzen Rest der Menschheit, das ist, die christliche Moral e n t d e c k t zu haben. Deshalb war ich eines Worts bedürftig, das den Sinn einer Herausforderung an Jedermann enthält. Hier nicht eher die Augen aufgemacht zu haben gilt mir als die grösste Unsauberkeit, die die Menschheit auf dem Gewissen hat, als Instinkt gewordner Selbstbetrug, als grundsätzlicher Wille, jedes Geschehen, jede Ursächlichkeit, jede Wirklichkeit n i c h t zu sehen, als Falschmünzerei in psychologicis bis zum Verbrechen. Die Blindheit vor dem Christenthum ist das V e r b r e c h e n par excellence — das Verbrechen a m L e b e n ... Die Jahrtausende, die Völker, die Ersten und die Letzten, die Philosophen und die alten Weiber — fünf, sechs Augenblicke der Geschichte abgerechnet, mich als siebenten — in diesem Punkte sind sie alle einander würdig. Der Christ war bisher d a s „moralische Wesen", ein Curiosum ohne Gleichen — und, a l s „moralisches Wesen", absürder, verlogner, eitler, leichtfertiger, s i c h s e l b e r n a c h t h e i l i g e r als auch der

grösste Verächter der Menschheit es sich träumen lassen könnte.
Die christliche Moral — die bösartigste Form des Willens zur
Lüge, die eigentliche Circe der Menschheit: Das, was sie v e r -
d o r b e n hat. Es ist n i c h t der Irrthum als Irrthum, was
mich bei diesem Anblick entsetzt, n i c h t der jahrtausendelange
Mangel an „gutem Willen", an Zucht, an Anstand, an Tapferkeit
im Geistigen, der sich in seinem Sieg verräth: — es ist der Mangel
an Natur, es ist der vollkommen schauerliche Thatbestand, dass
die W i d e r n a t u r selbst als Moral die höchsten Ehren emp-
fieng und als Gesetz, als kategorischer Imperativ, über der
Menschheit hängen blieb! ... In diesem Maasse sich vergreifen,
n i c h t als Einzelner, n i c h t als Volk, sondern als Menschheit! ... Dass man die allerersten Instinkte des Leben⟨s⟩ verachten lehrte; dass man eine „Seele", einen „Geist" e r l o g , um den
Leib zu Schanden zu machen; dass man in der Voraussetzung des
Lebens, in der Geschlechtlichkeit, etwas Unreines empfinden
lehrt; dass man in der tiefsten Nothwendigkeit zum Gedeihen,
in der s t r e n g e n Selbstsucht (— das Wort schon ist verleum-
derisch! —) das böse Princip sucht; dass man umgekehrt in dem
typischen Abzeichen des Niedergangs und der Instinkt-Wider-
sprüchlichkeit, im „Selbstlosen", im Verlust an Schwergewicht, in
der „Entpersönlichung" und „Nächstenliebe" (— Nächsten-
s u c h t !) den h ö h e r e n Werth, was sage ich! den W e r t h
a n s i c h sieht! ... Wie! wäre die Menschheit selber in décadence? war sie es immer? — Was feststeht, ist, dass ihr nur Dé-
cadence-Werthe als oberste Werthe g e l e h r t worden sind.
Die Entselbstungs-Moral ist die Niedergangs-Moral par excellence, die Thatsache „ich gehe zu Grunde" in den Imperativ
übersetzt: „ihr s o l l t alle zu Grunde gehn" — und n i c h t
n u r in den Imperativ! ... Diese einzige Moral, die bisher gelehrt worden ist, die Entselbstungs-Moral, verräth einen Willen
zum Ende, sie v e r n e i n t im untersten Grunde das Leben. —
Hier bliebe die Möglichkeit offen, dass nicht die Menschheit in
Entartung sei, sondern nur jene parasitische Art Mensch, die des

P r i e s t e r s , die mit der Moral sich zu ihren Werth-Bestimmern emporgelogen hat, — die in der christlichen Moral ihr Mittel zur M a c h t errieth... Und in der That, das ist m e i n e Einsicht: die Lehrer, die Führer der Menschheit, Theologen insgesammt, waren insgesammt auch décadents: d a h e r die Umwerthung aller Werthe ins Lebensfeindliche, d a h e r die Moral... D e f i n i t i o n d e r M o r a l : Moral — die Idiosynkrasie von décadents, mit der Hinterabsicht, s i c h a m L e b e n zu rächen — u n d mit Erfolg. Ich lege Werth auf d i e s e Definition. —

8.

— Hat man mich verstanden? — Ich habe eben kein Wort gesagt, das ich nicht schon vor fünf Jahren durch den Mund Zarathustras gesagt hätte. — Die E n t d e c k u n g der christlichen Moral ist ein Ereigniss, das nicht seines Gleichen hat, eine wirkliche Katastrophe. Wer über sie aufklärt, ist eine force majeure, ein Schicksal, — er bricht die Geschichte der Menschheit in zwei Stücke. Man lebt v o r ihm, man lebt n a c h ihm... Der Blitz der Wahrheit traf gerade das, was bisher am Höchsten stand: wer begreift, w a s da vernichtet wurde, mag zusehn, ob er überhaupt noch Etwas in den Händen hat. Alles, was bisher „Wahrheit“ hiess, ist als die schädlichste, tückischste, unterirdischste Form der Lüge erkannt; der heilige Vorwand, die Menschheit zu „verbessern“ als die List, das Leben selbst a u s z u s a u g e n , blutarm zu machen. Moral als V a m p y r i s m u s ... Wer die Moral entdeckt, hat den Unwerth aller Werthe mit entdeckt, an die man glaubt oder geglaubt hat; er sieht in den verehrtesten, in den selbst h e i l i g gesprochnen Typen des Menschen nichts Ehrwürdiges mehr, er sieht die verhängnissvollste Art von Missgeburten darin, verhängnissvoll, w e i l s i e f a s c i n i r t e n ... Der Begriff „Gott“ erfunden als Gegensatz-Begriff zum Leben, — in ihm alles Schädliche, Vergiftende, Ver-

leumderische, die ganze Todfeindschaft gegen das Leben in eine
entsetzliche Einheit gebracht! Der Begriff „Jenseits", „wahre
Welt" erfunden, um die e i n z i g e Welt zu entwerthen, die es
giebt, — um kein Ziel, keine Vernunft, keine Aufgabe für unsre
Erden-Realität übrig zu behalten! Der Begriff „Seele", „Geist",
zuletzt gar noch „unsterbliche Seele", erfunden, um den Leib zu
verachten, um ihn krank — „heilig" — zu machen, um allen
Dingen, die Ernst im Leben verdienen, den Fragen von Nahrung,
Wohnung, geistiger Diät, Krankenbehandlung, Reinlichkeit,
Wetter, einen schauerlichen Leichtsinn entgegenzubringen! Statt
der Gesundheit das „Heil der Seele" — will sagen eine folie cir-
culaire zwischen Busskrampf und Erlösungs-Hysterie! Der Begriff „Sünde" erfunden sammt dem zugehörigen Folter-Instru-
ment, dem Begriff „freier Wille", um die Instinkte zu verwirren,
um das Misstrauen gegen die Instinkte zur zweiten Natur zu
machen! Im Begriff des „Selbstlosen", des „Sich-selbst-Verleug-
nenden" das eigentliche décadence-Abzeichen, das G e l o c k t -
werden vom Schädlichen, das Seinen-Nutzen-nicht-mehr-finden-
k ö n n e n , die Selbst-Zerstörung zum Werthzeichen überhaupt
gemacht, zur „Pflicht", zur „Heiligkeit", zum „Göttlichen" im
Menschen! Endlich — es ist das Furchtbarste — im Begriff des
g u t e n Menschen die Partei alles Schwachen, Kranken, Missrathnen, An-sich-selber-Leidenden genommen, alles dessen, w a s
z u G r u n d e g e h n s o l l —, das Gesetz der S e l e k t i o n
gekreuzt, ein Ideal aus dem Widerspruch gegen den stolzen und
wohlgerathenen, gegen den jasagenden, gegen den zukunfts-
gewissen, zukunftverbürgenden Menschen gemacht — dieser
heisst nunmehr d e r B ö s e ... Und das Alles wurde geglaubt
a l s M o r a l ! — E c r a s e z l ' i n f â m e ! — —

9.

— Hat man mich verstanden? — D i o n y s o s g e g e n
d e n G e k r e u z i g t e n ...

Dionysos-Dithyramben.

Nur Narr! Nur Dichter!

Bei abgehellter Luft,
wenn schon des Thau's Tröstung
zur Erde niederquillt,
unsichtbar, auch ungehört
— denn zartes Schuhwerk trägt
der Tröster Thau gleich allen Trostmilden —
gedenkst du da, gedenkst du, heisses Herz,
wie einst du durstetest,
nach himmlischen Thränen und Thaugeträufel
versengt und müde durstetest,
dieweil auf gelben Graspfaden
boshaft abendliche Sonnenblicke
durch schwarze Bäume um dich liefen
blendende Sonnen-Gluthblicke, schadenfrohe.

„Der W a h r h e i t Freier — du? so höhnten sie
nein! nur ein Dichter!
ein Thier, ein listiges, raubendes, schleichendes,
das lügen muss,
das wissentlich, willentlich lügen muss,
nach Beute lüstern,
bunt verlarvt,

sich selbst zur Larve,
sich selbst zur Beute
d a s — der Wahrheit Freier? ...
Nur Narr! Nur Dichter!
5   Nur Buntes redend,
aus Narrenlarven bunt herausredend,
herumsteigend auf lügnerischen Wortbrücken,
auf Lügen-Regenbogen
zwischen falschen Himmeln
10   herumschweifend, herumschleichend —
n u r Narr! n u r Dichter! ...

Das — der Wahrheit Freier? ...

Nicht still, starr, glatt, kalt,
zum Bilde worden,
15   zur Gottes-Säule,
nicht aufgestellt vor Tempeln,
eines Gottes Thürwart:
nein! feindselig solchen Tugend-Standbildern,
in jeder Wildniss heimischer als in Tempeln,
20   voll Katzen-Muthwillens
durch jedes Fenster springend
husch! in jeden Zufall,
jedem Urwalde zuschnüffelnd,
dass du in Urwäldern
25   unter buntzottigen Raubthieren
sündlich gesund und schön und bunt liefest,
mit lüsternen Lefzen,
selig-höhnisch, selig-höllisch, selig-blutgierig,
raubend, schleichend, l ü g e n d liefest ...

Oder dem Adler gleich, der lange,
lange starr in Abgründe blickt,
in s e i n e Abgründe ...
— oh wie sie sich hier hinab,
hinunter, hinein,
in immer tiefere Tiefen ringeln! —
Dann,
plötzlich,
geraden Flugs
gezückten Zugs
auf L ä m m e r stossen,
jach hinab, heisshungrig,
nach Lämmern lüstern,
gram allen Lamms-Seelen,
grimmig gram Allem, was blickt
tugendhaft, schafmässig, krauswollig,
dumm, mit Lammsmilch-Wohlwollen ...

Also
adlerhaft, pantherhaft
sind des Dichters Sehnsüchte,
sind d e i n e Sehnsüchte unter tausend Larven,
du Narr! du Dichter! ...

Der du den Menschen schautest
so G o t t als S c h a f —,
den Gott z e r r e i s s e n im Menschen
wie das Schaf im Menschen
und zerreissend l a c h e n —

d a s , d a s i s t d e i n e S e l i g k e i t ,
eines Panthers und Adlers Seligkeit,
eines Dichters und Narren Seligkeit! ...

Bei abgehellter Luft,
wenn schon des Monds Sichel
grün zwischen Purpurröthen
und neidisch hinschleicht,
5   — dem Tage feind,
mit jedem Schritte heimlich
an Rosen-Hängematten
hinsichelnd, bis sie sinken,
nachtabwärts blass hinabsinken:
10   so sank ich selber einstmals,
aus meinem Wahrheits-Wahnsinne,
aus meinen Tages-Sehnsüchten,
des Tages müde, krank vom Lichte,
— sank abwärts, abendwärts, schattenwärts,
15   von Einer Wahrheit
verbrannt und durstig
— gedenkst du noch, gedenkst du, heisses Herz,
wie da du durstetest? —
d a s s   i c h   v e r b a n n t   s e i
20   v o n   a l l e r   W a h r h e i t !
N u r   Narr!   N u r   Dichter! . . .

Unter Töchtern der Wüste.

1.

„Gehe nicht davon! sagte da der Wanderer, der sich den Schatten Zarathustras nannte, bleibe bei uns, — es möchte sonst uns die alte dumpfe Trübsal wieder anfallen.

Schon gab uns jener alte Zauberer von seinem Schlimmsten zum Besten, und siehe doch, der gute fromme Papst da hat Thränen in den Augen und sich ganz wieder aufs Meer der Schwermuth eingeschifft.

Diese Könige da mögen wohl vor uns noch gute Miene machen: hätten sie aber keine Zeugen, ich wette, auch bei ihnen fienge das böse Spiel wieder an,

— das böse Spiel der ziehenden Wolken, der feuchten Schwermuth, der verhängten Himmel, der gestohlenen Sonnen, der heulenden Herbstwinde,

— das böse Spiel unsres Heulens und Nothschreiens: bleibe bei uns, Zarathustra! Hier ist viel verborgenes Elend, das reden will, viel Abend, viel Wolke, viel dumpfe Luft!

Du nährtest uns mit starker Mannskost und kräftigen Sprüchen: lass es nicht zu, dass uns zum Nachtisch die weichlichen weiblichen Geister wieder anfallen!

Du allein machst die Luft um dich herum stark und klar! Fand ich je auf Erden so gute Luft als bei dir in deiner Höhle?

Vielerlei Länder sah ich doch, meine Nase lernte vielerlei Luft prüfen und abschätzen: aber bei dir schmecken meine Nüstern ihre grösste Lust!

Es sei denn —, es sei denn —, oh vergieb eine alte Erinnerung! Vergieb mir ein altes Nachtisch-Lied, das ich einst
unter Töchtern der Wüste dichtete.

Bei denen nämlich gab es gleich gute helle morgenländische
Luft; dort war ich am fernsten vom wolkigen feuchten schwermüthigen Alt-Europa!

Damals liebte ich solcherlei Morgenland-Mädchen und andres
blaues Himmelreich, über dem keine Wolken und keine Gedanken hängen.

Ihr glaubt es nicht, wie artig sie dasassen, wenn sie nicht
tanzten, tief, aber ohne Gedanken, wie kleine Geheimnisse, wie
bebänderte Räthsel, wie Nachtisch-Nüsse —

bunt und fremd fürwahr! aber ohne Wolken: Räthsel, die
sich rathen lassen: solchen Mädchen zu Liebe erdachte ich damals
einen Nachtisch-Psalm."

Also sprach der Wanderer, der sich den Schatten Zarathustras
nannte; und ehe Jemand ihm antwortete, hatte er schon die
Harfe des alten Zauberers ergriffen, die Beine gekreuzt und
blickte gelassen und weise um sich: — mit den Nüstern aber zog
er langsam und fragend die Luft ein, wie Einer, der in neuen
Ländern eine neue Luft kostet. Endlich hob er mit einer Art
Gebrüll zu singen an.

2.

Die Wüste wächst: weh dem, der Wüsten birgt...

3.

Ha!
Feierlich!
ein würdiger Anfang!
afrikanisch feierlich!

eines Löwen würdig
oder eines moralischen Brüllaffen . . .
— aber Nichts für euch,
ihr allerliebsten Freundinnen,
zu deren Füssen mir,
einem Europäer unter Palmen,
zu sitzen vergönnt ist. Sela.

Wunderbar wahrlich!
Da sitze ich nun,
der Wüste nahe und bereits
so ferne wieder der Wüste,
auch in Nichts noch verwüstet:
nämlich hinabgeschluckt
von dieser kleinsten Oasis
— sie sperrte gerade gähnend
ihr liebliches Maul auf,
das wohlriechendste aller Mäulchen:
da fiel ich hinein,
hinab, hindurch — unter euch,
ihr allerliebsten Freundinnen! Sela.

Heil, Heil jenem Walfische,
wenn er also es seinem Gaste
wohlsein liess! — ihr versteht
meine gelehrte Anspielung? . . .
Heil seinem Bauche,
wenn es also
ein so lieblicher Oasis-Bauch war,
gleich diesem: was ich aber in Zweifel ziehe.
Dafür komme ich aus Europa,
das zweifelsüchtiger ist als alle Eheweibchen.
Möge Gott es bessern!
Amen!

Da sitze ich nun,
in dieser kleinsten Oasis,
einer Dattel gleich,
braun, durchsüsst, goldschwürig,
lüstern nach einem runden Mädchen-Maule,
mehr aber noch nach mädchenhaften
eiskalten schneeweissen schneidigen
Beisszähnen: nach denen nämlich
lechzt das Herz allen heissen Datteln. Sela.

Den genannten Südfrüchten
ähnlich, allzuähnlich
liege ich hier, von kleinen
Flügelkäfern
umtänzelt und umspielt,
insgleichen von noch kleineren
thörichteren boshafteren
Wünschen und Einfällen, —
umlagert von euch,
ihr stummen, ihr ahnungsvollen
Mädchen-Katzen
Dudu und Suleika
— u m s p h i n x t, dass ich in Ein Wort
viel Gefühle stopfe
(— vergebe mir Gott
diese Sprachsünde! . . .)
— sitze hier, die beste Luft schnüffelnd,
Paradieses-Luft wahrlich,
lichte leichte Luft, goldgestreifte,
so gute Luft nur je
vom Monde herabfiel,
sei es aus Zufall
oder geschah es aus Übermuthe?
wie die alten Dichter erzählen.

Ich Zweifler aber ziehe es in Zweifel,
dafür komme ich
aus Europa,
das zweifelsüchtiger ist als alle Eheweibchen.
Möge Gott es bessern!
Amen.

Diese schönste Luft athmend,
mit Nüstern geschwellt gleich Bechern,
ohne Zukunft, ohne Erinnerungen,
so sitze ich hier, ihr
allerliebsten Freundinnen,
und sehe der Palme zu,
wie sie, einer Tänzerin gleich,
sich biegt und schmiegt und in der Hüfte wiegt
— man thut es mit, sieht man lange zu ...
einer Tänzerin gleich, die, wie mir scheinen will,
zu lange schon, gefährlich lange
immer, immer nur auf E i n e m Beinchen stand?
— da vergass sie darob, wie mir scheinen will,
das a n d r e Beinchen?
Vergebens wenigstens
suchte ich das vermisste
Zwillings-Kleinod
— nämlich das andre Beinchen —
in der heiligen Nähe
ihres allerliebsten, allerzierlichsten
Fächer- und Flatter- und Flitter-Röckchens.
Ja, wenn ihr mir, ihr schönen Freundinnen,
ganz glauben wollt,
sie hat es v e r l o r e n ...
Hu! Hu! Hu! Hu! Hu! ...
Es ist dahin,
auf ewig dahin,

das andre Beinchen!
Oh schade um dies liebliche andre Beinchen!
Wo — mag es wohl weilen und verlassen trauern,
dieses einsame Beinchen?
In Furcht vielleicht vor einem
grimmen gelben blondgelockten
Löwen-Unthiere? oder gar schon
abgenagt, abgeknabbert —
erbärmlich wehe! wehe! abgeknabbert! Sela.

Oh weint mir nicht,
weiche Herzen!
Weint mir nicht, ihr
Dattel-Herzen! Milch-Busen!
Ihr Süssholz-Herz-
Beutelchen!
Sei ein Mann, Suleika! Muth! Muth!
Weine nicht mehr,
bleiche Dudu!
— Oder sollte vielleicht
etwas Stärkendes, Herz-Stärkendes
hier am Platze sein?
ein gesalbter Spruch?
ein feierlicher Zuspruch?...

Ha!
Herauf, Würde!
Blase, blase wieder,
Blasebalg der Tugend!
Ha!
Noch Ein Mal brüllen,
moralisch brüllen,
als moralischer Löwe vor den Töchtern der Wüste brüllen!
— Denn Tugend-Geheul,

ihr allerliebsten Mädchen,
ist mehr als Alles
Europäer-Inbrunst, Europäer-Heisshunger!
Und da stehe ich schon,
als Europäer,
ich kann nicht anders, Gott helfe mir!
Amen!

*   *
*

Die Wüste wächst: weh dem, der Wüsten birgt!
Stein knirscht an Stein, die Wüste schlingt und würgt.
Der ungeheure Tod blickt glühend braun
und k a u t, — sein Leben ist sein Kaun...

Vergiss nicht, Mensch, den Wollust ausgeloht:
du — bist der Stein, die Wüste, bist der Tod...

*   *
*

Letzter Wille.

So sterben,
wie ich ihn einst sterben sah —,
den Freund, der Blitze und Blicke
göttlich in meine dunkle Jugend warf.
Muthwillig und tief,
in der Schlacht ein Tänzer —,

unter Kriegern der Heiterste,
unter Siegern der Schwerste,
auf seinem Schicksal ein Schicksal stehend,
hart, nachdenklich, vordenklich —:

erzitternd darob, d a s s er siegte,
jauchzend darüber, dass er s t e r b e n d siegte —:

befehlend, indem er starb
— und er befahl, dass man v e r n i c h t e ...

So sterben,
wie ich ihn einst sterben sah:
siegend, v e r n i c h t e n d ...

Zwischen Raubvögeln.

Wer hier hinabwill,
wie schnell
schluckt den die Tiefe!
— Aber du, Zarathustra,
liebst den Abgrund noch,
thust der T a n n e es gleich? —

Die schlägt Wurzeln, wo
der Fels selbst schaudernd
zur Tiefe blickt —,
die zögert an Abgründen,
wo Alles rings
hinunter will:
zwischen der Ungeduld
wilden Gerölls, stürzenden Bachs
geduldig duldend, hart, schweigsam,
einsam ...

E i n s a m !
Wer wagte es auch,
hier Gast zu sein,
d i r Gast zu sein? ...

Ein Raubvogel vielleicht:
der hängt sich wohl
dem standhaften Dulder
schadenfroh in's Haar,
5   mit irrem Gelächter,
einem Raubvogel-Gelächter ...

W o z u so standhaft?
— höhnt er grausam:
man muss Flügel haben, wenn man den Abgrund liebt ...
10   man muss nicht hängen bleiben,
wie du, Gehängter! —

Oh Zarathustra,
grausamster Nimrod!
Jüngst Jäger noch Gottes,
15   das Fangnetz aller Tugend,
der Pfeil des Bösen!
Jetzt —
von dir selber erjagt,
deine eigene Beute,
20   in dich selber eingebohrt ...

Jetzt —
einsam mit dir,
zwiesam im eignen Wissen,
zwischen hundert Spiegeln
25   vor dir selber falsch,
zwischen hundert Erinnerungen
ungewiss,
an jeder Wunde müd,
an jedem Froste kalt,
30   in eignen Stricken gewürgt,
S e l b s t k e n n e r !
S e l b s t h e n k e r !

Was bandest du dich
mit dem Strick deiner Weisheit?
Was locktest du dich
ins Paradies der alten Schlange?
5 Was schlichst du dich ein
in d i c h — in d i c h? . . .

Ein Kranker nun,
der an Schlangengift krank ist;
ein Gefangner nun,
10 der das härteste Loos zog:
im eignen Schachte
gebückt arbeitend,
in dich selber eingehöhlt,
dich selber angrabend,
15 unbehülflich,
steif,
ein Leichnam —,
von hundert Lasten überthürmt,
von dir überlastet,
20 ein W i s s e n d e r !
ein S e l b s t e r k e n n e r !
der w e i s e Zarathustra! . . .

Du suchtest die schwerste Last:
da fandest du d i c h —,
25 du wirfst dich nicht ab von dir . . .

Lauernd,
kauernd,
Einer, der schon nicht mehr aufrecht steht!
Du verwächst mir noch mit deinem Grabe,
30 v e r w a c h s e n e r Geist! . . .

Und jüngst noch so stolz,
auf allen Stelzen deines Stolzes!
Jüngst noch der Einsiedler ohne Gott,
der Zweisiedler mit dem Teufel,
der scharlachne Prinz jedes Übermuths!...

Jetzt —
zwischen zwei Nichtse
eingekrümmt,
ein Fragezeichen,
ein müdes Räthsel —
ein Räthsel für Raubvögel...

sie werden dich schon „lösen",
sie hungern schon nach deiner „Lösung",
sie flattern schon um dich, ihr Räthsel,
um dich, Gehenkter!...
Oh Zarathustra!...
Selbstkenner!...
Selbsthenker!...

Das Feuerzeichen.

Hier, wo zwischen Meeren die Insel wuchs,
ein Opferstein jäh hinaufgethürmt,
hier zündet sich unter schwarzem Himmel
5   Zarathustra seine Höhenfeuer an,
Feuerzeichen für verschlagne Schiffer,
Fragezeichen für Solche, die Antwort haben …

Diese Flamme mit weissgrauem Bauche
— in kalte Fernen züngelt ihre Gier,
10   nach immer reineren Höhn biegt sie den Hals —
eine Schlange gerad aufgerichtet vor Ungeduld:
dieses Zeichen stellte ich vor mich hin.

Meine Seele selber ist diese Flamme,
unersättlich nach neuen Fernen
15   lodert aufwärts, aufwärts ihre stille Gluth.
Was floh Zarathustra vor Thier und Menschen?
Was entlief er jäh allem festen Lande?
S e c h s Einsamkeiten kennt er schon —,
aber das Meer selbst war nicht genug ihm einsam,
20   die Insel liess ihn steigen, auf dem Berg wurde er zur Flamme,
nach einer s i e b e n t e n Einsamkeit
wirft er suchend jetzt die Angel über sein Haupt.

Verschlagne Schiffer! Trümmer alter Sterne!
Ihr Meere der Zukunft! Unausgeforschte Himmel!
nach allem Einsamen werfe ich jetzt die Angel:
gebt Antwort auf die Ungeduld der Flamme,
fangt mir, dem Fischer auf hohen Bergen,
meine siebente l e t z t e Einsamkeit! — —

Die Sonne sinkt.

1.

Nicht lange durstest du noch,
    verbranntes Herz!
Verheissung ist in der Luft,
aus unbekannten Mündern bläst mich's an
    — die grosse Kühle kommt . . .

Meine Sonne stand heiss über mir im Mittage:
seid mir gegrüsst, dass ihr kommt
    ihr plötzlichen Winde
ihr kühlen Geister des Nachmittags!

Die Luft geht fremd und rein.
Schielt nicht mit schiefem
    Verführerblick
die Nacht mich an? . . .
Bleib stark, mein tapfres Herz!
Frag nicht: warum? —

2.

Tag meines Lebens!
die Sonne sinkt.
Schon steht die glatte

Fluth vergüldet.
Warm athmet der Fels:
    schlief wohl zu Mittag
das Glück auf ihm seinen Mittagsschlaf?
5   In grünen Lichtern
spielt Glück noch der braune Abgrund herauf.

Tag meines Lebens!
gen Abend gehts!
Schon glüht dein Auge
10   halbgebrochen,
schon quillt deines Thaus
    Thränengeträufel,
schon läuft still über weisse Meere
deiner Liebe Purpur,
15   deine letzte zögernde Seligkeit …

3.

Heiterkeit, güldene, komm!
    du des Todes
heimlichster süssester Vorgenuss!
20 — Lief ich zu rasch meines Wegs?
Jetzt erst, wo der Fuss müde ward,
    holt dein Blick mich noch ein,
    holt dein G l ü c k mich noch ein.

Rings nur Welle und Spiel.
25   Was je schwer war,
sank in blaue Vergessenheit,
müssig steht nun mein Kahn.
Sturm und Fahrt — wie verlernt er das!
    Wunsch und Hoffen ertrank,
30   glatt liegt Seele und Meer.

Siebente Einsamkeit!
  Nie empfand ich
näher mir süsse Sicherheit,
wärmer der Sonne Blick.
— Glüht nicht das Eis meiner Gipfel noch?
  Silbern, leicht, ein Fisch
schwimmt nun mein Nachen hinaus...

Klage der Ariadne.

Wer wärmt mich, wer liebt mich noch?
   Gebt heisse Hände!
   gebt Herzens-Kohlenbecken!
5   Hingestreckt, schaudernd,
Halbtodtem gleich, dem man die Füsse wärmt,
geschüttelt ach! von unbekannten Fiebern,
zitternd vor spitzen eisigen Frostpfeilen,
   von dir gejagt, Gedanke!
10   Unnennbarer! Verhüllter! Entsetzlicher!
   Du Jäger hinter Wolken!
Darnieder geblitzt von dir,
du höhnisch Auge, das mich aus Dunklem anblickt!
   So liege ich,
15   biege mich, winde mich, gequält
von allen ewigen Martern,
   getroffen
von dir, grausamster Jäger,
du unbekannter — G o t t ...

20   Triff tiefer!
Triff Ein Mal noch!
Zerstich, zerbrich dies Herz!
Was soll dies Martern

mit zähnestumpfen Pfeilen?
Was blickst du wieder
der Menschen-Qual nicht müde,
mit schadenfrohen Götter-Blitz-Augen?
Nicht tödten willst du,
nur martern, martern?
Wozu — m i c h martern,
du schadenfroher unbekannter Gott?

Haha!
Du schleichst heran
bei solcher Mitternacht? ...
Was willst du?
Sprich!
Du drängst mich, drückst mich,
Ha! schon viel zu nahe!
Du hörst mich athmen,
du behorchst mein Herz,
du Eifersüchtiger!
    — worauf doch eifersüchtig?
Weg! Weg!
wozu die Leiter?
willst du h i n e i n,
ins Herz, einsteigen,
in meine heimlichsten
Gedanken einsteigen?
Schamloser! Unbekannter! Dieb!
Was willst du dir erstehlen?
Was willst du dir erhorchen?
was willst du dir erfoltern,
du Folterer!
du — Henker-Gott!
Oder soll ich, dem Hunde gleich,
vor dir mich wälzen?

Hingebend, begeistert ausser mir
dir Liebe — zuwedeln?
Umsonst!
Stich weiter!
5   Grausamster Stachel!
Kein Hund — dein Wild nur bin ich,
grausamster Jäger!
deine stolzeste Gefangne,
du Räuber hinter Wolken ...
10 Sprich endlich!
Du Blitz-Verhüllter! Unbekannter! sprich!
Was willst du, Wegelagerer, von — m i r ? ...

Wie?
Lösegeld?
15 Was willst du Lösegelds?
Verlange Viel — das räth mein Stolz!
und rede kurz — das räth mein andrer Stolz!

Haha!
M i c h — willst du? mich?
20 mich — ganz? ...

Haha!
Und marterst mich, Narr, der du bist,
zermarterst meinen Stolz?
Gieb L i e b e mir — wer wärmt mich noch?
25   wer liebt mich noch?
gieb heisse Hände,
gieb Herzens-Kohlenbecken,
gieb mir, der Einsamsten,
die Eis, ach! siebenfaches Eis
30 nach Feinden selber,
nach Feinden schmachten lehrt,
gieb, ja ergieb

grausamster Feind,
mir — d i c h ! . . .

Davon!
Da floh er selber,
mein einziger Genoss,
mein grosser Feind,
mein Unbekannter,
mein Henker-Gott! . . .
Nein!
komm zurück!
M i t allen deinen Martern!
All meine Thränen laufen
zu dir den Lauf
und meine letzte Herzensflamme
dir glüht sie auf.
Oh komm zurück,
mein unbekannter Gott! mein S c h m e r z !
    mein letztes Glück! . . .

Ein Blitz. Dionysos wird in smaragdener Schönheit sichtbar.

D i o n y s o s :

Sei klug, Ariadne! . . .
Du hast kleine Ohren, du hast meine Ohren:
steck ein kluges Wort hinein! —
Muss man sich nicht erst hassen, wenn man sich lieben soll? . . .
I c h   b i n   d e i n   L a b y r i n t h . . .

Ruhm und Ewigkeit.

1.

Wie lange sitzest du schon
   auf deinem Missgeschick?
Gieb Acht! du brütest mir noch
   ein Ei,
   ein Basilisken-Ei
aus deinem langen Jammer aus.

Was schleicht Zarathustra entlang dem Berge? —

Misstrauisch, geschwürig, düster,
ein langer Lauerer —,
aber plötzlich, ein Blitz,
hell, furchtbar, ein Schlag
gen Himmel aus dem Abgrund:
   — dem Berge selber schüttelt sich
das Eingeweide . . .

Wo Hass und Blitzstrahl
Eins ward, ein F l u c h —,
auf den Bergen haust jetzt Zarathustra's Zorn,
eine Wetterwolke schleicht er seines Wegs.

Verkrieche sich, wer eine letzte Decke hat!
Ins Bett mit euch, ihr Zärtlinge!
Nun rollen Donner über die Gewölbe,
nun zittert, was Gebälk und Mauer ist,
5 nun zucken Blitze und schwefelgelbe Wahrheiten —
    Zarathustra f l u c h t ...

2.

Diese Münze, mit der
alle Welt bezahlt,
10 R u h m —,
mit Handschuhen fasse ich diese Münze an,
mit Ekel trete ich sie u n t e r mich.

W e r will bezahlt sein?
Die Käuflichen ...
15 Wer f e i l steht, greift
mit fetten Händen
nach diesem Allerwelts-Blechklingklang Ruhm!

— W i l l s t du sie kaufen?
sie sind Alle käuflich.
20 Aber biete Viel!
klingle mit vollem Beutel!
— du s t ä r k s t sie sonst,
du stärkst sonst ihre T u g e n d ...

Sie sind Alle tugendhaft.
25 Ruhm und Tugend — das reimt sich.
So lange die Welt lebt,
zahlt sie Tugend-Geplapper
mit Ruhm-Geklapper —,
die Welt l e b t von diesem Lärm ...

Vor allen Tugendhaften
  will ich schuldig sein,
schuldig heissen mit jeder grossen Schuld!
Vor allen Ruhms-Schalltrichtern
wird mein Ehrgeiz zum Wurm —,
unter Solchen gelüstet's mich,
der N i e d r i g s t e zu sein ...

Diese Münze, mit der
alle Welt bezahlt,
R u h m —,
mit Handschuhen fasse ich diese Münze an,
mit Ekel trete ich sie u n t e r mich.

3.

Still! —
Von grossen Dingen — ich s e h e Grosses! —
soll man schweigen
oder gross reden:
rede gross, meine entzückte Weisheit!

Ich sehe hinauf —
dort rollen Lichtmeere:
— oh Nacht, oh Schweigen, oh todtenstiller Lärm! ...

Ich sehe ein Zeichen —,
aus fernsten Fernen
sinkt langsam funkelnd ein Sternbild gegen mich ...

4.

Höchstes Gestirn des Seins!
Ewiger Bildwerke Tafel!
D u kommst zu mir? —

Was Keiner erschaut hat,
deine stumme Schönheit, —
wie? sie flieht vor meinen Blicken nicht?

Schild der Nothwendigkeit!
Ewiger Bildwerke Tafel!
— aber du weisst es ja:
was Alle hassen,
was allein i c h liebe,
dass du e w i g bist!
dass du n o t h w e n d i g bist!
Meine Liebe entzündet
sich ewig nur an der Nothwendigkeit.

Schild der Nothwendigkeit!
Höchstes Gestirn des Seins!
— das kein Wunsch erreicht,
das kein Nein befleckt,
ewiges Ja des Sein's,
ewig bin ich dein Ja:
d e n n i c h l i e b e d i c h, o h E w i g k e i t! — —

Von der Armut des Reichsten.

Zehn Jahre dahin —,
kein Tropfen erreichte mich,
kein feuchter Wind, kein Thau der Liebe
5   — ein r e g e n l o s e s Land…
Nun bitte ich meine Weisheit,
nicht geizig zu werden in dieser Dürre:
ströme selber über, träufle selber Thau
sei selber Regen der vergilbten Wildniss!

10   Einst hiess ich die Wolken
fortgehn von meinen Bergen, —
einst sprach ich „mehr Licht, ihr Dunklen!“
Heut locke ich sie, dass sie kommen:
macht dunkel um mich mit euren Eutern!
15   — ich will euch melken,
ihr Kühe der Höhe!
Milchwarme Weisheit, süssen Thau der Liebe
ströme ich über das Land.

Fort, fort, ihr Wahrheiten,
20   die ihr düster blickt!
Nicht will ich auf meinen Bergen
herbe ungeduldige Wahrheiten sehn.

Vom Lächeln vergüldet
nahe mir heut die Wahrheit,
von der Sonne gesüsst, von der Liebe gebräunt, —
eine r e i f e Wahrheit breche ich allein vom Baum.

5 Heut strecke ich die Hand aus
nach den Locken des Zufalls,
klug genug, den Zufall
einem Kinde gleich zu führen, zu überlisten.
Heut will ich gastfreundlich sein
10 gegen Unwillkommnes,
gegen das Schicksal selbst will ich nicht stachlicht sein
— Zarathustra ist kein Igel.

Meine Seele,
unersättlich mit ihrer Zunge,
15 an alle guten und schlimmen Dinge hat sie schon geleckt,
in jede Tiefe tauchte sie hinab.
Aber immer gleich dem Korke,
immer schwimmt sie wieder obenauf,
sie gaukelt wie Öl über braune Meere:
20 dieser Seele halber heisst man mich den Glücklichen.

Wer sind mir Vater und Mutter?
Ist nicht mir Vater Prinz Überfluss
und Mutter das stille Lachen?
Erzeugte nicht dieser Beiden Ehebund
25 mich Räthselthier,
mich Lichtunhold,
mich Verschwender aller Weisheit Zarathustra?

Krank heute vor Zärtlichkeit,
ein Thauwind,
30 sitzt Zarathustra wartend, wartend auf seinen Bergen, —

im eignen Safte
süss geworden und gekocht,
u n t e r h a l b seines Gipfels,
u n t e r h a l b seines Eises,
5   müde und selig,
ein Schaffender an seinem siebenten Tag.

— Still!
Eine Wahrheit wandelt über mir
einer Wolke gleich, —
10   mit unsichtbaren Blitzen trifft sie mich.
Auf breiten langsamen Treppen
steigt ihr Glück zu mir:
komm, komm, geliebte Wahrheit!

— Still!
15   M e i n e Wahrheit ists!
Aus zögernden Augen,
aus sammtenen Schaudern
trifft mich ihr Blick,
lieblich, bös, ein Mädchenblick ...
20   Sie errieth meines Glückes G r u n d ,
sie errieth m i c h — ha! was sinnt sie aus? —
Purpurn lauert ein Drache
im Abgrunde ihres Mädchenblicks.

— Still! Meine Wahrheit r e d e t ! —

25   Wehe dir, Zarathustra!
Du siehst aus, wie Einer,
der Gold verschluckt hat:
man wird dir noch den Bauch aufschlitzen! ...

Zu reich bist du,
du Verderber Vieler!
Zu Viele machst du neidisch,
zu Viele machst du arm ...
5   Mir selber wirft dein Licht Schatten —,
es fröstelt mich: geh weg, du Reicher,
geh, Zarathustra, weg aus deiner Sonne! ...

Du möchtest schenken, wegschenken deinen Überfluss,
aber du selber bist der Überflüssigste!
10   Sei klug, du Reicher!
V e r s c h e n k e   d i c h   s e l b e r   e r s t, oh Zarathustra!

Zehn Jahre dahin —,
und kein Tropfen erreichte dich?
Kein feuchter Wind? kein Thau der Liebe?
15   Aber wer   s o l l t e   dich auch lieben,
du Überreicher?
Dein Glück macht rings trocken,
macht arm an Liebe
— ein   r e g e n l o s e s   Land ...

20   Niemand dankt dir mehr,
du aber dankst Jedem,
der von dir nimmt:
daran erkenne ich dich,
du Überreicher,
25   du   Ä r m s t e r   aller Reichen!

Du opferst dich, dich   q u ä l t   dein Reichthum —,
du giebst dich ab,
du schonst dich nicht, du liebst dich nicht:
die grosse Qual zwingt dich allezeit,

die Qual übervoller Scheuern, übervollen Herzens —
aber Niemand dankt dir mehr ...

Du musst ärmer werden,
weiser Unweiser!
willst du geliebt sein.
Man liebt nur die Leidenden,
man giebt Liebe nur dem Hungernden:
verschenke dich selber erst, oh Zarathustra!

— Ich bin deine Wahrheit ...

Nietzsche contra Wagner.
Aktenstücke eines Psychologen.

Vorwort.

Die folgenden Capitel sind sämmtlich aus meinen älteren
Schriften nicht ohne Vorsicht ausgewählt — einige gehn bis auf
1877 zurück —, verdeutlicht vielleicht hier und da, vor Allem
verkürzt. Sie werden, hinter einander gelesen, weder über Richard Wagner, noch über mich einen Zweifel lassen: wir sind
Antipoden. Man wird auch noch Andres dabei begreifen: zum
Beispiel, dass dies ein Essai für Psychologen ist, aber n i c h t für
Deutsche... Ich habe meine Leser überall, in Wien, in St. Petersburg, in Kopenhagen und Stockholm, in Paris, in New-York —
ich habe sie n i c h t in Europa's Flachland Deutschland... Und
ich hätte vielleicht auch den Herrn Italiänern ein Wort ins Ohr
zu sagen, die ich l i e b e , ebensosehr als ich... Quousque tan-
dem, Crispi... Triple alliance: mit dem „Reich" macht ein in-
telligentes Volk immer nur eine mésalliance...

Friedrich Nietzsche.

Turin, Weihnachten 1888.

Wo ich bewundere.

Ich glaube, dass die Künstler oft nicht wissen, was sie am besten können: sie sind zu eitel dazu. Ihr Sinn ist auf etwas Stolzeres gerichtet, als diese kleinen Pflanzen zu sein scheinen, welche neu, seltsam und schön, in wirklicher Vollkommenheit auf ihrem Boden zu wachsen wissen. Das letzthin Gute ihres eignen Gartens und Weinbergs wird von ihnen obenhin abgeschätzt, und ihre Liebe und ihre Einsicht sind nicht gleichen Ranges. Da ist ein Musiker, der mehr als irgend ein Musiker seine Meisterschaft darin hat, die Töne aus dem Reich leidender, gedrückter, gemarterter Seelen zu finden und auch noch dem stummen Elend Sprache zu geben. Niemand kommt ihm gleich in den Farben des späten Herbstes, dem unbeschreiblich rührenden Glück eines letzten, allerletzten, allerkürzesten Geniessens, er kennt einen Klang für jene heimlich-unheimlichen Mitternächte der Seele, wo Ursache und Wirkung aus den Fugen gekommen zu sein scheinen und jeden Augenblick Etwas „aus dem Nichts“ entstehen kann. Er schöpft am glücklichsten von Allen aus dem untersten Grunde des menschlichen Glücks und gleichsam aus dessen ausgetrunkenem Becher, wo die herbsten und widrigsten Tropfen zu guter- und böserletzt mit den süssesten zusammengelaufen sind. Er kennt jenes müde Sichschieben der Seele, die nicht mehr springen und fliegen, ja nicht mehr gehen kann; er hat den scheuen Blick des verhehlten Schmerzes, des Verstehens ohne Trost, des Abschiednehmens ohne Geständniss; ja als Orpheus alles heimlichen

Elends ist er grösser als irgend Einer, und Manches ist durch ihn
überhaupt erst der Kunst hinzugefügt worden, was bisher un-
ausdrücklich und selbst der Kunst unwürdig erschien — die cyni-
schen Revolten zum Beispiel, deren nur der Leidendste fähig ist,
insgleichen manches ganz Kleine und Mikroskopische der Seele,
gleichsam die Schuppen ihrer amphibischen Natur —, ja er ist
der M e i s t e r des ganz Kleinen. Aber er w i l l es nicht sein!
Sein Charakter liebt vielmehr die grossen Wände und die verwegene Wandmalerei!... Es entgeht ihm, dass sein Geist einen
andren Geschmack und Hang — eine entgegengesetzte Optik —
hat und am liebsten still in den Winkeln zusammengestürzter
Häuser sitzt: da, verborgen, sich selber verborgen, malt er seine
eigentlichen Meisterstücke, welche alle sehr kurz sind, oft nur
Einen Takt lang, — da erst wird er ganz gut, gross und vollkommen, da vielleicht allein. — Wagner ist Einer, der tief gelitten hat — sein V o r r a n g vor den übrigen Musikern. — Ich
bewundere Wagner in Allem, worin er s i c h in Musik setzt. —

Wo ich Einwände mache.

Damit ist nicht gesagt, dass ich diese Musik für gesund halte,
am wenigsten gerade da, wo sie von Wagner redet. Meine Einwände gegen die Musik Wagner's sind physiologische Einwände:
wozu dieselben erst noch unter ästhetische Formeln verkleiden?
Ästhetik ist ja nichts als eine angewandte Physiologie. — Meine
„Thatsache", mein „petit fait vrai" ist, dass ich nicht mehr leicht
athme, wenn diese Musik erst auf mich wirkt; dass alsbald mein
F u s s gegen sie böse wird und revoltirt: er hat das Bedürfniss
nach Takt, Tanz, Marsch — nach Wagner's Kaisermarsch kann
nicht einmal der junge deutsche Kaiser marschiren —, er verlangt
von der Musik vorerst die Entzückungen, welche in g u t e m
Gehn, Schreiten, Tanzen liegen. Protestirt aber nicht auch mein
Magen? mein Herz? mein Blutlauf? betrübt sich nicht mein Ein-

geweide? Werde ich nicht unversehens heiser dabei … Um Wagner zu hören, brauche ich Pastilles Gérandel … Und so frage ich mich: was w i l l eigentlich mein ganzer Leib von der Musik überhaupt? D e n n es giebt keine Seele … Ich glaube, seine E r l e i c h t e r u n g : wie als ob alle animalischen Funktionen durch leichte, kühne, ausgelassne, selbstgewisse Rhythmen beschleunigt werden sollten; wie als ob das eherne, das bleierne Leben durch goldene zärtliche ölgleiche Melodien seine Schwere verlieren sollte. Meine Schwermuth will in den Verstecken und Abgründen der V o l l k o m m e n h e i t ausruhn: dazu brauche ich Musik. Aber Wagner macht krank. — Was geht m i c h das Theater an? Was die Krämpfe seiner „sittlichen" Ekstasen, an denen das Volk — und wer ist nicht „Volk"! — seine Genugthuung hat! Was der ganze Gebärden-Hokuspokus des Schauspielers! — Man sieht, ich bin wesentlich antitheatralisch geartet, ich habe gegen das Theater, diese M a s s e n - K u n s t par excellence, den tiefen Hohn auf dem Grunde meiner Seele, den jeder Artist heute hat. E r f o l g auf dem Theater — damit sinkt man in meiner Achtung bis auf Nimmer-wieder-sehn; M i s s e r f o l g — da spitze ich die Ohren und fange an zu achten … Aber Wagner war umgekehrt, n e b e n dem Wagner, der die einsamste Musik gemacht hat, die es giebt, wesentlich noch Theatermensch und Schauspieler, der begeistertste Mimomane, den es vielleicht gegeben hat, a u c h n o c h a l s M u s i k e r … Und, beiläufig gesagt, wenn es Wagner's Theorie gewesen ist „das Drama ist der Zweck, die Musik ist immer nur das Mittel" —, seine P r a x i s dagegen war, von Anfang bis zu Ende, „die Attitüde ist der Zweck, das Drama, auch die Musik, ist immer nur ihr Mittel". Die Musik als Mittel zur Verdeutlichung, Verstärkung, Verinnerlichung der dramatischen Gebärde und Schauspieler-Sinnenfälligkeit; und das Wagnerische Drama nur eine Gelegenheit zu vielen interessanten Attitüden! — Er hatte, neben allen andren Instinkten, die k o m m a n d i - r e n d e n Instinkte eines grossen Schauspielers in Allem und

Jedem: und, wie gesagt, auch als Musiker. — Dies machte ich einmal, nicht ohne M ü h e, einem Wagnerianer pur sang klar, — Klarheit und Wagnerianer! ich sage kein Wort mehr. Es gab Gründe, noch hinzuzufügen „seien Sie doch ein wenig ehrlicher gegen sich selbst! wir sind ja nicht in Bayreuth. In Bayreuth ist man nur als Masse ehrlich, als Einzelner lügt man, belügt man sich. Man lässt sich selbst zu Hause, wenn man nach Bayreuth geht, man verzichtet auf das Recht der eignen Zunge und Wahl, auf seinen Geschmack, selbst auf seine Tapferkeit, wie man sie zwischen den eignen vier Wänden gegen Gott und Welt hat und übt. In das Theater bringt Niemand die feinsten Sinne seiner Kunst mit, am wenigsten der Künstler, der für das Theater arbeitet, — es fehlt die Einsamkeit, alles Vollkommne verträgt keine Zeugen … Im Theater wird man Volk, Heerde, Weib, Pharisäer, Stimmvieh, Patronatsherr, Idiot — W a g n e r i a - n e r : da unterliegt auch noch das persönlichste Gewissen dem nivellirenden Zauber der grossen Zahl, da regiert der Nachbar, da w i r d man Nachbar …“

Intermezzo.

— Ich sage noch ein Wort für die ausgesuchtesten Ohren: was i c h eigentlich von der Musik will. Dass sie heiter und tief ist, wie ein Nachmittag im Oktober. Dass sie eigen, ausgelassen, zärtlich, ein kleines süsses Weib von Niedertracht und Anmuth ist … Ich werde nie zulassen, dass ein Deutscher wissen k ö n n e, was Musik ist. Was man deutsche Musiker nennt, die grössten voran, sind A u s l ä n d e r, Slaven, Croaten, Italiäner, Nie- derländer — oder Juden; im andren Falle Deutsche der starken Rasse, a u s g e s t o r b e n e Deutsche, wie Heinrich Schütz, Bach und Händel. Ich selbst bin immer noch Pole genug, um gegen Chopin den Rest der Musik hinzugeben: ich nehme, aus drei Gründen, Wagner's Siegfried-Idyll aus, vielleicht auch Liszt, der die vornehmen Orchester-Accente vor allen Musikern voraus hat; zuletzt noch Alles, was jenseits der Alpen gewachsen ist — d i e s s e i t s ... Ich würde Rossini nicht zu missen wissen, noch weniger m e i n e n Süden in der Musik, die Musik meines Venediger maëstro Pietro Gasti. Und wenn ich jenseits der Alpen sage, sage ich eigentlich nur Venedig. Wenn ich ein andres Wort für Musik suche, so finde ich immer nur das Wort Venedig. Ich weiss keinen Unterschied zwischen Thränen und Musik zu machen, ich weiss das Glück, den S ü d e n nicht ohne Schauder von Furchtsamkeit zu denken.

> An der Brücke stand
> jüngst ich in brauner Nacht.
> Fernher kam Gesang:
> goldener Tropfen quoll's
> über die zitternde Fläche weg.
> Gondeln, Lichter, Musik —
> trunken schwamm's in die Dämmrung hinaus ...
>
> Meine Seele, ein Saitenspiel,
> sang sich, unsichtbar berührt,
> heimlich ein Gondellied dazu,
> zitternd vor bunter Seligkeit.
> — Hörte Jemand ihr zu? ...

————

Wagner als Gefahr.

I.

Die Absicht, welche die neuere Musik in dem verfolgt, was jetzt, sehr stark, aber undeutlich, „unendliche Melodie" genannt wird, kann man sich dadurch klar machen, dass man in's Meer geht, allmählich den sicheren Schritt auf dem Grunde verliert und sich endlich dem Elemente auf Gnade und Ungnade übergiebt: man soll s c h w i m m e n. In der älteren Musik musste man, im zierlichen oder feierlichen oder feurigen Hin und Wieder, Schneller und Langsamer, etwas ganz Anderes, nämlich t a n z e n. Das hierzu nöthige Maass, das Einhalten bestimmter gleich wiegender Zeit- und Kraftgrade erzwang von der Seele des Hörers eine fortwährende B e s o n n e n h e i t, — auf dem Widerspiele dieses kühleren Luftzuges, welcher von der Besonnenheit herkam, und des durchwärmten Athems der Begeisterung ruhte der Zauber aller g u t e n Musik. — Richard Wagner wollte eine andre Art Bewegung, — er warf die physiologische Voraussetzung der bisherigen Musik um. Schwimmen, Schweben — nicht mehr Gehn, Tanzen … Vielleicht ist damit das Entscheidende gesagt. Die „unendliche Melodie" w i l l eben alle Zeit- und Kraft-Ebenmässigkeit brechen, sie verhöhnt sie selbst mitunter, — sie hat ihren Reichthum der Erfindung gerade in dem, was einem älteren Ohre als rhythmische Paradoxie und Lästerung klingt. Aus einer Nachahmung, aus einer Herrschaft eines solchen Geschmacks entstünde eine Gefahr für die Musik, wie sie grösser gar nicht gedacht werden kann — die vollkommne Entartung des rhythmischen Gefühls, das C h a o s an Stelle des Rhythmus … Die Gefahr kommt auf die Spitze, wenn sich eine solche Musik immer enger an eine ganz naturalistische, durch kein Gesetz der Plastik beherrschte Schauspielerei und Gebärdenkunst anlehnt, die W i r k u n g will, nichts mehr … Das espressivo um jeden Preis und die Musik im Dienste, in der Sklaverei der Attitüde — d a s i s t d a s E n d e …

2.

Wie? wäre es wirklich die erste Tugend eines Vortrags, wie es die Vortragskünstler der Musik jetzt zu glauben scheinen, unter allen Umständen ein hautrelief zu erreichen, das nicht mehr zu überbieten ist? Ist dies zum Beispiel, auf Mozart angewendet, nicht die eigentliche Sünde wider den Geist Mozart's, den heiteren, schwärmerischen, zärtlichen, verliebten Geist Mozart's, der zum Glück kein Deutscher war und dessen Ernst ein gütiger, ein goldener Ernst ist und n i c h t der Ernst eines deutschen Biedermanns... Geschweige denn der Ernst des „steinernen Gastes"... Aber ihr meint, a l l e Musik sei Musik des „steinernen Gastes", — a l l e Musik müsse aus der Wand hervorspringen und den Hörer bis in seine Gedärme hinein schütteln?... So erst w i r k e die Musik! — Auf w e n wird da gewirkt? Auf Etwas, worauf ein v o r n e h m e r Künstler niemals wirken soll, — auf die Masse! auf die Unreifen! auf die Blasirten! auf die Krankhaften! auf die Idioten! auf W a g n e r i a n e r!...

———

Eine Musik ohne Zukunft.

Die Musik kommt von allen Künsten, die auf dem Boden einer bestimmten Cultur aufzuwachsen wissen, als die letzte aller Pflanzen zum Vorschein, vielleicht weil sie die innerlichste ist und, folglich, am spätesten anlangt, — im Herbst und Abblühen der jedes Mal zu ihr gehörenden Cultur. Erst in der Kunst der Niederländer Meister fand die Seele des christlichen Mittelalters ihren Ausklang, — ihre Ton-Baukunst ist die nachgeborne, aber echt- und ebenbürtige Schwester der Gothik. Erst in Händel's Musik erklang das Beste aus Luther's und seiner Verwandten Seele, der jüdisch-heroische Zug, welcher der Reformation einen Zug der Grösse gab — das alte Testament Musik geworden, n i c h t das neue. Erst Mozart gab dem Zeitalter Ludwig des Vierzehnten und der Kunst Racine's und Claude Lorrain's in k l i n g e n d e m Golde heraus; erst in Beethoven's und Rossini's Musik sang sich das achtzehnte Jahrhundert aus, das Jahrhundert der Schwärmerei, der zerbrochnen Ideale und des f l ü c h t i g e n Glücks. Jede wahrhafte, jede originale Musik ist Schwanengesang. — Vielleicht, dass auch unsre letzte Musik, so sehr sie herrscht und herrschsüchtig ist, bloss noch eine kurze Spanne Zeit vor sich hat: denn sie entsprang einer Cultur, deren Boden im raschen Absinken begriffen ist, — einer alsbald versunkenen Cultur. Ein gewisser Katholicismus des Gefühls und eine Lust an irgend welchem alt-heimischen sogenannten „nationalen" Wesen und Unwesen sind ihre Voraussetzungen. Wagner's Aneignung alter Sagen und Lieder, in denen das gelehrte Vorurtheil etwas Germanisches par excellence zu sehn gelehrt hatte — heute lachen wir darüber —, die Neubeseelung dieser skandinavischen Unthiere mit einem Durst nach verzückter Sinnlichkeit und Entsinnlichung — dieses ganze Nehmen und Geben Wagner's in Hinsicht auf Stoffe, Gestalten, Leidenschaften und Nerven spricht deutlich auch den Geist seiner Musik aus, gesetzt dass diese selbst, wie jede Musik, nicht unzweideutig von sich zu reden wüsste: denn die Musik ist ein Weib... Man darf sich über diese Sachlage nicht dadurch beirren lassen, dass wir augenblicklich gerade in der Reaktion innerhalb der Reaktion leben. Das Zeitalter der nationalen Kriege, des ultramontanen Martyriums, dieser ganze Zwischenakts-Charakter, der den Zuständen Europa's jetzt eignet, mag in der That einer solchen Kunst, wie der Wagner's, zu einer plötzlichen Glorie verhelfen, ohne ihr damit Zukunft zu verbürgen. Die Deutschen selber haben keine Zukunft...

Wir Antipoden.

Man erinnert sich vielleicht, zum Mindesten unter meinen Freunden, dass ich Anfangs mit einigen Irrthümern und Überschätzungen und jedenfalls als Hoffender auf diese moderne Welt losgegangen bin. Ich verstand — wer weiss, auf welche persönlichen Erfahrungen hin? den philosophischen Pessimismus des neunzehnten Jahrhunderts als Symptom einer höheren Kraft des Gedankens, einer siegreicheren Fülle des Lebens, als diese in der Philosophie Hume's, Kant's und Hegel's zum Ausdruck gekommen war, — ich nahm die tragische Erkenntniss als den schönsten Luxus unsrer Cultur, als deren kostbarste, vornehmste, gefährlichste Art Verschwendung, aber immerhin, auf Grund ihres Überreichthums, als ihren erlaubten Luxus. Desgleichen deutete ich mir die Musik Wagner's zurecht zum Ausdruck einer dionysischen Mächtigkeit der Seele, in ihr glaubte ich das Erdbeben zu hören, mit dem eine von Alters her aufgestaute Urkraft von Leben sich endlich Luft macht, gleichgültig dagegen, ob Alles, was sich heute Cultur nennt, damit in's Wackeln geräth. Man sieht, was ich verkannte, man sieht insgleichen, womit ich Wagnern und Schopenhauern beschenkte — mit mir... Jede Kunst, jede Philosophie darf als Heil- und Hülfsmittel des wachsenden oder des niedergehenden Lebens angesehen werden: sie setzen immer Leiden und Leidende voraus. Aber es giebt zweierlei Leidende, einmal die an der Überfülle des Lebens Leidenden, welche eine dionysische Kunst wollen und ebenso eine tragische Einsicht und Aussicht auf das Leben — und sodann die an der Verarmung des Lebens Leidenden, die Ruhe, Stille, glattes Meer oder aber den Rausch, den Krampf, die Betäubung von Kunst und Philosophie verlangen. Die Rache am Leben selbst — die wollüstigste Art Rausch für solche Verarmte!... Dem Doppel-Bedürfniss der Letzteren entspricht ebenso Wagner wie Schopenhauer — sie verneinen das Leben, sie verleumden es, damit sind sie meine Antipoden. — Der Reichste an Lebensfülle, der dionysische Gott und Mensch, kann sich nicht nur den Anblick des Fürchterlichen und Fragwürdigen gönnen, sondern selbst die furchtbare That und jeden Luxus von Zerstörung, Zersetzung, Verneinung, — bei ihm erscheint das Böse, Sinnlose und Hässliche gleichsam erlaubt, wie es in der Natur erlaubt erscheint, in Folge eines Überschusses von zeugenden, wiederherstellenden

Kräften, welche aus jeder Wüste noch ein üppiges Fruchtland zu schaffen vermag. Umgekehrt würde der Leidendste, Lebensärmste, am meisten die Milde, Friedlichkeit und Güte nöthig haben — das, was heute Humanität genannt wird — im Denken sowohl wie im Handeln, womöglich einen Gott, der ganz eigentlich ein Gott für Kranke, ein H e i l a n d ist, ebenso auch die Logik, die begriffliche Verständlichkeit des Daseins selbst für Idioten — die typischen „Freigeister", wie die „Idealisten" und „schönen Seelen", sind alle décadents — kurz, eine gewisse warme, furchtabwehrende Enge und Einschliessung in optimistische Horizonte, die V e r d u m m u n g erlaubt... Dergestalt lernte ich allmählich Epikur begreifen, den Gegensatz eines dionysischen Griechen, insgleichen den Christen, der in der That nur eine Art Epikureer ist und mit seinem „der Glaube macht s e l i g " dem Princip des Hedonismus s o w e i t w i e m ö g l i c h folgt — bis über jede intellektuelle Rechtschaffenheit hinweg... Wenn ich Etwas vor allen Psychologen voraus habe, so ist es das, dass mein Blick geschärfter ist für jene schwierigste und verfänglichste Art des R ü c k s c h l u s s e s, in der die meisten Fehler gemacht werden — des Rückschlusses vom Werk auf den Urheber, von der That auf den Thäter, vom Ideal auf Den, der es n ö t h i g hat, von jeder Denk- und Werthungsweise auf das dahinter kommandirende B e d ü r f n i s s. — In Hinsicht auf Artisten jeder Art bediene ich mich jetzt dieser Hauptunterscheidung: ist hier der H a s s gegen das Leben oder der Ü b e r f l u s s an Leben schöpferisch geworden? In Goethe zum Beispiel wurde der Überfluss schöpferisch, in Flaubert der Hass: Flaubert, eine Neuausgabe Pascal's, aber als Artist, mit dem Instinkt-Urtheil aus dem Grunde: „Flaubert est toujours h a ï s s a b l e, l'homme n'est rien, l' o e u v r e est t o u t "... Er torturirte sich, wenn er dichtete, ganz wie Pascal sich torturirte, wenn er dachte — sie empfanden beide unegoistisch... „Selbstlosigkeit" — das décadence-Princip, der Wille zum Ende in der Kunst sowohl wie in der Moral. —

Wohin Wagner gehört.

Auch jetzt noch ist Frankreich der Sitz der geistigsten und raffinirtesten Cultur Europa's und die h o h e Schule des Geschmacks: aber man muss dies „Frankreich des Geschmacks" zu finden wissen. Die Norddeutsche Zeitung zum Beispiel, oder wer in ihr sein Mundstück hat, sieht in den Franzosen „Barbaren", — ich für meine Person suche den s c h w a r z e n Erdtheil, wo man „die Sklaven" befreien sollte, in der Nähe der Norddeutschen… Wer zu j e n e m Frankreich gehört, hält sich gut verborgen: es mag eine kleine Zahl sein, in denen es leibt und lebt, dazu vielleicht Menschen, welche nicht auf den kräftigsten Beinen stehn, zum Theil Fatalisten, Verdüsterte, Kranke, zum Theil Verzärtelte und Verkünstelte, Solche, welche den E h r g e i z haben, künstlich zu sein, — aber sie haben alles Hohe und Zarte, was jetzt in der Welt noch übrig ist, in ihrem Besitz. In diesem Frankreich des Geistes, welches auch das Frankreich des Pessimismus ist, ist heute schon Schopenhauer mehr zu Hause als er es je in Deutschland war; sein Hauptwerk zwei Mal bereits übersetzt, das zweite Mal ausgezeichnet, so dass ich es jetzt vorziehe, Schopenhauer französisch zu lesen (— er war ein Z u f a l l unter Deutschen, wie ich ein solcher Zufall bin — die Deutschen haben keine Finger für uns, sie haben überhaupt keine Finger, sie haben bloss Tatzen). Gar nicht zu reden von Heinrich Heine — l'adorable Heine sagt man in Paris —, der den tieferen und seelenvolleren Lyrikern Frankreichs längst in Fleisch und Blut übergegangen ist. Was wüsste deutsches Hornvieh mit den délicatesses einer solchen Natur anzufangen! — Was endlich Richard Wagner angeht: so greift man mit Händen, nicht vielleicht mit Fäusten, dass Paris der eigentliche

Boden für Wagner ist: je mehr sich die französische Musik nach den Bedürfnissen der „âme moderne" gestaltet, um so mehr wird sie wagnerisiren, — sie thut es schon jetzt genug. — Man darf sich hierüber nicht durch Wagner selber irre führen lassen — es war eine wirkliche Schlechtigkeit Wagners, Paris 1871 in seiner Agonie zu verhöhnen... In Deutschland ist Wagner trotzdem bloss ein Missverständniss: wer wäre unfähiger, Etwas von Wagner zu verstehn, als zum Beispiel der junge Kaiser? — Die Thatsache bleibt für jeden Kenner der europäischen Cultur-Bewegung nichtsdestoweniger gewiss, dass die französische Romantik und Richard Wagner auf's Engste zu einander gehören. Allesammt beherrscht von der Litteratur bis in ihre Augen und Ohren — die ersten Künstler Europa's von w e l t l i t t e r a r i s c h e r Bildung — meistens sogar selber Schreibende, Dichtende, Vermittler und Vermischer der Sinne und Künste, allesammt Fanatiker des A u s d r u c k s , grosse Entdecker im Reiche des Erhabenen, auch des Hässlichen und Grässlichen, noch grössere Entdecker im Effekte, in der Schaustellung, in der Kunst der Schauläden, allesammt Talente weit über ihr Genie hinaus —, V i r t u o s e n durch und durch, mit unheimlichen Zugängen zu Allem, was verführt, lockt, zwingt, umwirft, geborne Feinde der Logik und der geraden Linie, begehrlich nach dem Fremden, dem Exotischen, dem Ungeheuren, allen Opiaten der Sinne und des Verstandes. Im Ganzen eine verwegen-wagende, prachtvoll-gewaltsame, hochfliegende und hoch emporreissende Art von Künstlern, welche i h r e m Jahrhundert — es ist das Jahrhundert der M a s s e — den Begriff „Künstler" erst zu lehren hatte. Aber k r a n k ...

———

Wagner als Apostel der Keuschheit.

1.

— Ist das noch deutsch?
Aus deutschem Herzen kam dies schwüle Kreischen?
Und deutschen Leibs ist dies Sich-selbst-Zerfleischen?
Deutsch ist dies Priester-Hände-Spreizen,
Dies weihrauchdüftelnde Sinne-Reizen?
Und deutsch dies Stürzen, Stocken, Taumeln,
Dies zuckersüsse Bimbambaumeln?
Dies Nonnen-Äugeln, Ave-Glockenbimmeln,
Dies ganze falsch verzückte Himmel-Überhimmeln?...

— Ist das noch deutsch?
Erwägt! Noch steht ihr an der Pforte...
Denn was ihr hört, ist Rom, — Roms Glaube
ohne Worte!

2.

Zwischen Sinnlichkeit und Keuschheit giebt es keinen nothwendigen Gegensatz; jede gute Ehe, jede eigentliche Herzensliebschaft ist über diesen Gegensatz hinaus. Aber in jenem Falle, wo es wirklich diesen Gegensatz giebt, braucht es zum Glück noch lange kein tragischer Gegensatz zu sein. Dies dürfte wenigstens für alle wohlgerathneren, wohlgemutheren Sterblichen gelten, welche ferne davon sind, ihr labiles Gleichgewicht zwischen Engel und petite bête ohne Weiteres zu den Gegengründen des Daseins zu rechnen, — die Feinsten, die Hellsten, gleich Hafis, gleich Goethe, haben darin sogar einen Reiz mehr gesehn... Solche Widersprüche gerade verführen zum Dasein... Andrerseits versteht es sich nur zu gut, dass, wenn einmal die verunglückten Thiere der Circe dazu gebracht werden, die Keuschheit anzubeten, sie in ihr nur ihren Gegensatz sehn und anbeten werden — oh mit was für einem tragischen

Gegrunz und Eifer! man kann es sich denken — jenen peinlichen und vollkommen überflüssigen Gegensatz, den Richard
Wagner unbestreitbar am Ende seines Lebens noch hat in Musik
setzen und auf die Bühne bringen wollen. W o z u   d o c h ? wie
man billig fragen darf.

3.

Dabei ist freilich jene andre Frage nicht zu umgehn, was
ihn eigentlich jene männliche (ach, so unmännliche) „Einfalt vom
Lande" angieng, jener arme Teufel und Naturbursch Parsifal,
der von ihm mit so verfänglichen Mitteln schliesslich katholisch
gemacht wird — wie? war dieser Parsifal überhaupt e r n s t gemeint? Denn dass man über ihn g e l a c h t hat, möchte ich am
wenigsten bestreiten, Gottfried Keller auch nicht... Man
möchte es nämlich wünschen, dass der Wagnersche Parsifal heiter gemeint sei, gleichsam als Schlussstück und Satyrdrama, mit
dem der Tragiker Wagner gerade auf eine ihm gebührende und
würdige Weise von uns, auch von sich, vor Allem v o n   d e r
T r a g ö d i e habe Abschied nehmen wollen, nämlich mit einem
Excess höchster und muthwilligster Parodie auf das Tragische
selbst, auf den ganzen schauerlichen Erden-Ernst und Erden-
Jammer von Ehedem, auf die endlich überwundene d ü m m s t e
F o r m in der Widernatur des asketischen Ideals. Der Parsifal
ist ja ein Operetten-Stoff par excellence... Ist der Parsifal
Wagner's sein heimliches Überlegenheits-Lachen über sich selber,
der Triumph seiner letzten höchsten Künstler-Freiheit, Künstler-
Jenseitigkeit — Wagner, der über sich zu l a c h e n weiss?...
Man möchte es, wie gesagt, wünschen: denn was würde der
e r n s t g e m e i n t e Parsifal sein? Hat man wirklich nöthig,
in ihm (wie man sich gegen mich ausgedrückt hat) „die Aus-
geburt eines toll gewordnen Hasses auf Erkenntniss, Geist und
Sinnlichkeit" zu sehn? einen Fluch auf Sinne und Geist in Einem
Hass und Athem? eine Apostasie und Umkehr zu christlich-

krankhaften und obskurantistischen Idealen? Und zuletzt gar
ein Sich-selbst-Verneinen, Sich-selbst-Durchstreichen von Seiten
eines Künstlers, der bis dahin mit aller Macht seines Willens auf
das Umgekehrte, auf höchste Vergeistigung und Versinnlichung
seiner Kunst aus gewesen war? Und nicht nur seiner Kunst,
auch seines Lebens? Man erinnere sich, wie begeistert seiner Zeit
Wagner in den Fusstapfen des Philosophen Feuerbach gegangen
ist. Feuerbach's Wort von der „gesunden Sinnlichkeit" — das
klang in den dreissiger und vierziger Jahren Wagnern gleich
vielen Deutschen — sie nannten sich die j u n g e n Deutschen
— wie das Wort der Erlösung. Hat er schliesslich darüber u m -
g e l e r n t ? Da es zum Mindesten scheint, dass er zuletzt den
Willen hatte, darüber u m z u l e h r e n ?... Ist der H a s s
a u f d a s L e b e n bei ihm Herr geworden, wie bei Flaubert?... Denn der Parsifal ist ein Werk der Tücke, der Rachsucht, der heimlichen Giftmischerei gegen die Voraussetzungen
des Lebens, ein s c h l e c h t e s Werk. — Die Predigt der
Keuschheit bleibt eine Aufreizung zur Widernatur: ich verachte
Jedermann, der den Parsifal nicht als Attentat auf die Sittlichkeit empfindet. —

Wie ich von Wagner loskam.

I.

Schon im Sommer 1876, mitten in der Zeit der ersten Festspiele, nahm ich bei mir von Wagnern Abschied. Ich vertrage
nichts Zweideutiges; seitdem Wagner in Deutschland war, con-
descendirte er Schritt für Schritt zu Allem, was ich verachte —
selbst zum Antisemitismus... Es war in der That damals die
höchste Zeit, Abschied zu nehmen: alsbald schon bekam ich den
Beweis dafür. Richard Wagner, scheinbar der Siegreichste, in
Wahrheit ein morsch gewordner verzweifelnder décadent, sank
plötzlich, hülflos und zerbrochen, vor dem christlichen Kreuze

nieder... Hat denn kein Deutscher für dies schauerliche Schauspiel damals Augen im Kopfe, Mitgefühl in seinem Gewissen gehabt? War ich der Einzige, der an ihm — litt? — Genug, mir selbst gab das unerwartete Ereigniss wie ein Blitz Klarheit über den Ort, den ich verlassen hatte — und auch jenen nachträglichen Schauder, den Jeder empfindet, der unbewusst durch eine ungeheure Gefahr gelaufen ist. Als ich allein weiter gieng, zitterte ich; nicht lange darauf war ich krank, mehr als krank, nämlich müde, — müde aus der unaufhaltsamen Enttäuschung über Alles, was uns modernen Menschen zur Begeisterung übrig blieb, über die allerorts vergeudete Kraft, Arbeit, Hoffnung, Jugend, Liebe, müde aus Ekel vor der ganzen idealistischen Lügnerei und Gewissens-Verweichlichung, die hier wieder einmal den Sieg über Einen der Tapfersten davongetragen hatte, müde endlich, und nicht am wenigsten, aus dem Gram eines unerbittlichen Argwohns — dass ich nunmehr verurtheilt sei, tiefer zu misstrauen, tiefer zu verachten, tiefer allein zu sein als je vorher. Denn ich hatte Niemanden gehabt als Richard Wagner... Ich war immer verurtheilt zu Deutschen...

2.

Einsam nunmehr und schlimm misstrauisch gegen mich, nahm ich, nicht ohne Ingrimm, damals Partei gegen mich, und für Alles, was gerade mir wehthat und hart fiel: so fand ich den Weg zu jenem tapferen Pessimismus wieder, der der Gegensatz aller idealistischen Verlogenheit ist, und auch, wie mir scheinen will, den Weg zu mir, — zu meiner Aufgabe... Jenes verborgene und herrische Etwas, für das wir lange keinen Namen haben, bis es sich endlich als unsre Aufgabe erweist, — dieser Tyrann in uns nimmt eine schreckliche Wiedervergeltung für jeden Versuch, den wir machen, ihm auszuweichen oder zu entschlüpfen, für jede vorzeitige Bescheidung, für jede Gleichsetzung mit Solchen, zu denen wir nicht gehören, für jede noch so achtbare Thätigkeit, falls sie uns von unsrer Hauptsache ablenkt, — ja für jede Tugend selbst, welche uns gegen die Härte der eigensten Verantwortlichkeit schützen möchte. Krankheit ist jedes Mal die Antwort, wenn wir an unsrem Recht auf u n s r e Aufgabe zweifeln wollen, wenn wir anfangen, es uns irgendworin leichter zu machen. Sonderbar und furchtbar zugleich! Unsre E r l e i c h t e r u n g e n sind es, die wir am härtesten büssen müssen! Und wollen wir hinterdrein zur Gesundheit zurück, so bleibt uns keine Wahl: wir müssen uns s c h w e r e r belasten, als wir je vorher belastet waren ...

Der Psycholog nimmt das Wort.

1.

Je mehr ein Psycholog, ein geborner, ein unvermeidlicher Psycholog und Seelen-Errather, sich den ausgesuchteren Fällen und Menschen zukehrt, um so grösser wird seine Gefahr, am Mitleiden zu ersticken. Er hat Härte und Heiterkeit n ö t h i g , mehr als ein andrer Mensch. Die Verderbniss, das Zugrundegehn der höheren Menschen ist nämlich die Regel: es ist schrecklich, eine solche Regel immer vor Augen zu haben. Die vielfache Marter des Psychologen, der dies Zugrundegehn entdeckt hat, der diese gesammte innere „Heillosigkeit" des höheren Menschen, dies ewige „Zu spät!" in jedem Sinne erst einmal und dann f a s t immer wieder entdeckt, durch die ganze Geschichte hindurch — kann vielleicht eines Tags die Ursache davon werden, dass er selber v e r d i r b t ... Man wird fast bei jedem Psychologen eine verrätherische Vorneigung zum Umgange mit alltäglichen und wohlgeordneten Menschen wahrnehmen: daran verräth sich, dass er immer einer Heilung bedarf, dass er eine Art Flucht und Vergessen braucht, weg von dem, was ihm seine Einblicke, Einschnitte, was ihm sein H a n d -

w e r k aufs Gewissen gelegt hat. Die Furcht vor seinem Gedächtniss ist ihm zu eigen. Er kommt vor dem Urtheile Anderer
leicht zum Verstummen, er hört mit einem unbewegten Gesichte
zu, wie dort verehrt, bewundert, geliebt, verklärt wird, wo er
g e s e h n hat —, oder er verbirgt noch sein Verstummen, indem
er irgend einer Vordergrunds-Meinung ausdrücklich zustimmt.
Vielleicht geht die Paradoxie seiner Lage so weit ins Schauerliche, dass die „Gebildeten" gerade dort, wo er das g r o s s e
M i t l e i d e n neben der g r o s s e n V e r a c h t u n g gelernt
hat, ihrerseits die grosse Verehrung lernen ... Und wer weiss,
ob sich nicht in allen grossen Fällen eben nur Dies begab, — dass
man einen Gott anbetete und dass der Gott nur ein armes
Opferthier war ... Der E r f o l g war immer der grösste
Lügner — und auch das W e r k , die T h a t ist ein Erfolg ...
Der grosse Staatsmann, der Eroberer, der Entdecker ist in seine
Schöpfungen verkleidet, versteckt, bis ins Unerkennbare; das
Werk, das des Künstlers, des Philosophen, erfindet erst den,
welcher es geschaffen hat, geschaffen haben s o l l ... Die
„grossen Männer", wie sie verehrt werden, sind kleine schlechte
Dichtungen hinterdrein, — in der Welt der historischen Werthe
h e r r s c h t die Falschmünzerei ...

2.

— Diese grossen Dichter zum Beispiel, diese Byron, Musset,
Poe, Leopardi, Kleist, Gogol — ich wage es nicht, viel grössere
Namen zu nennen, aber ich meine sie — so wie sie nun einmal
sind, sein müssen: Menschen des Augenblicks, sinnlich, absurd,
fünffach, im Misstrauen und Vertrauen leichtfertig und plötzlich; mit Seelen, an denen gewöhnlich irgend ein Bruch verhehlt
werden soll; oft mit ihren Werken Rache nehmend für eine
innere Besudelung, oft mit ihren Aufflügen Vergessenheit suchend vor einem allzutreuen Gedächtniss, Idealisten aus der
Nähe des S u m p f e s — welche Marter sind diese grossen

Künstler und überhaupt die sogenannten höheren Menschen für den, der sie erst errathen hat... Wir sind Alle Fürsprecher des Mittelmässigen... Es ist begreiflich, dass s i e gerade vom Weibe, das hellseherisch ist in der Welt des Leidens und leider auch weit über seine Kräfte hinaus hülf- und rettungssüchtig, so leicht jene Ausbrüche von unbegrenztem Mitleide erfahren, welche die Menge, vor Allem die v e r e h r e n d e Menge mit neugierigen und selbstgefälligen Deutungen überhäuft... Dies Mitleiden täuscht sich regelmässig über seine Kraft: das Weib möchte glauben, dass Liebe A l l e s vermöge, — es ist sein eigentlicher A b e r g l a u b e. Ach, der Wissende des Herzens erräth, wie arm, hülflos, anmaasslich, fehlgreifend auch die beste tiefste Liebe ist — wie sie eher noch z e r s t ö r t als rettet....

3.

— Der geistige Ekel und Hochmuth jedes Menschen, der tief gelitten hat — es bestimmt beinahe die Rangordnung, w i e tief Einer leiden kann —, seine schaudernde Gewissheit, von der er ganz durchtränkt und gefärbt ist, vermöge seines Leidens m e h r z u w i s s e n, als die Klügsten und Weisesten wissen könnten, in vielen fernen entsetzlichen Welten bekannt und einmal zu Hause gewesen zu sein, von denen „i h r Nichts wisst"..., dieser geistige schweigende Hochmuth, dieser Stolz des Auserwählten der Erkenntniss, des „Eingeweihten", des beinahe Geopferten findet alle Arten von Verkleidung nöthig, um sich vor der Berührung mit zudringlichen und mitleidigen Händen und überhaupt vor Allem, was nicht seines Gleichen im Schmerz ist, zu schützen. Das tiefe Leiden macht vornehm; es trennt. — Eine der feinsten Verkleidungs-Formen ist der Epicureismus und eine gewisse fürderhin zur Schau getragne Tapferkeit des Geschmacks, welche das Leiden leichtfertig nimmt und sich gegen alles Traurige und Tiefe zur Wehre setzt. Es giebt „heitere Menschen", welche sich der Heiterkeit bedienen,

weil sie um ihretwillen missverstanden werden, — sie w o l l e n
missverstanden sein. Es giebt „wissenschaftliche Geister", welche
sich der Wissenschaft bedienen, weil dieselbe einen heiteren Anschein giebt und weil Wissenschaftlichkeit darauf schliessen lässt,
dass der Mensch oberflächlich ist — sie w o l l e n zu einem
falschen Schlusse verführen... Es giebt freie freche Geister,
welche verbergen und verleugnen möchte⟨n⟩, dass sie im Grunde
zerbrochne unheilbare Herzen sind — es ist der Fall Hamlets:
und dann kann die Narrheit selbst die Maske für ein unseliges
a l l z u g e w i s s e s Wissen sein. —

Epilog.

1.

Ich habe mich oft gefragt, ob ich den schwersten Jahren
meines Lebens nicht tiefer verpflichtet bin als irgend welchen
anderen. So wie meine innerste Natur es mich lehrt, ist alles
Nothwendige, aus der Höhe gesehn und im Sinne einer g r o s -
s e n Ökonomie, auch das Nützliche an sich, — man soll es nicht
nur tragen, man soll es l i e b e n ... A m o r f a t i : das ist
meine innerste Natur. — Und was mein langes Siechthum angeht, verdanke ich ihm nicht unsäglich viel mehr als meiner Gesundheit? Ich verdanke ihm eine h ö h e r e Gesundheit, eine
solche, welche stärker wird von Allem, was sie nicht umbringt!
— I c h v e r d a n k e i h r a u c h m e i n e P h i l o s o -
p h i e ... Erst der grosse Schmerz ist der letzte Befreier des
Geistes, als der Lehrmeister des g r o s s e n V e r d a c h t s ,
der aus jedem U ein X macht, ein echtes rechtes X, das heisst
den v o r l e t z t e n Buchstaben vor dem letzten... Erst der
grosse Schmerz, jener lange langsame Schmerz, in dem wir gleichsam wie mit grünem Holze verbrannt werden, der sich Zeit
nimmt —, zwingt uns Philosophen in unsre letzte Tiefe zu
steigen und alles Vertrauen, alles Gutmüthige, Verschleiernde,

Milde, Mittlere, wohin wir vielleicht vordem unsre Menschlichkeit gesetzt haben, von uns zu thun. Ich zweifle, ob ein solcher
Schmerz „verbessert": aber ich weiss, dass er uns v e r t i e f t...
Sei es nun, dass wir ihm unsern Stolz, unsern Hohn, unsre
Willenskraft entgegenstellen lernen, und es dem Indianer gleich-
thun, der, wie schlimm auch gepeinigt, sich an seinem Peiniger
durch die Bosheit seiner Zunge schadlos hält; sei es, dass wir uns
vor dem Schmerz in jenes Nichts zurückziehn, in das stumme,
starre, taube Sich-Ergeben, Sich-Vergessen, Sich-Auslöschen:
man kommt aus solchen langen gefährlichen Übungen der Herrschaft über sich als ein andrer Mensch heraus, mit einigen Fragezeichen m e h r, — vor Allem mit dem W i l l e n, fürderhin
mehr, tiefer, strenger, härter, böser, stiller zu fragen als je bisher
auf Erden gefragt worden ist... Das Vertrauen zum Leben ist
dahin; das Leben selber wurde ein P r o b l e m. — Möge man
ja nicht glauben, dass Einer damit nothwendig zum Düsterling,
zur Schleiereule geworden sei! Selbst die Liebe zum Leben ist
noch möglich, — nur liebt man a n d e r s... Es ist die Liebe
zu einem Weibe, das uns Zweifel macht...

2.

Am Seltsamsten ist Eins: man hat hinterdrein einen andren
Geschmack — einen z w e i t e n Geschmack. Aus solchen Abgründen, auch aus dem Abgrunde des g r o s s e n V e r-
d a c h t s kommt man neugeboren zurück, gehäutet, kitzlicher,
boshafter, mit einem feineren Geschmack für die Freude, mit
einer zarteren Zunge für alle guten Dinge, mit lustigeren Sinnen,
mit einer zweiten gefährlicheren Unschuld in der Freude, kind-
licher zugleich und hundert Mal raffinirter als man je vordem
gewesen war. Moral: man ist nicht ungestraft der tiefste Geist
aller Jahrtausende, — man ist es auch nicht u n b e l o h n t...
Ich gebe sofort eine Probe.

Oh wie Einem nunmehr der Genuss zuwider ist, der grobe dumpfe braune Genuss, wie ihn sonst die Geniessenden, unsre „Gebildeten", unsre Reichen und Regierenden verstehn! Wie boshaft wir nunmehr dem grossen Jahrmarkts-Bumbum zuhören, mit dem sich der „gebildete" Mensch und Grossstädter heute durch Kunst, Buch und Musik zu „geistigen Genüssen", unter Mithülfe geistiger Getränke, nothzüchtigen lässt! Wie uns jetzt der Theaterschrei der Leidenschaft in den Ohren wehthut, wie unserm Geschmacke der ganze romantische Aufruhr und Sinnen-Wirrwarr, den der gebildete Pöbel liebt, sammt seinen Aspirationen nach dem Erhabenen, Gehobenen, Verschrobenen fremd geworden ist! Nein, wenn wir Genesenden eine Kunst noch brauchen, so ist es eine a n d r e Kunst — eine spöttische, leichte, flüchtige, göttlich unbehelligte, göttlich künstliche Kunst, welche wie eine reine Flamme in einen unbewölkten Himmel hineinlodert! Vor Allem: eine Kunst für Künstler, n u r f ü r K ü n s t l e r ! Wir verstehn uns hinterdrein besser auf das, was dazu zuerst noththut, die Heiterkeit, j e d e Heiterkeit, meine Freunde! … Wir wissen Einiges jetzt zu gut, wir Wissenden: oh wie wir nunmehr lernen, gut zu vergessen, gut n i c h t - z u wissen, als Künstler! … Und was unsre Zukunft betrifft: man wird uns schwerlich wieder auf den Pfaden jener ägyptischen Jünglinge finden, welche Nachts Tempel unsicher machen, Bildsäulen umarmen und durchaus Alles, was mit guten Gründen versteckt gehalten wird, entschleiern, aufdecken, in helles Licht stellen wollen. Nein, dieser schlechte Geschmack, dieser Wille zur Wahrheit, zur „Wahrheit um jeden Preis", dieser Jünglings-Wahnsinn in der Liebe zur Wahrheit — ist uns verleidet: dazu sind wir zu erfahren, zu ernst, zu lustig, zu gebrannt, zu t i e f … Wir glauben nicht mehr daran, dass Wahrheit noch Wahrheit bleibt, wenn man ihr die S c h l e i e r abzieht, — wir haben genug gelebt, um dies zu glauben … Heute gilt es uns als eine Sache der Schicklichkeit, dass man nicht Alles nackt sehn, nicht bei Allem dabei sein, nicht Alles verstehn und „wissen" wolle. Tout comprendre — c'est tout mépriser... „Ist es wahr, dass der liebe Gott überall zugegen ist? fragte ein kleines Mädchen seine Mutter: aber ich finde das unanständig" — ein Wink für Philosophen!... Man sollte die Scham besser in Ehren halten, mit der sich die Natur hinter Räthsel und bunte Ungewissheiten versteckt hat. Vielleicht ist die Wahrheit ein Weib, das Gründe hat, ihre Gründe nicht sehn zu lassen?... Vielleicht ist ihr Name, griechisch zu reden, Baubo?... Oh diese Griechen! sie verstanden sich darauf, zu leben! Dazu thut noth, tapfer bei der Oberfläche, der Falte, der Haut stehn zu bleiben, den Schein anzubeten, an Formen, an Töne, an Worte, an den ganzen Olymp des Scheins zu glauben! Diese Griechen waren oberflächlich — aus Tiefe... Und kommen wir nicht eben darauf zurück, wir Waghalse des Geistes, die wir die höchste und gefährlichste Spitze des gegenwärtigen Gedankens erklettert und von da aus uns umgesehn haben, die wir von da aus hinabgesehn haben? Sind wir nicht eben darin — Griechen? Anbeter der Formen, der Töne, der Worte? Eben darum — Künstler?...

Von der Armuth des Reichsten.

Zehn Jahre dahin —,
kein Tropfen erreichte mich,
kein feuchter Wind, kein Thau der Liebe
— ein r e g e n l o s e s Land…
Nun bitte ich meine Weisheit,
nicht geizig zu werden in dieser Dürre:
ströme selber über, träufle selber Thau
sei selber Regen der vergilbten Wildniss!

Einst hiess ich die Wolken
fortgehn von meinen Bergen, —
einst sprach ich „mehr Licht, ihr Dunklen!“
Heut locke ich sie, dass sie kommen:
macht dunkel um mich mit euren Eutern!
— ich will euch melken,
ihr Kühe der Höhe!
Milchwarme Weisheit, süssen Thau der Liebe,
ströme ich über das Land.

Fort, fort, ihr Wahrheiten,
die ihr düster blickt!
Nicht will ich auf meinen Bergen
herbe ungeduldige Wahrheiten sehn.
Vom Lächeln vergüldet
nahe mir heut die Wahrheit,

von der Sonne gesüsst, von der Liebe gebräunt, —
eine r e i f e Wahrheit breche ich allein vom Baum.

Heut strecke ich die Hand aus
nach den Locken des Zufalls,
klug genug, den Zufall
einem Kinde gleich zu führen, zu überlisten.
Heut will ich gastfreundlich sein
gegen Unwillkommnes,
gegen das Schicksal selbst will ich nicht stachlicht sein
— Zarathustra ist kein Igel.

Meine Seele,
unersättlich mit ihrer Zunge,
an alle guten und schlimmen Dinge hat sie schon geleckt,
in jede Tiefe tauchte sie hinab.
Aber immer gleich dem Korke,
immer schwimmt sie wieder obenauf,
sie gaukelt wie Öl über braune Meere:
dieser Seele halber heisst man mich den Glücklichen.

Wer sind mir Vater und Mutter?
Ist nicht mir Vater Prinz Überfluss
und Mutter das stille Lachen?
Erzeugte nicht dieser Beiden Ehebund
mich Räthselthier,
mich Lichtunhold,
mich Verschwender aller Weisheit Zarathustra?

Krank heute vor Zärtlichkeit,
ein Thauwind,
sitzt Zarathustra wartend, wartend auf seinen Bergen, —
im eignen Safte
süss geworden und gekocht,

u n t e r h a l b seines Gipfels,
u n t e r h a l b seines Eises,
müde und selig,
ein Schaffender an seinem siebenten Tag.

5   — Still!
Eine Wahrheit wandelt über mir
einer Wolke gleich, —
mit unsichtbaren Blitzen trifft sie mich.
Auf breiten langsamen Treppen
10 steigt ihr Glück zu mir:
komm, komm, geliebte Wahrheit!

— Still!
M e i n e Wahrheit ists! —
Aus zögernden Augen,
15 aus sammtenen Schaudern
trifft mich ihr Blick,
lieblich, bös, ein Mädchenblick . . .
Sie errieth meines Glückes G r u n d ,
sie errieth m i c h — ha! was sinnt sie aus? —
20 Purpurn lauert ein Drache
im Abgrunde ihres Mädchenblicks.

— Still! Meine Wahrheit r e d e t ! —

Wehe dir, Zarathustra!
Du siehst aus, wie Einer,
25 Der Gold verschluckt hat:
man wird dir noch den Bauch aufschlitzen! . . .

Zu reich bist du,
du Verderber Vieler!
Zu Viele machst du neidisch,

zu Viele machst du arm ...
Mir selber wirft dein Licht Schatten —,
es fröstelt mich: geh weg, du Reicher,
geh, Zarathustra, weg aus deiner Sonne! ...

5 Du möchtest schenken, wegschenken deinen Überfluss,
aber du selber bist der Überflüssigste!
Sei klug, du Reicher!
Verschenke dich selber erst, oh Zarathustra!

Zehn Jahre dahin —,
10 und kein Tropfen erreichte dich?
kein feuchter Wind? kein Thau der Liebe?
Aber wer sollte dich auch lieben,
du Überreicher?
Dein Glück macht rings trocken,
15 macht arm an Liebe
—ein regenloses Land ...

Niemand dankt dir mehr.
Du aber dankst Jedem,
der von dir nimmt:
20 daran erkenne ich dich,
du Überreicher,
du Ärmster aller Reichen!

Du opferst dich, dich quält dein Reichthum —,
du giebst dich ab,
25 du schonst dich nicht, du liebst dich nicht:
die grosse Qual zwingt dich allezeit,
die Qual übervoller Scheuern, übervollen Herzens —
aber Niemand dankt dir mehr ...

Du musst ä r m e r werden,
weiser Unweiser!
willst du geliebt sein.
Man liebt nur die Leidenden,
man giebt Liebe nur dem Hungernden:
v e r s c h e n k e d i c h s e l b e r e r s t, oh Zarathustra!

— Ich bin deine Wahrheit ...

Nachwort

Die Schriften von 1888

Die Schriften aus dem Jahr 1888 klingen wie ein stürmisches Finale: Sie überstürzen sich in rascher Aufeinanderfolge, die plötzlich zu endgültigem Schweigen abbricht. Der Gegensatz zwischen vorausgegangenen, breit angelegten Plänen und ihrer fragmentarischen, hastigen Verwirklichung — bei der die im objektiven Interesse des Werkes liegende besonnene Ausarbeitung von einem unruhevollen Drang zu sofortigem Handeln übermannt wird — deutet erstmals auf eine unkontrollierbare geistige Involution. Bei der zeitlichen Dichte (in weniger als einem Jahr hält Nietzsche fünf oder sechs Schriften für abgeschlossen und veröffentlichungsreif) ist es nur natürlich, daß diese Schriften im Vergleich zu den früheren, auch in ihrem äußeren Aufbau lange überlegten Werken an Umfang verlieren. Die Ungeduld zu publizieren stumpft das architektonische Gefühl ab. Parallel dazu geht auch die theoretische, in gewisser Hinsicht sogar systematische Tendenz zurück, die — wie sich aus einer Fülle von Notizen, Fragmenten und Entwürfen ergibt — in der Periode von *Jenseits von Gut und Böse* und der *Genealogie der Moral* eine neue Entwicklung vorbereitet hatte.

Im Jahr 1888 stürzt sich Nietzsche in eine Situation ohne Ausweg — weniger physisch als ausweglos für seine Existenz als Denker, das heißt im Hinblick auf die Beziehung zwischen seinem Denken und seinem literarischen Handeln. Der paradoxe Knoten seiner Existenz, das, was er selbst als „Unzeitgemäßheit" bezeichnet hatte, richtet ihn nun zugrunde. Denn es ist die zweifach anomale Natur dieser Unzeitgemäßheit, die einen anfänglichen Riß ständig größer werden läßt, bis er zur völligen Zerstörung führt. Darin liegt Nietzsches pathologische Struktur, wie sie sich bereits seit der *Geburt der Tragödie* in gemäßigter Form bemerkbar macht. Alle von der Gegenwart propagierten Werte sind verachtenswert: So lautet die Formel seiner „Unzeitgemäßheit", quasi das Leitmotiv seines Denkens. Ist es schon schwer, mit einer solchen Überzeugung zu leben, so wird es geradezu unmöglich, wenn man verbissen versucht, diese Überzeugung der eigenen Gegenwart aufzudrängen, also die „Unzeitgemäßheit" zeitgemäß zu machen. Das ist absurd — aber genau darin besteht Nietzsches pathologische Abweichung. Jeder kann sich, soviel er will, über die eigene Gegenwart lustig machen, und viele haben das ja auch in aller Seelenruhe getan — aber man darf nicht erwarten, die Gegenwart damit zu überzeugen und so weit zu bringen, sich selbst in allem zu verachten.

Sämtliche Werke Nietzsches lassen sich als Entwicklungsstufen ansehen, auf denen die Grenzen seiner Unzeitgemäßheit abgesteckt werden — entweder positiv, durch die Beschwörung einer zur Gegenwart völlig konträr verlaufenden Erfahrung (mit Hilfe der dionysischen Vision der Tragödie und allgemeiner der „menschlichen"* Konzeption der Antike), oder negativ, durch die fortschreitende Demolierung der „Götzen", auf denen die Wertvorstellungen und Glaubensinhalte der modernen Welt beruhen: Moral, Christentum, Metaphysik, Kunst, Demokratie und Fortschritt. Alles, was Nietzsche von den Basler Jahren bis zur *Genealogie der Moral* schreibt, ist eine Illustration seiner „Unzeitgemäßheit", aber sein Tonfall erreicht nur selten die Ausgewogenheit, Distanz und Ruhe, die einem solchen Unternehmen angemessen wären. Oft scheint es, als ziele der erkennende Protest gegen die Gegenwart auf eine effektive Beseitigung dieser Gegenwart ab. Das jugendliche Schwärmen für Wagner und der prophetische Ton des *Zarathustra* verraten den geheimen Wunsch zu direktem Eingreifen. Daher ist Nietzsches Unzeitgemäßheit so „zeitgemäß". Während er die moderne Welt ablehnt, nimmt er sie entsetzlich ernst, wirft sich mit seiner ganzen Person auf das Problem des Heute, will um jeden Preis selbst zu einem Problem des Heute werden. Und seltsamerweise ist es gerade diese Haltung Nietzsches, die in unserem Jahrhundert ein schon beinahe krankhaftes Interesse für ihn ausgelöst hat.

---

* Vgl. das Nachwort zu *Richard Wagner in Bayreuth* in Band 1 [M. M.].

Dieser unlösbare innere Konflikt mit seiner zerrüttenden Verflochtenheit von Impulsen zerschlägt am Ende die Einheit von Nietzsches Denkorgan. Von dieser letzten Qual legen die Schriften von 1888 ein beredtes Zeugnis ab. Hier versöhnen sich Unzeitgemäßheit und Zeitgemäßheit nicht mehr im kontrollierten Ausdruck, vielmehr drängen sie auseinander zu zwei entgegengesetzten Polen. Der Dämon der Unzeitgemäßheit wütet und äußert sich absolut persönlich, aggressiv und heftig. Das theoretische Trugbild vom Willen zur Macht erweist sich als zu objektiv (zu sehr von der Gegenwart losgelöst!); in der *Götzendämmerung* und im *Antichrist* zerfällt sogar sein Fundament, die theoretische Glaubwürdigkeit des Begriffs „Willen"; jede theoretische Konstruktion erscheint aufgegeben, und auch das, was früher als eine Art Ziel angesehen wurde, das Ideal des souveränen Skeptizismus, bietet jetzt keine ausreichende Befriedigung mehr. Nietzsche *erklärt* der modernen Welt seine Verachtung nicht, er schreit sie ihr ins Gesicht. Es bleibt nicht bei der noch gemäßigten Aussage: „Was verlangt ein Philosoph am ersten und letzten von sich? Seine Zeit in sich zu überwinden, ‚zeitlos zu werden'." (S. 11), sondern Nietzsche bricht schon bald darauf los: „Und damit ich keinen Zweifel darüber lasse, was ich verachte, wen ich verachte: der Mensch von heute ist es, der Mensch, mit dem ich verhängnisvoll gleichzeitig bin. Der Mensch von heute — ich ersticke an seinem unreinen Athem. [...] mein Gefühl schlägt um, bricht heraus, sobald ich in die neuere Zeit, in unsre Zeit eintrete." (S. 209 f.) Alle theoretischen Argumente gehen inzwischen also ganz offen von einem Ekel aus, einem Abscheu vor der Gegenwart, und dieser Abscheu wird modifiziert, auf sein Kernproblem zurückgeführt: das Problem der *décadence*. Der Schlüssel dazu ist das Christentum, jene Kraft, die unsere Gegenwart hervorgebracht hat und (wenngleich unter verschiedenen Kaschierungen) deren innere Triebfeder darstellt. Nietzsche hat das Bedürfnis, seinen Feind genau auszumachen, ihn zu vereinfachen, die Polemik auf ein einziges Angriffsziel zurückzuführen, gegen das er seinen Haß auf die Gegenwart entladen kann. Bei allem, was in ihm Empörung hervorruft, sieht er als gemeinsame Wurzel das Christentum: Es hat die Kunst korrumpiert, deren Instinkte heute absinken, verlogen und nihilistisch sind; es ist dieselbe Wurzel, der die asketischen Ideale der Metaphysik entstammen und die unsere Moral und Weltsicht geprägt hat — eine Moral und Weltsicht, die auf der Verleugnung des Lebens, auf Rache, Heuchelei und der Unterdrückung aller bejahenden Triebe begründet sind. Nicht zuletzt war es auch das Christentum, das den großen Aufstand der Sklaven ausgelöst und damit der demokratischen Nivellierung den Weg geebnet hat.

In dieser leidenschaftlichen Aufwallung verliert der geplante *Wille zur Macht* in Nietzsches Augen jedes Interesse und wird durch den *Antichrist* ersetzt, übertroffen und zusammengefaßt. Das Problem der *décadence* wird mit dem Angriff auf das Christentum gelöst. Und in der pathologischen Übertragung wird Nietzsche selbst der Antichrist. Ganz allgemein werden jetzt die alten Themen rein persönlich abgehandelt, Nietzsches Denken identifiziert sich mit Nietzsches Person. Daher taucht 1888 auch Richard Wagner wieder übermächtig als Objekt der Polemik auf. Nietzsches Intoleranz gegen die moderne Kunst hat als physiologische Voraussetzung sein konkretes Unwohlsein im Wagnerschen Milieu, und zu dieser Erfahrung kehrt er nun mit äußerster Vehemenz zurück. Ebenso ist sein Angriff auf die moralische und politische Sicht der modernen Welt nichts anderes als die begriffliche Ablagerung vieler quälender — jetzt zur Obsession gewordener — Erinnerungen an seine Erfahrungen mit Freunden und Verwandten, vor allem mit der Schwester. Und so brechen, in einer literarischen Verallgemeinerung, in diesen letzten Werken die Schmähungen gegen die Deutschen und ihre Laster hervor, gegen das Reich und die Antisemiten. Diese gegenseitige Durchdringung von Denken und Person erklärt auch den plötzlichen Entschluß, eine Autobiographie zu schreiben, das *Ecce homo*. Die Probleme werden nun von der eigenen Person und ihren Angelegenheiten repräsentiert, sie leben in ihr.

Das ist der Punkt, an dem Nietzsche den Kontakt zur Realität verliert. Es zeigt sich deutlich, daß, wer so fanatisch, so wütend seine Unzeitgemäßheit betont (und als Literat, nicht als Eroberer von Völkern handelt), seine Verbindung zur Gegenwart abbricht, allein, abgewiesen und beiseite geschoben zurückbleibt. Hier, wo Unzeitgemäßheit und Gegenwart für Nietzsche zu zwei miteinander unvereinbaren Positionen geworden sind, wo er den Abstand zwischen ihnen selbst ins Grenzenlose gesteigert hat, erliegt er der Halluzination von einer wundersamen Konvergenz. Er phantasiert, daß für sein Denken, für seine Person nunmehr die Zeitgemäßheit anbreche — aber darin ist er bereits nicht mehr zurechnungsfähig. Und diese Trübung betrifft nicht nur die letzten Tage, unmittelbar vor dem Zusammenbruch, sondern den ganzen Turiner Herbst. Ende September 1888 spricht Nietzsche — nach Vollendung des *Antichrist* — von einem „Gesetz wider das Christenthum", und den Augenblick, in dem er dieses Gesetz erläßt, bezeichnet er als den Beginn einer neuen Ära der Weltgeschichte. Es handelt sich um eine politische Euphorie: In Nietzsches naiver Phantasie deutet das Politische auf den authentischen Bereich der Zeitgemäßheit, dessen, was verwirklicht, was von allen anerkannt ist. In ähnlicher Weise hält Nietzsche in den Briefen von Freunden und Bekannten jedes Wort der Zustimmung, der Anerkennung für das Zeichen seines ausgebrochenen Ruhms, ja sogar für das eines großen historischen Umsturzes.

Das alles ist bekannt. Aber die Tatsache, daß Nietzsche in seinem Wahn die Unzeitgemäßheit mit einer illusorischen Zeitgemäßheit verflochten hat, führt uns in die Irre. In den Schriften vor 1888 sind es Nietzsches auf die Gegenwart gerichteter Blick (wie kritisch er auch immer sein mag), der Zusammenhang zwischen Nietzsches Denken und unseren Problemen, was heute noch das Interesse an ihm hervorruft. Dagegen ist Nietzsches Unzeitgemäßheit, die den Schlüssel zum Verständnis seiner instinktiven, ursprünglichen Betrachtungsweise der Gegenwart bietet, nicht berücksichtigt worden, oder aber sie wird mißverstanden als die Verdammung von etwas zugunsten eines anderen, das für Nietzsche doch immer auch zur Negativität der Gegenwart gehören würde. Das läßt sich aus den verschiedenen Nietzsche-Interpretationen ersehen, die entweder versuchen, ihn zu vereinnahmen, das heißt sein Denken für eine Weltanschauung zu gewinnen, die auf die eine oder andere Weise aus der Gegenwart hervorgeht und ihr verhaftet ist, oder aber ihn zu rechtfertigen, zwischen seinen positiven und negativen Seiten zu unterscheiden, sich auf der Ebene der historischen Auslegung mit ihm auseinanderzusetzen und sich um die von ihm ausgehenden Einflüsse, um die Verzerrungen durch Anhänger und Gegner zu kümmern. Der wesentliche Punkt liegt jedoch nicht in all dem, sondern darin, daß man Nietzsches Unzeitgemäßheit in ihrer ganzen Radikalität anerkennt, in ihr nicht die Entfernung von irgendeiner theoretischen Position oder historischen Interpretation zugunsten irgendeiner anderen sieht, sondern die Entfernung von allem, was modern ist — mit einer schwindelerregenden Ausweitung des Bereichs der Modernität, wobei die Beziehung auf die Vergangenheit dazu dient, dessen Verhältnisse zu klären. Es geht nicht darum zu sehen, was uns Nietzsches Denken heute bringt, wo es die modernen Probleme erfaßt, sie bereichert und anregt. In Wirklichkeit dient sein Denken nur einer einzigen Sache: uns von unseren sämtlichen Problemen zu entfernen, uns über all unsere Probleme hinausschauen zu lassen. Denn die Probleme seiner Gegenwart sind noch die unserer Gegenwart.

In den Schriften von 1888 wird die Schwierigkeit, Nietzsches unzeitgemäßes Gesicht von seinem zeitgemäßen zu unterscheiden, durch das angedeutete visionäre Zusammenströmen noch erhöht. Zugleich jedoch hat jener Riß, den nur der Wahnsinn mit Hilfe der halluzinatorischen Vision von der modernen, durch den Antichristen Nietzsche zerstörten Welt heilen konnte, uns dieses unzeitgemäße Gesicht auf besonders eindeutige und nachdrückliche Weise bewahrt: jenes Gesicht, das die moderne Welt nicht interessieren „darf", denn es ist ihre radikalste Widerlegung, die in einer großartigen expressiven Leistung zum Ausdruck gebracht wird, wobei die durchdachte stilistische Brillanz über die Auflösung eines Individuums triumphiert. Diese Doppelherme ist das letzte Rätsel ihres Erschaffers: Sie starrt uns mit den Augen des Wahnsinns an, aber auf dem anderen Gesicht blicken zwei andere Augen nach rückwärts in die Dunkelheit, von uns weg.

Die Dionysos-Dithyramben

Der Dichter Nietzsche ist kein anderer als der Philosoph Nietzsche und auch um nichts exoterischer. Doch macht das Fehlen einer begrifflichen Stütze die Annäherung schwieriger. Wer jedoch das Zutagetreten des intuitiven Einzelmoments, die aufblitzende Heftigkeit liebt, wird sich auf diesen Weg der lyrischen Äußerung wagen dürfen. Wenn es möglich ist, das *Ganze* in einem einzigen Ausdruck zu erfassen, wenn man ein Wortmosaik synoptisch als Chiffre aufgreifen kann, um eine unzugängliche Innerlichkeit zu erschließen, dann ist es sicher, daß viele Bilder in Nietzsches Lyrik, einige rhythmische Passagen und zahlreiche ironische, bittere, quälende, absurde oder traumhafte Momente in dieser Hinsicht ein eindrucksvolles Material liefern. Man muß sich jedoch mit einer nicht verifizierbaren Erfahrung zufriedengeben; Urteile über diese lyrische Ausdrucksform — zum Beispiel über ihr ästhetisches Niveau — abzugeben ist schon wegen der Unwiederholbarkeit dieser inneren Zustände vermessen und auch kaum gerechtfertigt, gerade weil sich diese Lyrik innerlich mit der gesamten Prosa Nietzsches und vielen anderen dahinterstehenden Elementen verbindet, also per se eines authentischen Ausdrucks ermangelt.

Das soll nicht wie eine Unterbewertung klingen, denn es liegt in der Natur der Sache, daß der, der es wagt, bestimmte Inhalte zu vermitteln, eine expressive Niederlage in Kauf nimmt. Plato drückt das gut aus, wobei er, um seinem Satz eine gewisse Feierlichkeit zu verleihen, Homer zitiert: „[...] wenn man Werke sieht, die von irgend jemandem geschrieben wurden [...] darf man annehmen, daß sie für diesen nicht die tiefste Sache waren, wenn er wirklich tief ist, und daß diese tiefste Sache dem edelsten Bereich seiner Person angehört; aber wenn er wirklich die Frucht seiner Tiefe niederschreibt, ‚dann ist es sicher, daß‘ nicht die Götter, sondern die Sterblichen ‚ihm den Verstand geraubt haben‘."

Im übrigen hat Nietzsche, abgesehen von den episodischen *Idyllen aus Messina,* keine Gedichte veröffentlicht, es sei denn aus einem „architektonischen" Grund, um innerhalb ausgefeilter Prosaschriften das Spielerische und Leichte hervorzuheben oder aber, um auf gefällige Weise eine gewisse Spannung zu lockern. In seinem Werk nimmt die Lyrik eine Nebenrolle, eine komplementäre Position ein. Zuweilen dachte Nietzsche zwar auch an die Veröffentlichung eines reinen Gedichtbandes, verwarf diese Pläne aber immer wieder. Erst zum Schluß hat er in den *Dionysos-Dithyramben* diese Haltung, die wie Widerstand gegen die Verlockung der Poesie erscheint, aufgegeben. Die *Dionysos-Dithyramben* sind das letzte Werk, das von ihm selbst zum Druck bestimmt wurde, und während er noch säuberlich und mit pedantischer Aufmerksamkeit das Manuskript ins reine schrieb, versandte er bereits — in einer seltsamen Gespaltenheit — vom Wahnsinn diktierte Briefe und Botschaften.

Es steht jedoch fest, daß Nietzsche die *Dithyramben* nicht in diesen letzten Tagen seines bewußten Lebens verfaßte (sie entstanden bereits in der Epoche von *Also sprach Zarathustra* und während des letzten Turiner Herbstes), sondern sie nur sammelte und nach ein paar Anfügungen und Änderungen kopierte. Man muß sich also davor hüten, von einer letzten Verklärung durch die Lyrik zu sprechen. Wenn Nietzsches literarisches Leben im Zeichen der Poesie endet, läßt sich das vor allem anhand der Hinweise interpretieren, die er selbst zum Begriff „Poesie" gibt. Außerdem sei daran erinnert, daß sich die *Dionysos-Dithyramben* als zur Veröffentlichung bestimmtes Manuskript eng an die Fertigstellung des *Ecce homo* anschließen, eines Werkes also, in dem das Interesse für objektive Probleme des Denkens umschlägt in eine überreizte Betrachtung der eigenen Person, die zur Verkürzung, zur sichtbaren Bündelung dieser Probleme wird. Ein halb mystisches, halb pathologisches Ereignis liegt diesem letzten rückläufigen Prozeß zugrunde. Es ist, als hätten sich die theoretischen Knoten mit einem Mal gelockert, wenn nicht gar gelöst; der quälende Ansturm von Problemen, den Nietzsche in den letzten Jahren vergeblich einzudämmen, zu bezwingen versucht hatte, hörte plötzlich auf; der große Plan, eine systematische Philosophie zu erarbeiten, wurde fallengelassen, ohne daß sich irgendeine innere Störung, ein Zeichen der Unentschlossenheit oder Krise bemerkbar gemacht hätten. Vielleicht hat sich ein Überdruß gegenüber den Bedrängungen und Verlockungen der Vernunft eingestellt, ist das Bedürfnis, die Wurzeln des menschlichen Handelns freizulegen, erloschen, vielleicht hört sogar die Wahrheit unmerklich auf, erstrebenswert zu sein. Oder aber es handelt sich um Ohnmacht — die Ohnmacht des Jägers, der seine Pfeile verschossen hat. Erstaunlich ist, daß diese Niederlage — denn als solche muß die Aufgabe eines lang verfolgten Plans empfunden werden — mit keinem Absacken, keinem Zustand der Depression einhergeht, sondern sich im Gegenteil in einem Gefühl der Erleichterung äußert, als hätte man ein schweres Bündel abgestellt, ja in einer Überschwenglichkeit, einer irreversiblen Euphorie. Hier kommt das Pathologische ins Spiel, denn ein visionärer Impetus läßt die Frustration als Eroberung erscheinen, und zwar mit Hilfe einer anomalen Transposition, die hemmungslos nach raschen literarischen Realisierungen strebt. Der mystische Aspekt des Problems ist, daß die eigene Person beinahe materiell an die Stelle ihrer Probleme tritt: In halluzinatorischer Weise sieht Nietzsche sich von sich selbst losgelöst. „Und so erzähle ich mir mein Leben", heißt es am Anfang des *Ecce homo* (S. 263). Der philosophische Kampf, ein Universum der Relationen zu umfassen, um diese auf eine Chiffre zu reduzieren, ist gescheitert, die Qual hat sich in kecke Leichtigkeit verwandelt, und da das unbequeme Objekt beseitigt wurde, ist das Subjekt zum fügsamen Objekt geworden, das sich erzählen läßt.

Die *Dionysos-Dithyramben* sind das letzte Produkt dieser Inversion. Jetzt, da die Wahrheit verabschiedet wurde, bleibt der Weg — genau nach Nietzsches Perspektive — offen für die Lüge der Poesie. Und jetzt, da die Person Nietzsches den Platz aller Objekte einnimmt, ist eine lyrische Ausdrucksform unvermeidlich, eine Lyrik jedoch, die von dem oben beschriebenen Ereignis bedingt ist, so daß die Mitteilung in erster Linie nicht die Seelenzustände des Dichters betrifft, sondern den „Aspekt", den diese in den Augen eines Zuschauers, der die Person Nietzsche-Zarathustra betrachtet, annehmen. Diese Loslösung, dieses Sich-im-Spiegel-Betrachten in der Schwebe der Dämmerung fügt sich im übrigen gut zu der ungewöhnlichen lyrischen Form der *Dithyramben*, in denen das „Du" verwendet wird, wo man ein „Ich" erwarten würde, und in die sich sogar Schein-Dialoge verweben, fast als sollte dem lyrischen Kontext ein dramatischer Anschein verliehen werden. Und wer ist es, der sich spöttisch oder mitleidsvoll, mit Ermahnungen oder Warnungen an die Figur Nietzsche-Zarathustra wendet? Nicht etwa Nietzsche selbst, sondern eine Stimme, die aus ihm spricht, die Stimme des Gottes, dessen Namen die *Dithyramben* tragen: Handelt es sich vielleicht um die dunkle übermenschliche Präsenz, die Nietzsche auch in anderen Augenblicken seines Lebens bedrohlich in seiner Nähe spürt? Aber in den *Dithyramben* strömt die Erregung bisweilen ins Traumhafte zurück, und die Ursache der bereits erwähnten Niederlage, die im ersten Moment gar nicht wahrgenommen wurde, muß nun ihren Ausdruck finden — nicht allein in den Tönen von Melancholie, in der Qual der Einsamkeit und in der Vorahnung eines baldigen Untergangs, sondern bisweilen auch in dem angstvollen Gefühl dessen, der — auf der Suche nach der Wahrheit — in eine tödliche, ausweglose Falle geraten ist.

All das macht es schwer, die *Dithyramben* als bloßen Gedichtzyklus anzusehen. Sie ermangeln einer ausreichenden Festlegung nach Form und Inhalt. Der Inhalt erscheint nach allen Seiten hin wie ausgefranst, und was die Form anbelangt, so gewinnt man den Eindruck, daß Nietzsche hier nicht sein letztes Können eingesetzt hat. Den Grundstock bildet improvisiertes Material, eine Serie unmittelbarer Aufzeichnungen von Seelenzuständen, aber man entdeckt hier nicht, wie es sonst bei Nietzsche die Regel ist, das große Ringen um Abstraktion. Die Versform, die mit größter Freiheit — wenn auch innerhalb eines rhythmischen Rahmens, der sich an das griechische Vorbild hält — gehandhabt wird, erreicht jedenfalls nicht jenes letzte Verklingen in der Schwerelosigkeit der Abstraktion. Im *Zarathustra,* wo eine ungeheure Fülle an abstrakten Gedanken auf das Unmittelbare, aus dem sie aufkeimten, zurückgeführt wurde, war das expressive Resultat höher, da die Mitteilung des Inneren ein letztes Abrücken von den rationalen Voraussetzungen bedeutete und der mystische Tonfall das kreative Zurückfluten, die künstlerische Abstraktion, zum Ausdruck brachte. Hier in den *Dithyramben,* wo die rationalen Inhalte nicht in Erscheinung treten, wo die Verknüpfung mit dem abstrakten Denken verschwiegen wird, müßte sich das Gegenteil ereignen und die Abstraktion durch eine Flucht aus der Innerlichkeit in die Gestaltung eingehen. Doch das gelingt Nietzsche nur unvollständig, abgesehen von vereinzelten expressiven Höhepunkten wie den grotesken Abschweifungen in den „Töchtern der Wüste" (die übrigens einige Jahre früher entstanden). Die Maske, die Lüge des Dichters, wird zwar beschworen, aber nicht erreicht, denn das, was verhüllt werden sollte — die Schrecklichkeit eines menschlichen Schicksals, die Angst eines zerfetzten Individuums, das Gedichte schreibt — tritt im Gegenteil noch deutlicher hervor.

Giorgio Colli

Inhaltsverzeichnis

Klassiker der deutschen Literatur

Ludwig Bechstein:
Sämtliche Märchen
Mit 187 Illustrationen
von Ludwig Richter
Hrsg. v. Walter Scherf
2 Bände in Kassette
dtv 2207

Georg Büchner:
Werke und Briefe
Neuausgabe
Hrsg. und kommentiert
von Karl Pörnbacher,
Gerhard Schaub,
Hans-Joachim Simm
und Edda Ziegler
dtv 2202

Theodor Fontane:
Effi Briest
Hrsg. v. Walter Keitel u.
Helmuth Nürnberger
dtv 2117

Der Stechlin
Kommentierte Ausgabe
Herausgegeben von
Walter Keitel und
Helmuth Nürnberger
dtv 2184

H. J. Chr. v. Grimmelshausen:
Der Abenteuerliche
Simplicissimus Teutsch
Hrsg. v. Alfred Kelletat
dtv 2004

Wilhelm Hauff:
Sämtliche Märchen
dtv 2050

Heinrich Heine:
Atta Troll
Ein Sommernachtstraum
Deutschland
Ein Wintermärchen
Hrsg. v. Klaus Briegleb
dtv 2082

Gottfried Keller:
Der grüne Heinrich
(Erste Fassung)
dtv 2034

Heinrich von Kleist:
Sämtliche Erzählungen
und Anekdoten
Herausgegeben von
Helmut Sembdner
dtv 2033

Heinrich von Kleist:
Sämtliche Werke und
Briefe in zwei Bänden
Herausgegeben von
Helmut Sembdner
dtv 5925

Johann Gottfried Seume:
Spaziergang nach
Syrakus
Vollständige Ausgabe
Herausgegeben von
Albert Meier
dtv 2149

Adalbert Stifter:
Witiko
Vollständige Ausgabe
nach dem Text
des Erstdrucks
von 1865–67
dtv 2182

Georg Trakl:
Das dichterische Werk
Hrsg. v. Walther Killy
und Hans Szklenar
dtv 2163

Friedrich Nietzsche
Sämtliche Briefe
in 8 Dünndruck-Bänden

Kritische Studienausgabe
Herausgegeben von Giorgio Colli und Mazzino Montinari

Diese Kritische Studienausgabe der ›Sämtlichen Briefe Friedrich Nietzsches‹ ist der lange erwartete biographische Kommentar zur Kritischen Studienausgabe der Werke und der Nachgelassenen Fragmente (dtv / de Gruyter 5977). Die erste vollständige kritisch-edierte Ausgabe der Briefe des großen »Unzeitgemäßen« im Taschenbuch: Ein Dialog mit der Zeit, in der er lebte und mit der er sich auseinandersetzte, ein philosophisches, ein menschliches, ein historisches Dokument ersten Ranges.

Diese Ausgabe enthält erstmals ein erweitertes Namensregister von über 100 Seiten.

8 Bände in Kassette, insgesamt 3470 Seiten
5922 / DM 158,–